빙하는 / 움직인다

빙하는 움직인다

비핵화와 통일외교의 현장

송민순 지음

창비
Changbi Publishers

미래를 움직이는 바람

겨울이 추웠던 만큼 꽃향기도 진했다. 소양강 댐이 한창 건설 중이던 1971년 나는 소양강변의 군부대에서 탄약병으로 복무 중이었다. 아카시아가 탄약 창고를 덮은 5월의 어느 날 총탄을 헤아리던 중 국토의 분단이 비정상을 일상으로 만든다는 생각이 들었다. 3년의 군복무를 마치고 1975년 외교의 길에 들어섰다. 40년이 넘는 세월이 흘렀다.

긴 시간 나는 외교의 현장에서 한반도의 평화와 통일 문제를 마주해왔다. 그동안 한국은 분단의 장벽을 뚫고 새로운 역사를 만들 수 있는 기회가 있었다. 그때마다 북한 핵 문제라는 고비를 넘지 못하고 좌절을 거듭했다. 급기야는 통일이 되면 핵 문제도 자연히 해결될 것이라는 무책임한 낙관에 빠져들기까지 했다.

내가 외교부 안보과장이던 1989년 8월 북한의 핵무기 개발계획이 지표에 올라왔다. 그후 핵 문제를 해결하려는 여러 합의가 있었다. 2005년 추석날 베이징 6자회담에서 합의된 '9·19공동성명'은 북한 핵과 한반도 문제를 해결하기 위한 장전으로 불렸다. 남북한과 미국·중국·일본·러시아는 북한의 핵 포기와 함께 한반도 평화체제를 협상하며, 동북아에서 안보협력을 증진시킨다는 포괄적 구도에 합의했다. 북한 핵 문제 해결의 문이 열리는가 싶었다. 중국의 중화주의 부활과 미국의 아시아 회귀 전략으로 상징되는 미·중의 갈등이 전면에 등장하기 전이었고, 북한도 협상을 통한 핵 포기와 생존의 길을 함께 찾으려는 듯하던 때였다. 김대중·노무현 정부의 대북 화해정책에 대한 국민의 피로감도 크지 않았다.

그로부터 11년이 지난 지금 그 합의는 고장 난 자동차처럼 방치되어 있다. 2016년 1월 이후 북한의 4차 핵실험과 장거리 미사일 실험, 한국과 미국의 사드 배치 결정, 9월 5차 핵실험에 이르는 일련의 사태로 한반도와 동북아 안보 환경은 더욱 악화되었다. 실제 사드를 배치하고 나면 한·미는 물론 중국도 북한의 핵과 미사일 개발을 억제할 수단을 갖지 못한다.

그럼에도 북한의 4차 핵실험 후 2016년 3월 채택된 유엔 안전보장이사회 결의는 북한 핵 문제 해결의 종국적 방안으로 9·19공동성명의 이행을 강조하고 있다. 아직까지 누구도 다른 대안을 찾지는 못했다. 어떻게 하여 6자가 이 공동성명에 합의했고, 왜 그 이행의 과정이 좌초되었는지, 한반도를 둘러싼 동북아 외교 전쟁의 현장을 다시금 돌아보아야 한다. 전설적인 전쟁사진 작가 로버트 카파는 "당신이 찍은 사진이 마음에 들지 않는다면, 당신은 실체에 충분히 다가가지 않은 것이다"라고 했다. 북한 핵과 이를 둘러싼 외교전의 실상을 면밀히 확인해야 할 때다. 지나온 현장에 밀착해봐야 앞으로 갈 길도 찾을 수 있다.

시간과 시간 사이를 엮는 기록을 만들어 미래로 가는 지혜를 찾는 것은 인간만의 능력이다. 한반도 문제 협상의 기록은 주로 다른 나라에서 많이 남겨왔다. 같은 사실도 각자가 놓인 위치에 따라 다른 시각에서 보게 된다. 때로는 사실 자체가 왜곡되기도 한다. 우리 문제를 해결하기 위해서는 스스로의 기록과 사고에서 출발해야 한다.

나의 기억은 1976년 판문점에서 발생한 8·18 도끼만행 사건에서 2005년 9·19공동성명에 이르기까지 30여 년에 걸쳐 전개된 '한반도 분단과 북한 핵'이라는 줄기에 매달려 있다. 이 책에서는 그 줄기의 굵은 가지를 이루는 순간들, 특히 2005년 1월 6자회담 수석대표로 시작해 2006년 1월 대통령 통일외교안보 정책실장을 거쳐, 그해 12월부터 2008년 2월까지 외교통상부장관을 맡은 때의 일을 집중적으로 되살려보았다.

이 작업을 하면서 "절반의 진실은 완전한 거짓보다 못하다"라는 말을 되뇌었다. 진실의 일부만 말하는 것은 오히려 진실과 거짓의 구분을 어렵게 만들기 때문이다. 나 스스로 그런 잘못을 범할지 모른다는 두려움이 감돌았다. 그래서 가공되지 않은 기록과 기억을 찾으려고 나름대로 노력했다. 돌이켜보니 어떤 정책도 부작용을 수반하기 마련인데, 그 부작용은 무시한 채 기대효과만을 향해 내달렸다는 아쉬움도 들었다. 현장에서 내가 결정한 것들이 얼마나 당시 상황을 정확히 판단해 이루어진 것인지 의문이 들 때도 있었다. 안으로는 보수·진보 모두와 부딪히고, 밖으로는 미국·북한·일본·중국과도 마찰을 일으킨 일을 두고 다른 방법은 없었을까 하는 반문도 해봤다.

지난 일을 돌아보며 가슴이 답답할 때는 해변으로 가서 먼 바다를 바라보았다. 파도는 밀려왔다 돌아 나가기를 반복하지만 바다는 여전히 그대로 있다. 내가 겪은 여러 일들이 그냥 찻잔 속의 태풍에 불과했고, 한반도 역사의 줄기는 그저 제 갈 길을 가고 있는 것처럼 보이기도 했다. 그래도 역사의 바람은 굽이마다 다른 모양으로 다가온다. 긴 여정을 거쳐 나는 한반도 문제 해결의 지렛대는 비핵화와 평화체제를 하나로 묶는 것이라는 결론에 다시 도달했다. 우리는 아직 한번도 이 지렛대를 사용하고자 제대로 도전해보지 않았다. 이 지렛대는 남북관계와 미·북관계의 정상화를 좌우할 한·미동맹이 쥐고 있다. 70여년에 걸쳐 성숙한 동맹이 이제 한반도 분단과 핵을 넘어 공동의 미래를 열도록 작동시켜야 한다. 그래야 한반도 문제 해결의 문을 열어줄 바람은 불어올 것이다.

시인 롱펠로는 "석양이 지고 나면 낮에는 볼 수 없던 별들이 하늘을 채운다"라고 했다. 내가 현장에서 보지 못했던 별들이 한반도 미래로 가는 생각의 지도에 작은 이정표가 되기를 기대한다.

2016년 10월
송민순

/ 제2부

/ 제3부

/ 제4부

역사는 우리 손으로

베이징의 드넓은 영빈관 가운데 팡페이위안(芳菲苑)이라는 회의장이 자리 잡고 있다. 2005년 9월 19일 남북한과 미국, 중국, 일본, 러시아 등 6개국 대표가 한반도 비핵화와 평화체제, 그리고 동북아 다자안보협력에 대한 원칙에 합의했다. 이른바 '9·19공동성명'(정식 명칭은 '제4차 6자회담 공동성명')이 탄생했다. 한반도의 앞길을 가로막아온 북한 핵 문제를 해결하는 방식과 상호 공존의 방향을 제시한 것이었다. 이날 나는 "남이 써주던 우리 역사를 우리 손으로 쓰고 있다"라는 소회를 언론에 밝혔다. 강대국 사이에 놓인 한국의 외교현장에서 30년을 부대껴온 나의 심경을 즉흥적으로 표출한 것이었다. 새로운 역사 만들기 현장의 한가운데에 한국이 서 있다고 생각했고, 이 합의를 이행하면 우리의 미래가 달라질 것 같았다.

9월 19일 밤, 잠자리에 들며 많은 생각이 스쳤다. 앞으로 가야 할 길과 함께 지나온 길도 떠올랐다. 우리 의지와 관계없이 다른 나라가 써준 역사를 넘어 우리 스스로의 역사를 만드는 대장정에 들어서고 있다는 감격에 젖었다. 북한의 핵 포기, 북·미관계와 남북관계의 정상화, 경제협력과 북한의 개방, 한반도 평화체제의 수립······ 이런 과정으로 우선 남과 북이 협력적으로 공생하는 행로를 생각했다. 한반도와 한민족의 새로운 역사를 위한 거대한 발걸음이 시작된다고 생각했다. 그 시작의 현장에 내가 서 있다는 생각에 가슴이 벅찼다.

한편으로 공동성명의 앞길을 생각하면서 단테(Alighieri Dante)의 『신곡』 중 「지옥편」의 한 장면이 떠올랐다. 단테는 연옥을 거쳐 천국으로 가는 길에 먼저 지옥으로 떨어져 표범, 사자, 늑대로부터 온갖 위험에 처하고 유혹도 받는다. 이 공동성명을 이행하여 우리의 목적지에 도달하려면 그보다 더한 난관을 극복해야 할 것이라는 생각도 들었다.

노무현(盧武鉉) 대통령은 9·19공동성명 채택 후 자신이 구상해온 한반도 평화와 동북아 협력을 실질적으로 진전시켜 역사적 유산을 만들 길이 열릴 것으로 기대했다. 공동성명이 채택된 다음 날인 9월 20일 노 대통령은 6자회담 대표단을 청와대로 불러 저녁을 내었다. 대통령의 얼굴에는 한반도의 앞날에 대한 기대와 활기가 가득했다. "다른 나라들이 남의 땅에서 힘겨루기 하지 못하게 하자"며 결의를 다졌다.

9·19공동성명은 국제사회에서 '이성적이고 상식적인 합의'라는 평가를 받았다. 그러나 국제정치는 이성과 상식보다 국가이익과 힘이 지배한다. 동북아시아의 전략적 요충으로서 강대국들의 이해가

교차하는 한반도는 그 대표적인 사례이다. 공동성명에 담긴 의욕이 큰 만큼 그 이행 과정의 난관도 크리라고 예상했지만 그 예상은 너무 빨리 현실로 다가왔고 역사는 우리의 감격처럼 움직여주지 않았다.

노무현 대통령이 우리 대표단을 불러 회담의 성공을 자축하던 바로 그날, 북한 외무성은 경수로 제공 없이는 핵 억지력을 포기하지 않겠다고 선언했다. 같은 날 미국 재무부는 북한이 계좌를 갖고 있는 마카오의 방코델타아시아(Banko Delta Asia, BDA) 은행을 '불법자금을 거래하는 의혹이 있는 은행'으로 지정했다. 마치 충돌의 선로에서 대치하는 두개의 기차 같았다.

냉전체제가 붕괴된 후 1992년 남북기본합의서와 2000년 6·15남북 공동선언을 위시하여 크고 작은 합의들이 있었다. 한반도의 역사를 바꿔보려는 시도들은 결정적인 순간에 늘 '북한 핵'이라는 장애에 걸려 좌절되었다. 표면에 나타난 것은 핵 문제이지만 그 밑에는 냉전의 잔재가 거대한 빙하처럼 도사리고 있다. 비록 미완의 과제이지만 9·19공동성명은 이 빙하를 움직이는 작업의 이정표이자 설계의 하나로 남아 있을 것이다.

/ 제1부

같은 하늘 아래 살고 있다고
같은 지평이 열리는 것은 아니다.

― 콘라드 아데나워

제1장
북한 핵과 한반도 문제

판문점 도끼사건

1976년 8월 18일, 휴전의 상징인 판문점 공동경비구역에서 유엔군과 북한군이 서로의 움직임을 감시하고 있었다. 유엔군 초소와 북한군 초소 사이의 '돌아오지 않는 다리' 옆에 시야를 가릴 정도로 미루나무 가지가 무성히 자라 있었다. 그날 오전 10시경 미군 대위가 지휘하는 11명의 유엔 경비팀이 현장 경호를 하는 가운데 한국 근로자들이 미루나무 가지를 쳐내고 있었다. 이때 북한 경비 병력 15명이 나타나 사전 합의가 없었다면서 작업중지를 요청했으나 유엔 측이 남측 관할 구역이라며 작업을 계속했다. 그러자 승강이가 벌어졌고, 급기야 격투기로 무장한 북한 병력이 한국 근로자들의 곡괭이와 도끼 등 작업도구를 탈취하여 순식간에 미군 장교 2명을 살해했다. 9명의 한국 및 미군 경비요원들도 중경상을 입었다.

공동경비구역은 북한군이 미군에 대한 적개심을 가장 가까이에서 표출하는 곳이어서 늘 살벌한 분위기가 감돌았다. 일명 '판문점 도끼살해사건'은 한국과 미국은 물론 전세계적으로 큰 충격을 주었다. 미국은 아연실색했다. 이 사건은 한반도의 휴전이 얼마나 취약한 상태인지를 알리는 계기가 되었다. 비록 유엔군의 모자를 썼지만 미국이 북한과 한반도에서 전쟁을 계속하고 있다는 것을 다시금 전세계에 각인시켰다.

당시 한반도는 베트남전쟁 종전의 여파로 불안한 상태였다. 북한은 유엔과 비동맹회의에서 동조국들을 규합하여 주한미군 철수 결의를 이끌어내기 위해 총력을 기울이고 있었다. 유엔에서는 공산권 21개국이 남한에서의 군사훈련 중지를 요구하는 공동결의안을 제출했다. 한편 미국에서는 의회가 국방예산을 삭감하면서 해외주둔 미군 축소 기류가 일고 있었다. 대통령 후보였던 지미 카터(Jimmy Carter)도 주한미군 철수를 주장하던 시점이었다. 또한 한국의 인권문제와 이른바 '코리아게이트'(한국정부기관이 재미 사업가 박동선朴東宣을 통해 미국 의원들에게 불법 로비한 사건)로 한·미관계도 크게 불편한 시기였다.

판문점 도끼사건은 미군철수를 원하던 북한의 희망과는 다른 결과를 가져왔다. 북한이 그후에도 가끔 보이는 자기모순적 행동이었다. 미국은 휴전 후 처음으로 전쟁준비 태세인 데프콘2를 발령하고 미드웨이 항모전단, F-111 전폭기 20대, 핵 탑재가 가능한 B-52 폭격기 3대 등 막강한 화력을 한반도에 배치했다. 북한이 저항할 경우 북한 전역을 초토화하겠다는 의지의 표시였다. 사건 사흘 후인 8월 21일 미국은 북한에 사전 경고한 다음, 문제의 미루나무를 잘라버렸다. 아마 역사상 가장 무시무시하고 비싼 나무 절단 작업으로 남을 것이다. 미국이 압도적인 군사력을 과시하면서 미루나무를 절단하는 광경을 북한은 숨을 죽이고 지켜보아야 했다. 그후 판문점 '공동경비구역'은 사실상 '분리경비구역'으로 바뀌었다.

당시 미국에서는 대통령 선거전이 한창 진행 중이었다. 베트남전쟁이 막 끝난 시점에서 또다시 한반도에서 전쟁이 시작되기를 원치 않았다. 책임 주체가 명시되지 않은 김일성(金日成)의 '유감 표명'을 받아내어 최소한의 자존심을 세우는 것으로 이 사태를 수습하고자 했다. 박정희(朴正熙) 대통령은 사건 다음 날인 8월 19일 리처드 스틸웰(Richard G. Stilwell) 주한미군사령관으로부터 문제의 나무를 절단하기 위한 작전 계획을 보고받고 "미친개는 몽둥이가 약이다"는 말로 보복 결의를 다졌다. 그러나 한국이 할 수 있는 일은 카투사 복장으로 변장한 특전사 요원들을 현장에 배치하여 만약의 사태에 대비하고, 이어 북한군 초소를 파괴하는 정도였다. 40년이 지난 지금도 판문점 도끼사건은 과거사가 아니라 서해 군사충돌이나 연평도 포격사건처럼 앞으로도 한반도에서 언제나 일어날 수 있는 충돌의 유형으로 남아 있다.

카프카가 안겨준 숙제

1969년 나는 대학 2학년에 재학 중이었다. 12월 겨울방학을 앞두고 서울로 유학 온 고향 친구 둘과 이듬해 봄 군에 입대하기로 했다. 그런데 입대 전에 뭔가 추억거리를 만들 것을 궁리하다 연극공연을 해보기로 했다. 대학에서 독문학을 공부하면서 어설프게 보고 들은 것들을 바탕으로 내가 카프카(Franz Kafka)의 단편소설 「선고」(Das Urteil)를 각색하기로 했다. 주인공 게오르크의 약혼녀 프리다 역은 방학을 맞아 마산으로 가는 기차 안에서 캐스팅했다. 넷이서 달포가량 연습해서 1970년 2월 초 마산의 '희'라는 다방에서 흉내만 낸 연극을 공연했다. 카프카는 손에 잘 잡히지 않는 현실세계의 모순과 부조리를 일깨워주었고, 한창의 젊은이들에게 냉철한 세계관을 갖게 했다. 「선고」에서는 아버지로 상징되는 기존의 질서에 도전하는 아들의 좌절을 묘사했다. 아들 게오르크가 이유도 모르는 상태에서 아버지로부터 사형선고를 받고 강물에 빠지는 것으로 연극은 막을 내린다.

공연을 마치고 며칠 후 우리 셋은 입대 지원서를 들고 진해 해병대 본부에 갔다. 그런데 나는 병역소집 불응자로 처리되어 있어 지원자격이 없다는 것이었다. 재학 중 신청했던 병역연기 서류가 제대로 송달되지 않아서 생긴 사고였다. 그래서 친구 둘은 해병대에, 나는 우여곡절 끝에 논산육군훈련소에 입대했다. 훈련을 마치고 춘천의 통신 부대에서 탄약병으로 근무했다. 춘천의 봄은 늦었지만 짙게 찾아왔다. 탄약고를 덮고 있던 아카시아꽃이 하얗게 만개한 1971년 5월이었다.

그날도 내가 관리하는 포탄과 총알에 이상이 없는지를 점검한 후 탄약고 옆 언덕에 기대 누웠다. 신참이 주로 서는 새벽 보초 덕분에 잠시 단잠에 빠졌다. 길고 추웠던 겨울만큼이나 진한 아카시아 향기가 입대 후 잠자고 있던 나의 머리를 깨웠다. '나는 지금 무엇을 하고 있나' 하며 스스로에게 물었다. 학업을 중단하고 군에 와서 탄약창고에서 총알 한개 두개를 세고 있다. 사격훈련이 있는 날이면 탄통을 메고 가서 사용하고 남은 탄약과 탄피를 합쳐 원래의 숫자와 맞춘다. 덧셈과 뺄셈이 나의 일이다.

이런 생각과 함께 문득 카프카의 「선고」가 떠올랐다. 남들이 내린 '선고'에 의하여 나라가 분단되었기 때문이 아닌가 하는 생각이 들었다. 왜 그런 선고를 받아야 했을까. 주변국들의 이익에 따라 한민족이 나뉘어서 이용당했다. 주변의 원심력을 우리 스스로가 이겨내지 못했기 때문이다. 한반도를 둘러싼 원심력을 줄이고 구심력을 키워야 한다고 막연히 생각했다. 그때부터 시간이 나면 탄약고 옆의 작은 창고에서 춘천 시내의 헌책방에서 산 책들을 밑줄 쳐가며 읽었다.

3년의 군복무를 마치고 1973년 학교로 돌아와 외교관 시험을 준비했다. 1975년 대학을 졸업하고 외무부에 들어갔다. 판문점 도끼사건 당시에는 초임 외교관 2년차로 외교부 북미2과 사무관으로 근무하고 있었다. 휴전체제를 담당하는 곳이어서 사건의 수습과정을 목격했다. 사건 당일 스틸웰 주한미군사령관은 일본에 체류 중이었다. 10시간 후 그가 서울로 돌아올 때까지 한국이 할 수 있는 일은 별로 없었다. 한국 정부와 군 당국은 주한미군사령부와 미국 국방부가 작전계획을 수립하는 것을 지켜보고 있어야 했다.

시늉만 내어본 20대 초반의 어설픈 연극 경험은 그뒤 외교관으로서 여러 형태의 협상을 하는 데 많은 영향을 주었다. 연극에서 극중인물은 배역의 심리상태에 몰입할 수 있어야 연기가 되는 것 같았다. 협상에서도 상대가 처한 조건을 파악하고 그 심리를 이해해야 타협

점을 찾을 수 있다고 보았다.

분단의 현장, 베를린

　판문점 사건을 뒤로하고 나는 1977년 독일의 본 대학에서 1년간 수학했다. 그해 겨울, 뮌헨을 거쳐 오스트리아의 빈으로 가는 고속도로를 달린 적이 있다. 독일과 오스트리아는 피와 언어, 역사와 문화를 함께하면서도 두개의 나라로 병존했다. 1871년 비스마르크(Otto von Bismarck)에 의한 독일의 1차 통일 이후 두 나라는 분리와 합병, 그리고 공존의 길을 걸었다. 내가 독일에서 오스트리아로 여행하던 해 서독의 중앙정부가 아닌 바이에른 주 정부가 오스트리아에 수천만 마르크의 재정차관을 제공했다는 기사를 보고 두 나라가 사실상 공동체로 향하고 있다는 생각이 들었다. 유럽연합(EU)이 탄생하면서 통합은 더 깊어졌다.

　본 대학 수학 시절 동·서독 경계선에 붙어 있는 한적한 대학도시 괴팅겐을 찾아갔다. 1871년 독일 1차 통일의 주역인 비스마르크가 1832년부터 3학기를 다녔던 곳이다. 그는 당시 대학 시절 동료들과 격투를 많이 해서 교내 구치소에 구류되기도 했다. 내가 갔을 때도 '비스마르크가 머물렀던 구치소'라는 기념 팻말이 붙어 있었다. 그는 이후 베를린 대학을 거쳐 외교관과 정치인의 길을 걸었다. 1851년에는 39개 군주국으로 구성된 독일연합회의의 프로이센 대표로 임명되었다. 그때까지 회의장에서는 연합의 맹주로 자처했던 오스트리아 대표만이 담배를 피우는 관례가 있었는데, 비스마르크는 맞담배로 관례를 깼다. 이 일화는 유럽 전역에 퍼져 프로이센이 오스트리아와 위상 투쟁에 들어갔다는 신호가 되었다. 통일이라는 거대한 역사를 향한 '계산된 무모'의 한 단면을 보여준 것이다. 그는 "단조로운 협상은 나의 취향이 아니다"라면서 통일에 이르는 고비마다 주변의 예상을 뛰어넘는 전략을 발휘했다.

1979년 나는 유럽 분단의 현장이자 냉전의 또다른 최전선인 서(西)베를린에 부영사로 부임했다. 베를린은 이른바 '동백림사건'의 현장이었다. 1967년 한국 중앙정보부는 30여명의 유학생과 교포들을 동베를린 주재 북한대사관과 접촉하여 간첩행위를 한 혐의로 국내에 송환했다. 당시 동·서 베를린을 오가는 지상전철은 동독이, 지하철은 서독이 각각 운행했기에 누구나 쉽게 동베를린을 오갈 수 있었다. 독일은 한국의 정보기관이 이들을 납치했다고 규정하고 한국 정부에 강하게 항의했다. 유럽은 물론 국제사회에서도 한국의 이미지가 나빠졌다. 이 사건으로부터 12년이 지난 1979년 내가 부임했을 때도 동포사회에는 그 여진이 남아 있었고 독일과의 관계도 개운치 않았다. 우리 정부도 유학생, 광부 및 간호사 출신으로 이루어진 동포사회의 안정에 정신을 쏟고 있었다.

나는 동·서 베를린을 가르는 장벽에서 멀지 않은 곳에 살았다. 아침이면 운동 삼아 장벽의 검문소 부근까지 뛰어가서 따끈한 빵을 사오는 것이 하루의 시작이었다. 가끔 빵가게 앞으로 동베를린의 북한대사관 번호가 달린 베이지색 벤츠가 지나가는 것을 목격하곤 했다. 밤새 서베를린에서 맡은 임무를 수행하고 돌아가는 길이었을 것이다. 동독 주재 북한대사관은 동구의 거점 공관이었다. 당시 교환수를 통했던 국제전화 연결이 잘못되어 간혹 북한대사관으로 갈 전화가 한국영사관으로 걸려 오는 바람에 의도치 않게 북한 내부 사정을 알게 되는 경우도 있었다. 북한이 소련 외에도 동독, 체코슬로바키아, 헝가리로부터 핵 관련 기술을 도입하기 위하여 혈안이 되어 있던 때였다. 돌이켜보면 한반도의 진로를 가로막을 북한의 핵 계획이 뿌리를 내리고 있었는데도 한국 외교관에게는 국제무대에서 남북 대결과 정권의 정당성 홍보가 최대 과제였다.

당시 국제사회는 한반도의 통일이 독일의 통일보다 훨씬 빠를 것이라고 예상했다. 독일은 주변국들의 거부로 통일이 어려울 것이고, 두개의 독일로 고착될 것으로 전망했다. 서베를린은 어느 방향이든 30분만 차로 달리면 장벽으로 막히는 '육지 속의 섬'이었다. 사람들은 폐소공포증에 시달렸다. 나는 가족과 함께 가끔 주말이면 서독의 하노버나 함부르크로 나갔다. 서독과 서베를린 사이의 연결도로를 보수하는 돈은 서독이 대고 공사는 동독이 하고 있었다. 고속도로 휴게소에서 마주치는 종업원의 얼굴이나 옷차림은 비록 서방에서 보던 윤기나 때깔은 없었지만 말갛고 수수했다. 잠시 자본주의와 사회주의가 대비된다는 생각도 들었다. 독일이 통일된 뒤 옛 동독 지역을 몇차례 여행하면서도 비슷한 인상을 받았다. 그러나 좀더 깊이 들어가보면 그 수수함은 선택이 아니라 상황에 의해 강제된 것이었다.

당시 동·서 베를린을 연결하는 대표적인 통로는 찰리 검문소였다. 그 옆의 장벽박물관(Haus am Checkpoint Charlie)에는 서독으로 탈출하기 위해 소형 자동차 트렁크의 예비 타이어 공간에 온몸을 구리철사처럼 꼬아 숨은 모습이나 숟가락 몇개와 서류가방만 한 나무수레로 몇달 동안 지하 갱도를 파서 서독으로 탈출한 모습들이 전시되어 자유가 무엇인지를 절절히 보여주었다. 그럼에도 동독은 당시 공산권에서 가장 잘사는 나라였다. 나는 20여 년 뒤에 폴란드 주재 한국 대사로 근무하면서, 냉전 시절 바르샤바 사람들은 동베를린에 가서 쇼핑하는 것이 큰 나들이였다는 이야기를 들었다.

구룡강변의 가구공장

판문점 도끼사건이 일어난 시기의 북한은 군사력의 열세를 보완하고 전력수요를 충족하면서 정권의 위상도 올리고자 원자력발전소 건설과 핵무기 개발을 위해 소련의 지원에 매달리고 있었다. 북한은 이미 1959년 영변의 구룡강가에 '가구공장'이라는 간판을 단 핵연구개발센터를 세웠다. 중국이 1964년 핵무기 실험에 성공하자 김일성은 마오 쩌둥(毛澤東)에게 특사를 보내 핵무기 기술 지원을 요청했다. 중국이 이를 거부하자 김일성은 이듬해 소련으로부터 2~4메가와트 소형 연구용 원자로를 구입하여 1967년 가동시켰다. 전력의 50퍼센트 이상을 수력발전에 의존하던 북한은 1975년부터 2년간 긴 가뭄으로 전력 공급에 심각한 차질이 생기자 원전 확보에 더욱 집착했다. 더욱이 1973년 오일 위기로 국제 석유가도 크게 올랐다. 이 무렵 김일성은 원자력발전소와 병행하여 국가보위부에 영변의 핵시설을 확장해서 핵무기 개발계획에 착수할 것을 지시한 것으로 알려졌다.

1970~80년대 북한은 동독과 체코슬로바키아 등 동구권 국가들로부터 문물을 도입했다. 그중에는 핵 개발에 필요한 기술과 자재가 최우선 순위에 들어 있었다. 1979년 체코슬로바키아 정부에 우라늄 채광 장비와 원자력발전소 건설의 지원을 요청하기도 했다. 내가 서베

를린 부영사로 근무하던 1979년 북한은 처음으로 우라늄을 원료로 이용하는 5메가와트 원자로와 핵연료 가공시설을 자체 개발하기 시작했다.

1980년대 북한은 한국에 비하여 경제와 군사력이 더욱 뒤떨어지기 시작하자 조바심이 커져갔다. 영변 지역에 20~30메가와트 연구용 원자로를 추가 건설 중이었는데, 1982년 미국은 위성으로 이를 관찰했다. 미국은 이 시설들을 핵무기 개발을 위한 것으로는 보지 않아서 관련 정보를 한국 측에 알리지도 않았다고 나중에 설명했다. 한국의 핵무기 개발을 자극하지 않기 위해 정보공유에 신중했을 수도 있다. 베트남의 공산화에 이어 주한미군 철수 움직임으로 한국의 핵무기 개발 의지가 사라지지 않고 있던 때였다.

1979년 미·중수교 이후 미·소관계는 악화되었다. 1984년 레이건 (Ronald W. Reagan) 대통령은 소련을 '악의 제국'으로 몰아붙였고 소련은 외교적으로 고립되고 있었다. 이때 평양과 모스크바의 관계가 좋아지기 시작했다. 소련은 북한에 SAM-5 미사일과 MIG-29를 제공하고 원자력발전소 건설에도 합의했다. 그러나 소련은 북한을 그냥 두면 통제할 수 없는 핵 위험 국가가 될 것을 우려해, 핵 기술을 지원하는 대신 핵확산금지조약(Nuclear Non-Proliferation Treaty, NPT) 가입(1985)을 설득했다.

북한은 갖은 노력 끝에 소련으로부터 기술을 이전받아 핵 프로그램 가동에 들어갔다. 또한 자체 개발한 5메가와트 시험용 원자로를 1986년부터 가동하기 시작했고, 1987년부터는 핵 재처리시설을 건설하여 핵무기용 플루토늄 계획을 시도했다. 그러나 무기급 플루토늄 추출까지는 그후 상당한 시간이 걸렸다. 당시 북한은 소련이 제공할 원자력발전소 시설이 한국이 이미 운영 중인 것보다 앞선 것이기를 원했다. 경제적 이유도 있었지만, 북한 정권의 대내외 위상 과시도 중시했다. 또 소련이 원자력발전소 건설 소요 기간을 10~12년으로 잡았음에도 불구하고 북한은 5년 내에 완공할 것을 요구했다. 실제로 원자력발전소 건설은 장소를 선정하는 데만 2년 이상 걸리는 사업인 점을 감안하면, 북한이 얼마나 다급했는지를 보여주었다.

미하일 고르바초프(Mikhail S. Gorbachyov)가 개혁개방 정책을 추진하고 1988년 서울올림픽에 참가하면서 한·소관계가 태동하는 와중에 북한의 원자력발전소 계획은 결국 건설 부지도 선정하지 못하고 그다음 해 중단되었다. 그러나 북한의 원전과 핵에 대한 집착은 더욱 강해졌다. 소련이 변절했다고 비난하면서 자체 핵 개발에 나섰다. 1994년 북·미 제네바 합의에 따라 경수로 발전소 공사가 기공된 함경남도 신포는 이미 10년 전 검토된 부지 중 하나였다.

영변 약산의 진달래꽃

1981년 봄, 나는 인도 주재 대사관 2등서기관으로 부임했다. 베를린에서 프랑크푸르트를 거쳐 새벽 3시 뉴델리 공항에 도착해보니, 마치 밤사이에 풍요와 질서로부터 빈곤과 무질서로 여행한 것 같았다. 그러나 얼마 지나지 않아 윤회사상에 따라 삶을 길게 늘여놓는 힌두철학의 풍요와 질서가 있다는 것을 알게 되었다. 인도에서는 최소한 시간이 나를 쫓는 것 같진 않았다. 당시 뉴델리는 미국과 소련 어느 진영도 아닌 비동맹의 수도라고 자부하고 있었다. 대사관의 핵심 업무는 비동맹 국가들을 상대로 하는 남북 대결에서 정치적 우위를 차지하는 것이었다.

뉴델리 부임 발령을 받았을 때 제일 먼저 생각난 것은 진에 읽은 인도의 위성로켓 발사에 대한 장문의 신문기사였다. 1979년 인도는 위성발사용 로켓을 조립 장소에서 발사 장소까지 소달구지로 운반했다. 아무리 인도가 시공을 초월하여 '고대와 현대, 동양과 서양이 공존'하는 세계라고 하지만 너무 기이한 장면이어서 사진과 함께 전 세계 뉴스를 장식했다. 그때 인도는 로켓과 위성 같은 첨단장비를 원시적인 수단으로 운반했을 때의 영향을 함께 시험코자 한 것인데, 로켓의 이동 수단도 없는 곳에서 위성을 발사한다는 냉소적인 보도도 있었다. 당시 7억명 정도로 추산된 인도 인구의 절반이 길에서 태어나서 길에서 살다가 길에서 죽는다는 말이 있을 정도였으니 그런 보도가 나올 만도 했다. 인도는 1974년 첫 핵실험을 하고 1997년경 핵탄두 미사일을 실전 배치했다. 인도의 첫 위성발사 시험 후 20여년이 지난 1998년 북한이 대포동 장거리 로켓을 발사했을 때도 세계는 비슷한 시각으로 바라보았다. 수백만의 주민이 아사 상태에 있는데 무슨 로켓이냐 하는 비난과 냉소가 쏟아졌다.

제3세계의 수도라던 뉴델리 근무 후 서울을 거쳐 1986년 봄, 나는 미국 주재 한국대사관 1등서기관으로 부임했다. 서방 세계의 수도라는 실감이 들 정도로 세계는 워싱턴을 중심으로 돌아가고 있었다. 나는 한·미관계와 북한, 중국, 소련 문제를 담당했다. 한국에는 민주화 바람이 불었고, 올림픽을 앞두고 공산권과의 접촉도 활발해지던 때였다. 미국과 북한도 서로 접촉하기 시작했다. 미·북 간에는 한국전쟁에서 실종된 미군 유해 발굴 사업이 처음으로 논의되고 있었다. 나는 미국이 북한과 대화를 하면서 서로 오고 가야 북한 내부가 어떻게 돌아가는지 알 뿐 아니라 북한의 변화도 유도할 수 있다고 생각했다. 미국의 젊은 외교관들과도 많은 대화를 나누었다. 특히 훗날 주 캄보디아 미국대사를 역임한 국무부의 무소멜리(Joseph Mussomeli) 북한 담당관, 칼린(Robert Carlin) 및 메릴(John Merrill) 정보조사관들과 미·북 접촉에 대해 많이 토론했다. 그들과 나는 "아는 악마가 모르는 악마보다 낫다"는 말에 공감했다. 나는 우리 정부가 미군 유해 송환을 위해 미국과 북한이 접촉하는 것을 양해할 것을 건의하기도 했다. 우리 정부는 당시 미·북 접촉을 반대하던 시기라 처음에 만류했지만, 결국은 미국의 결정을 수용했다.

한편 미국은 1986년 북한이 5메가와트 원자로 가동에 들어가자 북한의 핵 계획에 관심을 갖기 시작했다. 1987년 어느 날 무소멜리가 김소월(金素月)의 시 「진달래꽃」을 영어로 읊더니 "영변에 약산 진달래, 그 아름다운 꽃이 어떻게 같은 붉은색이라고 해서 원자로의 불꽃과 어울릴 수 있을까"라면서 기묘하다고 말했다. 미국은 북한의 핵 활동을 주시하면서도 1987년 재처리 시설이 들어설 때까지는 시급한 상태로 보지 않았던 것 같았다. 우리도 민주화 열기와 올림픽 개최로 여념이 없었다. 그로부터 30여년이 지난 2015년, 무소멜리는 나에게 그때 자신과 다른 몇몇 젊은 미국 외교관들이 건의했던 대로 미국이 더 적극적으로 북한과의 관계를 진전시켰더라면, 북한 핵 문제는 물론 한반도의 모양도 많이 달라졌을 것이라고 가정했다.

김소월의 「진달래꽃」은 1986년 11월 김일성 사망설을 둘러싼 사건에도 등장했다. 한국 정부의 정보판단 착오와 이를 이용한 북한의 교묘한 장난에다 한국과 일본 언론이 가세하여 불거진 사건이었다.

북한 방송은 "영변 약산 진달래꽃 아름 따다 가실 길에 뿌리오리다"를 반복해서 내보내면서 죽음을 연상토록 위장했다. 우리 정부는 긴급 상황으로 판단하고 미국과 함께 김일성 사망에 대한 언론 발표문을 조율하자고 제안했다. 내가 11월 17일 아침 발표문 초안을 들고 미 국무부에 갔더니 한국과의 고스넬(Jack Gosnel) 부과장이, 바로 다음 날 몽골의 당서기장 바트문흐(Dzhambiin Batmunkh)가 평양을 방문하기로 되어 있으니 그때 김일성이 나타나는지 보고 나서 의논하자고 했다. 실제로 다음 날 김일성은 평양 순안공항에서 그를 맞이했고, 소란은 웃음거리 해프닝으로 끝났다. 당시 우리는 정확한 상황 파악보다는 김일성의 사망으로 한반도 문제의 돌파구가 열릴 것이라는 기대가 앞섰다. 이후에도 우리의 희망적 사고가 현실을 앞서는 경우가 많았다. 1989년 북한 핵 문제가 표면에 드러난 뒤부터 한국과 미국은 북한의 정변이나 체제 붕괴가 이 문제를 해결할 수 있다는 가설을 포용해왔다.

나는 워싱턴에서 미·소 간의 전략무기 감축 협상, 중거리 미사일 협상, 유럽 재래무기 협상 등 군축 문제를 관찰했다. 미국은 한국 등 동맹국에 핵우산을 제공한다면서 독자적인 핵 개발을 자제할 것을 요구했다. 어떤 우산을 씌울지는 미국이 알아서 한다는 것이다. 소련도 마찬가지였다. 강대국 사이에 협상이 벌어지면 동맹국들이 실질적으로 끼어들 틈은 없었다. 유럽에서 중거리 핵미사일 철수나 아시아에서 전술핵무기 철수 같은 경우들이다. 미·소가 사실상 먼저 결정하고 동맹국들에는 사후 통보하는 형식을 취했다.

1987년 6월 전두환(全斗煥) 정부는 민주화를 요구하는 시위를 진압하기 위해 위수령(衛戍令, 육군 부대가 일정한 지역에 주둔하여 그 지역의 경비, 질서 유지, 군대의 규율 감시와 군에 딸린 건축물과 시설물 따위를 보호하도록 규정한 대통령령)을 발동코자 했다. 그러자 미국은 주한미국대사를 통해 청와대에 반대의사와 경고신호를 보냈다. 그러나 미국은 그 뜻이 전두환 대통령에게 제대로 전달되지 않았다고 보았다. 6월 10일경 미국 국무부의 클라크(William Clark) 동아태 차관보 대리가 워싱턴 주재 한국대사를 밤늦게 국무부로 긴급 초치해서, 만약 위수령을 발동하면 이를 공개 비판하고 강력하게 개입하겠다는 의지를 서울의 최고위선에 전달할 것을 요청했다. 당시 김경원(金瓊元) 주미대사는 서부에 출장 중이었다. 나는 한탁채(韓鐸埰) 대사 대리를 수행하여 미국 측 메시지를 받아 본국으로 보낼 전문을 작성하는데 마음이 심란했다. 왜 우리가 이런 간섭을 받아야 할 지경인가 하는 마음과 위수령이 발동되지 않았으면 하는 바람이 교차했다. 다행히 위수령은 마지막 순간에 발동되지 않았다. 나라의 안보와 경제의 대외의존도가 커지면서 외부의 영향에 민감해질 수밖에 없었다.

지상으로 올라온 핵

나는 1989년 미국 근무를 마치고 돌아와 외교부 안보과장으로 발령받았다. 13년 전 판문점 도끼사건이 일어났을 때 초임 사무관으로 일했던 곳이었다. 주한미군과 휴전협정에 관련된 일을 포함해서 대외 정치군사 관련 분야를 다루는 자리였다. 한번은 당시 미국 국방부 장관 딕 체니(Dick Cheney)가 방한했는데, 연회장에서 나를 외교부의 안보과장(director for national security affairs)이라고 소개하니까 미국중앙정보국(CIA) 국장의 상대역인 줄로 잠시 착각했다. 나는 우리의 직책 표기가 좀 거창하다고 생각했다.

1989년 8월 프랑스의 관측위성 스폿(SPOT)이 촬영한 북한 영변의 핵시설이 처음으로 공개되자 한국은 물론 세계적으로 큰 파문이 일었다. 한국에서는 자체 핵 개발 주장이 대두되고, 이른바 '바빌론 작전'(1981년 이라크가 프랑스의 지원하에 건설 중이던 핵시설을 이스라엘 공군이 정밀타격으로 파괴한 사건) 같은 폭격론이 거론되었다. 1987년 북한의 핵 재처리 시도를 파악한 미국은 1988년 말부터 베이징에서 북한과 대사관 참사관급 접촉을 갖기 시작했다. 북한의 핵 개발 중단과 미국의 대북관계 개선이라는 서로의 핵심 요구사항을 논의했다. 미국은 대북접촉에 대해 한국과 협의하는 형식을 취했지만 북한 핵 개발 상황에 대한 정보를 구체적으로 제공하지 않고 있었다. 이 때문에 북한의 핵시설이 드러나자 한국의 반응은 더욱 격렬했다. 당시 이종구(李鐘九) 국방장관이 폭격 주장에 앞장섰고 미국은 긴장했다.

미국은 즉시 워싱턴의 전문가 팀을 서울에 파견했다. 한국의 외교부, 국방부, 안기부의 국장과 과장급 실무자들에게 용산 미군기지 지하벙커에서 북한의 핵시설과 활동을 위성사진을 중심으로 브리핑했다. 영변의 원자로 방사시험장은 물론 구룡강변 모래사장에 파인 고폭실험(高爆實驗) 흔적들을 보여주었다. 미국 팀은 고폭실험이 실제 핵무기 실험 이전에 반드시 거쳐야 하는 과정이라고 강조했다. 나는 브리핑을 들으면서 우리가 거의 장님으로 산다는 생각이 들었다.

북한의 핵 개발에 대한 한국의 반발과 미국의 정보 공유 지연에 대한 불만이 심해지자 1989년 말 미국의 제임스 베이커(James Baker) 국무장관은 최호중(崔浩中) 외교부장관에게 친서를 보냈다. 정보공유 의지를 밝히면서, 미국이 어떤 수단을 동원해서라도 북한의 핵 개발을 저지할 테니, 한국은 결코 일방적인 행동을 하지 말아달라는 요지였다. '일방적 행동'이란 한국의 자체적인 핵무기 개발이나 영변 핵시설 폭격과 같은 군사 행동을 말하는 것이었다.

한국이 1972년경 비밀리에 시도했던 핵무기 개발계획이 미국의 저지로 중단되었지만, 미국은 한국의 핵무기 욕구를 항상 휴화산 같은 존재로 간주해왔다. 한국이 1970년대 초반에는 베트남에서 미군이 철수하는 것을 보고, 또 1980년대 후반에는 북한이 핵무기를 개발하는 것을 보고 자체적으로 핵 능력을 갖겠다고 나선 것은 당연한 반응이기도 했다.

베이커의 서한에 대하여 최호중 장관이 "한국이 독자적 행동을 취하지 않을 테니, 한·미 간 긴밀한 협력을 통해 북한의 핵무기 개발을 반드시 저지해야 할 것이다"라는 답서를 보냈다. 최 장관의 답신을 기안하면서 나는 미국이 북한의 핵무기 개발 못지않게 한국의 핵 개발 가능성을 우려한다는 인상을 받았다. 한국의 핵 개발은 일본의 핵무장으로 연결될 것이고, 이는 전후 세계질서의 기본인 NPT 체제가 동북아에서부터 와해하는 것을 의미했다.* 미국은 크게 우려하지 않을 수 없었을 것이다. 만약 실제 한국이 핵 개발에 나섰더라면 당시 부시-베이커 팀이 만든 최악의 외교적 실패로 기록되었을 것이다.

----

* 2006년 10월 북한이 1차 핵실험을 한 직후 조지 W. 부시 대통령이 하노이 APEC 정상회담에서 노무현 대통령에게 보인 반응이 지금도 눈에 선하다. 그는 자리에 앉자마자, 북한의 핵실험에 대한 대응책을 거론하기 전에 먼저 일본의 핵무장 주장이 왜 급속히 대두되는지 이해하기 어렵다면서 어깨를 들썩였다. 실제 당시 아소 다로 일본 외상이 10월 18일 중의원에서 "일본의 핵무장을 논의하는 것이 중요하다"라고 발언하는 등 일본도 핵무기를 가져야 한다는 주장이 크게 일고 있었다.

이후 1991년 미국은 한국을 포함한 전세계의 전술핵무기 철수를 결정하고, 한반도에서는 남북한 '비핵화 공동선언'(정식 명칭은 '한반도의 비핵화에 관한 공동선언')을 끌어냈다.* 미국의 '핵 선제 불사용 정책'(Negative Security Assurance)**을 재확약함으로써 한국의 핵 개발 가능성에 대한 원천적 봉쇄 정책을 취한 것이다.

당시 한국은 미국이 어떤 수단을 동원해서라도 북한의 핵 개발을 중지시킬 의지와 능력이 있는 것으로 보았다. 미국에서는 레이건과 부시(George H. W. Bush)의 12년에 걸친 공화당 정권이 계속되는 가운데 레이건이 주창한 '힘을 통한 평화'가 국제질서였다. 소비에트 연방은 와해되고 있었고, 경제적으로는 신자유주의가 세계의 물결을 타면서 미국의 가치가 세계를 지배하기 시작하던 때였다. 우리는 유일 초강대국으로 등장하는 미국의 힘과 의지에 기대를 갖고 있었다. 그러나 그후 20여년 동안 북핵 문제를 다루면서 나는 그 기대가 희망 사항에 그치고 있음을 알게 되었다.

한편 북한의 핵 개발 시도가 구체적으로 파악되기 전에는 미국은 한국전쟁에서 실종된 미군 유해 송환 문제 외에는 대북 접촉에 별 관심이 없었다. 그러나 핵 문제가 미국의 자세를 바꾸게 했고, 뒤따라 일본도 1990년부터 대북관계 개선에 나섰다. 북한의 심각한 행동이 있어야 미·북 협상이 이루어지는 패턴은 그후에도 계속되었다.

....

* 한국에 배치된 미국의 핵무기 철수 문제는 1990년 말부터 미국 학계와 언론에서 공론화되기 시작했다. 1991년 초 『뉴욕 타임스』는 북한의 NPT 의무이행 조건으로 한국 내 핵무기 철수와 군사훈련 조정의 필요성을 사설로 제기하기도 했다.
** '핵 선제 불사용 정책'은 적이 미국이나 동맹국을 핵으로 공격하지 않는 한 미국이 먼저 핵을 사용하지 않는다는 보장이다. 거꾸로 적이 미국이나 동맹국을 핵으로 공격하면 미국은 핵으로 방어한다는 의미이다.

제2장

1차 핵 위기

북한의 위기의식

소련의 88서울올림픽 참가 결정 직전에 고르바초프 서기장은 고대 그리스 철학자 헤라클레이토스(Heracleitos)의 "만물은 흐르고 모든 것은 변한다"라는 말을 인용했다. 이어 1990년 소련은 붕괴 직전 한국과 수교했다. 한국은 1992년 중국과도 수교했다. 한국의 국제적 위상이 크게 달라졌다. 헤라클레이토스의 말대로 한반도 상황도 변하고 있었다. 그러나 분단과 대치라는 본질은 변하지 않았다. 한반도 주변 정세가 북한에 불리하게 변화하자 북한의 핵무기 욕구는 더욱 강해졌다.

반면 한국의 '한반도 문제의 한국화' 의지는 높아졌다. 정부 관련부처 회의에서 휴전협정의 군사정전위원회(Military Armistice Commission, MAC)는 미국과 북한이 아니라 남북한 중심으로 운영해야 한다는 논의가 일었다. 미국도 40여년에 걸쳐 휴전선을 관리해온 책임을 한국에 이관하겠다는 생각을 갖고 있었다. 판문점 도끼사건 이후 줄곧 그 기회를 보아오던 중이었다. 휴전체제의 실무에 관여하는 외교부 안보과장으로서 나도 '한국화' 주장에 앞장서곤 했다.

1991년 군사정전위원회는 유엔군사령부(유엔사) 측 대표로 미군 장성 대신에 한국군 장성을 임명했다. 처음 논리는 정전체제가 어차피 힘의 균형으로 유지되는 것이고, 한국이 이를 감당할 능력이 있다는 것이었다. 냉전해체라는 국제정세의 기류와 한국의 위상에 맞추어 한반도 평화를 관리하는 법적 기구인 군사정전위원회 대표를 한국 장성이 맡는 것은 당연하다고 판단했다. 그러나 북한의 거부로 그후 한번도 군사정전위원회가 열리지 않았다. 결국 군사정전위원회는 '미·북 장성급 대화'로 대체되었다. 한반도 문제의 한국화 시도가 거꾸로 '미·북화(美北化)'를 굳혀준 결과가 된 것이다.

1991년 9월 27일 조지 H. W. 부시 대통령은 전세계적으로 전술핵무기를 철수한다고 발표했다. 소련의 붕괴가 임박한 때였다. 소비에트연방 내 우크라이나 등에 배치된 핵무기를 러시아로 철수하는 데 따른 상응 조치로 미국도 해외 배치 핵무기를 철수하는 것이었다. 북한은 1980년 6차 당 대회에서 제안한 '한반도 비핵지대화'를 1991년 7월 다시 제안했다. 같은 달 노태우(盧泰愚) 대통령은 미국을 방문하여 부시 대통령과 남북 차원에서 북한 핵 문제를 해결하고 평화체제도 수립하기로 의견을 모았다. 한반도 문제의 한국화 원칙에도 부합했다. 미국은 전술핵무기 철수 결정을 남한과 북한 모두에 활용하여 1992년 '한반도의 비핵화에 관한 공동선언'을 채택하도록 유도했다. 이에 앞서 1991년 4월 울포위츠(Paul D. Wolfowitz) 미국 국방차관이 방한하여 기자회견에서 "한반도에서 민간용의 핵에너지 개발을 위해 핵 재처리가 필요하지 않다"라면서 남북 공히 재처리를 반대함을 강조했다. 남북 스스로의 합의를 통해 비핵화를 이루도록 설득하려는 것이었다. 이때 '남북기본합의서'(정식 명칭은 '남북 사이의 화해와 불가침 및 교류·협력에 관한 합의서')도 체결되었다. 한반도 비핵화 공동선언은 미국이 한국의 핵 활동을 억제하는 장치로도 활용되었다. 이어 1992년 1월 북한은 국제원자력기구(International Atomic Energy Agency, IAEA)와 핵 안전조치 협정에 서명했다. 1985년 NPT에 가입하고 18개월 안에 서명해야 하는데도 7년이나 지체한 후 서명한 것이다. 북한식 협상 자세였다. 그리고 북한은 90그램의 플루토늄 보유와 7개의 핵시설을 IAEA에 신고했다.

그러나 IAEA는 북한이 신고한 것보다 훨씬 많은 10~14킬로그램의 무기급 플루토늄을 확보했을 것으로 의심했다. 이로 인해 남북관계는 악화되었고, 1992년에 중단되었던 한·미 군사훈련 팀스피릿(Team Spirit)도 이듬해 재개되었다.* 당시 미국 합참은 군사훈련을 협상 대상으로 삼는 것을 극구 반대했다. 어느 나라나 비슷한 군

....
* 팀스피릿 훈련은 1976년 시작된 이래 1992년 처음으로 중단되었다. 1993년 다시 시작해서 1994~2007년은 전시증원훈련(Reception, Staging, Onward Movement and Integration of Forces, RSOI)으로 명칭이 바뀌었다가 2008년 3월부터는 키 리졸브(Key Resolve)라는 이름으로 야전훈련인 독수리훈련(Foal Eagle)과 병행해서 실시되고 있다. 미국은 냉전 시절 태평양을 횡단하는 훈련으로 팀스피릿을, 대서양을 횡단하는 훈련으로 리포저(Return of Forces to Germany, REFORGER)를 실시하다가 냉전종식 후인 1993년 리포저는 종료했다.

의 생리였다. IAEA는 북한이 추가로 무기급 플루토늄과 핵시설을 은 닉한 의혹이 있다면서 '특별사찰'을 요구했다. IAEA 규정상 특별사 찰은 당사국이 동의해야 가능하다. 그래서 '한반도의 비핵화에 관 한 공동선언' 제4조(남과 북은 한반도의 비핵화를 검증하기 위하여 상대측이 선 정하고 쌍방이 합의하는 대상들에 대하여 남북핵통제공동위원회가 규정하는 절차 와 방법으로 사찰을 실시한다)의 사찰 절차를 적용코자 했다. 그러나 북한 은 영변 지역이 군사시설이라고 거부하면서 오히려 주한미군 기지 사찰을 제안했다. 한국과 미국은 이를 거부했다. 1993년 3월 북한은 NPT 탈퇴와 IAEA 안전조치 협정의 파기를 선언했다.

이는 1970년 발효된 이래 국제안보 질서의 척추 역할을 해온 NPT 체제의 역사상 처음 있는 일로서 1993년 초 클린턴(Bill Clinton) 행 정부와 김영삼(金泳三) 정부가 취임한 직후에 일어났다. 이른바 '1차 북핵 위기'가 발생한 것이다. 설사 한·미가 당시 주한미군 기지 사찰 요구를 수용했더라도 북한은 또다른 핑계를 동원했을 것이다. 그럼 에도 우리가 과감하게 주한미군 기지를 포함한 남북 상호사찰을 추 진했더라면 하는 아쉬움이 들었다. 그로부터 12년이 지난 2005년 베 이징 6자회담에서 북한의 김계관(金桂寬)이 같은 문제를 제기하기에 나는 남북 전역을 서로 사찰할 것을 역으로 제의했고 북한도 그 개념 을 수용했다. 냉전 시절 미·소 간 군축협상에서 소련은 항상 군비축 소 자체에 우선을 두었고, 미국은 군비사찰에 중점을 두었다. 사찰은 그만큼 폐쇄 국가의 투명성을 가져오기 때문이다.

1993년 2월 김영삼 대통령은 취임식에서 "동맹보다 민족이 우선한 다"고 선언했다. 그러나 북한이 NPT를 탈퇴하자 "핵을 가진 자와 손 을 잡을 수 없다"며 강경으로 선회했다. 미국에서도 대북 군사행동을 주장하는 목소리가 대두되었다. 미국의 '북폭설'과 북한의 '서울 불바다' 발언이 교차하였다.

1993년 6월 뉴욕에서 북한의 강석주(姜錫柱) 외교부상과 미국의 로버트 갈루치(Robert L. Gallucci) 국무차관보가 만났다. 북한이 NPT 탈퇴를 일단 유보하고 IAEA와 안전조치를 협의하는 대신, 미국은 북한에 대한 위협 중지, 무력 불사용, 국내 문제 불개입, 북한의 흑연감속로를 경수로로 대체하는 문제 등을 논의하겠다고 발표하였다. 그러나 그해 말에 가서 미국은 북한이 핵무기 1~2개를 만들 수 있는 약 12킬로그램의 플루토늄을 추출했다는 정보 판단을 내렸다. 이러한 판단으로 미·북 간에는 뉴욕 합의에도 불구하고 긴장이 고조되었다. 콘돌리자 라이스(Condoleezza Rice) 전 미국 국무장관이 2011년 회고한 바에 의하면, 당시 이 정보가 확실한 것은 아니었다고 한다. 미국은 주로 위성 정찰과 통신 감청, 그리고 한국 등과의 협조를 통한 인간정보를 종합하여 정보 판단을 하지만 여기에는 항상 오류와 착오의 가능성이 있다. 비단 북한에 대한 정보만 그런 가능성이 있는 것은 아니지만, 북한이 유독 폐쇄된 곳이어서 정보의 한계가 심하다.

제네바 합의의 명암

1993년 김영삼 정부가 들어와 '세계화' 정책을 표방했다. 나는 당시 주 싱가포르 대사관 참사관으로 근무 중이었는데, 본국에서 세계화를 연구하기 위해 싱가포르를 방문하는 사람들에게 '3통경제(三通經濟)'라는 이름으로 설명하곤 했다. 말레이 반도의 남단에 위치한 싱가포르는 남중국과 인도차이나, 오세아니아, 인도와 중동을 연결하여 물자 및 서비스, 사람, 그리고 돈을 통과시키면서 국부를 창출하고 있었다. 나는 대륙과 해양을 연결하는 반도의 지경학(地經學)을 설명하면서, 고대 그리스와 로마에 이어 오스만 터키와 스페인 제국 등 세계사의 강력한 나라들이 반도국가였다는 사실이 한반도에 주는 교훈이라고 강조하기도 했다.

열대지방에서 연중 에어컨 속에 사는 것은 고통이었다. 나는 활로를 찾아 바다로 나갔다. 윈드서핑 강습을 받는데 출렁거리는 파도 위의 좁은 널판 위에 서서 균형을 잡는 것이 꼭 한반도의 정세를 타는 것과 비슷했다. 어느정도 숙달되어갈 무렵 클럽의 동료들이 윈드서핑으로 인도네시아의 바탐 섬까지 가보자고 했다. 9월 말경이면 약 20킬로미터의 해협을 건너가기에 적합한 바람의 문이 잠시 열린다는 것이었다. 즐거운 목표를 갖고 주말이면 열심히 훈련을 했는데 1994년 9월부터 1년간 하버드 대학에서 진행되는 연구프로그램에 합류해야 했다. 지나고 보니 바다에 불어오는 '바람의 문'처럼 북한 핵 문제의 해결을 위한 기회도 우리의 사정에 맞추어 기다려주지 않는다는 생각이 들었다.

하버드에서는 자신이 정하는 주제의 에세이를 쓰게 되어 있었다. 나는 '동아시아에서 평화의 조건'이라는 제목을 잡았다. 한반도에서 미국과 중국의 전략적 이해관계를 조화시키기 위한 한·미동맹의 구조와 운용 방식에 대해 나름대로 천착했다. 주한미군은 중국 견제보다는 중국과 일본의 군비경쟁과 충돌을 억제하는 동아시아의 안정자 역할을 하도록 군대의 구성과 임무를 점진적으로 조정해야 한다고 보았다. 지난 20년간 중국의 급속한 부상으로 미국의 역할이 중국 견제에 쏠리고 있지만 나는 지금도 종국적으로는 지역 안정자 기능에 맞추어야 할 것이라고 본다.

에세이를 쓰면서 '평화'의 개념에 대한 중국과 일본, 그리고 서양 사이에 다른 철학적 배경이 있다는 한 이론도 접했다. 평화를 중국에서는 화평(和平)이라고 하는데, 먼저 쌀(禾)을 입(口)에 맞추어 나누어야(禾+口＝和) 세상이 고르게(平) 된다는 뜻이 담긴 말이라고 했다. 반면 일본에서의 평화(平和)는 먼저 칼로 고르게(平) 한 다음 쌀을 입에 맞추어 나눈다(和)는 의미를 가졌다는 것이다. 한편 서양에서 평화(Pax)는 계약(Pact)과 같은 어원에서 나온 것인데 서로 합의한 것을 지키는 데서 평화가 출발한다는 것이다. 한반도의 평화를 위해서는 세가지의 철학적 요소를 함께 담아내야 가능하다고 생각했다. 즉, 남과 북이 서로 나누어 먹고 사는 습관을 축적하되 북한의 모험 충동을 억지할 수 있는 칼은 항상 준비해두고, 주변국들의 한반도 역할에 대한 조건들도 분명히 해두어야 한다는 것이었다.

1993년 북한은 NPT 탈퇴 선언 후 반전된 북·미 협상의 진전에도 불구하고 핵 계획을 밀고 나갔다. 정권과 체제의 확실한 안전장치가 마련될 때까지는 결코 먼저 양보를 위한 행동을 취하지 않았다. 미국도 세계질서 주도의 핵심 기반인 NPT 체제의 수호의지를 과시하려 했고 북한 영변의 핵시설에 대한 폭격 시나리오까지 검토했다. 당시 미국은 1차 걸프전쟁 후 중동 지역에 대한 부담이 줄어든 상태였고, 잠재적 핵 야심국들에 대해 강력한 경고도 필요했다. 또한 국내적으로 민주당이 공화당에 비해 안보 문제에 약하다는 비판을 의식하여 강공책을 거론할 필요도 있었다. 그러나 이 시나리오는 한반도에서 전면전이 재발할 수 있다는 전제 하에 가능한 것이었다. 영변은 압록

강에서 100킬로미터도 되지 않는 곳에 위치하고 있다. 아무리 정밀 타격으로 제한적 군사작전을 벌인다 해도 중국이 자기 문지방 앞에서 벌어지는 폭격을 좌시하지 않을 것임은 자명하다.

더구나 걸프전 승리에도 불구하고 현직 조지 H. W. 부시 대통령이 재선에 실패한 직후였다. 미국 내 소수의 이익집단 외에는 한반도에서 또다른 전쟁을 원하는 미국 국민이 많지 않았다. 당시 상황에 대해 페리(William Perry) 국방장관은, 미국이 전쟁을 개시하지는 않겠지만 미리 대비하지 못해 전쟁을 자초하지는 않아야 한다는 원칙에 따라 대비했으나 전쟁 경보를 발령할 만큼 북한의 도발 징후가 있지는 않았다고 회고했다. 폭격은 여러 대응 방안의 하나로 책상 위에 오를 수는 있었으나 실제 작전계획으로 수립되지는 않았다는 것이다.

김영삼 정부도 군사적 옵션은 비현실적이고 너무 위험이 높다고 판단하고, 대북 경제제재를 대안으로 미국 측에 요청했다. 한국과 미국 정부가 '국제 공조'와 '경제 봉쇄'를 기초로 한 북한 압박 계획을 발표하자, 북한은 경제 제재 시 이를 선전포고로 간주하고, 군사적 대응을 할 것이라고 했다. 미국은 북한의 도발에 대응과 압박을 병행하기 위해 군사력을 한반도 해역에 집중 배치했다. 국내외에 곧 전쟁이 터진다는 우려가 퍼져나갔다.

한반도 긴장이 극도로 고조된 상태에서 카터 전 대통령이 개인 자격으로 방북하여 김일성 주석과 남북 정상회담 및 미·북 전면적 협상 개시에 합의했다. 남북 정상회담이 그해 7월 25일부터 사흘 동안 평양에서 열리기로 예정되었다. 그러나 7월 8일 김일성 주석의 사망으로 역사의 흐름은 뒤틀렸다. 만약 김영삼 대통령이 김일성 사망 때 북한에 대한 국내의 정서적 갈등을 극복하여 미국처럼 적절한 조위를 표하고 남북 사이의 정상적 관계를 만들었으면 역사는 달리 전개되었을 가능성이 있었다. 하지만 당시 한국은 김일성 사망으로 북한이 붕괴될 것이라는 기대를 갖기 시작했다.

미·북 간에는 벼랑 끝 협상을 거쳐 1994년 10월 이른바 '제네바 합의'에 도달했다. 양측이 해야 할 의무의 뼈대를 담았다고 해서 '합의 골격'(agreed framework)이라고도 불렀다. 북한 내 모든 핵 활동 중지, 핵시설의 폐쇄, 미국의 2,000메가와트의 경수로 발전소 제공과 발전소 완공 시까지 연간 중유 50만 톤 제공, 그리고 미·북관계 정상화가 주요 합의였다. 또 북한에 대한 핵무기 선제 불사용도 보장했다.

한편 북한은 남북대화에도 착수한다고 합의했는데, 미·북 간 합의에 남북대화 조항이 들어가는 것은 어색했고 별 무게가 없는 것이었다. 당시 미·북 협상에서 한국이 배제된 데 대한 비판을 감안한 것이었다. 경수로 건설비용은 한국이 '70퍼센트+α', 일본이 20퍼센트, 나머지 10퍼센트 미만은 미국이 주선하는 것으로 귀착되었다. 당시 미국의 북폭 위협은 북한을 겨냥한 것이었지만, 한국을 크게 불안하게 했고, 비용 분담 합의에는 이런 배경도 영향을 미쳤다.

미·북 제네바 합의는 한반도의 긴장을 가라앉히는 효과가 있었다. 동시에 한반도의 구도를 북·미 간 협상으로 몰고 가면서 체제 강화에 활용하려는 북한의 전략에 부합했다. 북한은 불가피한 경우가 아니면 한반도 문제에서 중국의 적극적인 역할을 원치 않아왔는데, 제네바 합의는 그러한 입장과도 맞아떨어졌다. 당시 미국은 김일성 사망 후 북한이 머지않아 붕괴할 것으로 판단하기도 했다. 미국은 당장 한반도에서 무력 사용 없이 비핵화를 이루고 평화를 구축하는 동시에 NPT 체제 유지에 성공함으로써 국내정치에도 좋은 효과를 가져올 것으로 생각했다. 반면 북한은 북·미관계가 정상화되고 경수로를 받을 수 있어 정권과 체제를 유지하는 데 유리할 것으로 기대했다.

결국, 미국과 북한은 서로 다른 형태의 벼랑 끝 전술로 각자의 목적을 달성했고, 일본 역시 한반도 문제에 일정한 발언권을 갖게 됐다. 이에 반해 한국은 북한과 미국의 대결과 거래 속에서 발언권 없이 부담만 지는 형국이 되었다. 한반도 문제의 한국화를 주창하기도 했던 한국은 기가 한풀 꺾였다. 이런 경위를 두고 북한은 한국을 미국의 하수인이나 심부름꾼이라면서 수시로 선전에 이용하기도 했다.

그러나 합의 이행의 길은 순탄치 않았다. 제네바 합의 후 2주 뒤에 실시된 10월 21일 미국의 중간선거에서 공화당이 승리하여 정국은 여소야대가 되었다. 당시 민주당의 클린턴 행정부에서는 제네바 합의가 선거에 미세하게라도 도움이 될 것으로 희망했지만, 별다른 영향을 미치지 못했다. 한편 미국은 협상의 최종 결과물을 '골격 합의'(framework agreement)로 하지 않고 '합의 골격'(agreed framework)으로 고집했는데, 국가 간 권리 의무를 명시하는 '협정' 형식을 피함으로써 의회의 비준 동의 절차를 우회하기 위한 조치였다.

그후 제네바 합의는 미국 내에서 서서히 일종의 '정치적 고아' 신세가 되었다. 공화당이 지배하는 의회는 경수로의 핵심부품 공급에 필요한 미·북 사이의 원자력 협력협정 체결을 반대하고 대북 중유 제공도 거부했다. 클린턴 행정부는 합의의 이행 능력을 상실하기 시작했고 급기야는 중유 지원자금 마련을 위해서 일본은 물론 유럽과 호주 등 여러 나라에 손을 벌려야 했다.

한편 김정일(金正日)은 제네바 합의에 따라 핵 카드를 포기하는 데 대한 군부의 반발을 누그러뜨릴 필요도 있었다. 이른바 선군정책(先軍政策)을 채택한 데는 이런 배경도 작용한 것으로 보였다. 1996년 강릉 앞바다 잠수함 침투사건은 북한이 대외 합의에도 불구하고 자신이 원하는 것을 확실히 손에 쥘 때까지는 커튼 뒤의 행동을 계속한다는 것을 보여주는 사례였다. 북한은 1995~96년 연이은 가뭄으로, 그리고 1997년에는 홍수로 극심한 식량난에 봉착했다. 우리의 식량 지원에도 불구하고 북한은 감사 표시는커녕 잠수함을 침투시키고 남북대화를 거부하는 자세를 보였다. 이즈음 국내외에서는 북한의 붕괴 시나리오가 절정에 이르렀다. 북한이 내부 난관을 극복하기 위해 대남 무력도발을 감행할 것이라는 시나리오에서부터 북한 주민의 봉기와 붕괴를 예상하여 독일식 통일을 준비해야 한다는 주장까지 대두되었다. 잠수함 사건으로 남북관계가 악화되고 대북 중유 지원과 경수로 사업 부진이 겹쳤다. 2001년 초 클린턴 행정부의 정책을 전반적으로 부정한 부시(George W. Bush) 행정부가 등장하고, 또 북한의 우라늄농축 의혹이 대두되자 제네바 합의는 붕괴의 길에 들어섰다.

그렇다면 제네바 합의와 그 초기 이행 과정에서 한국 내 분위기는 어떠했나. 이 합의로 무력충돌을 방지하고 북핵 해결의 길을 열 뿐만 아니라 남북관계도 진전될 것이라는 기대가 있었다. 그러나 다른 한편에서는 미국과 북한의 관계가 가까워질 것이라는 불안이 생겼다. 정부 안팎에서 북한이 추구해온 이른바 '통미봉남(通美封南)'의 길이 열리고, 머지않아 워싱턴에 북한의 인공기가 나부끼는 날이 올 것이라는 초조감을 보이기도 했다. 이미 남과 북의 경쟁은 결판이 났는데도 미국이 북한과 가까워지는 것을 불안하게 여겼다. 자신감이 필요한 시점에서 보인 안타까운 반응이었다.

1997년 여름 나는 김영삼 대통령의 국제안보 비서관으로 일하기 시작했는데 그해 8월 19일 함경남도 신포의 경수로 부지 기공식에 참석했다. 동해항에서 출발하여 연안 항로로 가면 한나절에 도착할 거리이다. 그러나 북한의 요구로 우리 배는 공해상으로 나가서 다시 북한 영해로 진입해야 했기에 저녁에 출발하여 다음 날 아침에 도착했다. 부지에는 초현대식 원자력발전소 시설을 그린 조감도가 크게 걸려 있었다. 벌거벗은 주변 산야나 마을의 풍경과 너무 대비되었다. 기공식에 동행한 호주대사관 직원이 나에게 다가와 마치 달리(Salvador Dali)의 그림 같다고 말했다. 초현실적인 계획처럼 보인다는 소감이었다.

그날 남측이 주최한 만찬장의 서비스를 위해 평양의 옥류관 직원들이 비행기로 출장까지 왔다. 그들은 내가 20여 년 전 서베를린-하노버 고속도로 휴게소에서 본 동독 종업원들처럼 외견상으로는 어쩐지 순수해 보였다. 분위기가 그때 본 동독사람들과 비슷하다고 느끼면서 동독에서 북한까지 사회주의의 유산이 유라시아 대륙에 걸쳐 있다고 생각했다. 만찬 후 북한 실무자들과 별도 자리를 가졌는데, 그들은 앉자마자 "어제 마신 남조선 맥주, 그거 좀더 합시다"라고 청했다. 밤늦게까지 함께했는데, 이런 대화가 남북이 접촉하는 곳곳에서 벌어졌으면 좋겠다고 생각했다. 북측 사람들은 경수로 사업 진척보다는 그날그날을 잘 넘기는 데 더 흥미를 갖고 있는 것 같았다.

다음 날 저녁에 동해시로 돌아왔다. 선착장에는 마중 나온 차량 행렬로 교통이 막혀 움직일 수가 없었다. 오전에 지나오면서 관찰한 흥남 부두의 한산한 광경을 떠올리면서 북한은 수송수단이 없어서, 남한은 수송수단이 너무 많아서 재래식으로 전쟁하기는 어렵겠다는 생각이 들었다. 경수로 부지 인근 지역에서는 온종일 군용트럭 한대와 기어가는 듯 느린 기차가 한차례 지나가는 것밖에 보지 못했다.

경수로 건설을 위한 한반도에너지개발기구(Korean Peninsula Energy Development Organization, KEDO)는 한국이 최대의 비용부담 국가임에도 불구하고 북한은 미국 대표와만 상대하고자 했다. 한국의 자존심을 크게 자극했다. 경수로 건설은 2003년 완공을 목표로 하였으나, 2002년에 들어서야 부지에 첫 콘크리트를 부을 정도로 지연되면서, 북한 측의 의구심도 깊어갔다. 그러나 KEDO의 한국 측 대표들은 북한 측과 실제 사업을 조율했다. 특히 경수로 건설 현장에서는 우리 기술자와 북한 기술자들이 어울려 사업을 진행했다. 원자력발전소 건설에는 대규모의 자재, 인력, 다양한 기술이 투입되어야 했기 때문에 KEDO라는 다국적 구조 속에서도 남북한이 맞대어 접촉하면서 서로 익숙해지기도 했다.

2002년 미국은 북한이 우라늄농축을 비밀리에 시도하고 있다고 발표하고, 제네바 합의는 파기되었다는 입장을 발표했다. 제네바 합의의 명암에도 불구하고, 그리고 시간이 지체되었더라도 만약 이행되었더라면 지금쯤 한반도 정세는 크게 달라졌을 것이다. 첫째 시나리오는 북·미관계가 정상화되고 북한이 베트남처럼 개방정책을 성공적으로 추진하는 것이다. 체제를 유지하는 가운데 경제개혁을 이루면서 남한과 공존하는 모습이다. 둘째 시나리오는 북·미관계는 정상화되고 경수로는 공급되었지만, 북한 정권이 개혁개방의 물결을 수용하지 못하고 붕괴하면서 한반도가 거대한 혼란에 직면하는 것이다. 통일로 연결되었거나 제3의 형태로 발전되었을 것이다.

가상적인 상황이지만 북·미수교가 되었다면, 미국의 북한에 대한 영향력은 지금과는 다른 양상으로 확대되었을 것이다. 두개의 시나리오 어느 경우에도 북한이 핵무기를 계속 개발하기는 어려웠을 것이다. 또 설사 개발했다 하더라도 이미 대외의존도가 증가하고 있기 때문에 폐기 압력을 견디기 힘들었을 것이다.

급변사태에 대비하라

1996년 여름 나는 외교부 북미국 심의관으로 있었다. 청와대로부터 지시를 받고 다른 기관의 관계자들과 함께 북한의 급변사태에 대비한 초기 시나리오를 만들었다. 비밀리에 작업을 하려니 여름이 더 덥고 길었다. 그 시나리오는 그후 계속 바뀌어왔다. 그러나 20년이 지난 지금 한반도와 주변 상황은 북한의 핵 능력이 발전한 것 외에는 당시 시나리오의 출발선과 별로 다를 게 없다는 생각이 든다. 급변사태의 개념은 평상을 벗어난 예외적인 경우를 설정한 것인데, 우리는 평상보다는 예외적인 가능성에 더 기대를 거는 경향을 보여왔다. 근래 다시 전문가로 칭하는 미국 내 일부 인사들이 북한 붕괴와 한반도 통일의 가설을 제기하고 있다. 2020~30년 전후로 중국이 과거 소련처럼 와해되거나 최소한 중앙권력이 쇠락하여 북한이 붕괴해도 손을 쓰기 어려울 것이라는 전망을 하고 있다. 한국의 정책은 모든 가능성에 대비해야 하지만 희망적 가설에 끌려가서는 안될 것이다.

내가 청와대 국제안보 비서관으로 일하기 직전인 1997년 8월 대한항공 여객기가 괌에서 추락하여 228명이 사망했다. 해외에서 생긴

대형사고라서 대처가 아주 허술했다. 그해 11월 반기문(潘基文) 외교안보수석의 지시로 나는 청와대 및 외교부와 학계로 팀을 구성하여 각국의 국가안보정책 수립과 위기관리체계를 참고한 보고서를 만들었다. 미국, 독일, 이스라엘, 일본을 방문해서 유형을 조사했다. 이들로부터 공통적으로 배운 것은 정책수립이나 위기관리 두 분야 모두 수뇌부의 조직은 단출하게 하고 기존 정부조직을 최대한 탄력적으로 활용하는 것이었다. 또 정책 수립은 실무 협의와 장관급 협의를 중첩적으로 운용하여 조율을 촘촘하게 했고, 위기관리는 신속대응에 최우선을 두었다. 이듬해에 들어선 김대중(金大中) 정부는 이 보고서를 활용하여 국가안전보장회의(NSC)를 정례화하고 그 아래 정책조정회의와 정보관리회의를 두고, 청와대에 소규모의 국가안보회의 사무처를 설치했다.

당시 보고서의 위기관리 부분은 세가지 요점으로 구성된다. 첫째, 국가적 위기를 안보(security)와 안전(safety)으로 나누지 않고 통합 관리한다는 것이다. 통상적으로 '안보'는 국가 전체의 안전을 의미하는 것으로서 전쟁을 예방하고 침략을 억지하며 국민의 생명과 재산을 보호하는 총체적 개념이다. 반면 '안전'은 국민 개개인이나 특정 그룹 또는 개별 단위의 시설을 보호하는 것을 의미해왔다. 그러나 현대사회에서는 전통적 개념의 국가안보와 사회안전 사이에 경계를 두기 어렵게 되었다. 둘째, 위기발생 시 초동 대응은 국가 최고기관인 대통령실이나 총리실(내각책임제의 경우)에서 직접 진두지휘하는 것이다. 가장 신속하고 효과적인 행정력을 발동할 수 있기 때문이다. 셋째, 초동 대응 후 사태 수습과 후속 조치를 위해 주관기관과 지원기관을 즉시 지정하고, 정부 내 직제 서열에 관계없이 지원기관은 주관기관의 요청에 반드시 응하도록 하는 것이다. 그러지 않으면 힘 있는 부처가 말을 듣지 않아 혼선을 초래하는 관료조직의 속성을 감안한 것이다.

김대중 정부에서는 국가안보회의 사무처 기능의 하나로 안보 사항이나 안전 사항 모두 국가위기 발생 시 청와대의 해당 분야 비서관들이 즉각 모여 현장에서 최초 대응을 결정토록 했다. 이후 여러 정부에 걸쳐 위기관리를 전담하는 직책들이 만들어졌다. 이들은 예상 가능한 각종 유형의 위기를 상정하여 대응 매뉴얼을 만든 다음 실제 사례에 적용하는 한편 가상훈련을 통해 발전시켜나갔다. 국가위기는 자동차 고장수리처럼 매뉴얼대로 해결되는 건 아니지만 일차 대응에 참고가 되기 때문에 연습과 훈련을 통해 발전시키는 것이 필요하다. 다만 정부 교체 때마다 조직과 운영체계가 바뀐다면, 국내외의 위기관리는 물론 북한의 급변사태 시에도 효과적으로 대응할 태세를 갖추기 어려울 것이다.

한반도 평화 4자회담

김영삼 정부는 제네바 합의로 인해 한반도 문제의 해결 구도가 미·북 중심으로 잡힌 것을 남북 중심으로 이끌어가야 한다는 생각이 있었다. 1996년 4월 김영삼 대통령과 클린턴 대통령은 제주도의 화사한 유채꽃밭을 배경으로 한 공동 기자회견에서 한반도 평화체제를 수립하기 위한 남·북·미·중 4자회담을 제안했다. 그러나 북한은 응하지 않았다.

4자회담 제안의 배경을 설명한다는 명목으로 수차례에 걸쳐 미·
북 또는 남·북·미가 접촉했다. 당시 식량난을 겪고 있던 북한에 한
국과 미국은 식량 지원이라는 고리를 연결시켰다. 명목상으로는 인
도적 지원이라고 했지만, '모든 원조는 정치적이다'라는 말처럼 이유
없는 지원은 없다. 제안 후 21개월 만인 1997년 12월 9일 제네바에서
1차 회담이 열렸다.

　북한은 상대가 어떤 제안을 해오면 이를 바로 자신의 카드로 전환
시킨 후 한동안 계산해보고 나서 다음 발을 내디딘다. 그사이 경제지
원 같은 실질적 이득도 챙기지만, 무엇보다 몸을 담가보지 않은 물에
들어가는 데 대해 극도로 조심한다. 말에게 당근을 주어 강에 데리
고는 갔으나 물을 먹게 할 수는 없었다. 6차에 걸쳐 평화체제와 긴장
완화라는 두개의 분과위원회를 중심으로 협상했으나 성과를 거두지
못했다.

　나는 1999년 7월 외교부 북미국장으로서 6차 4자회담에 차석대표
로 참여해서 평화체제 분과위원회의 대표를 맡았다. 북한은 한국과
미국으로부터 식량 지원을 받고 4자회담에 참여하면서도 오직 미국
과의 대화에만 집착했다. 이 분과위에서 북측 대표인 장창선 외무성
국장이 마치 목표물이 고정된 망원경처럼 오직 미국만 쳐다보고 발
언을 하니까 중국 대표인 닝 푸쿠이(寧賦魁, 후일 6자회담 차석대표, 주한
대사) 대사가 흥분을 하면서 "북한이 미국과만 대화하겠다면 이 자리
에 왜 다른 나라들이 같이 앉아 있나?"라며 직설적으로 불만을 표시
하기도 했다.

　4자회담이 아니라 북·미 양자회담으로 끌고 가려는 북한의 집착
은 끝이 없었다. 한번은 평화체제분과위원회 회의에서 내가 북한 대

표에게 "북한이 미국과 평화협정을 체결해야 한다면서 한편으로는 주한미군 철수를 주장하는데, 평화를 지키려면 군대도 있어야 하는 것 아니냐. 논리가 맞지 않다. 결국 한반도에서 평화는 남과 북이 지켜야 하는 것이니 남과 북이 평화협정을 체결해야 한다"라고 주장했다. 그는 나를 쳐다보지도 않고 미국 대표만 바라보면서 남측의 실질적 권한은 미국에 있다면서 기존 입장을 반복했다. 이어서 열린 전체회의에서도 논쟁이 전개되자 김계관은 "평화협정은 조·미 사이에 체결해야 한다. 북·남 사이에 할 거라면 무엇 때문에 여기 와서 코 큰 사람들과 이야기하나"라며 북한답게 노골적 표현을 동원했다.

이런 회담이 지루하게 계속되던 중 어느 날 오전 늦게 회의가 갑자기 중단되어 각국 대표들이 회담장을 떠나지 못하고 회의장에 배정된 소회의실에서 내부 회의를 하고 있었다. 점심시간이 되었는데 사정을 보니 아무래도 회의장에서 점심을 때워야 했다. 나는 실무자에게 우리가 필요한 양의 두배를 사 오라고 했다. 두명의 실무자가 40인분의 햄버거를 봉지에 들고 와 북측 대표단이 있는 방에 물어보지도 않고 절반을 넣어주었다. 점심시간이 끝나고 회의장으로 들어서는 길에 북측 실무자가 우리 실무자에게 다가와 슬며시 "잘 먹었어요"라고 답례를 했다.

지나가는 작은 일이었지만 여러가지를 생각하게 했다. 그들의 행동과 실제 생각이 꼭 같지는 않다는 것, 먹고사는 것이야말로 주고받다 보면 습관이 될 수 있겠다는 것, 아무래도 우리가 더 주게 된다는 것, 또 상호 의존도가 올라갈수록 남과 북 간에 대화하는 문이 넓어지겠다는 것이었다. 회의장에서 마이크 잡고 남북 중심으로 평화체제를 만들자고 외치는 것보다는 교류와 접촉을 넓히면서 서로 의존도를 올려가는 긴 과정이 필요하다는 생각이 들었다.

이날 나는 언론으로부터 진전이 없는 것 아니냐는 질문을 받고 "회담이 빙하의 움직임과 같다"고 답변했다. 빙하는 그 자리에서 보면 움직임이 눈에 들어오지 않지만 몇년이 지나고 나서야 변화를 측정할 수 있다. 그래서 4자회담에서 당장 무슨 결과를 기대할 수는 없지만 이런 과정이 오래 지나면 변화를 기대를 할 수 있다는 뜻으로 말했다.

제네바에서 한국 대표단이 묵고 있던 인터컨티넨탈 호텔에는 아침이면 일본 기자들이 장사진을 치고 있었다. 일본은 회의 당사국이 아님에도 어느 나라보다 많은 기자들이 국제회의센터와 각 호텔에 상주하면서 집요하게 취재했다. 일본은 동북아시아의 장래에 핵심적인 영향을 주는 한반도 문제를 논의하는 자리에서 소외된 데 대한 좌절감과 위기감까지 느끼는 것으로 보였다. 그때를 생각하면서 일본은 2002년 2차 북한 핵 위기 때 끈질기게 미국에 로비해서 2003년 드디어 6자회담이라는 협상장에 발을 디디게 되었다. 제네바에서 모였던 4자는 베이징에서는 일본과 러시아를 포함한 6자로 확대되었다.

흔히 독일 통일 시 동서독과 미·영·프·소 간에 개최된 '2+4회의'를 한반도에도 적용시킬 수 있을 것으로 보는 경향이 있다. 그러나 독일의 경우, 서독이 먼저 동서독 관계와 4대 점령국과의 양자 관계를 주도했다. 특히 서독·미국 및 서독·소련과의 타협을 바탕으로 서독이 통일의 틀을 짜고 '2+4회의'는 사실상 사후 포장 작업으로 추진했다. 어느 국가든 인접한 나라 일에는 관여할 여지를 찾고 싶어 하지만, 반대로 자기 나라 문제에 미리 다른 나라를 불러들이는 것은 좋은 선택이 아니라는 것을 알기 때문이었다. 통독 10년이 지나 2001년 나와 함께 주 폴란드 대사를 지낸 독일의 프랑크 엘베(Frank Elbe)는 이런 과정을 나에게 강조하곤 했다. 그는 독일 통일이 한창 진행 중이던 1987~92년 한스디트리히 겐셔(Hans-Dietrich Genscher) 부총리 겸 외교장관의 비서실장을 지낸 외교관이었다. 겐셔는 독일 통일의 한 주역이었다.

물론 우리가 4자회담 형태를 유지하여 핵 문제를 협상했더라면 어떻게 전개되었을지 단정하기는 어렵다. 그러나 회담을 이끌어가기가 6자보다는 나았을 것이다. 또 일본이 과거를 반성하지 않은 채 한반도와 동북아에서 발언권을 올리는 것은 견제할 수 있었을 것이다. 2007년 6월 북한이 일본을 제외한 4자회담을 주장하자, 당시 아베 신조(安倍晉三) 일본 총리는 닛폰방송(日本放送) 라디오에 출연하여, "일본이 빠진 6자회담은 있을 수 없으며, 일본을 빼놓은 채 북한이 국제사회에 수용되는 일은 있을 수 없다"며 한번 들여놓은 발을 빼지 않겠다는 의지를 분명히 했다.

나는 6자회담 수석대표를 맡은 이후 여러 계기에 미국 인사들로부터 '일본의 입지'를 배려해줄 것을 요청받았다. 그럴 때 나는 일본이 필요로 하는 것은 '가식의 반성'(attrition)이 아니라 과거 침략의 역사에 대한 '진심의 참회'(contrition)임을 강조했다. 일본이 그렇게 하면 한·미·일 협력은 자연스럽게 이루어질 것이라고 거꾸로 설득하고자 했다. 우리의 입장을 미국 측에 각인시키는 데 간혹 도움이 되는 경우도 있었지만, 일본으로부터 마음에서 우러나오는 반성을 불러오게 하기에는 동아시아 국제정치의 구조적 한계가 있다.

나는 2005년 5월 9일 미국과 유럽의 2차대전 전승 60주년 기념행사를 보고 아시아 상황과 비교하지 않을 수 없었다. 미국의 동맹이 된 독일은 나치와 완전히 단절했기 때문에 거창한 축제를 함께하는 게 가능했다. 그러나 8월 15일 태평양전쟁 전승 기념일은 비교적 조촐히 지나갔다. 히로시마와 나가사키 원폭투하라는 민감한 배경도 있지만, 무엇보다 전쟁의 책임을 져야 하는 '천황제 아래의 일본'이 미국의 동맹이 된 전후의 일본과 단절하지 못했기 때문이라고 생각했다.

제3장

한·미 정부의 박자 조율: 김대중 정부의 외교

햇볕정책, 대포동1호, 금창리

1998년 초부터 1년 반 동안 나는 김대중 대통령의 외교통상 비서관으로 일했다. 햇볕정책은 김대중 대통령과 임동원(林東源) 수석비서관의 합작품이었다. 김 대통령 취임 후 얼마 되지 않아 임 수석이 '포용정책'(engagement policy)의 개념과 추진계획을 담은 문서를 들고 대통령 집무실에 다녀왔다. 김 대통령이, 포용정책이라는 뜻은 맞지만 그런 표현으로는 국민들에게 쉽게 다가가지 않으니 '햇볕정책'으로 명명하자고 했다는 것이었다.

사실 'engagement'는 교류와 접촉을 통해 상호 영향을 미치는 적극적 관계를 맺는다는 뜻인데, 포용정책이나 햇볕정책은 상호적이라기보다 일방적으로 혜택을 준다는 느낌이 든다. 나는 정책의 소비자인 유권자들과 직접 피부를 맞대어 정치를 하는 사람의 용어가 다르다고 생각했다. 그런 고려가 없었더라면 '교류협력정책'이라는 평범한 말이 의미와 맥락에 맞는다고 생각했다. 그 용어를 썼다면 김대중 대통령의 브랜드로 자리 잡지는 못했겠지만 다음 정권들로 이어가는 데는 오히려 득이 되었을 수도 있지 않았을까 싶다. 긴 과정으로 이어가야 할 우리의 대북정책은 독점보다는 공유가 필요하다.

당시 한국은 금융위기 정국에 휩싸여 있었다. 아마 김대중 대통령이 아니었더라도 햇볕정책과 같은 맥락의 정책을 취하는 게 맞았을 것이다. 경제위기와 남북대치 위기가 중첩되는 것은 경제의 대외의존도가 높은 한국으로서는 반드시 피해야 하는 일이기 때문이다. 통일 전 서독의 동방정책도 경제적 고려가 크게 작용했다. 빌리 브란트(Willy Brandt) 총리가 동방정책을 시작한 1970년에서 1975년 사이 서독의 경제성장률은 5.4퍼센트에서 1.1퍼센트로, 실업률은 0.7퍼센트에서 4.6퍼센트로, 인플레는 3퍼센트에서 7퍼센트로 악화되었다. 이른바 '라인강의 기적'으로 불린 독일 경제가 성장 포화상태에 도달한 것이다. 동구와 러시아로 가는 경제적 활로가 절실히 필요하던 때였다. 물론 김대중 대통령은 금융위기와 관계없이 이전부터 이 정책을 구상해왔다. 북한도 1998년부터 2000년에 걸쳐 미국과의 대화를 활발하게 전개하고 유럽 및 호주와도 외교관계를 수립했다. 미국의 클린턴 행정부는 햇볕정책과 보조를 맞추어 한반도에서 평화 건설이라는 업적을 남기고 싶어 했다. 햇볕정책이 자리 잡을 수 있는 환경이 되었다.

1998년 7월, 그간 미국 의회의 요청으로 활동해온 약칭 '럼스펠드

위원회'가 미국에 대한 적국의 탄도미사일 위협 평가보고서를 만들었다. 미국이 북한과 이란으로부터 탄도미사일 공격을 받을 것에 대비해서 미사일방어망(Missile Defense, MD)을 구축해야 한다는 것이 요지였다. 냉전이 종식된 상태에서 소련이나 중국의 공격을 막기 위해 미사일방어망을 구축해야 한다고 공개적으로 주장하기는 어려웠다. 그 대신 북한과 이란으로부터의 위협을 막기 위해 미사일방어망이 필요하다는 이유를 내세웠다.

미국은 일본과 한국, 그리고 인도, 유럽을 연결하여 중국과 러시아 견제망을 형성하려는 전략을 갖고 있었다. 미사일방어망 구축은 미국의 4대 군수기업과 전국 각 주에 걸쳐 있는 50여개 중대형 협력기업들의 입김이 크게 작용한다. 이 보고서는 처음에는 별 주목을 받지 못한 데다 군산복합체(military-industrial complex)*의 관점을 주로 반영한 것이라는 비판을 받았다.

그런데 한달 후인 8월 말, 북한이 이른바 '대포동1호' 미사일을 시험 발사했다. 그 일로 '럼스펠드 보고서'가 무게를 갖게 되어 미국의 미사일방어망 구축 사업은 힘을 얻었다. 결과적으로 북한이 미국의 군산복합체를 도와준 것이다. 북한은 대포동1호가 군사용 미사일이 아니고 위성발사용 로켓이라고 주장했다. 그러나 위성발사용 로켓에 대기권 재진입 장치 등 몇개의 요소를 더하면 군사용 미사일로 발전하기 때문에 우리는 일단 군사용 미사일로 간주하고 대응했다.

....
* 미국의 군부와 방위산업이 이익동맹을 맺어 국가안보 위기의 분위기를 지속시켜 정부를 사실상 통제하는 현상을 지칭하는 것으로서, 아이젠하워(Dwight D. Eisenhower) 대통령이 1961년 1월 퇴임 연설에서 공개 언급함으로써 널리 사용되기 시작했다.

당시 햇볕정책을 성안 중이던 김대중 정부로서는 당혹스러웠다. '북한이 왜 이 시점에 대포동1호를 발사했을까'라는 의문을 갖지 않을 수 없었다. 제네바 합의에서 약속받은 경수로 건설 사업이 지지부진하고, 또 북·미관계 개선도 진전되지 않은 데 대한 불만일까? 북한 군부와 강경파가 대미관계, 대남관계와는 별도로 현대전의 핵심 무기 체계인 미사일은 계속 개발한다는 자세로 밀어붙이는 것일까? 아니면 김대중 정부가 태동시키려는 햇볕정책의 저의에 대한 불신을 표시한 것일까? 등 여러 분석이 나왔다.

당시 김정일은 김일성의 유훈통치를 벗어나 이른바 '강성대국'의 이미지를 내세우고 있었다. 핵과 미사일 개발을 가속화하여 대미 협상의 지위를 강화할 필요가 있었다. 북한의 주요 외화 획득원인 이란 등 중동 지역에 미사일 수출시장 확보를 위해 기술능력을 과시할 필요도 있었다. 또 한편으로는 후일 여러 계기에 강조했듯이 미국과 일본이 북한 내부를 위성으로 훤히 내려다보고 있기 때문에 자신들도 위성 정찰 능력을 가져야 한다는 욕구가 있었을 것이다. 그러나 무엇보다 김정일이 선군정치를 내세우면서 군을 배려하고 장악해야 하는 내부 정치가 가장 중요하게 작용했던 것으로 보였다. 더욱이 1998년 5월에는 인도와 파키스탄이 2주 간격을 두고 각각 5차례와 6차례의 핵실험을 단행했다. 핵과 미사일은 바늘과 실 같은 사이다. 북한에도 영향을 미쳤을 것이다.

평안북도 금창리의 지하시설에 대한 핵 의혹이 대두된 것도 비슷한 무렵이다. 1998년 8월, 미국은 위성으로 지하동굴의 입구, 저수지, 취수시설, 차량 진입로 등을 촬영해서 지하 핵시설이 분명하다는 판단을 내리고 한국도 대북정책을 재고하여 공동으로 북한을 압박할 것을 요구했다. 여름 내내 이 문제로 한·미 간에 긴장된 협의가 진행되었다. 11월 21일 미국 백악관의 케네스 리버설(Kenneth Lieberthal) 선임보좌관 및 찰스 카트먼(Charles Kartman) 한반도 문제 특사가 다음 날 있을 한·미 정상회담 최종 사전 협의를 위해 밤늦게 청와대의 내 사무실에 왔다.

미국 팀은 금창리 시설의 사진들을 갖고 와서 대북 제재 착수를 설득하려 했다. 나는 핵시설이 확실하다면 강력한 조치를 취하는 데 한국이 앞장설 수 있을 것이라고 하면서, 위성사진에 의한 정황 증거(circumstantial evidence)를 넘어서는 현장 확인 등 구체적 증거(corroborant evidence)를 확보하자고 제안했다. 이후 미·북 간 협상을 통해 실제 미국의 조사단이 1999년 5월부터 두차례에 걸쳐 현장을 방문 조사했으나, 동굴은 아무것도 없는 텅 빈 공간으로 확인됐다. 미국은 이를 확인하기 위해 60만 톤의 식량을 제공했다. 마치 북한이 봉이 김선달식 작전을 한 결과가 되었다.

당시 북한이 무슨 용도로 지하동굴을 건설했고, 또 어떠한 목적으로 미국의 위성에 노출을 시켰는지, 그리고 미국은 어떤 판단에서 불확실한 위성사진만으로 북한에 대해서 강경조치를 취하고자 했는지는 불분명했다. 우리 정부는 미국과 국내의 강경 여론을 참아내면서 차분하게 대응하느라 힘들었다. 한·미 간에는 북한에 관한 수많은 정보의 증거 능력에 관해 수시로 논의하지만 미국은 자국의 정보에 의한 행동개시에 우리만큼 신중하지는 않다. 전세계 문제를 다뤄야 하는 입장에서는 우리와 사정이 같을 수는 없었다. 우리 언론과 정치권에서 왜 미국과 각을 세우느냐고 비판 공세를 벌이는 바람에 정부 당국자들은 답답해했다. 그로부터 7년이 지난 2005년 3월 미국 백악관의 마이클 그린(Michael Green) 선임보좌관이 나를 찾아와 북한이 리비아에 6불화우라늄(UF6, 우라늄농축 원료)을 판매한 의혹이 있으니 한국도 대북 제재에 참여해야 할 것이라고 했다. 나는 1998년 금창리 사건을 떠올리면서 확증이 나오는 것을 보고 결정하자고 설득했다. 확증은 나오지 않았다.

페리 프로세스

김대중 정부가 들어선 1998년 미국의 의회는 공화당이 지배하는 여소야대의 정국이었고 북한을 포함한 대외정책 혼선도 잦았다. 클린턴 대통령은 대북 관여 정책을 통해 북한의 핵미사일 문제를 해결하기 위해서 윌리엄 페리(William A. Perry) 전 국방장관을 대북정책 조정관으로 임명하여 미국 내 정부 각 기관의 북한 관련 업무를 총괄 조정하도록 했다. 우리는 막연히 미국이 백악관의 지휘 아래 국무부·국방부·재무부·중앙정보국 등을 통해 대외정책을 체계적으로 펼칠 것으로 생각하지만 실제로는 그렇지 않은 경우가 많다. 2005년 9·19공동성명 직후 미국 재무부가 북한에 대해 금융제재를 가한 사례도 그 하나이다.

미국이 대북정책 조정관을 임명하자 우리 정부는 북한의 핵과 미사일 개발에 대해 그때그때 대증요법(對症療法)으로 나아갈 게 아니라 이 기회에 우리가 먼저 한반도 냉전구도 해체를 위한 포괄적 접근 방안을 만들어서 미국과 협의하기로 방향을 잡았다. 임동원 외교안보수석이 이 방안을 대통령에게 보고하고 실행에 들어갔다. 나는 외교비서관으로서 임동원 수석을 보좌해서 한·미가 각각 취할 조치와 북한이 해야 할 일을 대차대조표식으로 작성한 후, 그 위에 구체적인 행동 계획과 시간 개념을 도입한 도표를 만들었다. 당시 이 작업에는 위성락(魏聖洛, 후일 한반도평화교섭본부장과 주 러시아 대사), 김규현(金奎顯, 후일 외교부 차관과 외교안보수석), 이혁(李赫, 후일 주 베트남 대사) 등 유능한 행정관들이 참여하여 함께 지혜를 짜냈다.

한반도의 냉전구도 자체가 해체될 때 핵과 미사일 문제가 해결될 수 있다는 전제하에 한반도에서의 군비 통제와 감축, 상호위협 감소, 미·북관계 정상화를 통한 정전체제의 평화체제로의 전환, 남북 간의 평화공존과 사실상의 통일 과정을 거쳐 완전한 법적 통일로 간다는 원대한 그림을 그렸다. 이러한 냉전구조 해체의 환경조성을 위해서 남북 간 대화와 함께, 한·미 공조와 일본·중국·러시아와의 협력을 구상하고 있었다.

임동원 수석은 북한의 속성을 감안하여 먼저 주고 뒤에 받는다는 의미의 '선공후득(先供後得)' 방식을 정책의 바탕으로 삼았다. 나는 비슷한 각도에서 상대에게 혜택을 제공하면서 이를 축적하면 결국 그 자체가 지렛대로 바뀐다는 이른바 '혜택 제공−혜택 박탈'(incentive−disincentive) 논리를 제시했다. 이 두개의 논리는 이른바 '페리 프로세스'(북한의 비핵화에 대해 클린턴 행정부 윌리엄 페리 대북 조정관의 포괄적 해결 방안을 담은 보고서) 수립 과정에서 미국을 설득할 때 기초가 되기도 했다. 북한의 기존 상태는 더 잃을 것이 별로 없기 때문에 제재와 압박을 가하더라도 효과가 별로 없다. 그러나 우리가 먼저 북한에 인센티브를 제공해나가면 어느 단계에 가서는 우리의 인센티브 없이는 살기 어려운 정도의 임계점에 도달한다는 것이었다.

우리의 입장을 페리 프로세스에 반영하기 위해 임동원 수석이 대통령과 의논해서 개괄적 구상을 내면, 나와 동료들은 국제적 관점을 보완하고 국내외의 설득 논리를 구성했다. 당시 미국 페리 팀의 웬디 셔먼(Wendy Sherman) 국무부 자문관(후일 국무부 차관), 스티븐 보즈워스(Stephen W. Bosworth) 주한미국대사, 애슈턴 카터(Ashton B. Carter) 국방부 차관보(후일 국방장관)와 우호적이면서도 까다로운 토론을 많이 했다.

1999년 1월 말, 우리는 페리 프로세스의 초안이 되는 구상을 도표로 만들어 워싱턴으로 갔다. 도착한 다음 날 숙소인 워터게이트 호텔에서 만찬을 갖고 서로의 생각을 비교했다. 페리 팀은 아직 구체적 입장을 갖고 있지 않은 것으로 보였다. 우리는 또 일본이 처음부터 깊이 참여하지는 않더라도, 한·미가 협의한 후 북한과 협상에 들어가기 전에는 참여하는 것이 좋을 것으로 보았다. 그래서 방미 직후 바로 일본을 방문하기로 날짜를 잡아두었다. 아니나 다를까, 워싱턴에서 페리 팀은 우리의 구상을 일단 전반적으로 받아들인 후, 북한에 줄 인센티브 중 경제지원을 위해서는 일본의 참여가 필요하다고 강조했다. 1990년 1차 걸프전에서 일본이 보인 이른바 '수표 외교'(일본이 참전하지 않는 대신에 130억 달러의 백지수표를 건네준 일)가 생각났다.

일본은 당시 제네바 4자 평화회담에 참가하지 못한 데 대한 소외감이 심했다. 미국에 대해서 북한 미사일 문제의 협의에 일본이 꼭 참여할 것을 요청하고 있었던 것은 당연했다. 우리 팀이 방일을 제의하자 일본은 극구 환영했다. 당시 일본에는 우리의 외교안보 수석비서관 같은 직책이 없었다. 그래서 노나카 히로무(野中廣務) 관방장관이 협상 상대로 나왔다. 이렇게 해서 한·미·일이 할 일과 북한이 할 일을 양쪽 저울에 올려놓고 맞추는 작업이 시작되었다.

일본 다음으로 중국을 방문했다. 임동원 수석이 "만약 북한이 미사일을 계속 개발하면 한국도 그에 상응하는 미사일 개발이 불가피하고 그러면 동북아에 군비경쟁이 확산될 수밖에 없다"고 하자, 중국 측은 "반도의 평화와 안정을 위해 각 측이 적극적으로 노력해야 한다. 군비경쟁은 누구에게도 유리하지 않다"라는 늘 해오던 원칙적인 대응으로 일관했다. 임 수석이 재차 북한의 미사일 개발 통제를 위한 중국의 역할 필요성을 강조하자, 탕 자쉬안(唐家璇) 외교부장은 미국이 북한 미사일을 구실로 미사일방어망을 개발하고 일본도 참여하여 중국을 겨냥하고 있다면서 반감을 드러내었다. 중국 정부 인사들은 정해진 원론적 공식 입장을 되풀이하는 데 워낙 익숙하여 그들과는 구체적으로 각론에 들어가기가 참 힘들다는 생각이 들었다.*

이어 러시아를 방문했다. 러시아 측은 대북정책은 시간을 갖고 추진해야지 급하게 밀어붙이는 것은 좋지 않다는 반응을 보였다. 그들은 한반도 주변국가 중에서는 당면 이해관계가 가장 약하기 때문에 거리를 두고 조용히 볼 수 있는 여유가 있었다.

1999년 3월 페리 팀이 미국의 안을 가지고 방한했다. 미국 측 방안은 사실상 두달 전 워싱턴에서 우리 측이 제안했던 방안을 미국 버전으로 재작성한 것이었다. 그런데 하나 큰 차이는 만일 북한이 타협을 거부하고 계속 사태를 악화시킬 경우의 비상대비계획(Plan B)을 구

---

* 나중에 내가 노무현 대통령의 안보실장으로 있을 때 노 대통령은 북한 핵 문제로 수차례 후 진타오 주석과 통화했다. 대통령은 통화 후 수화기를 놓으면서 "중국과는 무슨 깊이있는 이야기가 돼야 말이지. 되는 것도 없고 안되는 것도 없고, 참……" 하는 경우가 자주 있었다.

체화한 것이었다. 한국 측의 원안도 미국 측만큼 강하지는 않았지만 유사시 계획을 포함하고 있었다. 다만 이 부분이 노출되면 페리 프로세스가 북한에 대한 강공책을 구사할 명분을 축적하기 위한 것으로만 이해될 우려가 있기 때문에 부각시키지는 않았다. 그래서 이 작업을 하면서 언론 노출 가능성에 각별히 신경을 썼다. 당시 햇볕정책의 태동시기에 이를 손상시키려는 기도가 도처에 도사리고 있었는데, 비상대비계획이 노출되면 커다란 혼선을 가져올 것이기 때문이었다.

다음 달인 4월 호놀룰루 힐튼 호텔에서 한·미·일 3국 협의가 열렸다. 이 모임은 석달 전 우리 팀이 워싱턴과 도쿄를 연쇄 방문하여 협의를 가진 데서 비롯되었다. 웬디 셔먼이 '한·미·일 대북정책조정감독 그룹'(Trilateral Coordination and Oversight Group, TCOG)으로 이름을 붙이자고 제안했다. 마치 3국의 대북정책을 감독(oversight)까지 하는 것으로 비쳤지만, 실제는 각 나라의 국내 정책 혼선을 막고 3국간 조정을 원활히 하자는 취지였다.

회의 하루 전부터 미국 보안 요원들이 거의 하루 종일 회의장에 도청 방지작업을 하는 것이 눈에 띄었다. 모든 수단을 동원해서 자국의 정보는 방어하고 상대방의 내부 정보에는 침투해야 하는 강대국의 한 모습이다. 2015년 기준으로 미국은 정보전을 위해 매년 400억 달러에 달하는 예산으로 첩보위성 운영과 도청 및 감청 활동을 전개한다. 한국의 1년 국방예산보다 많다. 정보전과 도청에는 동맹국이건 아니건 별 차이가 없다. 1996년 미국연방수사국(FBI)은 한국계 미국인 로버트 김(Robert C. Kim, 한국명 김채곤)을 간첩 혐의로 기소했다. 나는 당시 외교부 북미국 심의관으로 있으면서 미국 법원에 제출된 기소장을 보고 상당히 놀랐다. FBI가 워싱턴을 공식 방문하는 한국 해군 대표단의 숙소인 옴니쇼럼 호텔방에 비밀 감시 카메라와 도청장치를 설치하고, 로버트 김과의 대화 내용을 기록했던 것이다. 그는 정부 보안규정을 위반하고 비밀을 한국에 넘겼다는 죄목으로 9년간 복역했다. 도청과 감청에 관한 한 중국이나 러시아는 미국보다 더한 방식을 거칠게 동원한다.

한·미·일 3국 협의를 거쳐 5월 25일 페리 조정관이 북한을 방문했다. 당시 미국 정부의 방북 목적은 다음과 같이 요약해볼 수 있다. 첫째, 제네바 합의 이행을 통해서 NPT 체제와 미사일기술통제체제(Missile Technology Control Regime, MTCR)*를 강화하는 것. 둘째, 한반도의 평화체제 수립을 통해서 냉전을 종식하는 것. 셋째, 미국의 대중(對中) 정책 협력과 견제 차원에서 한반도 정책을 수립하는 것. 넷째, 클린턴 대통령의 적극적인 대북정책이 진전되도록 하는 것. 다섯째, 럼스펠드(Donald Rumsfeld) 같은 강경파의 미사일방어망 구축 요구를 중화시키고 보수 강경 의제의 등장을 견제하는 것이다.

2000년 남북 정상회담

1994년 7월 25일로 예정되었던 김영삼 대통령과 김일성 주석 간의 만남이 7월 8일 김 주석의 사망으로 무산되었지만, 남북 정상회담은 언젠가는 열려야 할 남북관계의 관문이었다. 김대중 대통령은 1998년

....
* 1987년 미국 등 선진 7개국(G-7)에 의해 설립되었으며 500킬로그램의 탄두를 300킬로미터 이상 이동시킬 수 있는 탄도 및 순항미사일의 확산을 방지하는 국제체제이다. 2016년 7월 현재 한국을 포함한 35개국이 가입해 있다.

2월 대통령 취임사에서 "북한이 원한다면 정상회담을 개최할 용의가 있다"고 표명했다. 그후 여러 기회에 정상회담과 이를 위한 특사교환을 제안했다. 그러나 북한은 바로 호응하지 않았다.

나는 1998년 8월 말 북한의 대포동 미사일 발사 후 임동원 외교안보수석과 함께 대통령이 주재하는 소수회의에 참석했다. 그 자리에서 남북 정상회담 이야기가 나오자 김 대통령은, "김정일이 나와 회담하지 않으려는 것 같은데 굳이 서두를 필요가 없다"고 했다. 당시 미사일 발사로 인한 한반도와 국제정세가 경색된 것도 있었지만, 정권 초기부터 정상회담을 서두를 경우 색깔론 같은 오해를 받을 소지를 염두에 두는 것이 아닌가 싶었다.

김대중 정부는 초기에, 남북관계보다 북한의 미사일 개발 중지와 북·미관계 정상화를 축으로 하는 이른바 '페리 프로세스'를 우선 진전시킨 다음 남북관계를 함께 발전시키는 것이 순로라고 판단했다. 1999년 5월 미국의 페리 조정관이 방북하고, 이어 그해 10월 클린턴 행정부의 포괄적 대북관여 정책인 페리 프로세스를 북측에 제안했다. 이러한 정세 호전과 함께 김대중 대통령은 2000년 3월 9일 '베를린 선언'을 통해 민간과 공식 차원의 두 경로를 통해 남북관계를 획기적으로 발전시키겠다고 대내외에 밝혔다.

이후 남측의 박지원(朴智元) 특사(문화관광부장관)와 북측의 송호경(宋虎景) 특사(아태평화위원회 부위원장) 간에 2000년 3월 17일부터 3차의 비공개 접촉을 거쳐 4월 10일 정상회담 개최 합의를 공동 발표하였다. 당시 정상회담 성사 과정에서의 뒷거래 문제가 제기되고, 4·13 총선을 앞둔 시기에 발표한 데 대한 비판도 있었지만, 이로써 남북관계가 새로운 문턱을 넘은 것으로 평가되었다. 나는 외교부 북미국장으로서 임동원 국정원장의 요청을 받고 정상회담 일정 발표에 앞서 4월 7일부터 관련 부처 직원들과 마지막 대북 교섭 상황을 점검했다. 특히 미국 등 주변국들과의 사전 협의 대책을 세우는 데 집중했다. 북한은 마지막 순간에 방문 일자를 하루 늦추고, 김대중 대통령과 김 정일 위원장과의 만남을 '정상회담'이 아니라 기어이 '상봉'이라고 주장했다. 김영남(金永南) 최고인민회의 상임위원장을 국가 원수로 내세우고 있으니 형식상으로는 맞는 표현일 수도 있지만, 우리가 참 특이한 상대와 맞대고 살아야 한다는 생각이 새삼 들었다.

이 회담 결과로 발표된 6·15남북공동선언의 5개항 중에 제2항 "남과 북은 나라의 통일을 위한 남측의 연합제 안과 북측의 낮은 단계의 연방제 안이 서로 공통성이 있다고 인정하고 앞으로 이 방향에서 통일을 지향시켜나가기로 하였다"가 핵심이었다. 서로 상대를 인정하고 공존하면서 통일을 훗날의 과제로 삼자는 취지였다. 그로부터 7년 후인 2007년 8월 나는 마닐라에서 "한 나라에 두개의 제도로 공존하는 것이 얼마든지 가능하다"는 박의춘(朴義春) 북한 외무상의 말을 듣고 논리적 일관성은 여전하다고 생각했다.

1972년 7·4남북공동성명에 이어 1991년 남북한의 유엔 동시 가입이나 그다음 해 체결된 남북기본합의서 모두 근간은 같았다. 6·15공동선언은 어떻게 보면 양 정상 간에 기존 합의들의 정신을 재확인했다는 의미가 있었다. 특히 양측이, 주한미군이 '동북아에서의 안정자'로서 역할을 계속할 필요가 있다는 인식을 같이한 것이 주목할 만한 진전이었다. 문제는 북한이 핵 개발 계획을 포기하지 않는 한, 주한미군의 역할을 대북 억제 부분과 동북아 안정 부분으로 나누는 것이 어렵고 남북의 평화공존도 정상궤도로 들어서기 어렵다는 것이다.

남북 정상회담의 후속 조치로 2000년 9월 24일부터 사흘간 제주도에서 처음으로 남북 국방장관 회담이 열렸다. 여기에서 북한이 필경 한·미관계를 거론할 것으로 보고 조성태(趙成台) 국방장관이 나에게 외교부 북미국장으로서 회담에 참석해줄 것을 요청했다. 나는 남북 10명의 대표를 통틀어 유일하게 군인 출신이 아닌 대표였다. 회담의 주요 의제는 휴전체제를 평화체제로 전환하는 것과 남북 철도와 도로 연결 문제였다. 당시 회담의 후속 조치로 비무장지대(DMZ)에서 철도와 도로 공사를 하기로 되어 있었는데 북측은 남측이 DMZ에서 작업을 하려면 유엔군사령관의 위임장을 받아 오라고 했다. 우리 측이 유엔사에 일괄 위임장을 요청했더니 유엔사는 매번 출입할 때마다 허가를 받아가라는 것이었다. 마치 한반도 문제의 결정은 남북이 아니라 '조선과 미국'이 해야 한다는 북한의 주장을 뒷받침해주는 것 같아서 씁쓸했다.

국방장관 회담장에서는 정해진 입장들만 밝히고 있었지만, 개별 차량 이동과정이나 관광지에서는 남북의 각 상대역끼리 짝을 지어 산책도 하면서 많은 시간을 함께 보냈다. 나와 함께한 인민군 장교(로승일)는 인민무력부에서 미국 등 대외관계를 담당하고 있는 간부였는데, 표면상으로는 여유가 있어 보였다. 그는 남측 외교부 국장이 참석한다고 해서 의아하게 생각했다면서 말문을 열었다. 나는 남북대화가 주변국들의 축하와 지지를 받아야 더 잘되지 않겠느냐면서, 한·미 간의 조율에 관한 나의 역할을 소개해주었다. 그는, 경의선 연결 정도는 남북이 직접 논의하지만, 군사작전권을 미국이 갖고 있기 때문에 군사훈련이나 다른 중요한 실질 문제는 주로 미국이 시키는 대로 하는 것 아니냐면서 북한이 늘 주장하는 화두를 꺼냈다. 또

한 "미국이 우리의 핵이나 미사일 문제를 내세우는 것은, 한반도에 군대를 주둔시키고 전역(戰域)미사일방어망(Theater Missile Defense, TMD)을 설치하기 위한 명분에 불과하다. 핵 문제는 해결되었는데 미국이 경수로 건설도 지연시키고, 중유 제공도 중단시키려 한다. 또 일본이 스스로는 위성용 로켓을 발사하면서도 우리보고는 장거리 미사일이라고 떠들면서 문제를 만들고 있다"면서 말을 이어갔다.

내가, 미국이 시키는 대로 하는 것이 아니라 우리가 결정하고 미국은 지원역할을 하는 것이고, 남북 간 믿음을 쌓아야 작전권이니 군사훈련이니 하는 것들도 풀 수 있다고 하자, 그는 "근래 남측의 언권(言權)이 좀 올라간 것 같다"며 말이 부드러워지기 시작했다. 그러더니 "북측이 인구나 힘에 있어 남측보다 못한데 먼저 힘을 쓸 수 있겠느냐. 나 같은 군인은 지도자께서 시키는 대로 한다. 주한미군 문제는 정상회담 때 두 수뇌 간에 이야기가 있었던 것으로 안다"면서 더는 깊이 들어가지 않았다.

당시 진행 중이던 한·미 미사일 협상과 관련해서 내가, "우리는 곧 미사일기술통제체제(MTCR)에 따라 사거리를 300킬로미터 이내로만 개발코자 하니 북한도 참고해서 미사일 문제로 한반도 정세를 혼란스럽게 하지 말았으면 한다"고 했더니 그는 의외의 반응을 보였다. 우리가 500킬로미터까지 개발하려는 것으로 알고 있다는 것이었다.* 이 문제는 공식회담에서 조성태 장관이 설명했는데 북한의 김일철

....
* 당시 미국은 북한과의 미사일 협상에서 500킬로미터까지 개발할 수 있다는 입장을 취했다. 그런데 한국에서는 300킬로미터까지만 인정했다. 우리가 미국에 이런 차이에 대해 이의를 제기했어야 하는데 막 전개 중인 북·미관계와 남북관계의 진전을 감안해서 발목을 잡지 않기로 했다. 그러나 미국의 그런 자세는 유의해두어야 할 대목이었다.

(金鎰喆) 인민무력부장은 듣기만 했다.

로승일은, 남쪽의 정권이 바뀌어도 지금의 대북정책이 계속될 것으로 보는지, 그리고 미국에서 부시(George W. Bush)가 당선되면 한반도 정책이 어떻게 바뀔 것인지를 물었다. 나는, "남쪽에서 누가 정권을 잡고 미국 백악관에 누가 들어서느냐가 문제가 아니라, 북측이 어떻게 하느냐에 달려 있다. 남과 북이 정치적·군사적 신뢰를 만들어 다시 후퇴할 수 없는 선까지 발전시키면 미국도 이를 지지할 수밖에 없다"고 했다. 그는 원칙적으로 맞는 말이지만 실제 그렇게 되겠느냐는 반응을 보이면서, 서울과 워싱턴의 정권 변화에 촉각을 세웠다.

북·미관계, 짧은 해빙과 긴 겨울

남북 정상회담 후 북·미관계도 급속도로 진전을 맞았다. 2000년 6월 19일 미국의 대북 경제제재가 일부 해제되고, 7월에는 방콕에서 처음으로 미·북 외교장관 회담이 열렸다. 그리고 10월, 북한의 총정치국장 조명록(趙明祿)과 미국 국무장관 올브라이트(Madeleine Albright)가 각각 워싱턴과 평양을 교환 방문했다. 조명록은 방미 때 '북·미 공동 코뮈니케'를 발표해 상호적대 의지가 없음을 확인했으며,* 올브라이트 국무장관이 북한을 답방하는 일련의 상승곡선을 그렸다. 올브라이트 장관은 방북 때 김정일 위원장의 방미를 초청했다. 그러나 김정일은 수락하지 않았다. 당시 조명록은 올브라이트에게

....
* '상호 적대 의지가 없다'(No Hostile Intent)는 줄여서 NHI라고 불렸는데 당시 한미 관계자들의 대북정책 논의에 등장하는 핵심 용어가 되었다.

6·15남북정상회담으로 환경이 바뀌어 북·미관계 개선이 가능해졌다고 밝히기도 했다.

북한은 1990년대 초부터 지속되어온 경제적 곤궁에서 벗어나기 위해 남북관계와 북·미관계를 동시에 개선하려 했다. 한편으로는 햇볕정책을 계기로 남북관계를 개선하면서 다른 한편으로는 핵과 미사일 같은 한반도의 핵심 의제는 북·미 구도로 끌고 갈 수 있다고 판단한 것으로 보였다.

당시 우리 국내에서 북·미관계를 보는 시각은 크게 상반되었다. 김대중 정부는 한반도 문제 해결을 위해서는 북·미관계 개선이 필수적이라 보고 미국을 설득하는 데 적극적인 힘을 쏟았다. 반면 야당은 드디어 북한의 통미봉남 전술이 먹히기 시작했다고 비판했다. 조명록은 10월 10일 군복을 입고 백악관에서 클린턴 대통령을 만났다. 한국의 기존 시각에서 보면, 북한군 1인자의 이 같은 행보를 미국이 받아들인 것이 큰 충격이었다.

그러나 북한은 대미관계가 개선 중일 때에도 핵과 미사일 활동을 지속했다. 2000년 8월 북한은 50기의 노동미사일과 발사대를 리비아, 이라크, 이집트 등지에 수출하여 6억 달러 상당의 외화를 획득한 것으로 알려졌다. 또한, 이때 이미 북한이 초기 단계의 우라늄농축 사업을 진행 중이라는 의혹이 불거졌다. 나는 1999년 외교부 북미국장 시절, 카트먼(Charles Kartman) 미국 국무부 한반도 특사에게 북한의 우라늄농축 추진 정황에 대해 우려를 표시하고 대책을 논의할 것을 제안했다. 그는 우라늄농축을 통해 핵무기 개발까지 가려면 최소한 100억 달러 이상이 소요되는 거대한 프로젝트인데, 북한의 능력상 감당하기 어렵다는 미국 측 판단을 제시했다. 그후 조지 W. 부시 행정부가 들어설 때까지 2년 동안 이 문제는 한·미 간 논의 테이블에 다시 올라오지 않았다.

그런데 당시 미국은 왜 북한의 우라늄농축 사업 가능성에 무게를 두지 않았을까. 클린턴 행정부는 북한과 협상을 통해서 미사일 개발을 억제하고, 또 제네바 합의 이행을 통해 무기급 플루토늄 생산을 저지하는 데 우선순위를 두었다. 당면한 위협을 먼저 해결하고 단계적으로 우라늄농축 가능성도 막는 방향으로 가닥을 잡았다. 미·북 관계가 개선되면 점차 북한이 우라늄농축으로 인해서 잃을 것이 많아지고 그에 따라 핵 개발 중지 요구를 수용할 가능성이 커질 것이기 때문이다. 그런데 2005년 6자회담에서 미국은 북한의 우라늄농축 문제를 중점 강조했다. 반대로 한국은 클린턴 행정부처럼 플루토늄 재처리부터 막자는 입장을 내세웠다. 미국의 국내 정치 변화에 따라 정보판단 자체도 바뀌고 그에 따른 입장도 바뀐 것이다. 베이징에서 내가, 북한의 우라늄농축에 대한 미국의 1999년 판단을 상기시키면서 어떻게 몇년 사이에 정보판단이 그렇게 바뀔 수 있느냐고 했더니 미국 측은, "그간 기술발전 속도가 빨라졌다. 특히 파키스탄 측의 기술이전으로 북한의 우라늄농축 계획이 급속히 발전했다"고 했다.

2000년 올브라이트가 방북했을 때 김정일은 핵과 미사일 문제를 타결하고 대사급 외교관계 수립을 합의하기 위해서 클린턴 대통령의 방북을 희망했다. 만약 당시에 클린턴의 방북이 성사되었더라면 북·미수교와 한반도에서의 교차수교가 완성되어 한반도의 미래에 큰 변화가 왔을 것이라는 기대가 있었다. 그러나 클린턴 대통령은 임기 마지막 몇달 사이에 시급한 중동문제에 매달려야 했다. 또 설사 북한을 방문했다 하더라도 북·미관계가 종이 위의 합의로 해결될 수 있었을까라는 생각이 든다. 핵의 폐기와 검증이 이루어지고 미사일의 개발과 확산 방지를 위한 통제장치가 확립되어야 한국과 미국 내 여론의 초당적 지지를 받을 수 있다. 문서 합의 후 실제 이행이 순조롭게 진행되더라도 북·미관계가 '비가역적(非可逆的)' 상태에 도달하려면 최소한 3~4년 이상이 걸릴 것이다. 북한같이 비정상적인 국가에 대한 여론이 호전되는 데는 시간이 걸린다. 여론은 합의라는 나무에 과실이 열리는 것을 보고 난 후에야 비로소 굳어지는 것이다.

그런데 한반도 분단 후 70년간 북한은 3명의 지도자가 통치한 반면, 미국과 한국에는 각각 12명과 11명의 대통령이 나왔다. 정치 시계의 속도가 4배 정도 차이가 난다. 한국과 미국에서는 대북정책을 수립해 손에 잡히는 결과를 보여주려면 다음 대선 또는 중간선거까지 길어야 2년 정도밖에 여유가 없다. 북한은 자신의 생존이 걸린 문제를 이처럼 짧은 시간표에 맞춰서 움직이지 않는다. 2005년 클린턴 전 대통령이 서울을 방문해서 김대중 전 대통령에게 "2000년 말 당시 나에게 1년이라는 시간만 더 있었더라면 한반도의 운명이 달라질 수 있었을 것이다"라고 했다. 세계의 여러 문제들을 단순하게 보려는 미국적 시각일 수도 있다.

올브라이트는 북한에 가서 김일성 사망에 대한 클린턴 대통령의 조의 서한을 전달하고 금수산궁전을 방문했다. 북한이 말하는 참배였다. 만약 그 직전 평양을 방문한 임동원 통일부장관이 그렇게 했다면 국내에서 빗발치는 비난이 일었을 것이다. 동족상잔을 겪은 남북관계의 아픔 때문이다. 올브라이트의 평양 일정에 대해 한국 내에서는 반발이 없었다. 한국 여론이 미국의 대북 행동에 대해 그만큼 수용성이 있는 것이다. 이러한 교훈으로 나는 2007년 10월 노무현 대통령의 방북준비회의에서, 사전에 미국과 긴밀하게 협의할 것을 강조했다. 그래야 방북 결과에 대해서 미국의 확고한 지지를 확보하여 국내의 분열을 줄일 수 있고, 남북합의의 후속 조치도 원활하게 할 수 있을 것이라고 권고했다.

클린턴과 올브라이트 팀은 그들이 완성하지 못한 북한과의 관계 정상화와 핵·미사일 문제가 부시 행정부에 의해 해결되기를 바랐다. 그래서 2000년 11월 미국 대통령 선거 직후 부시 측 인수 팀에 이 과제를 인계하고자 했으나 인수 팀이 이를 진지하게 받아들이지 않았다고 한다. 부시 행정부는 취임 초부터 클린턴 대통령의 대북정책을 뒤집는 데 중점을 두었다. 또 부시 팀은 김대중 대통령이 김정일을 강경하게 대하지 않은 데 불만이 있었다. 그들은 2000년 6·15남북공동선언에 대해 김정일이 한·미 간을 이간시키는 데 김 대통령을 활용하려 한 것이라는 시각을 갖고 있었다. 2001년 3월 워싱턴을 방문한 김대중 대통령에게 부시 대통령이 "이 사람"(this man)이라고 부른 사건에는 이런 인식도 작용한 것으로 보였다.

한편 김대중 대통령은 방미에 앞서 2월 27일 방한한 러시아의 푸틴(Vladimir V. Putin) 대통령과의 공동성명에 "탄도미사일방어조약(Anti-Ballistic Missile Treaty, ABM)이 전략적 안정의 초석이며 이를 보존하고 강화한다"라는 러시아 측 문안을 담았다. 당시 막 출범한 부시 행정부는 ABM 조약에서 탈퇴하여 미사일방어망(MD)을 자유롭게 구축하고자 할 때였다. 보통 이런 공동성명은 합의 전에 외교부의 관련국(局) 간 협의를 거치는데, 푸틴 방한의 주무국인 유럽국과 ABM 관련국인 북미국 사이에 충분한 협의가 이루어지지 않은 것으로 보였다. 나는 그때 주 폴란드 대사로 발령이 나서 비행기를 타려고 하는데 이 소식을 듣고 김대중 대통령과 부시 대통령이 처음부터 이런 의도치 않은 엇박자가 난다고 우려했다.

9·11 이후 부시 행정부는 테러조직이 핵무기나 핵물질을 입수하는 것을 극도로 경계했다. 재임 기간 내내 대량살상무기와 테러리즘의 결합이라는 끔찍한 안보위협의 악몽에 시달려야 했다. 북한 핵과 한반도 문제도 그 그늘에서 벗어나기가 어려웠다. 2002년 초 부시 대통령이 연두교서에서 북한과 이란, 그리고 이라크를 '악의 축'으로 지목함으로써 북한 핵 문제 해결의 길은 깊은 수렁으로 빠져들었다. 당시 대통령 안보보좌관이었던 라이스는 2011년 그의 회고록에서 '악의 축'이라는 성격 규정이 과도한 것이었다고 술회했다. 하지만 이미 그 파장이 북핵 해결과 한반도 문제의 진전을 위한 한국 정부의 노력을 집어삼킨 후였다. 북한 문제를 서울과 워싱턴이 손잡고 해결해볼 수 있는 정치 환경은 시간도 짧았고 토양도 척박했다.

부시 행정부는 핵과 미사일 위협에 대해 외교보다는 군사력으로 대처하는 데 무게를 실었다. 그뒤에는 체니 부통령과 럼스펠드 국방장관이 버티고 있었다. 2006년 9월 워싱턴에서 부시 대통령은 노무현 대통령에게 "럼스펠드보다는 내가 합리적이고 나보다는 라이스가 합리적이다"라고 농반진반으로 말한 적이 있다. 미국 정부 내의 이념 성향을 보여준 것이다. 그런 럼스펠드는 2001년 취임하자마자 국방부에 미사일 방위청부터 신설했다. 1998년 이른바 '럼스펠드 보고서'로 미사일방어망을 주장해온 강경파는 자신들의 세상이 왔다고 보았다.

2002년 3월 미국 국방부는 8년마다 작성하는 '핵 태세 보고서'(Nuclear Posture Review)를 의회에 제출했다. 이 보고서는 핵 위협 국가로 러시아 다음으로 북한, 이라크, 이란, 시리아, 리비아, 그리고 중국을 지목해놓았다. 북한 같은 나라를 핵무기로 공격할 수도 있다는 내용이 포함되었다. 미국이 북한에 대해 먼저 군사적 공격을 가할 수 있다는 우려가 퍼졌다. 북한은 미국의 '선제 타격' 위협에 맞서 억지력을 확보하기 위해서는 '자위적 방어능력'을 구축할 필요가 있다고 맞받았다. 한반도 위기와 함께 전쟁의 공포감이 고조되었다.

이런 공포감은 한국 정부를 상당히 위축시켰고 정책 결정 과정에 영향을 미치는 것으로 보였다. 당시 미국은 중동에서의 전쟁에 국력을 집중하던 시점이었다. 미국은 1976년 판문점의 미루나무 한 그루를 제거하기 위해서도 거대한 육·해·공의 군사력을 동원해야 했다. 작은 무력행사라도 상대방이 저항할 엄두를 못 낼 정도의 압도적인 군사력을 동원하는 것이 미국의 군사개입 원칙이다. 당시 미국의 여건상 실제로 한반도에서 전면전까지 각오하면서 거대한 군사력을 한반도에 투입할 수 있을지 의문스러웠다.

부시 행정부는 핵 태세 보고서에 따라 다른 나라에 대해서는 핵 포기를 요구했다. 그러면서 미국 스스로는 더 강력한 핵무기를 보유해야 한다면서 실제로 핵실험을 재개했다. 그러나 실제로 핵무기 개발을 시도 중인 이란이나 북한이 아니라 핵 개발 확증이 없는 이라크에 무력을 사용했다. 2002년 10월 미국 '국가정보 보고서'는 이라크가 실제 대량살상무기를 개발 중인 것이 아니라 "대량살상무기 욕구"를 갖고 있다고 평가했음에도 5개월 후인 2003년 3월 이라크를 침공했다. 그다음 달부터 북한은 핵 억지력이란 말을 들고나오기 시작했다. 당시 주 폴란드 대사로 있던 나는 바르샤바에서 이런 모습을 지켜보면서, 서울이 움츠리지 말고 워싱턴을 다잡기를 기대했다. 그러나

9·11사태 후 부시 행정부의 기세가 워낙 드세었다.

과거 정책 뒤집기

2000년 11월 미국 대통령 선거 후 12월 초 부시 외교안보 팀 핵심이었던 울포위츠 전 국방차관(후일 국방부부장관, 세계은행 총재)이 비공식 방한했다. 조선호텔에서 당시 반기문 외교부차관과 나는 울포위츠와 조찬을 했다. 반 차관이 김대중 정부의 대북정책과 대외정책을 조리 정연하게 설명하고, 곧 취임할 부시 행정부와도 긴밀한 협조를 기대한다고 했다. 울포위츠는 잘 알고 있다는 듯한 표정으로 차분히 듣더니 북한 핵 문제를 제기했다.

그의 논지는 간단했다. 미·북 제네바 합의는 기본적으로 잘못된 것으로서 이행되기도 어렵다는 것이었다. 제네바 합의는 믿을 수 없는 상대인 북한에 이용당하는 것이라면서, 북한에 제공하기로 한 경수로에서도 얼마든지 무기급 플루토늄 추출이 가능하다고 주장했다. 그는 이미 1991년 남북 간의 한반도 비핵화 공동선언을 통해 남북 공히 핵 재처리와 우라늄농축 능력을 갖지 못하도록 주도한 인물이었다. 그후 8년간 재야에 있으면서 클린턴 행정부의 대외정책 전반에 대해 불신을 넘어 반감을 가진 것으로 보였다.

반 차관과 나는 그 자리에서 세가지 논점을 제기했다. 첫째, 경수로에서 무기급 플루토늄을 추출하는 것은 기술적으로 매우 어렵고 또 가능하다고 해도 시간이 오래 걸린다. 둘째, 설사 북한이 그런 어려운 과정을 시도한다 해도 사용 후 폐연료봉 자체를 북한 밖으로 반출하도록 합의되어 있으므로 무기급 플루토늄 제조가 원천적으로 불가능하다. 따라서 제네바 합의 이행은 최소한 플루토늄에 의한 핵개발을 막는 데 유용하다. 셋째, 미국이 바로 그런 논리로 한국을 설득해서 이미 12억 달러 상당의 자금을 투입한 상태인데, 미국의 행정부가 바뀐다 해도 최소한 동맹국과의 기존 합의는 지켜야 한다.

울포위츠의 대답은 간단했다. "경수로라 해도 시간이 걸릴 뿐이지 무기급 플루토늄 추출이 가능하다. 그리고 북한이 사용 후 연료봉의 국외반출을 거부하면 그만이다. 그때는 북한의 행동을 저지하려 해도 이미 늦다. 따라서 제네바 합의 이행은 중지되어야 한다"라고 못 박듯이 말했다. 나는 논리적으로 대화할 수 없다고 생각했다. 그리고 곧 들어설 부시 행정부는 제네바 합의를 파기하고 북한에 대한 강경노선을 굳히면서 한반도와 주변정세를 흔들겠다는 예감이 들었다. 클린턴 행정부 시절 상대하던 인물들과는 전혀 다른 나라 사람들이 등장하는 것 같았다. 물론 클린턴 행정부도 북한에 대해 거부감이 많았지만 그들은 일단 대화를 통해 해결의 길을 찾아보겠다는 자세였다.

이때까지는 '네오콘'(neocons)이라는 용어가 눈에 띄게 쓰이지는 않았지만, 냉전 시절 레이건 행정부하에서도 보기 어려웠던 새로운 형태의 강경보수 외교가 머리를 내밀고 있었다. 곧 네오콘의 정책이 표면에 등장했다. 종교적 근본주의자를 중심으로 한 그들은, 사회적으로는 "배고픈 것보다는 배 아픈 것이 낫다"는 신념하에 전세계에 걸쳐 그들이 생각하는 미국적 가치의 공세적 확산을 주창했다. 그러다보니 자신들이 파괴하고 싶은 적(敵)을 늘 필요로 했다. 부시 대통령 취임 후 이른바 "클린턴이 한 것 아니면 다 좋다"(Anything But Clinton, ABC)로 불린 정책 노선도 등장했다. 미국 내에서는 국내 정치의 상호 적대관계가 외부와의 적대관계보다 더 심하게 되자 이를 하나의 병리현상으로 부르기까지 했다.

2001년 1월 말 콜린 파월(Colin L. Powell)은 국무장관 취임 직후 당시 이정빈(李廷彬) 외교부장관과 통화를 했다. 나는 저녁 시간 외교장관 공관에서 이 통화에 배석하고 있었다. 파월은 과거 자신의 한국 근무 경험을 상기시키고 그간 김대중 정부의 대북정책을 긍정적으로 평가하면서 미국도 북한과 협상을 통해 해결해나가겠다는 의지를 밝혔다. 이 장관은 이러한 입장에 고무되어 다음 날 대통령에게 보고했다. 그러나 그 분위기는 오래가지 않았다.

3월 김대중 대통령이 서둘러 미국을 방문해서 부시 대통령과 대북정책을 협의하고자 했다. 김대중-부시 정상회담 하루 전, 파월 국무장관이 기자회견에서 부시 행정부가 클린턴 행정부의 대북정책을 이어갈 것이라고 말했다고 『워싱턴 포스트』지가 보도했다. 당시 국가 안보보좌관이었던 라이스의 회고에 의하면, 파월은 부시 행정부가 대북정책을 재검토하고 있으나 클린턴 행정부의 접근방식을 통째로 폐기하는 것은 아니라는 취지로 언급했는데 신문이 침소봉대했다는 것이다. 곧바로 파월 국무장관이 부시 대통령의 지시를 받고 "자신이 좀 앞서갔다"고 해명하는 사태까지 빚어졌다. 당연히 그날 있을 한·미 정상회담의 기류를 예고한 것이었다.

파월 국무장관의 정정 발언에도 불구하고 협상을 중시하는 국무부와 그 반대편에 서 있는 체니 부통령 및 국방부 사이에 갈등이 계속되었다. 부시 대통령은 초기에 강경파의 손을 들어주고 있었다. 당시 강경파의 목소리를 듣고 국내외에서는 미국이 북한에 대한 군사적 조치도 배제할 수 없다고 믿었고 우리 정부에서도 그러한 논의 자체가 가져오는 파장을 우려하고 있었다.

미국 내 논쟁이 전개 중인 상황에서 2002년 9월 초 미국은 북한이 우라늄농축 시설을 거의 완성해가고 있다는 판단을 내렸다고 한다. 외국 기관들이 제공한 정보를 취합한 결과라고 했는데, 한국도 포함된 것으로 보였다. 북한의 우라늄농축 사건으로 인해 2002년 10월 제임스 켈리(James A. Kelly) 미국 국무부 동아태 차관보가 평양을 방문했다. 당시 켈리 차관보는 백악관으로부터 내려온 엄격한 서면 훈령을 휴대했다. 그가 휴대할 지침은 처음에 파월 국무장관의 지시에 따라 초안되었으나, 마지막 단계에서 네오콘의 핵심 인물인 국무부 군축 차관 볼턴(John Bolton)과 체니 부통령의 거센 반대로 강경한 입장으로 바뀌었다고 한다. 통상 외교 행위는 정해진 입장을 각본대로 전달하는 경우와 개괄적인 지침만 받아 탄력적으로 협상하는 경우가 있는데, 켈리의 역할은 전자에 해당했다. 우편배달부와 같았다는 비판도 따랐다. 이때부터 대북정책에서 파월 휘하의 국무부는 힘을 쓰지 못하고 '협상'이라는 말은 실종되기 시작했다.

켈리가 가져간 훈령은 북한이 우라늄농축 프로그램을 갖고 있는지에 대해서 '예스' 아니면 '노'만 받아오라는 것이었다. 이러한 답변 요구에 대해서 북한 외교부의 강석주 제1부상은 "우리는 핵을 가질 권한이 있다. 그보다 더한 것도 갖게 되어 있다"라고 답했다고 한다. "갖게 되어 있다"는 말은 "곧 하게 된다"(about to have)라거나, "할 권능이 있다"(entitled to have)라는 이중적 의미로 해석된다. 당시 프랑스가 북한의 우라늄농축 문제를 유엔안보리에 회부하자고 제안했지만, 부시 행정부가 안보리는 이라크 문제로 바쁘다면서 회피했다. 강석주의 발언은 미국의 강경파에 의해 우라늄농축 계획의 존재를 시인한 것으로 언론에 흘러나갔고 협상을 통한 해결의 문은 닫혀버렸다.

파월은 부시 행정부 초기에 북한과의 단계적이면서도 과감한 협상 방안을 옹호하고 있었고 이를 관철시키고자 그 특유의 인내심을 발휘했다. 그는 현직에서 물러나 2007년 10월 중순 외교장관 집무실로 나를 방문했다. 부시 행정부가 초기부터 자신이 생각했던 방식으로 접근했더라면 결과가 달라졌을 것이라는 아쉬움을 표시했다. 그는 미국 역사상 '최초의 흑인' 국가안보보좌관, 합참의장, 국무장관이라는 수식어를 달고 다녔다. 1987년 그가 레이건 대통령의 안보보좌관으로 임명되었을 때, 나는 워싱턴에 근무 중이었다. 『워싱턴 포스트』는, 주말이면 자신의 낡은 볼보 자동차를 직접 수리하는 것이 그의 취미생활이라고 소개했다. 조직적인 두뇌와 끈질긴 인내를 요하는 특이한 취미생활이 그의 경력을 뒷받침했다는 생각이 들었다.

서울과 워싱턴이 북한을 보는 시각에는 차이가 있다. 한국은 진보와 보수 정권에 따라 정도의 차이는 있지만, 기본적으로 한반도 차원에서 북한을 보면서 분단의 현상을 바꾸어보려고 한다. 그러나 미국은 중국, 일본, 러시아를 보면서 한반도 정책을 수립하고, 핵 비확산과 인권 차원에서 북한을 재단한다. 거대한 세계전략의 판이기 때문에 우리가 움직이기 어렵다. 양국의 이러한 시각 차이는 때로는 조정되거나 봉합되기도 하고, 때로는 갈등으로 나타난다. 김대중 정부와 클린턴 행정부는 페리 프로세스를 만들면서 조정했으나 부시 행정부에서 빗나가기 시작했고, 노무현 정부는 처음에 부시 행정부와 갈등을 빚었으나 후반에는 조정 국면에 들어갔다.

 / 제2부

큰일을 할 때에는 작은 허물을 사양치 않는다.

— 사마천 『사기』 「항우본기」 중에서

제4장

2차 핵 위기

양자에서 4자로, 4자에서 6자로

2002년 10월 북한이 우라늄농축 계획 보유를 시인한 것으로 간주됨으로써 제네바 합의는 파기 수순에 들어가고 한반도에서의 긴장이 고조되었다. 북한 핵과 한반도 문제는 1992년 남북기본합의서와 비핵화 공동선언, 그리고 1994년 미·북 제네바 합의라는 양자 구도에서 1997년 제네바의 4자 평화회담을 거쳐 6자회담의 길로 들어섰다. 부시 행정부는 정치적 투자가치나 성공 가능성이 크지 않은 북핵 문제의 해결을 중국에 발주시키려는 의도도 있었다. 그러나 이 회담으로 중국이 동북아시아와 한반도에서의 목소리를 키우는 계기가 마련되었다.

2002년 10월 평양의 미·북 대좌에서 충돌한 후 북한은 그해 12월 핵 동결을 해제하고 2003년 1월 NPT 탈퇴를 선언했다. 3월 중국의 첸 지천(錢其琛) 부총리가 북한을 방문하여 김정일을 만났다. 핵 위기를 해결하기 위한 돌파구로 미·북·중 3자회담을 제안하여 4월 23일부터 25일까지 베이징에서 3자회담이 개최되었다. 문제의 본질상 3자가 만난다면 남·북·미가 돼야 함에도 미·북·중 구도로 잡힌 것이다. 북한은 기본적으로 북·미 구도에 한국이나 중국이 자리 잡는 것을 거부하면서도 필요에 따라 선별적으로 수용했다. 중국은 한반도 정세 안정에 도움이 된다면 형식을 개의치 않았다.

4월 23일 3자회담에서 북한은 늘 주장해온 것처럼, 미국이 적대정책을 포기하면 핵 문제를 해결할 수 있다면서, 북·미 양자 협상을 주장했다. 미국도 완전하고 항구적인 핵 폐기라는 기존 입장을 반복하면서, 외관상으로는 협상을 통한 해결을 추구한다는 명분을 쌓았다. 당시 미국 내에서는 핵 외교정책이 실패하여 NPT 체제가 큰 타격을 받고 있다는 비판이 야기되고 있었다.

베이징 3자회담 후 한국의 참여는 당연했다. 그런데 1997~99년간 제네바에서 남·북·미·중 사이에 개최된 한반도 평화회담에 참여하지 못하여 소외감을 절감했던 일본이 이번에는 미국에 참여를 강하게 요구했다. 미국은 6월 12일 호놀룰루에서 한·미·일 3국 조정회의를 거쳐 중국에 한·일이 추가된 5자회담 안을 내놓고, 5자회담 내에서 미·북 회담도 갖겠다고 제시했다. 그러나 중국은 일본의 참여에 균형을 맞추기 위해 러시아의 참여를 제의하여 결국 6자회담으로 확대되었다. 2003년 7월 중국의 다이 빙궈(戴秉國) 외교부부장이 러시아와 북한 그리고 미국을 방문하여 이런 입장을 조율했다.

미국은 최소한 양자 구도의 미·북 대화를 피할 수 있었고, 북한은 어떤 지붕 밑에서든 미국과 마주 앉으면 된다는 입장을 관철했다. 중국은 동북아 외교의 중심에 앉았고 일본과 러시아는 드디어 한반도 문제의 장마당에 한자리를 차지하게 되었다. 한국은 3자, 4자, 6자 상관없이 충돌의 위기를 외교의 기회로 전환하는 데서 의미를 찾았다. 당시 부시 행정부가 대북 무력 사용의 가능성을 언급함에 따라 심리적으로 한반도 전쟁 위험이 고조되고 있었다. 막 들어선 노무현 정부는 제대로 자리도 잡기 전에 한반도 문제의 관련국이 6개국으로까지 확대되는 것을 받아들였다.

8월 13일 중국 관영방송이 8월 27일 베이징에서 6자회담을 개최한다고 보도했다. 이에 부시 대통령은 기자회견에서 "6자회담에서 북한과 대화할 것이나 별도의 양자 간 합의는 불가하다"고 강조했다. 그러나 북한 조선중앙통신은 이미 8월 1일 "미국이 6자회담에서 조·미 간 쌍무회담을 제시했다"고 보도한 데 이어 8월 4일 북한 외무성은, "선(先) 핵 포기 요구를 포기하라는 우리의 제의를 미국이 받아들여서 6자회담이 열리게 되었다"는 담화를 발표했다. 북한은 대내외 선전을 위해 언제나 이렇게 선제 발표를 해왔다.

이때 북한은, "법적으로 담보"하는 불가침조약을 미국과 체결해야 한다고 주장했다. 북한은 제네바 합의 실패를 통해 미국 행정부와의 합의는 의회의 동의를 받아야 실질적 효력을 가진다는 것을 경험했다. 그래서 단순한 정치적 약속이 아니라 법적 구속력이 있는 조약 체결을 주장했다.

1차 회담: 너무 먼 거리, 헛도는 바퀴

2003년 8월 27일 베이징에서 6자회담 1차 회의가 개최되었다. 북한은 6자간 회의보다는 회담장 로비의 소파에서 나눈 북·미 대좌에 집중했다. 핵과 미사일의 능력을 보여주겠다는 북한의 협박성 발언과 미국의 분개가 교차하면서 회담 분위기는 악화되었다. 이에 앞서 2003년 4월 25일 베이징 북·중·미 3자회동에서 리근(李根) 북한 대표가 미국의 켈리 차관보에게 "핵무기를 보유하고 있다. 실험할 것인지 양도할 것인지는 전적으로 미국에 달려 있다"는 폭탄 발언을 했다.

당시 나는 주 폴란드 대사로 있었다. 바르샤바의 대통령궁에서 열린 파티에서 북한 대사 김평일(金平日)과 남북관계와 핵 문제에 대해 이야기를 나눌 기회가 있었다. 그는 김정일의 이복동생으로 이미 불가리아와 핀란드를 거쳐 폴란드까지 15년 가까이 해외에 나와 있었다. 내가 "핵 보유가 만약 사실이라면, 북측의 장래와 안전에 오히려 해가 될 것이고, 갖고 있지 않으면서도 그런 말을 했다면 평화적 해결의 분위기에 찬물을 끼얹은 것이다"라고 했다. 그는 답변이 준비되어 있었다. "북한은 핵을 가질 수도 있고 포기할 수도 있다. 남측도 과거 핵무기를 시도하지 않았느냐. 우리한테 그런 충고하지 말고 미국에 협상의 조건을 좀 부드럽게 하라고 충고해달라"고 했다. 나는 한국이 얼마나 노력을 하고 있는지 북한도 잘 알고 있을 것이라고 상기시켰다. 이와 비슷한 자리에서 김평일 부부와 몇차례 더 만나 자유롭게 사사로운 이야기도 나누었지만 그들은 대화가 어디까지 이어질 수 있는지 스스로 한계를 분명히 알고 있었다.

6자회담의 1차 회의에서 한국은 '우선 각국이 문제 해결의 의지를 표명하고, 다음으로 북한의 핵 폐기 이행과 관련국의 상응하는 조치를 교환하고, 마지막으로 참가국들이 포괄적으로 관계를 개선한다'는 3단계 방안을 제시했다. 바람직한 원칙이었지만 극히 조심스러운 접근이었다. 8월 29일 폐막 때 중국 수석대표 왕 이(王毅)는, "북한이 제기한 안보 우려를 해소하면서 추가적인 상황 악화 조치를 금지하며, 의견 조율을 계속한다"는 의장 요약문을 발표하였다. 이후 중국은 중요한 계기마다 '북한의 합리적인 안보 우려'라는 용어를 사용했다.

1차 회담이 끝나자마자 9월에는 한·미 합동 군사훈련이 실시되고, 미국은 한반도와 같은 지형에 사용할 수 있는 소형 핵무기 개발 계획을 발표했다. 이에 맞서 북한은 10월 2일 8천개의 폐연료봉 재처리 완료를 발표하고 이를 무기화할 것을 시사했다. 그러자 미국은 북한의 핵무기 개발과 핵물질 유출을 차단한다는 명분으로 대량살상무기확산방지구상(Weapons of Mass Destruction Proliferation Security Initiative, PSI, 줄여서 '확산방지구상'이라고도 한다)* 구축에 박차를 가했다.

이어 북한은 미국의 잭 프리처드(Jack Pritchard) 전 핵 특사, 스탠퍼드 대학의 존 루이스(John Lewis) 교수, 핵 과학자 시그프리드 헤커(Siegfried S. Hecker) 박사 등을 영변으로 초청해서 핵시설과 무기급 플루토늄을 공개했다. 북한은 10월 18일 핵 억지력의 실체를 증명하겠다고 나섰다. 보통 핵무기를 개발하는 나라들은 비밀리에 발전시

---

* 대량살상무기확산방지구상이란 2003년부터 미국이 주도하여 대량살상무기와 운반 수단, 그리고 관련 물질의 이동을 차단하기 위해 동맹국들 중심으로 전세계에 전개하는 캠페인이다.

커 실제 실험과 배치단계에 가서야 공개하는데 북한은 유독 미리 그 능력을 과시하고 싶어 했다.

당시 이라크 전황은 악화되고 있었다. 그러던 중 10월 20일 태국에서 개최된 아시아태평양경제협력체(Asia-Pacific Economic Cooperation, APEC) 정상회담에서 부시 대통령은 노무현 대통령에게 "북한이 핵 폐기에 진전을 보인다는 것을 전제로 다자의 틀 내에서 대북 서면 안전보장 방안을 검토할 수 있다"라는 견해를 밝혔다. 미국의 입장이 다소 완화될 수 있다는 신호였으나, 북·미 양자 차원에서 법적 효력이 있는 안전보장을 요구하는 북측의 입장과는 거리가 멀었다.

이러한 상황에서 중국은 우 방궈(吳邦國) 전인대(全人代, 전국인민대표대회) 상임위원장을 평양에 보내 북한이 절실히 필요로 하는 유리공장 건설을 약속했다. 평소 중국이 말하는 '우리 식 대북 설득 방법'의 하나였다. 또 다이 빙궈 당 대외연락부장을 한국과 일본에 파견해서 6자회담 진전 방안을 논의했다. 중국은 그만큼 6자회담에 무게를 두고 있음을 보여주었다. 나는 1998년 함경도 신포 방문 때 깨진 유리창문이 얇은 비닐이나 신문지로 가려져 있는 집들을 목격했다. 중국의 유리공장 건설지원은 그후로 중·북 양측이 종종 우의의 상징으로 언급했다.

6자회담 2차 회의 개최 2주 전인 2004년 2월 13일 켈리 미 국무부 동아태 차관보는 워싱턴의 한 연설에서, 북한이 10년 전에 이미 두개의 핵폭탄을 개발했다고 주장했다. 그렇다면 1994년 미국이 북한과 제네바 합의를 할 때 이미 핵무기를 보유했다는 말인데, 그사이 미국 정부는 한번도 북한이 실제 핵무기를 개발했다고 평가한 적이 없다.

그후로도 북한 핵 능력에 대한 미국의 평가는 객관적 근거를 제시하지 않은 채 수시로 바뀌었다.

그는 또 같은 연설에서 2002년 10월 자신이 평양을 방문했을 때 핵 및 미사일과 함께 미·북관계 개선 문제를 협의하려고 했는데, 북한이 핵무기용 우라늄농축 계획을 시인했을 뿐 아니라, 제네바 합의에 추가하여 더 많은 보상을 요구함으로써 문제가 커졌다고 주장했다. 그런데 당시 부시의 안보보좌관이었던 라이스의 회고에 따르면, 켈리는 북한과 그러한 협상을 하러 간 것이 아니고 백악관에서 써준 논점만 읽어주고 우라늄농축 계획의 존재 여부에 대해서만 답을 듣고 돌아오기로 했다는 것이다. 이런 중요한 사실관계의 괴리는 한반도의 앞길에 지대한 영향을 준다. 그러나 시간과 함께 묻혀 지나가는 경향이 있다.

2차와 3차 회담: 완전한 비핵화 vs 완전한 관계 정상화

6자회담 2차 회의는 2004년 2월 25일부터 28일까지 열렸다. 이때 북한 측 수석대표는 김계관 부상으로 바뀌었다. 그는 핵과 미사일 그리고 한반도 평화체제 문제에서 베테랑이다. 당시 한국 정부는 미국에 대해 유연한 대북 협상 입장을 요구하고 있었다. 마침 미국에서는 민주당의 대선 후보로 케리(John F. Kerry)와 바이든(Joseph R. Biden) 상원의원이 경쟁하고 있었는데 두 후보 모두 북한과의 직접 대화를 촉구하고 있었다. 취임 1년이 경과한 노무현 정부는 6자회담의 진전에 온 힘을 쏟고 있었다. 노 대통령은 북한 핵 문제의 해결 없이는 새 정부가 추진하는 한반도 평화체제, 남북관계 발전, 동북아 평화협력 구상 같은 의제를 전혀 진전시킬 수 없다고 판단했다.

그러나 미국은 북한의 우라늄농축 의혹을 규명하지 않고는 6자회담의 진전이 불가하다는 입장을 고수했다. 한편 북한 조선통신과 『로동신문』은 "조선반도 대결구도는 전체 조선민족 대 미국"이라고 선동하고 나섰다. 아마도 당시 미국에 할 말은 하겠다는 노무현 정부의 독자적 자세를 한·미 균열에 활용하려 한 것으로 보였지만, 노무현 정부에는 결코 도움이 되지 않는 것이었다.

2차 회담에서 북한은 우라늄농축이 전력 생산을 위해 필요한 평화적 활동이므로 이를 제외한 핵 개발 계획은 포기할 용의가 있다고 밝혔다. 반면 미국은 북한의 평화적 핵 이용 자체를 용인할 수 없다면서, '완전하고 검증 가능하며 돌이킬 수 없는 방식으로 핵을 포기한다'(Complete, Verifiable, Irreversible Dismantlement, CVID)는 약속을 하라고 요구했다. 부시 행정부는 대북 협상원칙이 클린턴 행정부와는 근본적으로 다르다는 것을 과시하기 위해 만들어낸 이 CVID라는 조건에 집착하고 있었다.

이에 대해 북한은, 미국도 '완전하고 검증 가능하며 돌이킬 수 없는 방식'으로 대북 제재 해제, 북·미관계 정상화, 평화협정 체결, 한반도 비핵지대화 등과 같은 구체적 행동을 보장하라면서 '북한판 CVID'를 들고나왔다. 북한으로서는 능히 요구할 수 있는 일이었지만, 이런 상태에서 회담이 진전되기는 애초부터 불가능했다.

2004년 6월 23일부터 26일까지 열린 3차 회담에서 미국은 CVID 대신에 '포괄적 비핵화'라는 용어를 사용했다. 과거 페리 프로세스에서 채택한 3단계 방안을 원용한 것으로서, 핵 폐기와 에너지 지원, 폐기의 검증과 대북 안전보장 및 경제협력, 그리고 관계 정상화 절차를 담고 있었다. 이 안에는 2007년 6자회담의 2·13합의에서 구체화되는 '불능화'(disablement) 개념도 도입되었다. 핵시설과 핵물질을 분해하여 별도 보관하되 재가동하려면 상당한 시간이 소요되도록 하는 것으로, 실제 폐기 이전의 초기 조치이다.

이 제안에 대해 북한은 핵의 '폐기 대 보상'이 아닌 '동결 대 보상'을 제시했다. 미국이 보기에는 다시 제네바 합의로 돌아가자는 것이나 마찬가지였다. 그러나 양측이 구체적 방안을 갖고 나옴으로써 대화가 시작되었다. '말 대 말' '행동 대 행동'이라는 합의 방식이 등장하여 후일 협상의 기초가 되었다. 그러나 우라늄농축 문제의 벽을 넘을 수가 없었다. 미국은 증거가 있으나 상세한 정보는 공개할 수 없다고 한 반면, 북한은 증거가 있으면 내놓으라고 맞대응했다. 3차 회담은 결국 핵 폐기 범위, 우라늄농축 문제, 검증 방법 등에 대한 현격한 입장 차이로 의장성명만 채택했다. 그리고 다음 회담의 기약은 없었다.

4차 회담은 2004년 9월에 열릴 예정이었다. 7월 2일 자카르타에서 열린 아세안지역안보포럼(ASEAN Regional Forum, ARF) 계기에 북·미 외교장관 접촉도 이루어졌다. 파월 미국 국무장관은 "이념과 체제가 다르더라도 협조가 가능하다"고 하면서 이른바 '체제 전환'과는 다른 방향의 정책을 시사했다. 이어 7월 8일 백악관의 라이스 안보보좌관도 서울을 방문하여 반기문 외교장관에게 리비아식 해결 모델(선 핵 포기, 후 관계 정상화와 경제지원)을 강조하면서 "북한이 핵 활동을 중지하고 국제 사찰을 받으면서 진정한 핵 폐기로 가면 얼마나 많은 것을 북한이 얻게 될지 놀랄 것이다"라고 밝혔다.

그러나 미국에서는 민주당 대선 후보인 케리의 인기가 상승 중이었다. 그는 북·미 양자회담을 주장했다. 북한은 케리의 승리 가능성을 염두에 두고 6자회담보다는 북·미 양자회담에 초점을 맞추었다. 실제로 민주당은 6자회담과 북·미 양자회담을 병행하는 북핵 문제 협상을 정책강령에 포함시켰다. 7월 24일 북한 외무성은 미국이 내세운 '리비아식 선 핵 포기' 방식은 일고의 가치도 없다는 입장을 밝혔다. 7월 27일 미국 하원에서 북한 인권법이 통과되자 북한은 인권 문제로 미국이 정치적 도발을 계속하는 상황에서 6자회담을 계속할 수 없다고 반발했다.

게다가 8월 부시 대통령이 선거유세 중 국제사회가 단합하여 '북한의 폭군'에게 무장 해제를 요구하고 있다고 주장했다. 이전부터 북한은 미국 대선 기간 중에는 진지한 대화를 미루어왔지만, 미국 대선이 끝나기 전에는 북·미 대화가 어려울 것으로 판단하고 6자회담으로부터 이탈 징후를 보이기 시작했다. 미국 대선 정국은 회담 진전에 유리하게 작용하지 않았다. 북한의 기대에도 불구하고 11월 2일 미국의 대선에서 부시가 승리했다.

이런 가운데 2004년 8월 한국원자력연구소 과학자들이 그간 플루토늄 추출과 우라늄 분리 실험을 했던 사건이 노출되었다. IAEA가 문제를 제기하고, 미국은 한국 정부가 완전히 해명하고 활동을 청산하지 않으면 유엔안보리에 회부하겠다고 앞장서서 압박했다. 여차하면 남과 북이 비슷한 문제로 국제 심판대에 같이 설 상황이었다. IAEA가 4차례에 걸쳐 조사단을 파견하고 한국 정부가 미국의 요구를 모두 수용하면서 사태는 종결되었다.

미국은, 한국이 핵 개발에 착수할 경우 북한보다 더 신속하게 진전시킬 수 있고, 이는 바로 일본의 핵 개발로 이어질 것으로 판단하고 있다. 9월 27일 유엔총회에서 북한의 외교부상 최수헌(崔守憲)은 한국의 핵실험 의혹을 해소하고 미국이 적대정책을 포기하지 않으면 6자회담에 참가할 수 없다고 선언했다. 구실 찾기에 혈안인 북한이 한국의 우라늄과 플루토늄 실험 의혹을 놓칠 리가 없었다.

노무현과 부시

2004년 11월 칠레에서 개최된 APEC 정상회담에서 노무현 대통령은 재선에 성공한 부시 대통령을 처음으로 만났다. 미국은 그해 6월 말 이라크에 주권을 이양하고 정세가 안정될 것임을 예고했다. 그러나 사태는 오히려 거꾸로 가고 출구가 보이지 않자 국내외에서 미국이 이라크의 수렁에 빠지고 있다는 비판을 받고 있었다. 이런 가운데 부시 대통령은 2기 행정부 기간 중 한반도의 평화 구축을 하나의 업적으로 염두에 두었다. 그해 초 한국의 이라크 파병으로 두 정상의 관계도 부드러워졌다. 부시 대통령으로서는 북한 핵 문제에 대한 노 대통령의 의사에 좀더 귀를 기울일 사정이 되었다. 두 대통령은 북한 핵 문제를 평화적이고 외교적인 방법으로 해결한다고 합의하고 이를 대외에 천명했다. 미국이 일방적인 행동과 힘의 논리로 가지는 않겠다는 기조를 보여주었다.

파월에 이어 국무장관으로 임명된 라이스는 2005년 1월 18일 상원 인준 청문회에서 북한을 쿠바, 미얀마, 이란, 벨라루스, 짐바브웨와 함께 '폭정의 전초기지'라고 밝혔다. 그때까지 미국은 북한을 이란·

이라크와 함께 '악의 축'이라고 불렀다. 악의 축은 그 자체가 공격적이라는 의미가 있는 데 비해 '폭정의 전초기지'는 자유세계의 바깥에서 폭정이 지배하는 지역이라는 소극적인 의미를 띄는 것이었다. 약간의 변화 징후였다. 2월 2일 부시 대통령이 국정 연설에서 "미국은 누구에게도 정부 형태를 강요할 권리나 욕구나 의도가 없다"면서 다른 나라의 체제전환을 추구하지 않겠다는 메시지를 보냈다. 북한 정권에 대해서도 악의 축이나 폭군과 같은 성격규정 없이 "핵 야망을 포기하도록 설득하겠다"는 비교적 온건한 어조로 바뀌었다.

그러나 북한은 강경한 반응을 보였다. 2월 10일 북한 외무성 대변인은 "미국이 우리와 절대 공존하지 않겠다는 정책을 선언한 것"이라고 하면서 핵무기 창고를 늘리기 위한 대책을 취할 것이라고 엄포를 놓았다. 주로 라이스의 발언을 지목하면서, 미국이 북한을 폭압 정치의 기지로 규정했기 때문에 6자회담을 무기한 중단하고 NPT를 탈퇴하는 동시에 핵무기 보유국가임을 선언한다고 발표했다.

이러한 상황에서 중국의 후 진타오(胡錦濤) 주석은 2월 19일 왕 자루이(王家瑞) 당 대외연락부장을 평양에 보내 6자회담 재개를 위한 메시지를 전달했다. 이에 대해 김정일은 "유관 측의 공동노력으로 6자회담 재개 조건이 성숙하면 언제든지 회담에 복귀할 것이고 미국의 성의있는 행동을 기대한다"는 다소 완화된 입장을 보였다. 북한은 자신의 요구조건에다 중국이 스스로 무게를 실어 미국에 전달해줄 것으로 기대했다.

이어 3월 2일 북한 외무성은 비망록이라는 형식으로, 미국이 폭정의 종식이라는 발언을 취소하고 사과하는 동시에, 체제 전복을 노린 적대시 정책을 포기하고 평화공존의 정치적 의지를 명백히 밝히고 행동으로 보여줘야 6자회담에 복귀할 수 있다고 조건을 제시했다. 이에 대해 3월 18일 라이스 국무장관은 "북한은 주권국가"라고 발언했다. 북한이 '주권국가'라는 말을 사과의 다른 표현으로 받아들이기를 기대한 것이었다. 또 5월에 미국은 뉴욕 미·북 채널을 통해서 "미국은 북한을 공격하거나 침략할 의사가 없다. 그리고 6자회담 내에서 미·북 회담을 할 수 있다"라는 공식 입장을 전달했다.

부시 대통령은 5월 3일 백악관 기자회견에서 "북한 핵 문제 해결을 위해 외교를 동원해야 한다. '미스터 김정일'이 이웃으로부터 존경스럽게 받아들여지기를 원한다면 핵 프로그램을 폐기해야 한다"고 발언했다. '폭군 김정일'이 존경받을 가능성이 있는 '김정일 선생'으로 바뀌었다. 노무현 대통령의 미국 방문 한달 전 일이다.

2005년 5월 8일 모스크바의 2차대전 전승기념일 행사 계기에 후진타오 주석은 노 대통령에게, "북한이 핵을 보유하고자 할지 포기하고자 할지, 그 기로에 서 있는 것으로 보인다"면서 미국과 북한이 받아들일 수 있는 방안을 한국과 중국이 함께 고안해보자고 했다. 최소한 그때까지는 중국도 북한이 핵 포기를 저울질하고 있는 것으로 평가했는데, 이는 한·미의 판단과 비슷했다.

나는 외교부 차관보 겸 6자회담 수석대표로서 5월 10일부터 이틀간 워싱턴에서 미·북 대화와 6자회담 재개 문제를 논의했다. 12일 덜레스 공항에서 막 귀국 비행기를 탑승하려는데 크리스토퍼 힐(Christopher R. Hill) 미 국무부 동아시아태평양 차관보가 전화를 해왔다. 그날 아침 라이스 장관과 번스(Nicholas Burns) 차관 등 내부 회의에서, 6자회담의 틀 안에서 북한과 양자회담을 갖기로 했고, '주권국가'인 북한을 침략할 의사가 없으며 안전보장을 제공할 것을 밝히는 동시에 더이상의 상황 악화를 중지할 것을 경고하는 요지의 입장을 북한에 전달하기로 결정했다는 것이었다. 그리고 바로 다음 날 뉴욕 채널로 북한에 통보하고 양자 대화를 시작할 것이라고 했다. 내가 국무부 팀과 지난 이틀간 교환한 의견들과 같은 방향이었다.

이 계획을 전해 오면서 힐은 북한이 반응을 보일 때까지 각별한 보안을 요청하는 것을 잊지 않았다. 그런데 며칠 후 일본『아사히신문(朝日新聞)』이 미·북 접촉 계획을 보도했다. 그후 5월 한달에만 세차례에 걸쳐 비밀유지가 필요한 사안들이 일본 언론에 유출되었다. 일본은 장관 외에도 정치인들이 외무성 등 내각의 간부로 포진하고 있기 때문에 언론이 눈독을 들일 정보가 그들의 손에 들어가면 관리가 쉽지 않다는 말이 있었다. 이런 언론 누출은 한반도 문제에 일본도 발언권이 있음을 대내외에 과시하는 효과를 겨냥하는 것으로 보였다. 당연히 우리 언론은 한반도 관련 뉴스를 일본 언론이 선점한다면서 우리 정부에 불만을 터뜨렸다.

6월 10일 노무현 대통령은 워싱턴에서 부시 대통령과 회담을 가졌다. 그는 지지부진한 북한 핵 문제의 협상전략을 논의하자고 다잡았다. 방향을 약간 틀 기미를 보이는 미국의 행보에 가속페달을 밟고자 했다. 부시 대통령은 3차 6자회담에서 미국이 이미 합리적인 제안을 했다고 상기하면서, 중국을 포함해서 5개국이 한목소리로 그 제안을 받아들이게 해야 한다고 강조했다. 그는 중국이 연간 5억 달러 상당의 대북 지원을 하고 있음을 지적하고, 한국도 중국이 대북 억제 역할을 하도록 설득할 것을 요청했다.

부시는 또한 미국이 북한을 무력 공격할 생각이 없는데 김정일이 그렇게 선전한다면서, 북한 핵 문제를 어디까지나 평화적으로 해결하고자 할 것임을 다짐했다. 이어 그날 회담 후에도 언론에 대해 '미스터 김정일'로 호칭하겠다고 약속했다. 그러면서도 "김정일이 그런 호칭을 듣고 싶어 한다니 참 경박한 사람으로 보인다"고 못마땅해했다. 부시 대통령의 약속을 들은 후, 노 대통령은 한국도 대북정책에 있어 미국과 적극 단합할 것임을 다짐했다. 미국을 위시한 여러 나라들의 모든 노력에도 불구하고 북한이 끝내 협상을 통한 해결을 회피할 경우, 한국도 남북관계 사업들을 중단할 것이라고 약속했다. 두 지도자가 손을 잡았다.

6월 17일 북한을 방문한 정동영(鄭東泳) 통일부장관이 김정일 위원장을 면담하고, 일주일 전 한·미 정상회담의 결과를 설명했다. 경수로 대신에 200만 킬로와트의 전력공급 방안도 제안했다. 김정일은 한반도 비핵화는 김일성 주석의 유훈이라면서 6자회담에 나갈 준비는 되어 있으나 미국의 태도가 문제라면서 공을 넘겼다. 이때는 6자회담 재개의 조건으로 북·미 양자회담 방식에 대한 실무 접촉이 뉴욕에서 한창 진행 중이었다. 한국이 미국을 더 떠밀어달라는 뜻이 담겨 있는 것이었다.

한편 북한은 한국 정치인들이 방북 일정이나 성과를 국내 정치에 활용하려 한다는 약점을 알고 있었다. 이때도 북한은 정동영 장관의 김정일 위원장 면담을 마지막 순간까지 정하지 않고 불필요한 추측을 하게 만들었다. 북한의 그런 행동은 남북관계의 진정한 발전에 도움이 되지 않는 것은 물론, 기존의 북한에 대한 이미지를 더욱 기이하게 만들었다. 체제의 속성도 있지만 뭐든지 협상 카드로 만들어야 하는 그들만의 고육지책일 수도 있다.

4차 6자회담의 주역들

2005년 6월 말, 힐은 6자회담 재개를 위한 미·북 대화 상황을 나에게 알려오면서, 구체적으로 진전되는 대로 연락하겠다고 했다. 그는 7월 9일 베이징에서 김계관을 만났다. 미국이 6자회담의 틀 내에서 미·북 양자회담이 가능함을 제시한 데 이어, 북한이 라이스 국무장관의 '주권국가' 발언을 '폭정의 전초기지' 철회로 간주하면서 '외교'가 작동하기 시작한 것이다. 1990년대 클린턴 행정부 시절에는 북한이 미국에 대해 마주 앉으려면 '입장료'를 내라고 했다. 미국은 미·북 미사일 회담이나 제네바 4자회담 성사 때마다 인도적인 지원이라는 명목으로 식량을 제공했다. 그러던 북한이 부시 행정부가 들어온 후부터는 미국과 마주 앉기 위해 매달리는 형국으로 바뀌었다.

7월 9일 미·북 접촉 준비 과정에서 미국은 당초 중국을 포함한 3자간 회동으로 이해하고 있었으나, 북한의 극력 반대로 중국은 마지막 순간에 참석하지 않았다. 힐처럼 결과 지향적인 인물이 아니었다면 3자회동을 지시한 본국의 훈령에 얽매여 접촉 자체가 무산될 수도 있었다. 이날 저녁 힐은 나에게 전화해서 미·북이 6자회담 재개를 동시 발표하기로 했다면서 합의 내용을 알려왔다.

7월 9일 밤 10시 45분 북한 조선중앙TV와 중앙통신은 "6자회담의 조·미 단장들이 베이징에서 접촉했고, 미국이 폭정의 전초기지 발언을 철회함에 따라 북한은 6자회담에 나가기로 했다. 조·미 쌍방은 제4차 6자회담을 7월 25일 시작되는 주에 개최하기로 합의했다"라고 보도했다. 당초 회담 재개 합의를 동시에 발표하기로 했으나 북한이 먼저 발표해버린 것이다. 북한의 선제 발표는 두가지 목적이 있었다. 하나는 핵 문제는 기본적으로 북한과 미국이 결정할 일임을 강조하는 것이고, 다른 하나는, '고삐는 내가 쥐고 있다'는 것을 부각하기 위한 것이다. 북한은 이러한 합의를 항상 상대보다 늘 먼저 발표하는데 집착해왔다.

한편 중국은 탕자 쉬안 국무위원을 후진 타오 주석의 특사로 평양에 보내 6자회담 진척을 협의했다. 이때 김정일 위원장은 한반도 비핵화가 김일성 주석의 유언이라고 하면서 의지를 밝혔다. 이를 두고 '유언 외교'라고 부르기도 했다.

6자회담 재개가 결정되자 청와대에서 대통령 주재하에 대책 회의가 열렸다. 이 자리에서 7월 26일 개최될 4차 회담의 훈령을 재가받는 자리였다. 반기문 장관이 대통령에게 나를 새로 임명된 수석대표라고 소개하자 노 대통령은 "우리 어디서 본 적 있나요?"라고 물었다. 나는 그전까지 노무현 대통령을 얼굴을 마주하며 따로 만나본 적이 없었다. 굳이 보았다면 두달 전 모스크바 한·러 정상회담에 멀찌감치 배석했을 때였고, 또 2004년 말 외교부 기획관리실장 재직 시 외교부 조직혁신에 관한 관계장관 회의 때였다. 그 회의는 대통령이 주재했는데 나는 직원 사기를 올려가면서 혁신을 해야 한다며 혁신위원회 관계자와 논쟁을 했다. 논쟁을 유심히 지켜본 대통령은, 조직혁신은 외교장관이 주도해야 장관의 영이 서지 않겠느냐면서 혁신위원회는 혁신의 방법에 대해 기술적으로 지원하라는 결론을 내렸다. 또 2005년 3월 외교부가 대통령에게 신년업무를 보고하는 자리에서 노 대통령은 외교관들이 '한·미·일 대 북·중·러 대립구도'에 시각을 맞추는 경향이 있다고 지적한 적이 있었다. 나는 외교관들이 반드시 그렇게 보지는 않는다는 뜻에서 무의식적으로 고개를 저었는데 이 장면이 카메라에 잡혀 방송되었다. 그 일로 대통령의 지적에 대해 고개를 '절레절레'한 해프닝으로 언론에 오르내린 적이 있지만 대통령이 주목할 만한 일은 아니었던 것으로 기억했다.

3차 6자회담 후 13개월 만에 4차 회담의 날짜가 정해지고 회담에 휴대할 훈령을 준비하면서 나는 다가올 회담에서 상대할 수석대표들을 떠올렸다. 4차 회담부터는 북한을 제외하고 모든 참가국의 수석대표가 새로 교체되었다. 그런데 공교롭게도 북한을 포함한 모든 대표들이 나와 함께 일을 해본 경험이 있거나 아는 사이였다. 그들을 다시 생각해본다.

미국의 크리스토퍼 힐 차관보

힐은 2001년 3월 내가 주 폴란드 대사로 부임하면서 알게 되었다. 대사가 현지에 부임하면 자기 나라와 가깝거나 그 지역에서 중요한 나라 대사들을 예방한다. 보통 대사 집무실에서 차를 한잔 마시면서 현지 정세에 대한 의견과 덕담을 나누곤 한다. 힐 대사는 나의 예방 신청에 대해 자신의 관저에서 부부 동반으로 오찬을 하자고 제안했다.

그는 미국 외교관으로서는 드물게 일본 시각을 통하지 않고 한국을 직접 이해하려고 했다. 미국 국무부 내에는 '재팬 스쿨'(Japan School)로 불리는 일본통 그룹이 형성되어 있는데 이들이 주로 한국 문제를 다루어왔다. 미국의 대(對) 한반도 정책이 어떤 뼈대에 속하는지 알 만한 일이다. 힐은 어떤 지역 그룹에 속하지 않았다. 자기주장이 분명하고 단도직입적이며 결과 지향적이었다. 6자회담같이 복잡하고 거친 문제의 협상가로서 자질을 갖추고 있었다.

하루는 바르샤바의 쉐라톤 호텔에서 둘이 점심을 하는데, 그는 앉자마자 그 전날 밤 파월 국무장관으로부터 한국 대사로 갈 것을 요청받았다고 귀띔했다. 실제 한국에 부임하기 1년 전쯤 일이었다. 한국에 부임할 경우 자신이 가장 중시해야 할 일이 뭐냐고 내게 의견을 물었다. 나는 한가지만 이야기하겠다고 했다. "바람직한 한·미관계의 대원칙은 한국은 미국의 세계전략을 존중하고 지원하는 한편, 미국은 한반도 문제에 대한 한국의 정책을 존중하고 지원하는 것"이라고 하면서 그 원칙에 따라 직무를 수행한다면 성공한 대사가 될 것이라고 말했다.

힐은 실제로 주한미국 대사로서 그리고 6자회담 수석대표로서 또 국무부 동아태 차관보로 있으면서 이러한 원칙하에 업무를 추진했다. 아마 역대 동아태 차관보 중 한국을 일본의 지류가 아닌 하나의 본류로 하여 정책을 편 보기 드문 인물일 것이다. 그러나 이러한 노선은 워싱턴의 네오콘과 일본통의 견제를 받았다. 심지어 일본에서는 힐과 김정일을 합성하여 '김정힐'이라는 말까지 만들어냈다. 6자회담 기간 중 그는 뛰어난 협상수완과 제스처로 언론의 각광을 받았다. 그러나 워싱턴 내에서는 질시와 공격의 대상이 되기도 했다. 라이스 국무장관은 그런 공격을 막기 위해 상당한 애를 썼고, 그 과정에서 때로는 둘 사이에 어색한 분위기도 있었던 것으로 보였다. 그는 부시에서 오바마(Barack Obama) 행정부로 넘어가면서 주 이라크 대사로 임명되었다. 국무부의 대(對) 한반도 정책도 다시 일본통 중심으로 돌아갔다.

북한의 김계관 부상

김계관은 유럽과 아프리카의 해외 공관 근무를 거쳐 1990년대 초부터 북·미 간 핵과 미사일 회담 등 정치군사 협상의 대표로 활동해 오고 있었다. 산전수전을 겪은 협상가였다. 언제든지 준비된 문서 없이 본국 입장을 밝힐 수 있을 만큼 숙달이 되어 있었다. 그러나 북한 지도부로부터 엄청난 압박을 받고 있음을 무의식적으로 노출하기도 했다. 물론 의도적 제스처인 경우도 있었다. 북한 정권의 요구와 국제사회 현실 간의 괴리에서 오는 고뇌가 크지 않을 수 없었을 것이다. 그는 매우 노련해 보이다가도 어떤 때는 바깥세상의 물정을 모르는 사람으로 보이기도 했다. 나는 외부 지식에 대해 편식할 수밖에 없는 북한의 실정을 반영하는 것이라고 생각했다.

내가 1999년 제네바에서 개최된 남·북·미·중 간 한반도 평화회담에 차석대표로 참석했을 때 북측 수석대표였던 그를 처음 만났다. 그 후 2005년 7월 24일 베이징 창안클럽(長安俱樂部)에서 6년 만에 그를 다시 만났다. 세계 각국은 국제무대에서 상대해야 할 인물들의 파일을 상세히 갖고 있는데 남북 간에는 더 철저할 수밖에 없다. 제네바에서 주한미군의 역할과 한반도 평화체제 문제에 대해서 서로의 주장을 내세웠던 기억도 남아 있고 햄버거를 나눠먹은 일도 생각났다.

6자회담 기간 중 김계관은 미국과의 대화가 어려울 때 나에게 접근해서 물꼬를 터줄 것을 요청하기도 했다. 북측 대표는 배석자 없이 남측과 대화하는 것을 꺼렸다. 그들의 규칙으로는 사실상 불가능한 것으로 보였다. 하지만 아주 드물게 주최 측 요청으로 수석대표들만이 모이는 자리에서 북한 대표가 통역 없이도 편하게 대화할 수 있는 상대는 한국 대표였다.

한번은 중국 주최 행사에서 배석자 없이 단둘이 만났다. 핵 포기 범위와 경수로 교환 문제를 두고, 그는 "아무래도 부시 행정부가 지나가야 미국과 타협할 수 있겠다"는 말을 꺼냈다. 내가 "우선 부시 행정부와 어느정도 진전을 시켜두고 다음에 오는 행정부와 더 발전시켜야지 그러지 않으면 다음 미국 정부에 누가 들어와도 한꺼번에는 이루지 못한다"고 충고했더니, 그는 고개를 끄떡이면서 진지하게 생각해보겠다고 했다. 그러나 다음 날 만나서는 평양과 연락했다면서 다시 원위치로 돌아갔다.

그는 모든 회담에서 신중한 스타일이나, 일단 카메라 앞에 서면 차분하면서도 결코 밀리지 않는 단호한 자세를 보였다. 그는 비공식 대화에서 내가 한 말을 바로 원용하는 순발력도 있었다. 4차 회담 초반에 6자회담을 '긴 항로'에 비유한 것이나, 나중에 미국의 대북 금융 제재를 두고 금융을 '사람 몸의 혈관'에 비교한 것이 그런 사례였다.

한편 민주적인 개방 국가에서는 협상단계가 진전될수록 대표들 간에 서로의 생각이 보완적으로 발전하는 것을 기대할 수 있는 데 비해, 김계관은 여느 사회주의국가 관료들과 다름없이 자율적 논리 개발보다는 기존 입장의 반복에 그치는 경향이 있었다.

중국의 우 다웨이 부부장

우 다웨이(武大偉)는 단순하고 직선적이며 호방했다. 어떤 사람들은 그가 말갈족으로서의 기질을 그대로 갖고 있다고 했다. 세밀한 논리보다는 일의 흐름을 만들고 조직의 리더로서 전체를 아우르는 스타일이었다. 6자회담에서 그는 우수한 보좌진을 효율적으로 이끌었다. 후에 외교부 부부장을 거쳐 주미대사로 간 추이 톈카이(崔天凱)

부장조리나 주한대사로 온 닝 푸쿠이 부장조리 등의 보좌를 받았다.

내가 김대중 대통령의 외교 비서관 시절이었던 1998년 그는 주한대사였다. 당시 임동원 외교안보수석과 함께 몇차례 회동했고, 나와는 서로 의사나 감정을 교환하는 데 익숙했다. 그는 주한대사와 주일대사를 거쳐 외교부 부부장으로 취임하면서 6자회담의 수석대표를 맡았다. 한반도를 포함한 아시아 문제에 일가견이 있었다.

7년 만에 베이징에서 만나자마자 그는 나에게 담배부터 한대 권했다. 나는 공자(孔子)의 "친구가 멀리서 왔는데 내 어찌 기쁘지 아니하겠는가(有朋自遠方来 不亦樂乎)"를 원용하여 "친구가 담배를 권하는데 내 어떻게 마다할 수 있겠는가"라고 하면서 같이 담배를 피웠다. 나는 12년 전 담배를 끊었지만 그와 만날 때마다 으레 담배 한대를 나누면서 대화를 시작했다. 베이징을 방문할 때 가끔 우리 담배를 갖고 가서 이자 붙여온 것이라면서 선물하곤 하였다. 6자회담을 벗어나서도 서울과 베이징을 오가면서 교분을 쌓았다. 통역이 없을 때는 필담으로도 소통했다. 나와 그가 구사하는 말에 공통 언어가 없어서 아쉬울 때도 있었다.

일본의 사사에 겐이치로 아시아국장

나는 사사에 겐이치로(左左江賢一郎)와 1998년 하와이에서의 한·미·일 3자 협의(TCOG) 때부터 같이 일한 적이 있다. 그는 한국에서 근무한 경력 없이 외무성 북동아시아과장으로 일했다. 한국에 대해서 어떤 편견이 있어 보이지는 않았지만, 한·일 과거사에 대해 어떤 반성의식이 있는 것 같지도 않았다. 전형적인 일본 외교관으로서 감정을 보이지 않으면서 집요하고 세밀한 사항에 충실했다.

그는 일본인 납치 문제에 대한 상부의 지시에 철저하게 집착했다. 2005년 7월 14일 서울에서 개최된 한·미·일 3자 협의에서 그는 납치 문제를 곧 재개될 6자회담에서 3국 공동의 의제로 만들자고 했다. 내가 한국도 납북자 문제로 큰 고통을 받고 있으나 우선은 핵 문제에 집중하자고 주장하여 결론이 나지 않았다. 힐도 에너지가 분산되면 회담은 춤추고 목표는 실종된다는 것을 잘 알고 있었다. 그러나 어느 편을 들기도 어려웠다. 나와 사사에의 논쟁은 오찬장에서까지 계속되었다. 모두들 밥이 어디로 넘어가는지 모를 지경이었다. 힐은 숨이 막힌다는 표정으로 한참 쳐다보고 있더니 도저히 안되겠던지 "이제 서로 허튼소리들 그만하자"면서 일어섰다. 당연히 납치 문제가 3국 공동의 의제로 채택되지는 않았다. 6자회담장에서 일본이 납치 문제에 집착하여 핵 논의 진전을 가로막기에 나는 "납치 문제로 6자회담을 납치하지 말라"면서 쏘아붙였던 적이 있다. 표현이 좀 심했다는 생각이 들었다.

사사에는 일본이 원하는 의제가 3자 협의에 반영되지 않자 종종 좌절감을 표출하기도 했다. 그러면서도 다른 일본 외교관처럼 미국을 통하면 한국을 움직일 수 있다는 생각을 포기하지 않았다. 당연히 본국의 뜻에 따른 것이겠지만 그의 미국을 통한 접근 방식 때문에 나는 언짢은 경우가 더러 있었다.

그러나 그는 일단 논쟁이 끝나면 결과를 수용했다. 북한에 대한 경수로 제공의 현실적 필요성이나 한반도 평화체제의 논의 주체에 관한 논쟁이 대표적 사례였다. 그래서 서로 언제든지 대화할 자세가 되어 있었다. 그는 후일 외무차관을 거쳐 주미대사를 역임했다. 2012년 차관 시절 일본군위안부 문제의 타결방안으로 이른바 '사사에 안'(일본 총리가 공식 사죄하고, 위안부 피해자들에게 인도주의 명목으로 배상하며, 주한 일본대사가 위안부 피해자들을 방문해서 일본 총리의 사죄를 읽고 배상금을 전달한다는 요지)을 한국에 들고 오기도 했다.

이 방안은 당시 일본 민주당 노다(野田佳彦) 내각의 관방부장관이었던 사이토 츠요시(齋藤勁)를 중심으로 한 진보 정치인들의 생각을 담은 것으로 알려졌다. 이들은 일본이 과거를 직시하여 사과하고 아시아 국가들과 공생과 우애를 바탕으로 한 '동아시아 공동체'를 만들어야 한다고 주창하는 그룹이었다.

러시아의 알렉산드르 알렉세예프 차관

나는 2005년 1월 태국의 푸켓에서 알렉세예프(Aleksandr Alexeyev)를 만났다. 당시 동남아를 휩쓴 쓰나미 대책 국제회의에 참석했을 때였다. 2차 북한 핵 위기가 다분히 북한의 우라늄농축 계획으로부터 발생했고, 북한의 핵 능력이 주로 러시아에서 유래된 것이므로 참고할 만한 정보와 의견을 들을 수 있을 것으로 보았다. 그해 3월 내가 모스크바를 방문했을 때도 6자회담에서 러시아의 역할과 한반도의 긴장 완화 시 한·러 간 경제협상 전망에 대해 의견을 나눴다.

그는 베이징 회담장에서 주요 고비마다 이편저편을 가리지 않고 기술적이거나 법적인 문제에 대해 나름대로 균형 잡힌 의견을 제시해서 회담에 기여하려고 했다. 그가 말하는 것을 듣고 있으면 마치 도스토옙스키(Fyodor M. Dostoevsky)의 『카라마조프가의 형제들』 중 둘째 아들 이반이 감정 없는 자세로 복잡한 논리를 차분하게 전개하는 듯한 느낌을 받았다. 그는 늘 한걸음 뒤로 물러서서 회담에서 무슨 역할을 할지, 그리고 그 결과로 러시아에 무슨 이익이 생길지를 바라보고 있었다.

당시 6자회담 대표들의 성격을 두 부류로 나눠볼 수 있다. 나와 힐 그리고 우 다웨이는 직선적이고 때로는 열도 올리면서 난관을 돌파해보려는 스타일이었다. 반면, 김계관과 사사에, 그리고 알렉세예프는 냉정하고 차분한 자세로 임하는 편이었다. 개별적으로 보면 힐은 무언가 해낼 수 있다는 자신감에 차 있었다. 김계관은 이 기회에 평양에 선물을 갖고 가야 한다는 무거운 부담을 갖고 있는 것으로 보였다. 우 다웨이는 중국의 동북아 정세관리 장치로서 6자회담을 정착시키는 데 주력했다. 6자회담 진전에 대한 중국 지도부의 관심이 컸고, 또 중국 언론이 연일 대서특필하고 있어서 때로는 민감한 감정을 표출했다. 사사에는 6자회담을 통해 일본이 한반도 문제 논의에 한자리를 차지한 것에 의미를 부여하는 것 같았고 납치 문제 외에는 큰 관심이 없어 보였다.

4차 6자회담의 개막

나는 2005년 1월 6일 외교부 차관보 겸 6자회담 수석대표로 임명되었다. 2004년 6월 3차 회담까지 이수혁(李秀赫) 수석대표를 위시한 한국 대표단이 많은 역할을 했다. 한편 힐은 며칠 후 동아태 차관보 겸 6자회담 수석대표로 내정되었다.

2005년 1월 20일, 나와 힐은 서울시청 앞 태평로클럽에서 오찬을 하면서 회담 재개와 회의 운영에 관해 의논했다. 그는 미 국무부 동아태 차관보이면서 일시적으로 주한미국대사를 겸임하고 있었다. 그는, 2월 초에 6자 실무회의부터 열고 2월 말에는 전체회의를 개최해서 북한의 핵 포기와 미·북관계 정상화를 골자로 하는 1~2쪽의 '원칙 합의'(agreed principle)를 우선 만들어보자고 했다. 또 만약에 종래처럼 백악관에서 사사건건 지시하여 그대로 움직이라면 아예 그런 협상은 하지 않을 것이라면서 현장에서 재량권을 갖고 결과를 만들어내겠다는 의지를 보였다. 나는 준비되지 않은 상태에서 실무회의부터 개최하는 것은 위험이 따르므로 전체회의를 먼저 열어 개괄적 위임사항을 정해주자고 제안했다. 이날 우리는 전체회의의 지붕 아래서 미·북 양자회담을 적극적으로 열 것과 실질 내용을 담은 공동문서 채택을 목표로 한다는 데 의견을 모았다.

우리는 또 농구경기장 같은 데서 마이크를 통해 협상할 게 아니라, 비공개로 양자와 3자회담 중심으로 진전시켜나가기로 했다. 그리고 각국 대표단 사이에 언론경쟁을 최소화하기로 했다. 자칫 회담이 각국 간 언론보도 경쟁에 휩싸여갈 수 있음을 경계한 것이다. 베이징 댜오위타이(釣魚臺)의 회의장인 팡페이위안에서 회담이 열리면 그 광경은 가관이다. 각국의 통역만 합쳐도 스무명이 넘는다. 150명이 넘는 인원이 육각형 테이블에 둘러앉는 회담장은 무대장치에 해당하기 때문에 커튼 뒤의 협상을 강조한 것이다. 실제로 6개국이 둘러앉아 결정하는 것은 물건이 만들어진 후 함께 포장하는 작업과 같다.

우리의 의욕에도 불구하고 회담은 5개월이 지난 2005년 7월 26일 개막되었다. 각국 대표는 개막사를 통해 회담에 임하는 입장의 기조를 제시했다. 나는 "어느 항구로 가는지를 모르는 뱃사람에게는 아무리 좋은 바람이 불어도 소용이 없다"는 로마의 철인 세네카(Lucius A.

Seneca)의 경구를 인용했다.

4차 회담 개막 전에 미국 내의 네오콘은 당장 위험한 북한의 무기급 플루토늄 문제에 집중하기보다는 우라늄농축 의혹, 미사일, 인권 등 여러 문제를 모두 제기하고 있었다. 또, 일본은 일본인 납치 문제로 주의를 분산시키고 있었다. 이런 회담에서 많은 목표를 한꺼번에 겨냥하는 것은 마치 하나의 망치로 여러개의 못을 동시에 박으려는 것만큼 현명치 못한 일이다. 나는 의제 분산을 막기 위해 회담의 목적이 북한의 비핵화임을 강조했다. 특히 북한이 드러내놓고 진행 중인 플루토늄 핵무기 개발을 억제하는 것이 당장 도달해야 할 항구임을 강조했다.

나는 또 그간 논의되어온 '말 대 말' '행동 대 행동'의 원칙에 기초하여 이번 회담에서는 반드시 공동합의를 이끌어내야 함을 강조했다. 북한이 핵 폐기를 공약하는 조건으로 미국의 미·북관계 정상화, 안전보장, 경제협력을 대칭시켰다.

한편 힐은 '김정일 위원장'이라는 말로 분위기를 조성했다. 그리고 미국이 그동안 집착해오던 '완전하고, 검증 가능하며, 돌이킬 수 없는 핵 폐기'(CVID)라는 용어 대신에 북한이 '영구적이고, 충분히, 그리고 검증 가능하게' 핵을 폐기할 것을 결정하면, 북한의 안보우려와 에너지 관련 요구를 논의할 준비가 있다고 발언했다. CVID와 같은 내용이지만 표현을 달리했다. 워싱턴의 분위기도 어느정도 달라졌지만, 힐은 회담 분위기에 종전과 다른 변화를 주려고 했다.

한편, 김계관은 "협력과 이해의 정신에 따라 머리를 짜낸다면 긴 항해로의 첫 운항을 시작한 이 배가 암초에 부딪히지 않고 비핵화라는 최종 목적지에 도달할 수 있을 것"이라고 상징적으로 말했다. 내가 이틀 전 그에게 다른 모든 문제들은 제쳐두고 이번 회의에서는 비핵화라는 하나의 항구에만 집중하자고 권유한 것을 염두에 둔 것으로 보였다. 나의 항구론과 김계관의 항해론은 서로 같은 맥락에 닿아 있었다.

그런데 김계관이 비핵화 과정을 '긴 항해'에 비유한 것은 그 의미를 되씹어볼 필요가 있다. 미국과 한국은 정부 재임 기간에 맞추어 북핵 문제의 성과를 내기 위해 단기적으로 접근하는 경향이 있다. 그러나 북한은 다르다. 핵 문제를 생존의 수단으로 관리하면서 길게 늘여 협상하려는 것이다. 한국과 미국이 아무리 빨리 가고 싶어도 삼두마차의 말 한마리가 속도를 내지 않는 것과 같다. 내가 북한 핵의 폐기라는 최종 목적지, 즉 항구 설정에 중점을 둔 데 비해, 김계관은 긴 항로를 자기 속도에 맞추어 항해하는 방식에 중점을 둔 것으로 보였다.

특히 북한은 핵을 포함한 한반도 문제가 결국 북·미관계의 향배에 좌우됨을 부각시키고자 했다. 한국의 최대 관심은 북한 비핵화 과정을 통해 남북관계를 진전시키고 한반도 평화체제의 기초를 만드는 데 있었다. 그러기 위해서는 북·미 간 타협을 촉진시켜야 했다. 팡페이위안의 1층 대회의장 앞에는 큰 로비와 여러 세트의 소파들이 갖추어 있고, 또 2층에 크고 작은 양자회의실과 휴식공간이 마련되어 있어서 다양한 접촉에 적합했다. 비록 베이징의 7월은 숨 막힐 정도로 더웠지만 댜오위타이 경내를 걸으면서 대화하는 여유도 가질 수 있었다.

회담 시작 전 나는 힐과 함께 이번 회담의 폐막 일자를 정해둘 것이 아니라, 합의에 도달할 때까지 무한정 계속하자고 의견을 모았다. 마치 로마 교황청에서 전세계 추기경들이 모여 새로운 교황 선출에 합의할 때까지 문을 걸어 잠그고 회의를 하는, 이른바 콘클라베(Conclave)같이 해보자는 것이었다. 나는 우 다웨이에게도 같은 방식을 제시했다. 13개월 만에 재개된 회담이어서 그런지 초반에는 남·북·미 모두가 합의를 만들겠다는 의지를 강하게 비쳤다. 중국은 주최국으로서 6자회담을 잘 살려서 동북아 외교의 중심으로 자리 잡겠다는 의지를 은연중 보였다.

각국 협상 대표들은 전체 원칙에 대한 약속을 교환하는 '말 대 말'에 우선 합의하고, 그 합의를 '행동 대 행동'의 원칙에 따라 단계별로 이행하자는 공감대를 형성했다. 그러나 4차 회담이 공식 개막된 후 열흘이 되어도 회담이 계속 겉돌자 우 다웨이는 전체회의 석상에서 "주최 측으로서 매일 수백명의 식사에다 생수만도 몇 트럭씩 실어나르는 것을 더이상 감당하기 어렵다"라고 엄포를 놓으면서 조속 타결을 촉구했다. 농담 반 진담 반으로 생각했다. 그런데 우 다웨이는 이런 말을 할 때 아주 진담처럼 했다.

다음 날도 비슷한 이야기가 나왔다. 나는 마이크를 잡고, 중국이 원활한 회의 진행은 물론 각국 대표단들의 후생을 위해서도 아낌없이 지원하고 있는 데에 고마움을 표시하고, "주최 측인 중국에 부담이 되니 회담 장소를 한국이나 다른 곳으로 옮기는 것도 논의해보자"고 제안했다. 회담장을 한국으로 옮기는 것은 누구보다 북한이 반대할 것이지만 나도 반 농담으로 거론한 것이다. 그랬더니 우 다웨이는 회담 장소를 옮기자는 것이 아니라 빨리 공동성명에 합의하자는 의미였다고 해명했다. 아니나 다를까 이때 AFP 통신은 회담의 일수, 세탁한 셔츠의 숫자나 끼니를 거른 횟수, 그리고 합의문 초안의 개수와 같은 수량으로만 본다면 지금까지의 어느 회담보다 성공적이었다고 비꼬았다. 각국이 낼 수 있는 모든 지혜가 이미 소진되었다며 회담이 실패했다는 것이었다.

북한과 협상하는 데에 가장 어려운 문제 중 하나는 서로가 갖고 있는 비대칭적 카드를 어떻게 동시에 주고받느냐 하는 것이다. 북한은 먼저 약속하거나 행동하는 것을 굴복으로 간주한다. 미국도 북한이 핵으로 협박하고 있는 상태에서 먼저 약속하거나 행동하지 않는다. 어떤 상대건 미국을 위협하는 가운데서는 결코 양보하지 않는다는 오랜 외교 원칙을 갖고 있다. 또한 한국 내에서도 북한에 먼저 약속하는 것을 유화적이라고 비판한다.

당시 워싱턴에서는 네오콘의 목소리가 여전히 작용하고 있었기 때문에 베이징의 미국 대표단 내에도 타협을 통해 결과를 만들어내려는 그룹과 '5대 1'의 구도로 북한을 압박하는 데 주력하려는 그룹 사이에 긴장이 배어 있는 것으로 보였다. 한편, 북한도 중국을 포함한 5자에 의해 포위될 수 있다는 심리적인 불안에 둘러싸인 것으로 보였다. 그래서 한국은 북·미 간 입장을 객관적으로 파악하여 접목시켜야 했고 때로는 미국과 북한을 교대로 상대하며 압박에 가까운 설득을 할 수밖에 없었다. 우리 대표단은 핵 문제에 대한 주인의식을 갖고 미국과 공조체제를 유지하면서 북한과 소통하고 중국을 동원하는 삼각 구도를 회담 운영의 근간으로 삼았다. 그러나 북한이나 미국 모두 우리의 이런 주인의식을 존중해주지는 않으려 했다.

개막 후 며칠간 상황을 보면서 우리 대표단은 서울에서 휴대해온 훈령에 기초하여 현장에서 작성한 공동성명의 우리 측 문안을 중국 측에 전달했다. 요지는, 북한의 모든 핵무기 그리고 관련된 핵 계획의 폐기, 관계국 간 외교관계 수립, 경제협력 및 에너지 제공(한국의 대북 송전 포함), 다자적 안전보장(필요시 양자적 보장 포함) 등이었다. 한반도 평화체제는 당사자 문제로 회담의 초점을 흐릴 가능성을 우려하여 현장 사정을 보아가며 입장을 제시하기로 했다. 공동성명 문안의 구성요소에 대해서는 7월 14일 서울에서의 한·미·일 협의에서 대강을 논의했으나 실제 초안은 각국의 사정에 따라 조정해서 제시하기로 되어 있었다. 우리는 당초 미국이 제시한 '모든 핵무기와 핵 계획의 폐기'를 요구할 경우 북한에 대해 평화적 핵 이용 권리 자체를 거부하는 것이 되어, 다시 회담이 원점으로 돌아갈 것으로 예상했다. 그래서 '모든 핵무기 그리고 관련된 핵 계획의 폐기'를 요구하여 협상의 문을 열어두려고 했다.

7월 28일 중국 외교부의 다이 빙궈 상무 부부장 주최 만찬에서 각국이 돌아가며 회담 진전 방안에 대해 한마디씩 했다. 나는 마르셀 프루스트(Marcel Proust)가 『잃어버린 시간을 찾아서』에서 "위대한 발견의 길은 새로운 땅을 찾는 데 있는 것이 아니라, 눈앞에 있는 땅을 새로운 눈으로 보는 데 있다"고 한 말을 인용하며 말문을 열었다. 이어 "이미 한반도 비핵화에 필요한 암나사와 수나사는 테이블 위에 모두 올라 있다. 어떻게 끼워 맞추느냐가 문제이다. 단번에 제짝을 찾기는 어렵다. 쉬운 것부터 단계적으로 짝을 맞춰나가자"라고 하면서 한국이 그 짝을 맞추는 데 역할을 하겠다는 의지를 표시했다.

마침 김계관이 내 옆자리에 배치되었다. 그는 나의 말에 귀를 기울일 여유가 없었다. 원탁의 건너편에 있는 미국 대표에게 모든 신경을 쏟고 있었다. 북한은 한국과는 가급적 대화를 회피하다가 도저히 다른 방법이 없을 때에는 우리를 찾아왔다. 북한의 이러한 태도는 그들이 지난 수십년 동안 해온 행태의 연장에 불과했다. 이른바 '통미봉

남' 전술이라는 것이다. 북한의 이런 전술에 좌절하고 분개하기 시작하면, 우리가 주인이 되어 한반도 문제를 이끌어갈 수가 없다. 북한의 전술에 대응하여 한국은 종종 미국에 대해 "평양으로 갈 때는 서울을 통해서 가달라"고 요구한다. 그런 요구에는 여러가지 대가가 따른다. 대가를 치른다고 해서 미국이 반드시 우리가 원하는 대로 해주는 것도 아니다.

회담 초기에 힐은 몇차례 북한과의 접촉 후 많은 좌절감을 느꼈다. 이런 와중에 미국의 언론이 베이징 현지에서 한·미 간 협조가 순조롭지 못하다고 비판했고 우리 언론에서도 비슷한 논조가 나왔다. 하루는 힐이 김계관과의 접촉 결과를 설명하겠다면서 댜오위타이 경내 산보를 제안했다. 개막식이나 폐막식을 제외하고는 언론이 경내로 들어오지 못하기 때문에 많은 기자들이 정문에 포진하여 망원렌즈로 초점을 맞추고 있었다. 우리는 발길을 정문 가까운 쪽으로 옮겼다. 둘이 잔디밭에 앉아서 그날 북측에 제안했던 미국과 북한의 상호행동 방안을 잔디 위에 도표 모양으로 그렸다. 이 모습이 카메라에 잡혀 한·미가 긴밀히 조율하고 있는 모습으로 보도되었다. 이러한 제스처는 한·미가 삐걱거린다는 등 추측이 난무하는 6자회담의 언저리에서는 필요한 것이었다.

창안클럽의 탐색

회담 개막 이틀 전인 2005년 7월 24일 오전 11시, 나는 베이징의 창안클럽에서 김계관과 조용히 만났다. 한국 측에서는 조태용(趙太庸)

차석대표, 박선원(朴善源) 청와대 전략기획국장, 여승배(余承培) 북핵 외교기획팀장이, 북한 측에서는 리근 외무성 미주 국장, 주왕한 과장, 박인건 과장 등 각각 세명씩만 배석하였다. 나와 김계관은 6년 만의 만남이었다. 반갑다는 인사를 나누었지만 방 안 공기가 그렇게 가볍지는 않았다.

대화가 길어져 점심시간이 되었지만 아직 같이 밥 먹을 분위기는 아니었다. 나는 그가 노련한 '회담 일꾼'이라는 것을 알고 있었고, 그도 내가 단도직입적이라는 정도는 알고 있는 것으로 보였다. 남북 사전 접촉은 이 회담에서 서로가 이루고자 하는 목표의 수준과 예상되는 장애 요인들을 탐색하는 자리였고 서로 비교적 솔직하게 이야기했다. 9·19공동성명에 도달하는 중요한 과정의 하나였다.

나는 먼저, 남과 북이 현재의 기류를 잘 살려서 다른 나라들을 이끌어가자고 했다. 힐 차관보 같은 미국 내 협상파의 입지를 강화시켜주기 위해서는 이번 회담에서 실질 내용이 있는 공동성명을 채택해야 한다고 강조했다. 우선 이번 회담에서 추구해야 할 목표를 하나의 구조물로 비유했다. 지금 6자가 같이 통과해야 할 대문을 만드는 것이 목표인데, 한쪽 기둥은 북한의 핵 포기 공약으로, 다른 쪽 기둥은 관계 정상화, 안전보장 제공, 경제협력 공약으로 각각 세우고 그 위에 한반도 비핵화라는 지붕을 얹어놓는 것이라고 제시했다. 그리고 이 대문을 통과한 후에 한반도의 실질적 비핵화라는 과정에 들어간다는 전체 구상을 내놓았다. 그리고 한·미 간에는 이 구조에 대해 합의했으므로 앞으로 남·북·미가 의견을 맞추면 다른 나라들도 따라올 것이라고 설명했다.

나는 또, 노무현 대통령의 2005년 6월 방미와 두차례에 걸친 한·미 외교장관 회담을 통해서 미국을 설득했음을 강조했다. 근래 미국이 보이고 있는 자세의 전환도 이러한 배경에서 나온 것인 만큼 서양 속담처럼 '햇볕이 날 때 건초를 만들자'고 제안했다. 아울러 민감한 문제를 회담 초기에 내세우거나 사전 협의 없이 공개적으로 거론하면 회담이 아니라 선전전이 될 것이라고 경계했다. 당시 미국의 네오콘은 경수로 문제에 대해 알레르기 반응을 보이고 있었으므로 만약 회담 초반에 이 문제가 대두되면 회담에 동력이 붙기 전에 미국 내에서 찬물을 끼얹는 반응이 나올 것이었기 때문이었다.

김계관은 "송 단장과 힐 차관보의 협조관계도 잘 알고 있다"면서 자신도 회담 운영을 소규모로 조용히 운영하고 싶다고 했다. 그는 이어 미국이 좀더 현실적으로 바뀌고 있는 것 같은데 한국이 뒤에서 많이 움직인 결과로 본다고 하고, 이번 회담에서 결과물을 도출할 준비가 되어 있다고 운을 띄웠다. 특히 힐이 자신에게 미국의 대북정책이 체제전복이 아니라 공존정책이라고 말하고 있음을 주목하고 있다고 했다. 그의 얼굴에는 베이징 현지에서도 한국이 미국의 등을 밀어주기 바란다는 기대가 비쳤다.

김계관은 이어 '두개의 기둥과 하나의 지붕' 구상에 대해 공감한다고 하고, 구체적 이행 방법도 순차적으로 따로 논의하는 것이 좋겠다고 하였다. 그러나 그는 미국이 '다자적 안전보장'을 하겠다는데, 북한은 한번도 그런 요구를 한 적이 없고, 필요도 없다고 했다. 또 미국이 북한에 대해 전략적 결단을 내리라고 하는데 북·미관계가 정상화되고 북한에 대한 핵 위험이 제거되면, 결단을 내릴 수 있다고 했다. 결국 문제는 누가 먼저 행동하느냐의 순서로 귀착되는 것이었다.

곧이어 김계관은 이번 회담에서 얻고자 하는 핵심 목표를 드러냈다. 요체는 경수로이고 그 대가로 내놓을 것은 북한의 핵 폐기 범위였다. 그는, 미국이 북한의 평화적 핵 활동까지 부정하는 것은 받아들일 수 없다면서, "남아프리카공화국이나 우크라이나 등 핵을 포기한 나라 모두가 핵발전소를 갖고 있음은 물론이고, 6자회담 참가국 중 북한을 제외한 모두가 핵발전소를 갖고 있지 않느냐"고 반문했다.

순간 나는 2000년 12월 조선호텔에서 곧 미국 국방부 부장관이 될 울포위츠가 반기문 외교차관과 나에게 던진 말이 생각났다. 어떤 경우에도 북한에 경수로를 지어주는 것은 안된다는 그의 신념에 가득 찬 표정이 생생히 떠올랐다. 또다시 충돌이 시작되는구나 하는 생각이 들었다.

나는 경수로 문제를 회담의 초반에 부각하지 말고, 우선은 이번 회담의 기본 목표인 비핵화의 큰 원칙에 합의할 것을 제안했다. 초기 합의를 이행하는 과정에서 신뢰를 쌓으면서 평화적 핵 이용이 가능한 방향으로 움직여보자고 권유했다. 그도 당시 미국의 분위기를 잘 알고 있었기에 수긍을 하면서도, "당장 전면에 이 문제를 내세울 생각은 없지만, 핵심은 미국이 북한의 평화적 핵 이용 권리를 인정하느냐에 있다"고 덧붙였다.

사실 이때만 하더라도 나는 당시 회담에서는 북한의 평화적 핵 이용 권리만 인정해주는 것으로 '비핵화의 대문'을 세울 수 있을 것으로 생각했다. 특히 미국이 "경수로(Light Water Reactor, LWR)의 L자도 언급할 수 없다"면서 워낙 강경한 자세를 취했고, 북한도 일단은 전면에 내세우지 않겠다는 반응을 보였기 때문이다.

나는, 부시 행정부가 경수로 사업을 철저히 거부하고 있기 때문에 한국이 교착상태 타개와 민족경제의 발전을 위해 '대북 송전 제안'

을 하게 된 것임을 설명했다. 이 방안이 현실적으로 가장 가능한 선택임을 강조하고, 대북 송전이 정권과 관계없이 계속되도록 국회 동의라는 법적 장치를 확보할 것이라고 했다. 동시에 송전 사업이 경수로를 대체하는 것이며, 아울러 북측이 핵 개발을 계속하는 상태에서는 송전 사업을 추진할 수 없음을 분명히 했다.

김계관은 송전이 경수로 사업 대신에 나온 것이라면 평화적 핵 이용 권리를 봉쇄한다는 것이므로 받아들일 수 없다고 잘라 말했다. 또, 미국의 입김으로 언제든지 송전 스위치를 내릴 수 있을 것이라고 지적했다. 이어 그는 신포의 경수로 1기는 이미 공정이 많이 진전된 만큼 우선 1기라도 완공하고, 나머지 모자라는 부분은 송전이나 화력발전소 건설로 보충할 수 있을 것이라고 했다. 또 경수로도 핵무기 개발로 연결될 것이라고 우려하는데, 사용 후 연료를 외국으로 보내거나 공동 관리하는 방안으로 해결하면 될 것이라는 종전의 주장을 반복했다.

나는, 오죽했으면 한국이 12억 달러나 투입한 경수로 사업을 버리고 송전을 제안했겠느냐면서 북측이 상황을 제대로 파악할 것을 촉구했다. 또, 지금 6자회담에서도 미국이 한국의 요구를 적극적으로 수용하고 있음을 상기시키고, 북측이 생각하는 만큼 한국에 대한 미국의 입김이 강하지 않다는 것도 알아야 한다고 반박했다. 나는 그런 주장을 하면서도 신포 경수로 사업이 미국의 일방적 결정으로 폐기된 과정을 떠올리고는 나의 말이 얼마나 무게 있게 들릴지 자신이 서지 않았다. 김계관은 남측의 독자적 노력을 모르는 것은 아니나, 부시 행정부의 강경 정책 영향으로 남측이 남북관계를 미국의 정책 밑에 두었다고 비판했다. 특히 남북 간의 휴전선 통과 문제나 개성공단 사업 추진에 대해서도 미국이 많은 문제점을 야기했다고 지적했다. 나는 하고 싶은 말이 많았지만 논쟁이 능사는 아니라고 생각했다.

김계관은 경수로 합의가 되지 않을 경우, 하나의 대안으로서 핵 폐기가 아니라 '핵 동결 대(對) 에너지 지원'에 합의하고 거기에 송전사업을 포함시킬 수는 있을 것이라고 제안했다. 이는 사실상 1994년 제네바 합의에서 경수로를 제외한 부분을 6자회담에서 채택하자는 것과 같았다. 당시 부시 행정부는 북한의 완전한 핵 폐기를 전면에 내세우고 있었다. '동결 대 보상' 합의는 결코 돌아갈 수 없는 과거임을 김계관도 모를 리 없었다.

인간의 지혜는 가보지 않은 시간의 영역에 잘 미치지 못한다. 김계관의 제안은 당시에는 협상의 기초가 될 수 없었다. 그러나 10년이 넘게 지나 6자회담이 좌초되고 북한의 핵 개발이 사실상 방치된 지금의 사정에 비추어보면, 그 제안은 현실적인 출발점이 될 수 있었다. 완전한 핵 폐기, 북·미관계 정상화, 경수로 제공을 포함하는 포괄적 합의는 뒤로 미루고, 우선 확실한 '핵 동결 대 에너지 지원'에 합의한 후 단계적으로 핵 폐기에 이르는 길도 있었을 것이다. 만약 그렇게 차곡차곡 진행되었다면 일련의 북한 핵실험도 막았을 수 있었지 않았을까 싶다. 그러나 당시 미국의 국내 정치가 그런 폭넓은 협상전략을 허용하지 않았다.

다음은 한반도 평화체제 문제였다. 북한 핵 문제와 한반도 문제는 동전의 양면과 같다. 한반도 문제를 평화적으로 해결하려면 휴전체제를 평화체제로 바꾸어야 한다. 나는 김계관에게 이틀 전인 7월 22일 북한 외무성 대변인이 평화체제 수립을 주장했음을 거론했다. 평화체제는 6자회담보다는 남과 북을 중심으로 직접 관련된 당사자

간에 별도의 포럼에서 협의하는 것이 좋겠다고 제안했다. 만약 6자회담에서 논의하게 되면 직접 관련되지 않은 나라들에 권한과 역할을 주게 되고 누구든 한번 발을 들여놓으면 결코 빠지지 않으려 할 것임을 강조했다. 김계관은 나의 주장에 원칙적으로 수긍하면서도 확실한 입장을 내놓지 않았다. 북한의 입장은 그후 본회담 과정에서 나타났다.

이어 북·일관계로 옮겨갔다. 나는 일본 대표단이 납치 문제에 집착하기 때문에 6자회담의 진전 자체에 부담이 될 수 있다고 판단하고 있었다. 그래서 북측이 일본과 적절히 대화를 하는 것이 이번 회담에서 북한이 바라는 것을 성취하는 데 도움이 될 것이라고 조언했다. 우선 일본을 따로 만나서 이야기를 일단 들어주는 것 자체가 풍선의 바람을 빼는 효과가 있을 것이라고 했다. 이에 대해서 김계관은 "북·일관계의 타결을 위해 대영단"(2002년 김정일과 고이즈미 준이치로小泉純一郎 사이 합의를 말함)을 내렸으나, 결론적으로는 북·미관계가 개선되기 전에는 북·일관계 개선이 어렵다는 교훈을 얻었다고 했다. 그는, "일본은 정치적 난쟁이이고 그저 미국만 따라가므로 굳이 일본을 따로 만날 필요가 없다"고 잘라 말했다.

그날 저녁 나는 힐과 만나 나와 김계관, 그리고 힐과 우 다웨이가 만난 결과를 비교 검토했다. 힐은 무엇보다도 이번 회담에서 북한이 우라늄농축 계획의 존재를 인정하는 것이 필요하다면서 한국이 이 점을 북한에 분명하게 해주기를 바란다고 했다. 나는, 그날 김계관과 베이징에서 처음 만나는 자리여서 깊이 들어가지는 않았으나, 적절한 단계에 그 문제를 제기하겠다고 하면서, 우라늄농축 문제에 관해 어떤 형태로든 해결 방안이 있을 테니 같이 노력하자고 했다.

내가 느끼기에는 힐이 워싱턴 네오콘의 압력을 감안해야 했고, 베이징 현지 미국 대표단 중에서도 국방부의 리처드 롤리스(Richard Lawless) 부차관보나 백악관의 빅터 차(Victor Cha) 국장같이 이 문제를 최우선시하는 사람들을 의식하는 것으로 보였다. 나는 우라늄농축 문제가 결국은 이 협상의 중대한 걸림돌이 될 것으로 예견했지만 북·미 간에 서로 정치적 의지만 있으면, 다리를 놓을 수 없는 절벽은 아니라고 생각했다. 한번은 이 문제를 두고 한·미가 협의하는 자리에서 내가, "누구나 강경한 자세를 취하기는 쉽지만 회담 진전에 도움이 되지 않을 수 있다"면서 롤리스를 쳐다봤더니 그는 문을 나서면서 한국말로 "나 강경파 아닙니다"라며 천연덕스럽게 받아넘겼다.

제5장
9·19공동성명

6자의 최대공약수

2005년 4차 6자회담은 1단계 7월 26일~8월 7일, 그리고 휴회 후 2단계 9월 13일~9월 19일에 걸쳐 공식회의만 총 19일이 걸려 최종합의에 도달했다. 9월 19일 채택되었다고 해서 흔히 '9·19공동성명'으로 통칭한다. 전체회의는 9차례 열렸지만 각국 대표단 사이에 수백차례의 양자 또는 3자회담을 가졌다. 우리 대표단만 해도 공식회담과 비공식 접촉을 각각 70여차례씩 가졌다.

한반도 문제 해결의 핵심고리인 북한 핵의 해법에 대해 좀더 가까이 다가가보기 위해 이 성명이 채택된 경과를 해체·조립해본다. 9·19공동성명은 6개국의 상이한 입장에서 추출해낸 공약수를 담고 있다. 또 이 성명은 핵 문제 해결의 구조를 먼저 정하고 구체적 이행 방법은 차후 단계적으로 합의해나가는 것을 상정하고 있다. 9월 19일 정오에 공동성명을 채택하는 폐막 회의에서, 나는 한반도 비핵화를 위한 '거대한 첫걸음'이라 묘사했고, 중국의 우 다웨이는 '만리장성의 시작'이라고 했다. 그만큼 이 성명은 문제 해결의 시작에 불과하다는 것을 모두 인식하고 있었다.

9·19공동성명에서 합의된 것은 6개 부분이다. 첫째 한반도 비핵화와 북한의 평화적 핵 이용 권리, 둘째 북·미와 북·일 관계 정상화, 셋째 5개국의 대북 에너지 지원과 경제 협력, 넷째 한반도 평화체제 협상, 다섯째 동북아 다자안보협력, 여섯째 상호 공약들을 단계적으로 '행동 대 행동'으로 옮기는 이행 원칙이다.

비핵화의 쟁점: 한반도 비핵화와 경수로

한국 정부는 당연히 비핵화의 대상을 '북한의 핵'으로 국한시키려 했다. 그러나 북한과 중국은 물론 미국도 '한반도 비핵화'로 설정하고자 했다. 한국의 잠재적 핵무장 능력을 함께 통제해야 한다는 5개국의 공통 이익이 작용한 것이다. 회담 공식 개막 전인 7월 25일 우 다웨이는 나에게 이번 회담의 주제는 한반도 비핵화라는 입장을 제시했다. 나는 남북 간에는 1992년의 '한반도의 비핵화에 관한 공동선언'이 있는데, 북한의 핵 개발로 인해서 이 선언이 무너지고 있는 만큼 6자회담에서는 '북한'의 핵 포기에 집중할 것을 요구했다.

개막식에서 힐은 금번 6자회담은 '한반도 비핵화'와 북한을 국제사회에 편입하는 방안에 관한 논의임을 밝혔다. 이어 김계관은 "조선 반도의 비핵화는 김일성 주석의 유훈이고, 우리 최고 수뇌부의 확고한 의지"라고 하면서, 조선반도의 남과 북을 비핵지대*로 만들자고 제안했다. 나는 "6자회담은 북한 핵 문제 해결을 위한 회담"이라고 규정했다. 그러나 협상의 본질적 진전에 방해가 되지 않도록 하기 위해 '한반도 비핵화'냐 '북한 비핵화'냐를 쟁점으로 삼지는 않았다.

7월 28일 김계관은 나에게 기본의 기본은 경수로라면서, 경수로 2기가 안되면 1기라도 건설하고 나머지는 재래식 발전소로 건설해 달라고 했다. 나는 경수로에 대한 미국의 철벽 같은 입장을 감안해서 우선 '평화적 핵 이용 권리'를 확보해서 장래에 그 권리를 행사할 수 있는 근거를 확보하는 것이 중요하다고 설득했다. 물론 북한의 귀에는 들리지 않는 이야기였겠지만, 당시 미국의 태도를 볼 때 한국이 제안할 수 있는 최대의 선이었다.

이날 한·미 대표단이 만났을 때 힐은 북한이 NPT에 다시 가입하고 IAEA 안전 협정을 수락하면 그때 가서 북한이 평화적 핵 이용 조건을 충족했는지를 결정하는 방식을 제시했다. 나는 북한의 평화적 핵 이용에 대한 논의 자체를 거부하면 이번 회담에서 북핵 포기에 대한 합의 자체가 불가능할 것으로 판단했다. 나는 김계관에게 제안한 대로 평화적 핵 이용 권리는 갖되 권리 행사는 유보하고, 경수로 문제는 추후 논의하는 방안을 힐에게 제시했다. 그러나 힐은, "북한이

---

* 북한은 남북한 공히 핵무기의 시험과 생산, 저장, 배치는 물론 외국 핵 기지의 설치를 금하는 비핵지대화를 주장해왔다. 이는 핵무기 개발 반대뿐 아니라 한국 내 미군기지의 사찰과 한미연합훈련 때 핵 운반이 가능한 항공기나 함정의 진입을 거부한다는 목적을 갖고 있다. 한국은 이 제안을 일관되게 거부해왔다.

제네바 합의의 향수에서 벗어나도록 하기 위해 한국도 북한에 경수로 사업의 재개는 불가능하다는 것을 이해시켜야 한다"면서 강한 입장을 보였다. 베이징의 미국 협상팀 내에도 눈과 귀가 많았다. 그는 이 부분에서 워싱턴의 지침을 철저히 이행하고 있었다.

그날 저녁 늦게 나는 힐과 따로 만나 경수로 문제에 현실적인 대안이 필요하다는 점을 강조했다. 그도 회담의 운명은 결국 경수로에 걸려 있다는 것을 예견하는 듯했다. 무슨 좋은 방안이 있는지 같이 머리를 맞대었지만 열만 올랐다. 차가운 백포도주와 한사발의 땅콩을 주문하여 밤늦게까지 스트레스를 함께 씹었다.

한편 7월 30일 중국의 차석대표인 닝 푸쿠이 대사가 조태용 차석대표에게 북한이 협상용으로 경수로를 주장하고 있지만 이번 회담에서 공동문건을 채택할 경우, 경수로를 시사하는 정도의 모호한 표현만 확보되면 될 것으로 본다고 했다. 이때까지 중국도 북한의 내심을 파악하지 못했던 것이다. 사실 나 자신도 회담 초기에는 중국 측과 비슷하게 관찰하고 있었다.

8월 1일 베이징 주재 미국대사관에서 한·미 양자 협의를 가졌다. 나는, 중국 측이 7월 31일 회람한 공동성명 2차 초안에 '한반도 비핵화 공동선언에 따라'라는 문구가 있는데, 한국은 괜찮지만 미국의 입장은 어떤지 타진했다. 힐은 무슨 문제가 있느냐는 듯이 의아해했다. 내가, 한반도 비핵화 공동선언 2항에는 "핵에너지를 오직 평화적 목적에만 이용한다"고 되어 있어 논리적으로는 경수로 같은 원자력의 평화적 이용은 가능하다는 의미임을 지적했다. 이를 알게 된 힐은 북한에 대해 비군사적 목적이라도 핵 이용권을 허용할 수 없다면서, 그 문구는 삭제되어야 한다고 주장했다. 나는 북한이 NPT에 복귀하고 핵무기 계획이 제거되었다고 판단되면, 평화적 핵 이용 권리는 부인할 수 없을 것이라고 대응했다.

이날 나는 우 다웨이에게 "북한이 모든 핵 계획을 포기하고 NPT에 복귀하여 IAEA 사찰을 수용하면, NPT상의 권리를 행사할 수 있다"는 안을 제안했다. 둘은 이를 '송-우' 안으로 하자고 합의했다. 이 합의를 바탕으로 중국은 공동성명의 8월 2일자 초안에 "북한이 모든 핵무기와 핵 프로그램을 검증 가능한 방식으로 포기하는 대신 NPT상 권리와 의무"를 갖는다는 방안을 제시했다. 평화적 핵 이용 권리를 인정하는 대신 북한의 모든 핵 포기 의무를 최고 수준으로 높인 것이다. 이에 대해 북한은 '모든 핵무기와 핵무기 프로그램'을 포기한다고 제안했다. 핵무기와 무관한 발전용 우라늄저농축이나 원자력발전 계획 자체는 포기하지 않겠다는 것이었다.

한편 힐은 본국으로부터 북한에 대해 평화적 핵 이용 권리라는 개념 자체를 원천적으로 차단하라는 지시를 받고 있었다. 'NPT상 권리'는 평화적 핵 이용 권리를 포함하기 때문에 중국 측 초안을 수용할 수가 없었다. 한국이 볼 때는 북한이 일단 모든 핵무기와 핵무기 계획을 포기하겠다고 하는 것 자체가 구체적이고 분명한 진전인 만큼, 이에 상응하는 북한의 평화적 핵 이용 권리를 인정하는 것은 협상할 가치가 있다고 판단했다. 그래서 나는 당시 인도에 출장 중인 반기문 장관과 통화하여 라이스 미 국무장관을 설득해보는 것이 좋겠다고 건의했다.

그날 반 장관과의 통화에서 라이스 장관은, 중국 측의 초안은 북한이 경수로 같은 핵발전소를 가질 권리를 인정하는 것으로서 미국은 받아들일 수 없다면서 강력하게 반대했다. 당시 부시 행정부는 경수로 제공에 대한 알레르기 반응이 심했다. 반 장관은, 북한이 핵 포기를 결정하고자 하는 상황에서 북한에 대해서 'NPT상 권리와 의무'라는 원칙적 표현까지 거부하는 것은 과도하다면서 미국이 조건을 달지 말고 수용하기를 바란다고 설득했다. 그러나 미국은 굽히지 않고 오히려 베이징의 한국 대표단이 중국 측 제안을 반대해줄 것을 요구했다.

나는 8월 3일 중국의 우 다웨이 대표를 만나 한·미 외교장관의 논의 경과를 설명하면서 지금 한국이 미국에 대해서 조건을 달지 말고 8월 2일자 공동성명 초안을 수용할 것을 설득하고 있는 만큼, 중국도 북한이 '모든 핵무기와 핵 프로그램 포기'를 설득할 것을 요청했다. 그사이 북한은 8월 3일 핵 폐기의 범위를 '모든 핵무기와 핵무기 생산에 이르게 되는 계획'으로 구체화할 것을 중국 측에 제안했다. 핵무기와 직접 관련되지 않는 것은 포기하지 않겠다고 명시한 것이다. 이 경우 당초 '송-우' 안으로 합의한 '모든 핵 계획'의 범위가 축소되는 것이다.

그런데 중국이 북한 측 제안을 수락했다. 우 다웨이는 나에게, 만약 미국과 한국이 이 방안을 수락하지 못한다면 결국 이번 회담에서 공동문서 채택은 무산될 수밖에 없다고 압박하면서, 한국과 중국이 함께 미국을 설득하자고 제안했다. 중국은 이런 민감한 문제에 봉착하면 미국과 바로 터놓고 대화하기보다는 으레 한국을 통해 미국을 설득하고자 했다. 미국과 정면으로 부딪치는 것을 원치 않았다.

나는 우 다웨이에게 그간 한국이 미국의 대북 압박정책을 막는 데 전력을 다해왔지만 이제는 한계를 느낀다면서 북한에 '핵폭탄과 함께 살아라!'라고 말해주라고 했다. 나는 북한이 사는 길로 가지 않고 군이 죽는 길로 가겠다고 하는데 이걸 막을 방법은 없다고 했다. 7월 24일 남북 사전 접촉을 한 지 열흘이 지난 시점이었다. 미국과 북한 사이에 끼어서 타협을 시도한 나로서는 지치기 시작했다. 한반도 문제의 주인인 우리가 왜 이런 처지의 고통을 당해야 하는가 하는 생각이 들면서 서서히 분노가 쌓였다.

당시 미국의 기세로 봐서는 북한의 평화적 핵 이용 권리를 인정해줄 가능성이 없었다. 그러나 내가 보기에는 일단 북한이 모든 핵무기와 핵 관련 계획을 포기한다는 포괄적 합의를 하면, 미래의 평화적 핵 이용 권리를 명시해주고, 그 권리의 구체적 내용은 다음 단계에서 합의하는 것이 바람직해 보였다.

우 다웨이에 의하면, 전날 리 자오싱(李肇星) 외교부장이 직접 김계관에게 중국 측 방안을 제시했고, 이를 김정일에게 건의했으나, '핵 관련 프로그램 포기', 즉 핵무기와 관련 없는 핵 사업은 포기할 수 없다는 훈령을 받았다는 것이었다. 그러면서 우 다웨이는 이 회의에서 6자 간의 권리 의무를 규정하는 공동문서는 채택하지 말고 각국의 인식만을 담은 의장성명을 발표하자고 제안했다. 나는 오늘 아니면 내일, 그도 아니면 언젠가 될 것이라는 중국식 접근방식인가, 아니면 덩치로 밀어붙이는 행태인가 하는 의문이 들었다. 동의할 수가 없었다. "13개월 만에 만나서 또 의장성명만 채택하고 헤어진다면 6자회담은 그대로 실패하는 것이니 해법을 계속 찾아보자"고 설득했다.

핵 폐기 범위에 대한 입장은 돌고 돌아 결국 두가지 방안으로 다시 압축됐다. 하나는 '모든 핵무기와 현존하는 핵 계획 포기'인데 이는 북한이 받을 수 없었고, 다른 하나는 '모든 핵무기와 핵무기 생산에 이르게 되는 핵 프로그램'인데 이는 미국이 받을 수 없었다. 한국과 중국은 어느 방안이든 수용할 수 있었다. 북한은 저농축우라늄 계획이 핵무기 계획과 관련이 없다고 주장하고 있는데, '모든 핵 계획 포기'에 합의하고 나면 검증을 위해 사실상 북한 전역을 사찰대상에 포함시켜야 하는 거대한 부담을 안게 된다. 또 하나는 '모든 핵 계획'의 범주에 경수로가 포함되어 미래에도 경수로를 가질 가능성 자체를 원천적으로 봉쇄할 것으로 우려했다.

남·북·미 회동, 내가 왜 중매꾼이냐

8월 4일 김계관이 급하게 나와 만날 것을 요청해왔다. 북한은 보통 때는 미국과의 대화에만 매달리다가 앞이 꽉 막히면 한국에 지원 요청을 하곤 했다. 그는 힐이 공동성명 내용에 대해 더이상 논의도 하지 않겠다고 하니, 내가 만남을 주선해달라는 것이었다. 팡페이위안 2층 코너의 한 테이블에서 이런 대화를 나누는데 그는 극심한 압박감에 시달린 표정이었다. 수행원에게 상비약을 받아 복용하면서 대화를 이어갔다. 나는 그에게 북·미가 수차례 만나도 타협이 안되니, 남·북·미 3자가 만나서 머리를 맞대고 해법을 찾아보자고 제안했다. 그는 우선 북·미 양자가 만나는 것이 좋겠다고 고집하다 마지못해 나의 제안에 응했다.

나는 우선 3자가 만나기 전에 도대체 북한이 포기할 수 없는 핵 프로그램이 무엇이냐고 물었다. 그는 북한이 석탄도 거의 고갈되고 원유도 사 올 형편이 못되어 우라늄을 이용한 흑연감속로와 경수로로 생산하는 전력에 의존해야 한다고 했다. 그런데 핵 포기에 합의하면,

핵무기 생산에 연결될 수 있는 흑연감속로는 다 없애는 것이라면서, "결국 경수로가 필요한데 언제 지어주느냐는 것은 나중의 문제라 하더라도 경수로를 가질 가능성까지는 막아서는 안된다"고 했다.

당시 경수로 문제를 테이블에 바로 올려놓으면 회담 전체의 운명이 위태로울 사정이었다. 그즈음 힐은 워싱턴 정부 안팎의 강경파로부터 대북 적대관계 종식과 에너지 지원 등 많은 것을 양보한다는 비난을 받고 있었다. 그들은 기본적으로 6자회담에서 미국이 북한과 별도로 만나 협상하는 자체에 거부감을 갖고 있었다. 나는, 우선 북측의 요구 수준을 낮출 필요가 있다고 보았다. 김계관에게 "이번 회담에서 힐이 뭘 들고 가느냐에 따라 앞으로 미국의 대북정책 방향이 결정될 것인데, 북측이 경수로를 거론하는 것을 보니 결과가 우려스럽다"고 경고한 후, 좀 있다 힐과 함께 보자고 했다.

이어 나는 힐을 만나 교착상태의 돌파구를 찾기 위해 남·북·미 3자가 함께 대화를 해보는 것이 좋겠다고 제안했다. 힐은 주위에 있던 다른 미국 대표들을 둘러보면서 3자회동에 불편한 기색을 비쳤다. 당시 그는 도저히 북한과의 입장을 좁힐 수 없다는 판단에서 김계관과의 면담 자체를 거부하고 있었다. 그러나 내가 보기에는 그대로 두면 회담은 파탄으로 끝날 공산이 커 보였다. 나는 주저 없이 "김계관에게는 이미 오후 5시에 1층 로비의 소파로 오라고 통보했으니 수행원 한명만 대동하고 오라"고 하고 헤어졌다.

나는 3자회동을 준비하면서 지난 열흘간의 흐름을 되짚어보았다. 7월 24일 남·북 접촉 때 김계관은 "경수로 사업은 핵 중지 및 폐기의 관건적 문제이다. 남측이 제안하는 송전 방안으로는 경수로를 대체할 수 없다. 한국이 이미 경수로에 12억 달러씩이나 투자한 만큼 이 사업이 계속 추진되도록 미국을 설득해주기 바란다"고 한국을 앞에 세우려고 했다. 이에 대해 나는 신포의 경수로 사업 중단은 한국도 불만스러운 일이지만 문제는 북한이 몰래 우라늄농축 사업을 시작한 데서 발단된 것이므로 북한이 그 대가를 치러야 한다고 강조했었다. 또 미국의 확고한 입장에 비춰볼 때 경수로는 논의 자체가 어렵다고 대응했다. 김계관은 그후 회담 분위기를 보아가면서 차곡차곡 경수로 문제에 접근해왔다. 그런데 이제 북한이 핵 포기 범위와 경수로 사업을 본격적으로 연결하는 작업에 들어가는구나 하는 생각이 들었다.

이날 오후 5시 5분 전쯤 내가 먼저 현장에 가 있었다. 그런데 10여 분 넘도록 어느 쪽도 나타나지 않았다. 우리 팀이 살펴보니 북·미 양측 모두 사람을 미리 보내 상대방이 나타났는지를 확인해보는 중이라는 것이었다. 서로 기 싸움을 하느라 회담장에서 마치 숨바꼭질하듯 동정을 살폈다. 잠시 후 김계관과 힐이 차례로 각각 배석자 한명과 통역을 데리고 나타났다. 김계관은 자신이 먼저 졸라서 자리가 마련된 데 대해 자존심이 상한 것 같았다. 그는 앉자마자 힐을 보고 "꼭 이렇게 중매꾼이 있어야 대화가 되느냐"면서 퉁명스럽게 말했다. 순간 나는 화가 났다. "내가 왜 중매꾼이냐. 한반도 문제의 책임자로서 이 자리를 만든 것이다"라면서 김계관과 힐을 모두 돌아보았다. 그랬더니 김계관은 그 정도로 하고 넘어가자면서 본론에 들어갔다.

그는 서로 확인할 것은 확인해야 앞으로 갈 수 있을 것이라고 전제하고, "현존하는 모든 핵무기와 핵무기 프로그램을 포기할 수 있다. 그러나 현존하는 핵 프로그램을 모두 포기하는 것은 평화적 핵 이용에 관한 주권적 권리를 제한하는 것이기 때문에 수용할 수 없다"고 주장했다. 핵무기와 연결되는 흑연감속로와 그 연관 시설은 폐기할 수 있으나, 그런 조건으로 경수로를 들여올 권리를 갖겠다고 하면서, 반드시 신포에 건설 중인 경수로를 말하는 것은 아니라는 입장을 제시했다. 한마디로 핵무기와 관련되지 않은 핵 프로그램은 포기하지 않겠다는 것이었다.

이에 대해서 힐은 미국의 정책은 분명하다면서, 북한이 일체의 핵 활동을 그만두어야 한다고 단정적으로 밝혔다. 양측 사이에 서로 얽히는 대화가 오가고 사이사이 불분명한 대목에서는 내가 나서서 서로 제대로 알아들었는지를 확인했다. 한시간 동안 진행된 대화가 끝나갈 무렵 내가 상황을 종합하여 "북한은 모든 핵무기와 현존하는 핵 프로그램을 포기하는 대신 장래에는 평화적 핵 이용 권리를 보장받는다"는 요지의 부속서한을 작성해서 의장국 중국에 기탁하는 방식을 제시했다. 북·미 양측은 그 자리에서 본국 정부에 보고해보겠다고 했다.

힐은 3자회동이 끝나갈 무렵 핵 폐기 범위와 조건에 관한 북측의 정확한 입장을 그날 처음 확인하게 되었다고 말했다. 나는 그동안 북·미 간의 접촉에서 상호 의사소통이 충분하지 못했을 가능성이 있었던 것으로 보았다. 특히 북한의 입장을 이해하기가 쉽지 않았다. 경수로의 가능성을 원천적으로 거부하겠다는 미국의 입장 앞에서 어떻게 해서라도 경수로의 가능성을 살려야 한다는 평양의 요구를 관철시키려다보니 논리를 복잡하게 전개한 것으로 보았다. 한편 내가 제시한 부속서한 방식은 그다음 날 평양과 워싱턴이 모두 거부했다. 그러나 이 방안은 6주 후에 가서는 9·19공동성명의 근간이 되었다.

현장에서는 깊이 생각지 못했지만 돌이켜보니, 당시 김계관의 말을 이해하기 어려웠던 것은 한두가지 사정이 있었던 것으로 생각되었다. 우선 핵 포기 공약 후 검증을 거쳐 NPT 복귀까지는 상당한 시간이 필요한데, 그 기간 중에는 평화적 핵 이용 권리, 즉 경수로 건설을 그만큼 늦추어야 하는 것이다. 또 하나는 그 기간 중 천연우라늄 생산과 가공 같은 일체의 활동도 금지되고 검증대상이 되므로 IAEA의 사찰 범위가 북한 전역으로 확대될 수 있음을 우려했을 가능성이 있었다. 생존을 위해 자신의 의무를 뒤로 미루거나 실체를 위장하고 몇개 안되는 카드로 많은 것을 얻어내야 하는 북한으로서는 능히 착안해야 할 점이었을 것이다. 회동을 끝내면서 이날 협의 결과를 토대로 미·북 차석대표가 만나 절충을 계속하기로 합의했다.

6자회담장에서 각국의 입장은 전부 달랐다. 서로의 이해관계를 조정하고 규합하는 흐름 속에서 나라별로 입장이 수시로 변화했다. 게다가 통역을 써가면서 오고가는 기술적 표현들의 미묘한 차이를 간파해야 했다. 커튼 뒤에서 무슨 이야기가 오갔는지 알 수 없는 경우가 많았다. 때로는 비슷한 내용들이 쳇바퀴처럼 돌아가면서 뭐가 어떻게 바뀌었는지 변별력이 떨어지기도 했다. 북한과 미국 사이 대화뿐 아니라 때와 장소를 가리지 않고 진행되는 다른 나라 대표단 간의 접촉 동향도 그 흐름을 놓치지 않도록 대표단 전원이 긴장하고 있었다. 심지어 화장실에서 오가는 대화에도 신경을 곤두세워야 했다. 우리 대표단원들은 수석대표를 밀착하는 팀과 외곽에서 주변 동향을 읽는 팀, 본국과 교신하는 팀, 언론 대응을 하는 팀 등으로 나누어 유기적으로 움직였다. 조태용 차석대표를 위시한 단원들이 바로 옆에서 적시에 내가 생각지 못한 빈 곳을 채워주고 또 외곽에서 풍향을 전달해주었다.

이날 저녁 8시가 조금 넘어 한·중 대표단이 쾅페이위안 2층에서 만났다. 우 다웨이에게 남·북·미 회동결과를 설명하고 교착상태가 풀릴 수도 있으니 회담을 연장하자고 제안했다. 우 다웨이가 고마워할 줄 알았는데 그는 의외의 반응을 보였다. 중국은 이미 그 전날 미·북·중 3자 타협안을 중재했으나 실패하자 회담 종료수순을 밟고 있었던 것이다. 내 말이 채 끝나기도 전에 격앙된 반응을 보였다. "회담을 종료하기로 이미 상부에 보고했습니다. 미국과 북한은 지금껏 중국이 제안해온 방안들을 모두 반대했어요. 그래서 힐에게도 회담을 여기서 끝내자고 했습니다. 그런데 지금 와서 남·북·미가 만나서 협의했으니 연장하자고요? 지금 누구를 조롱하는 건가요. 미국도 북한도 그렇게 모호하게 하면 안됩니다"라고 하더니 자리를 박차고 일어나 방을 나가는 것이었다.

순간 나도 분개하여 "주최 측에서 손님의 말이 끝나기도 전에 먼저 일어서는 법이 어디 있어요? 다시 앉으세요!"하고 큰 소리를 쳤다. 통역이 제대로 될 겨를도 없었다. 우 다웨이는 뒤돌아보지도 않고 나갔다. 닝 푸쿠이 차석대표도 엉거주춤 뒤따라 나갔다. 그는 한국말을 잘하는 외교관으로서 곧 주한대사로 부임될 예정이었다. 나도 방문을 쫓아 나서면서 "닝 대사, 우 부부장에게 사과하라고 하세요!"라고 큰소리로 말했다. 그러나 우 다웨이는 총총히 자기 방으로 돌아가버렸다. 로비의 이쪽저쪽에서 한·중 회동 결과를 기다리고 있던 북한과 미국 대표단 일행은 놀란 듯 이 광경을 쳐다보았다.

우 다웨이가 박차고 나간 지 한시간쯤 지나서 중국 측은 전체회의를 소집했다. 밤 9시 반에 회의가 속개되자 우 다웨이는 "지금 회담을 계속할지 또는 산회할지에 대해 결정코자 한다. 먼저 나의 오랜 친구인 송민순 단장이 발언해주기 바란다"고 했다. 나는 우 다웨이식 '사과'라고 받아들였다. 나는 '한발짝도 더 뗄 수 없다고 느낄 때, 실제 갈 수 있는 길의 절반에 도달한 것이다'라는 아이슬란드의 격언을 소개했다. 앞으로 더 진전시킬 여지가 있으므로 회담을 계속하자고 제안했다. 회의는 다시 살아서 움직이면서 핵 폐기 범위와 북한의 경수로를 포함한 평화적 핵 이용 권리를 어떻게 접목시킬지 토론을 넓혔다.

회담 연장 후 우 다웨이는 나에게 다가와 "관건적인 시기에 한국이 방향을 잘 잡았다"고 치켜세웠다. 나는 중국의 공(功)이라고 돌려줬다. 돌이켜보면, 그날 우 다웨이는 상대가 나였기에 여과 없이 감정을 표출했고 나도 우 다웨이였기에 고함을 칠 수 있었다. 그도 미국이나 북한에 그런 반응을 보이기는 어려웠을 것이다. 우 다웨이와 나는 비록 통역을 통했지만 깊은 농담도 주고받으면서 편하게 지내는 사이였다. 어쨌든 그 일이 꽉 막힌 벽을 뚫는 계기는 되었다. 그래도 여러 이목이 쏠리고 있는 국제회의장에서 일어나지 않았으면 좋았을 장면이었다.

다음 날 두차례에 걸쳐 북·미 간의 차석대표 접촉을 가졌다. 사안 자체가 워낙 어려운 데다 미국 차석대표인 디트라니(Joseph Detrani)와 북한 리근 국장의 대화 스타일도 맞지 않았다. 간격은 더 벌어졌고, 디트라니는 급기야 "타이타닉호가 침몰하고 있다"고 토로했다.

8월 5일 우 다웨이는 나에게 "북한의 관심은 경수로 건설이다. 경수로 2기를 건설하면 모든 핵 계획을 포기할 수도 있다고 한다"고 알려왔다. 북한이 드디어 노골적으로 제네바 합의 내용으로 돌아갈 것을 요구하고 나오는 것이었다. 나는 "북한이 지금 배가 고프다고 아침, 점심, 저녁을 한꺼번에 다 먹으려 하는데, 시차를 두고 먹어야 한다"면서 북한을 거꾸로 설득해줄 것을 요구했다. 이날 중국의 리 자오싱 외교부장은 힐과 김계관을 각각 면담하여 조정을 시도했으나 타협이 되지 않았다.

나는 8월 6일 오전 김계관을 만나, "모든 핵 프로그램을 일단 포기하고 평화적 핵 이용 권리를 보장받는 방안을 채택하자"고 제안했다. 그는 그럴 수 없다면서 의장성명이나 채택하고 회담을 끝내자고 했다. 나는 잠시 후 힐을 만나 "북한이 (미래가 아닌) 현존하는 핵 프로그램을 포기하면 평화적 핵 이용 권리를 인정하자"고 다시 제안했다. 그는 본국 훈령의 범위를 넘는 것이라면서 거부했다.

그럼에도 이날 오후 힐은 김계관을 만나 나의 제안과 근접한 방식을 제시했다. "북한이 평화적 핵 이용 권리는 보유하되 행사는 하지 않는다"는 것이었다. 그러나 김계관은 북한이 평화적 핵 이용 권리는 중단 없이 행사하는 것이며, 구체적으로는 경수로를 가질 권리가 있다는 주장까지 들고나왔다. 나는 이 말을 전해 듣고 바로 김계관을 다시 만났다. 평화적 핵 이용 권리뿐 아니라 경수로까지 요구했다는데 그게 사실이냐고 질문했다. 그는 스스럼없이 "그렇다"고 대답했다. 나는 "그렇다면 공동성명 합의는 불가하다. 우리의 대북 송전 제안도 철회한다"며 일어섰다. 그는 나의 말에 별로 개의치 않고 이미 갈 길을 굳힌 듯 보였다.

13일간의 협상에 각국 대표단은 지칠 대로 지쳤다. 회의를 더 했다가는 이미 의견을 모은 부분까지 증발될 수 있다는 위기감이 몰려왔다. 모두가 베이징의 한여름 더위만큼이나 피로했다. 8월 7일 전체회의를 열어 그때까지 합의된 사항들을 포함한 공동성명 4차 초안을 그대로 동결시킨 상태에서 휴회에 들어갔다.

북한의 카드

휴회 기간 중 '8·15민족대축전'이 서울에서 열렸다. 북한에서 김
기남(金基南) 비서와 임동옥(林東玉) 통일전선 부부장이 왔다. 이들은
우리 통일부장관과 국가안보회의 사무차장을 따로 만난 자리에서,
"베이징에서 남측 송 단장이 미국의 힐과 가깝다고 미국 편만 들고
있다. 지침을 잘 줘서 보내기 바란다"고 했다. 우리 측 인사들은 현지
대표단이 재량권을 발휘하다보니 그런 모양이라고 하면서 넘어갔다.
나는 이 말을 전해 듣고 적반하장이라는 생각이 들었다. 온갖 머리를
짜내어 타협을 모색해왔는데 고작 돌아오는 인사가 그 모양인가 싶
었다. 북한 대표들은 노무현 대통령을 예방한 자리에서도 이 말을 또
꺼냈다. 노 대통령은 공개적으로 북한 손을 든다고 해서 되는 것이
아니라 조용히 설득하면서 북·미 간 타협이 되도록 북한도 노력하길
바란다고 공을 거꾸로 넘겼다. 또한 그 자리에서 "핵 문제뿐 아니라
인권 문제로도 국제사회의 요구가 강해지고 있다"면서, 북한이 인권
분야에 신경 써야 할 것이라고 했다.

한편 미국도 북한과 비슷한 압박을 가해왔다. 8월 초 베이징에서
나는 언론으로부터 북·미 간 타협 실패로 공동성명이 채택되지 않고
있느냐는 질문을 받았다. 나는 "평양과 워싱턴 모두가 탄력성을 보
이면 현재 협상의 장애는 극복할 수 있다"고 했다. 이를 두고 한 미국
언론이, 내가 미국과 북한 모두를 "고집불통"으로 묘사했다고 보도

했다. 다음 날 미국 백악관 관계자는 워싱턴의 한국대사관 직원에게
내가 미국과 북한을 싸잡아 비판했다면서 불만을 표시해왔다. 당시
미국은 한국이 조금이라도 미국과 다른 입장을 보일까 싶어 민감한
때였다.

그런데 북한의 경우가 훨씬 심하다. 북한의 이른바 '대남 일꾼'들
이 남북대화에서 우리를 대하는 행태는 '대외 일꾼'들이 국제무대에
서 대하는 행태와 많이 다르다. 나는 그해 12월 제주도에서 열린 남
북 장관급 회담에 참석했다. 북측 대표단은 비록 겉모양이었겠지만
기세가 만만했다. 그들은 남측에 대해서는 논리를 넘어 떼를 써도 된
다는 의식이 깔려 있는 것 같았다. 6자회담의 북측 대표들과는 많이
다른 사람들이었다.

8월 7일까지 마지막 고비를 넘지 못해 공동성명이 채택되지는 못
했지만 한국의 입장에서는 몇달 전까지 한반도를 감싸는 핵 대결과
긴장의 분위기를 넘어 새로운 길의 가능성을 발견했다. 그래서 우리
정부는 그때까지 잠정 합의된 부분들을 단단히 매어두고 나머지 쟁
점의 타협 방안을 모색했다. 베이징에서 충전된 에너지가 방전되지
않도록 반기문 장관과 나는 8월 11부터 13일까지 중국을, 8월 20일부
터 24일까지는 미국을 방문하여 리 자오싱 외교부장, 라이스 국무장
관 등과 만나서 북한의 모든 핵 폐기라는 성과를 붙잡아두고 최대 잔
존 쟁점인 북한의 평화적 핵 이용 문제를 어떻게 해결할 것인가에 대
해 집중 협의했다. 특히 미국을 상대로 경수로 문제에 대한 탄력적
입장을 모색했지만 전망이 보이지 않았다. 회담은 당초 8월 29일경
속개될 예정이었으나, 북한이 한·미 합동군사훈련인 을지포커스렌
즈를 비난하기 시작했고, 또 8월 29일 미국 남부를 강타한 태풍 카트

리나 사태로 지연되었다.

9월 13일 6자회담이 속개되자마자 나는 먼저 우 다웨이를 만나, "북한이 모든 핵무기와 핵 프로그램을 포기하는 것과 평화적 핵 이용을 할 권리를 갖는 것을 교환하는 원칙부터 우선 합의하자"고 제안했다. 그리고 핵 폐기 대상과 평화적 핵 이용 권리의 구체사항은 다음 이행단계 협상에서 논의하자고 했다. 그는 '원칙과 이행 방안'으로 나누어 두단계의 협상을 하자는 제안은 중국도 환영하지만, 문제는 미국과 북한이 이럴 때는 '이구동성(異口同聲)'으로 단번에 구체적인 내용까지 합의하자고 한다면서 한숨을 지었다.

우 다웨이에 따르면, 김계관이 이미 자신에게 평화적 핵 이용 권리가 6자회담에서 제공하는 경수로를 의미한다는 내용만 합의되면, 다른 사항들은 신축적으로 받아들일 수 있다고 했다는 것이다. 북한이 중국을 통해 경수로 제공 문제를 수면 위에 확실히 띄운 것이다. 7월 말 4차 회담 초기에 한국과 중국은 공히 북한에 '경수로를 가질 권리'를 허용하는 정도가 최대치일 것으로 전망했다. 북한과 협상을 하는 많은 사람들이 이런 북한의 전형적인 행태에 질리고 만다. 나 또한 현장에서 인내의 한계를 시험당하는 것 같았다. 한편 미국은 시간이 지나면서 '평화적 핵 이용 권리'라는 원칙 표현을 상한선으로 설정한 것으로 보였다.

우 다웨이는 휴회 기간 중 자신이 방북하여 북한의 백남순(白南淳) 외무상을 만났는데, 북한은 경수로가 공동성명 채택의 핵심이라고 못을 박았다고 전했다. 그는 북한의 요구가 현실적이지 않다면서 신축적인 자세를 요구했으나 북한은 완강했다고 밝혔다. 이날 우 다웨이는 더이상 갈 길이 없으므로 4차 6자회담의 목표를 낮추어 의장성명 발표로 결말짓자고 또다시 제안했다. 나는 그런 수준의 회의 결과는 받아들일 수 없다면서, 며칠 남지 않은 추석과 상관없이 회담을 계속해서 각자의 권리와 의무를 명시하는 내용의 공동성명을 도출하자고 요구했다.

나는 이날 김계관도 만나서 3주 전 반기문 외교장관의 방미 협의 결과를 알려주었다. 북한이 핵 폐기를 약속하고 NPT 복귀와 IAEA의 사찰을 수락하는 대신 북한의 평화적 핵 이용 권리를 인정받는 것이 현실적으로 가능한 최대치가 될 것으로 보였다고 강조했다. 이에 대해 김계관은 "미국이 경수로라는 첨단기술을 북한에 제공하면 우리는 미국을 믿을 수 있다. 경수로는 미국의 북한에 대한 정치적이고 물리적인 담보이다. 만약 미국이 경수로를 핵으로 공격하면 주변 나라도 큰 피해를 보기 때문이다"라고 했다. 억지 논리였지만 상상을 넘어 온갖 궁리를 하는 북한의 면모가 보였다.

이에 대해 나는 북한이 신포 경수로 건설 기간 중에도 핵을 재처리하고 우라늄농축 계획을 추진했기 때문에 이런 일이 생긴 것이라고 반박했다. 아울러 바로 그 전날 파키스탄의 무샤라프(Pervaiz Musharraf) 대통령이 압둘 카디르 칸(Abdul Qadeer Khan, 파키스탄 핵의 아버지로 불리면서 국제적으로 핵 기술이전의 의혹을 받고 있는 인물)과 북한 사이에 우라늄농축 관련 거래가 있었다고 시인했음을 상기시켰다. 그러면서 나는 그해 2월에 북한이 이미 핵 보유를 주장한 마당에 어떻게 믿고 경수로 제공을 약속하겠느냐고 되물었다. 그래서 우선 '평화적 핵 이용 권리'만 인정받고, 회담 종료 후 힐 차관보가 북한을 방문해서 후속 문제를 논의하는 방안을 제시했다.

나는 또 어떤 형태로든 제네바 합의 내용으로 돌아가는 것은 현실적으로 불가능함을 강조했다. 우선 미국이 경수로의 기술 인도를 거부할 것이고, 또 돈을 낼 나라도 없다고 설명했다. 그러니 평화적 핵이용을 할 수 있는 '소극적 권리'를 우선 인정받고, 조건이 충족되면 경수로를 제공받는 '적극적 권리'를 행사하는 방향으로 가자고 제안했다.

김계관은 뻔뻔했다. 한국이 미국에다 북한에 경수로를 지어주라고 하고 돈은 한국이 낼 수 있다고 하면 되지 않느냐고 했다. 나는 화가 치밀었다. "지금 한국만큼 북한 입장을 이해해주려는 나라가 어디 있나. 부시 행정부는 경수로를 클린턴 행정부 외교 실패의 상징으로 삼고 있는데 북측이 계속 고집하면 파국으로 갈 수밖에 없다"고 목소리를 올렸다. 김계관은 물러서지 않았다. "그래서 미국이 주선하는 경수로가 아니라 6자회담에서 5자가 주선하는 경수로를 달라는 것"이라고 했다. 그는 이어 바로 전날 라이스 장관이, 회담이 잘 안되면 다른 대안도 검토한다고 말했는데, 이런 협박하에서 회담이 되겠느냐면서 거꾸로 회담 파탄의 으름장을 놓았다.

나는 미국 행정부의 사정을 일단 받아들이면서 현실적으로 갈 수 있는 길을 제시하는 반면, 김계관은 미국 국내 사정을 헤아려가며 협상할 처지가 아닌 것이었다. 북한은 6자회담에서 어떻게 해서라도 구체적 합의를 이끌어내려는 한국의 의지와 주최국으로서 성과를 내야 하는 중국의 필요를 쌍둥이 볼모로 삼고 있었다.

이런 와중에 9월 14일 러시아의 알렉세예프 외무부차관이 나를 만나자고 했다. 그는, 북한이 "모든 핵무기와 핵 프로그램을 포기한다"는 것은 평화적 핵 이용을 포함한 일체의 핵 권리를 완전히 없애자는 것이므로 결코 수용할 수 없을 것이라고 했다. 자신의 생각으로는 모든 핵무기와 핵무기로 이어질 수 있는 핵 프로그램은 포기한다고 하는 것이 적절할 것이라고 제시했다. 북한이 러시아를 동원해서 자신의 논리를 전파하고 있는 것으로 보였다. 러시아는 6자회담에서 이처럼 간혹 적절한 고비에 중간적 입장에서 체계적 이론을 제시하곤 했다.

일본을 먼저 움직이다

이즈음 나는 휴회 기간을 제외하고도 2주 이상 베이징에서 탐색한 결과, 공동성명에 어떤 형태로든 경수로 문제가 들어가지 않는 한 회담이 한걸음도 나아갈 수 없다고 생각했다. 기존 신포의 경수로 건설이 파탄된 것은 기본적으로 북측의 책임이지만, 미국 국내 정치의 희생물이기도 했다. 당시 국내 일부에서는 대북 송전 방안으로 경수로를 대체할 수 있다는 '가상적 성과'에 애착을 갖고 있었다. 부시 행정부도 송전 방안을 적극 환영했는데, 가장 큰 이유는 미국이 주도하는 경수로 사업 폐기를 한국이 적극적으로 수용하는 의미를 갖기 때문이었다.

당시 서울의 훈령은, "북한이 핵을 폐기하고 NPT에 복귀하여 IAEA의 안전조치를 준수할 때 평화적 핵 이용권을 행사할 수 있다"는 것이었다. 또 '경수로를 가질 권리'에 대해서는 미국 등 관련국들의 입장을 고려해서 대응하라는 것이었다. 그런데 나의 판단으로는 미국의 입장에 따라 대응해서는 돌파구가 생길 것 같지 않았다. 한국이 대응만 할 것이 아니라 먼저 상황을 만들고 다른 나라들이 이에 대응하게 만들어야겠다고 생각했다.

교착된 국면의 방향을 틀기 위해 먼저 일본을 돌려세운 다음 미국을 움직이기로 마음먹었다. 당시 베이징에서 일본은 여전히 납치 문제에 집착하고 있었고, 8월 7일 1단계 회의가 휴회되는 날 드디어 일본은 북한과 양자회담을 갖고 마치 일차 임무를 수행한 듯한 표정을 지었다. 9월 13일 6자회담 속개 후 일본은 북한과 접촉을 진행 중이었고, 웬만하면 6자회담이 계속되기를 바라고 있었다. 일본 언론에서도 회담 진전을 위해 이론적으로 모든 가능성을 배제할 필요는 없다는 논조가 등장하고 있었다.

한국 대표단은 9월 14일 팡페이위안에서 일본 대표단과 회동했다. 사사에 겐이치로는 이날 오전에 있었던 북한과의 회담에서, 모든 핵 계획 포기 약속이 실제 이행되기 전에는 경수로 문제의 논의 자체가 어려울 것이라는 '미국의 입장'을 북측에 설명했다고 했다. 이때 나는 미국이 아닌 '일본의 입장'이 무엇인지 캐물었다. 그는 북한의 모든 핵 포기 의사가 명확해지면 일본도 어느정도 유연성을 발휘할 수 있으나 아직은 공동문서에 경수로라는 용어를 포함하기는 어렵다고 했다.

나는 북한이 모든 핵 계획을 포기하는 대신 경수로를 포함한 평화적 핵 이용 권리를 허용하는 데 일본으로서 무슨 문제가 있는지를 물었다. 이에 대해 사사에는 "하나의 방안이 되기는 하겠지만, 협상 전략상 그런 방안은 지렛대로 남겨두어야 할 것이고, 또 누가 언제 제기하느냐가 문제이다"라고 했다. 순간 나는 일본이 미국의 입장과는 약간의 간격이 있다는 것을 감지했다. 또 실제 일본은 이미 경수로 관련 비용으로 4억여 달러를 투입했고, 경수로 사업이 일본에게는 한반도 문제에 목소리를 내는 효과도 있었기 때문에 내심으로는 미국과 입장이 반드시 같을 수만은 없었다.

나는 더 밀어붙이기로 했다. 당시 북한의 수력과 화력 전력생산 설비 약 800만 킬로와트 중 가뭄과 연료 부족으로 3분의 1 정도만이 가동 중이었다. 절대 수요량에 비해 평균 250만 킬로와트 이상이 부족했는데 전력이 없으니 석탄 생산도 못하는 악순환이 계속되고 있었다. 이런 사실관계를 제시한 후, 일본과 한국 모두 원자력 의존도가 30퍼센트 가까이 되는데 북한이라고 해서 원자력 에너지가 필요하지 않겠느냐고 반문했다. 결론적으로 "북한이 모든 다른 핵 옵션을 포기하고 경수로를 갖겠다는데 일본이 논리적으로 반대할 수 있느냐"고 물었다. 사사에는 "북한이 핵 폐기를 어떻게 약속하느냐에 달려 있다고 본다"면서 애매하게 답했다. 그는 미국의 입장을 생각해서 명확하게 말하고 싶어 하지 않는 것 같았다.

나는 확실한 답변을 듣기로 했다. "구체적으로 북한의 핵 포기 약속이 충족될 경우 북한이 경수로를 가질 수 있는지 여부에 대해서 '예' 또는 '아니오'의 답변을 듣고 싶다"고 했다. 너무 직설적이라고 생각했지만 다른 방법이 생각나지 않았다. 그랬더니 사사에는 "그런 권리를 인정할 수는 있을 것"이라고 대답했다. 그순간 나는 이제 일본은 됐고, 미국을 움직이는 일만 남았다는 생각이 들었다. 한국이 타협안을 띄울 단계라고 판단했다.

일본 다음으로 미국을 움직여 운신의 폭을 찾아보기로 했다. 이날 오후 한국과 미국 대표단이 대좌했다. 미국 측도 돌아가는 사정을 어느정도 알고 있었기에 방 안 분위기가 무거웠다. 나는 "북한이 골포스트를 계속 옮기면 협상이 어렵다. 그러나 지금은 모든 핵무기와 핵 계획을 폐기하는 대신에 경수로를 요구하고 있다. 또 경수로 제공 시기도 당장이 아니라 비핵화 이행 과정에서 받겠다는 분명한 입장을 제시하고 있다"고 지적하면서, 경수로 제공에 대해 일정한 조건과 시기를 붙여 구체적인 협상을 해보자고 제안했다.

힐은 북한이 제네바 합의와 같은 것을 원하는데 미국은 결코 수용할 수 없다고 즉각 거부했다. 나는 제네바 합의는 핵 동결과 동시에 경수로 건설을 시작하고 핵심부품 공급과 함께 핵 폐기를 시작하는 것이었으나, 내가 생각하는 방안은 북한이 돌이킬 수 없을 정도로 핵을 폐기해야 경수로 건설을 개시한다는 방안이므로 큰 차이가 있음을 강조했다. 그러나 힐은 "지금은 5개국 모두가 경수로는 결코 안된다는 입장을 견지해야 한다. 북한은 관계 정상화, 안전보장, 그리고 에너지 지원과 한국의 대북 송전에 추가해서 경수로까지 갖겠다고 한다. 그러면서도 핵 폐기 범위에 대해서는 명백한 약속을 하고 있지 않다"고 주장했다.

한·일 협의 후 베이징 현장의 기류는 경수로 조항 없이는 협상타결이 어렵다는 쪽으로 기울고 있었다. 힐 자신도 현지의 분위기는 느끼고 있었지만, 워싱턴의 훈령에 따라 강경한 입장을 보이고 있는 것으로 감지되었다. 나는 우선 경수로 조항이 삽입되면, 한국의 대북 송전 제안은 당연히 철회되는 것임을 지적했다. 대북 송전 제안은 나중 9·19공동성명에 "한국은 200만 킬로와트의 대(對) 북한 전력공급에 관한 2005년 7월 12일자 제안을 재확인하였다"는 조항으로 포함되었다. 7월 12일자 제안은 중단 상태에 있는 경수로 건설을 '종료'하는 대신 전력을 공급한다는 것이었다.

기회의 창을 열어두다

9월 15일 아침 6시, 나는 숙소인 베이징 호텔의 수영장에 몸을 띄워 천천히 왔다 갔다 했다. 이런저런 궁리를 하던 중 "경수로를 가질 수 있는 기회의 창을 열어둔다"라고 공개적으로 밝혀야겠다는 생각이 들었다. 당시 본국의 마지막 훈령은 미국이 '경수로 불가' 입장을 고수할 경우 우리도 같은 입장을 취하고 2~3일 정회하여 본국에 청훈하거나 차기 회담을 기약하라는 것이었다. 그러나 나는 정회나 휴회를 하면 오히려 밀고 나갈 동력이 떨어질 것으로 보았다. 현장에서 한·미 대화를 통해 베이징의 미국 팀이 거꾸로 워싱턴을 움직이는 길밖에 없다고 판단했다. 한국이 경수로의 문을 열어준다는 입장을 공개적으로 밝힐 경우 어디로 튈지 모르는 럭비공과 같았다. 그러나 나는 '장갑 낀 고양이는 쥐를 잡을 수 없다'고 생각하면서, 조심하기보다는 당장의 기회를 잡는 길을 택하기로 했다. 나는 대체 가능한 존재이지만 기회는 대체 가능하지 않다고 생각했다. 최악의 경우 미국의 반발로 사정이 걷잡을 수 없게 되면 나를 교체해서 수습하면 된다고 보았다.

우리 대표단 내부 조찬에서 내 생각을 밝히고 회의장으로 가기 위해 숙소를 나서는데 늘 그렇듯이 수십 명의 기자들이 입구에 진을 치고 있었다. 경수로 포함 여부와 회담 전망을 묻는 질문이 쏟아졌다. 나는 "한국은 북한이 장래에 경수로를 가질 기회의 창을 열어두고 있다"고 말했다. 기자들이 무슨 뜻인지 구체적으로 설명해달라고 막아서는 바람에 거의 호텔을 떠나지 못할 지경이 되었다. 한국이 미국과 북한 사이에서 중재를 시도하는지에 대해 질문이 집중됐다. 나는 "한국은 중재하는 것이 아니라 스스로의 입장으로 해법을 찾고 있다"고 답변했다.

호텔을 출발해서 약 40분 후 댜오위타이의 회의장에 들어서니 각국 대표단이 로비에 흩어져서 차를 마시고 있었다. 나의 경수로 발언은 즉시 뉴스를 타고 이미 각국 대표단의 귀에 들어갔다. 미국 대표단은 긴장한 표정을 짓고 있었다. 나는 우선 중국 대표단을 만났다. '핵 폐기 조항'의 원안을 그대로 유지하는 것을 전제로 해서 바로 그다음에 "북한에 대해 경수로를 포함한 평화적 핵 이용 권리를 인정한다"는 문구를 넣자고 했다. 이를 '중국 안'으로 하거나 '한·중 공동 안'으로 해서 미국과 북한을 설득하자고 제안했다.

이에 대해서 우 다웨이는 "경수로를 포함한 평화적 핵 이용 권리만으로는 북한의 요구를 충족시키기 어렵다. 미국도 절대로 경수로라는 말을 수용할 수 없다고는 하지 않고 있다"고 했다. 둘러대는 말로 들렸다. 힐이 나에게 하는 말과 우 다웨이에게 하는 말에 그렇게 차이가 날 것으로는 생각지 않았다. 그렇다고 힐에게 확인하기에는 민감한 부분이었다. 이어 우 다웨이는, 미국이 북한의 평화적 핵 이용 권리를 인정하고 향후 10년에 걸쳐 '대규모 대북 인프라 건설'을 약속하면서, 여기에 적절한 형태로 경수로 제공의 방식과 시기를 포함시키는 방안을 검토해보자고 제안했다.

나는 인프라 건설 지원을 어느 규모로 생각하는지, 중국은 어느 정도 참여할 수 있는지 물었다. 우 다웨이는 신포 경수로 비용인 46억 달러 이상은 되어야 할 것이라고 하면서, 중국은 이미 한국보다 훨씬 많은 대북 지원을 별도로 하고 있다고 했다. 경수로 지원에 참여할 의사는 없다는 것이었다. 중국이 자신은 부담을 지지 않으면서 한국과 미국에 떠넘기려는 것에 대해 불쾌했다. 한국도 별도로 많이 지원하고 있다고 따지고 싶었지만 당장 그 문제가 핵심은 아니었다.

이날 오후 열린 전체회의에서 나는 북한이 핵 폐기의 조건을 충족할 경우 경수로를 포함한 평화적 핵 이용 권리를 갖는다는 입장을 밝혔다. 그러나 미국과 북한의 입장에 전혀 변화가 없었다. 이날 저녁 한·중 양자 만찬에서 나는 한국의 입장에 기초한 공동성명 수정안을 배포하자고 제안했다.

9월 16일 나는 김계관과 만났다. 댜오위타이에 들어오면 하루가 3년 같다고 했더니, 자신은 '꼭 도살장에 들어오는 느낌'이라면서, 남측이 경수로를 가질 '기회의 창'을 열어둔 것을 주목한다고 했다. 나는 "북한 측이 경수로를 포함한 평화적 핵 이용 권리를 가질 수 있다는 것이 우리의 마지막 선이다. 그러한 권리와 모든 핵 포기 선언을 묶어 이번 협상을 끝내고 구체적인 사항은 다음 단계로 넘기자"고 했다. 이어, 불과 이틀 전 미·중 정상회담에서 부시 대통령이 후 진타오 주석에게 경수로 제공은 안된다고 분명히 밝혔음을 상기시키고, 이번에는 원칙이라는 몸통만 세우고 가지와 잎사귀는 나중에 붙이자고 제안했다.

김계관은 그 전날 힐이 자신에게 다른 나라가 미국의 경수로 기술을 사용하는 것도 허용할 수 없다고 했는데, 남측을 겨냥하는 것으로 보였다고 했다. 힐이 내가 말한 '기회의 창'을 두고, 한국이 무슨 말을 하더라도 미국이 안된다면 안되는 점을 북측에 각인시키려 한 것으로 짐작했다. 나는 김계관에게 "부시 행정부 임기가 3년 정도 남아 있다. 미국이 경수로 기술을 줄 수 없다는 것을 문서에 넣는 것도 아닌데, 말은 날아가고 글자만 종이 위에 남는 것 아니냐"면서 내가 제시한 선에서 타결할 것을 종용했다.

나는 잠시 후 우 다웨이를 다시 만났다. 그는 조금 전에 미국 및 북한 측을 각각 만났다면서, 경수로 문제만 해결되면 '희망의 창'을 열 수 있을 것이라고 했다. 이어 전날 한국이 제시한 '경수로를 포함한 평화적 핵 이용 권리'를 검토해보았다고 하면서 좀더 적극적으로 북측 관심사항을 반영하여 "북한에 대해 경수로를 제공한다"는 내용을 공동문건에 담는 것이 필요하다고 했다. 누가 언제 제공하느냐는 당장 검토할 문제가 아니고 비핵화 과정에서 주고받는 것으로 하면 된다고 부연했다.

그는 힐에게 그런 입장을 전달했더니 "예, 아니오"도 없이 서면으로 중국의 입장을 내라고 했다는 것이다. 그래서 그날 오후에 "적절한 시기에 경수로 제공 문제를 논의한다"는 내용을 포함한 공동성명 수정초안을 배포하겠다고 했다. 그는 그 문안으로 미국을 설득하는 데 성공한다면 회담의 성과에 한국이 크게 기여하는 것이라면서 치켜세웠다. 중국이 한국을 통해 미국을 설득하고 압박하는 전형적 방식의 하나였다.

나는 "경수로를 포함한 문안은 한국이 어제부터 제시해온 입장이다. 조금 전 나도 김계관에게 이번 회담에서는 경수로 문제의 원칙 합의에 치중하고, 구체적인 조건은 기대하지 말 것을 요청했다"고 하면서, 중국도 북한의 '모든 핵 포기' 조항을 단단히 붙들어두라고 요청했다. 나는 '경수로를 가질 권리'와 '경수로 제공'은 또다른 문제인데 중국 측의 '경수로 제공' 표현에 대해 힐이 왜 즉각 거부하지 않았는지 의아했다. 그러나 우리로서는 경수로의 조건보다는 북한의

'모든 핵 포기'를 확보하는 것이 더 중요했다.

　김계관이 나와 대화할 때는 '경수로를 위한 평화적 핵 이용권리'만 주장하다가 중국에 대해서는 '경수로 제공'이라는 다른 표현으로 이중 전술을 취하고 있었다. 반면 미국은 한국에 대해서는 '경수로를 명시'하는 평화적 핵 이용 권리를 반대하면서도, 중국에는 '경수로'라는 표현에 대해서 즉각 강하게 거부하지 않은 것으로 보였다. 그래서 중국은 미국의 반응을 보아가면서 '경수로 문제'가 아니라 '경수로 제공 문제'로 수위를 올리고, 동시에 북한의 '모든 핵 포기'를 묶어서 높은 수준의 회담 성과를 겨냥한 것이었다. 나는 '경수로 문제를 논의한다'는 선에서 타결될 수 있으면 좋겠지만, 결국에 가서는 차이가 없는 문제라고 생각했다.

　한·중 사이의 이런 협의가 있은 후, 한·미·일은 베이징 시내에서 오찬 협의를 가졌다. 힐은 계속 경수로에 대해서 반대해줄 것을 요청했다. 우 다웨이가 전해준 미국의 태도와는 달랐다. 아니면 우 다웨이가 미국과의 협의 내용을 나에게 달리 설명했을 수도 있다. 또는 그가 힐과 나를 상대로 불명불백(不明不白)의 방식으로 둘러댔을 수도 있다. 한편 사사에는 납치 문제에 대한 일·북 대화가 진행 중이라는 점과 한·미·일 3자 단합을 보여주는 데 치중했다. 힐도 한·미·일 공조 과시를 강조했다.

　나는 한·미·일이 똘똘 뭉쳐 있기만 해서는 눈앞의 벽을 돌파하기도 어렵고, 또 앞으로 협상에서 한국이 제대로 역할을 할 수 없다고 생각했다. 한국이 한반도 문제에 있어 미·일의 논리를 따라가는 종속변수가 될 가능성도 우려했다. 사사에는 3국 대표가 식당을 나설 때 단합을 과시하기 위해 카메라 앞에서 함께 포즈를 취하자고 제안했다. 한·중 조율을 통해 북한을 이끌어내는 것이 긴박한 상황이었다. 나는 한·미·일 공조가 중요하긴 했지만 과도하게 전면에 내세우는 것은 필요하지 않다고 판단했다. 두 사람에게 먼저 떠나라고 했다. 그들은 섭섭해했다. 돌이켜보면 한·미·일 대표가 함께 사진을 찍는다고 해서 타결 촉진에 중요한 장애가 되지는 않았을 텐데 굳이 피해야 할 필요가 있었나 싶다. 그러나 당시 나는 북한 핵의 해결방안 도출에 극도로 집중하고 있었다. 마치 송곳 끝에 모든 힘이 쏠려야 구멍을 뚫을 수 있는 것처럼.

이날 오후 중국은 "적절한 시기에 경수로 제공 문제를 논의한다"는 문구가 포함된 공동성명 수정 초안을 배포했다. 그러나 미국은 본국과의 교신 후 밤 12시가 다 되어 초안을 거부한다는 입장을 중국 측에 통보했다.

한국과 미국, 정면 대좌하다

나는 그 전날 공동성명에 경수로를 포함시키는 쪽으로 우리의 입장을 정한 후, 유엔총회에 참석 중인 반기문 장관에게 베이징 현지 사정을 보고하고 라이스 장관을 설득해줄 것을 건의했다. 이때는 북한을 제외한 5개국 외교장관들이 전부 긴박하게 접촉하고 있었다. 베이징과 뉴욕 사이의 12시간 시차가 있지만 밤낮없이 연락을 주고받았다.

9월 16일 반 장관은 라이스 장관에게 전화해서 중국이 제안한 5차 수정안에 대해서 한국은 물론 일본과 러시아도 긍정적으로 받아들이고 있음을 설명하고, 현지에서 나와 힐이 구체적인 문안을 협의하게 하자고 제안했다. 그러나 라이스는 중국 측의 공동성명 문안에 반대했다.

수정된 공동성명 문안을 두고 9월 17일 오전에 한·미가 만났다. 양측은 정식으로 마주 보고 앉았다. 힐은 평소 스타일과 달리 준비된 원고를 낭독하는 수준에서 미국의 입장을 설명하고 한국이 이를 지지해줄 것을 요청했다. 워싱턴은 마지막까지 경수로 표현을 넣지 않거나 최대한 약화시킨다는 입장하에 베이징 현지 대표단에 지시했던 것으로 보였다. 힐은 라이스 장관이 백악관과 협의를 거친 미국 정부의 공식 입장임을 재차 강조하고 우 다웨이에게도 이 입장을 이미 밝혔다고 했다. 미국이 중국의 초안에 대해 반대하려 했다면 중국 측에 입장을 밝히기 전에 한국 측과 먼저 의논하고 규합했어야 할 일이었다.

미국의 입장은 이랬다.

경수로라는 말이 공동성명에 들어가지 않기를 바란다. 한반도 비핵화를 위해 경수로 제공 문제를 논의하더라도 북한이 핵을 폐기하고 NPT에 복귀하는 등 의무를 이행한 후에라야 거론할 수 있다. 그러지 않으면 북한은 NPT 복귀 이전부터 이 문제를 논의하자고 주장할 것이다. 북한이 경수로 문제를 제기하지 않고 있다가 갑자기 이를 들고나왔는데, 중국이 이 문제를 공동성명 초안에 넣은 것은 심각한 일이다. 이는 협상을 파탄시키기에 충분하다. 미국은 경수로 거론 자체를 반대하는 입장을 일관되게 취해왔지만, 한반도 비핵화 목표를 위해 일단 경수로를 표현하는 문제에 대해 논의는 할 수 있다. 그러나 분명한 것은 북한이 핵 포기 의무를 다하기 전에는 경수로 문제를 논의할 수 없다는 문구를 넣어야 한다.

나는 이런 요지의 발언을 들으면서 미국의 입장이 사실관계나 논리전개에 있어 어색하고 조리에 맞지 않는다고 생각했다. 나는 미국 정부의 공식 입장을 끝까지 듣고 나서 전날 뉴욕에서 한·미 외교장관 간의 접촉에서도 우리 입장을 이미 밝혔음을 알고 있을 것으로 전제한 다음, 미국 대표단 전원이 잘 들어달라는 취지에서 나의 생각을 다음과 같이 하나하나 밝혔다.

6자회담의 기본 목표는 북한의 핵 포기이고 그 목표에 도달하기 위한 기본원칙 합의를 이루기 위해 베이징에 모였다. 중국 측 수정안은 완벽하지는 않지만, 그 목표에 최대한 근접한 것이다. 도달할 수 없는 '완벽한 것'(the perfect)을 기대하면서 손에 쥘 수 있는 '좋은 것'(the good)을 포기할 수는 없다. 경수로 제공 문제의 논의 자체도 북한이 핵 폐기와 NPT 가입 등 모든 의무를 완전히 이행한 후에야 하자는 것이다. 이런 조건이라면 결코 이루어질 수 없는 거래가 아니다. 한·미 양국은 처음부터 금번 회담에서는 한반도 비핵화의 목표와 원칙에 합의하고, 그 이행 방안과 수단에 대해서는 다음 단계에서 합의하자는 인식을 공유해왔다. 그런데 지금 미국 측 입장은 목표와 수단이 뒤엉켰고 현실성도 없다.

모두 긴장하는 가운데 나는 말을 이어갔다.

현재 문안을 보면 북측은 '조속한 시일 내' NPT와 IAEA 안전조치에 복귀하는 대신 우리는 '적절한 시점'에 경수로 제공 문제를 논의한다고 되어 있다. 이미 이행의 순서를 어느정도 내포하고 있다. 또한 '모든 핵무기와 현존하는 핵 계획 포기'라는 북한의 약속 표현은 분명한 데 비해 '경수로 제공 문제 논의'라는 우리의 약속 표현은 애매하다. 우리가 얻는 것과 북한이 얻는 것이 분명하게 대비된다. 나는 미국보다는 오히려 북한이 이 문안을 수정하자고 나올 것을 우려했는데 지금 미국이 이를 반대하고 있다. 한국은 미국의 입장을 지지해줄 수 없음을 미리 밝혀둔다. 이런 상황에서 오늘 오후 전체회의에서 이 문제를 토의하면 회담은 결렬될 것이고 그 책임이 미국 측에 돌아가게 될 가능성을 우려하지 않을 수 없다. 나는 정말 미국과 다른 편에 서야 하는 상황을 맞이하고 싶지 않다. 수정 초안이 완벽하지는 않으나 북한 핵 포기와 한반도 미래를 위해 대국적 차원에서 미국이 수용하기를 바란다. 동맹국인 한국의 입장을 미국이 진지하게 고려하고 존중해주기 바란다. 오늘 예정된 전체회의 전까지 미국 입장을 재고해주기 바란다.

양측 대표단이 서로 굳은 얼굴로 바라보고 있었고 방 안에는 어색한 적막이 흘렀다. 힐은 6자회담장의 대세는 읽고 있었지만 본국 정부의 훈령뿐 아니라 미국 대표단 내의 강경파를 의식해서인지 경직된 표정을 짓고 있었다. 잠시 후 힐은, "북한의 핵 위협은 한반도를 넘어 전세계적인 문제이다. 한·미동맹 차원의 문제만이 아니다. 나아가 이 수정안으로 당장의 국면은 넘어갈 수 있을지 모르나 결국 어려움을 뒤로 미루는 것과 같다"고 반박했다.

사실 미국의 입장에서는 힐의 말이 틀린 것은 아니다. 그러나 북한의 핵 폐기와 관련된 행동들과 한·미를 포함한 5개국이 취할 행동들을 시간 순서에 따라 단번에 꿰어 맞추는 것은 불가능한 일이다. 그래서 나는 행동의 순서를 구체적으로 정하는 것은 앞으로의 협상과 제로 넘기자고 한 것이다. 미국의 입장은 워싱턴 정치 상황에는 맞을지 몰라도 전체적인 사리에는 맞지 않았다. 자신들이 원하는 조건은 모두 구체적으로 확보하려는 미국과 북한 양측의 입장을 두고, 나는 그날 저녁 기자회견에서 "과일 광주리에는 과일만 담으면 되지 씻을 물까지 담으려 해서는 안된다"며 불가능한 것을 요구하고 있음을 우회적으로 비판했다.

북한 핵 문제는 세계 문제라는 미국의 주장에 대해 나는, '만약 북한이 인도양 한가운데 있었다면 이런 문제 자체가 존재했겠느냐. 한반도 분단의 상황에서 생긴 것 아니냐. 그러니 이 문제에 대한 한국의 입장을 존중해달라'라는 말이 목구멍까지 나왔지만 참았다. 열띤 논쟁이 자칫 감정적 대립으로 이어질 가능성을 우려했다. 그 대신 나는 "한국과 북한, 그리고 미국과 북한 사이에 있는 불신은 다분히 상호적이다. 북한도 대미관계 정상화, 경제지원 획득 등 이행 전반에 대해서 불신과 불확실성을 갖고 있는 것이 사실이다. 모든 것을 미리 확실히 보장하려고 들면 협상 자체가 불가능해진다. 미국은 북한이 핵 재처리 시설을 가동해서 미국을 협박하고 있다고 하는데 재처리를 중단시킬 근거를 마련하기 위해서라도 공동성명을 우선 채택해야 한다"고 촉구했다.

양측 대표단이 서로의 얼굴만 멀거니 쳐다보는 가운데 말문이 닫히고 있었다. 그대로 가다간 파국으로 치달을 것 같았다. 그래서 나는 "지금처럼 심지어 한·미 간에도 의견이 다른 상황에서 오후에 6자 전체회의가 열리면 협상 분위기가 더 악화될 가능성이 크다. 전체회의를 내일로 연기하는 것이 좋겠다"고 제안했다. 이에 대해 힐은 중국이 각측과 사전 협의 없이 공동성명 수정안을 배포하여 혼란을 야기한 것이라고 하면서, 전체회의를 연기하는 데 동의한다고 했다.

이어 12시간 시차가 있는 뉴욕에서 9월 17일 오전 반기문 장관이 유엔총회 계기에 라이스 장관을 두차례 만나 중국 측 5차 초안을 대국적 견지에서 수용할 것을 요청했다. 라이스는 제네바 합의로 돌아가는 모양이라면서 재차 반대했다. 그러나 그날 두번째 만났을 때에는 베이징의 힐과 의논해보니 공동성명 초안에 경수로 논의 조건을 맞추기 위한 행동 순서가 이미 시사되어 있기 때문에 "경수로 문제의 논의는 할 수 있다"는 선으로 후퇴했다. 그러면서 경수로 제공 논의의 시점을 공식회의에서 구두로 밝히는 조건으로 중국 초안에 동의하겠다고 했다.

한편 그날 저녁 라이스 장관은 유엔총회 리셉션에서 반 장관에게 한반도에너지개발기구 활동을 종료할 것을 제안했다. 6자회담에서 새로 경수로 문제를 논의하지 않을 수 없는 상황임을 감안해서 클린턴 행정부에서 시작한 경수로 사업은 아예 뿌리를 뽑는다는 상쇄 효과를 겨냥한 것이었다. 한반도에너지개발기구는 그로부터 2년 후 완전 청산되었다. 미국은 그때까지 8년 동안 대북 중유 지원을 위해 약 5억 달러를 투입했다.

9월 18일 아침 일찍 힐이 만나자는 연락을 보내왔다. 한·미 외교장관 회담을 포함한 각국 장관들 간의 협의 결과, 라이스 장관이 중국 측 수정안을 수용할 권한을 자신에게 부여했다는 것이다. 그래서 한국 측과 공동보조를 맞추자는 것이었다. 마지막 조건은, 북한이 모든 핵무기와 핵 계획을 포기하고 NPT에 복귀하여 IAEA의 안전조치 협상을 이행하기 전에는 경수로 제공 문제는 논의하지 않을 것이고, 각국이 이 입장을 전체회의에서의 공식 발언 기록으로 남기자는 것이었다. 이렇게 해서 미국 측 입장은 바뀌었다. 마치 항공모함이 큰 곡선을 그리며 방향을 트는 광경과 같았다.

반기문 장관은 9월 18일 캐나다 토론토 공항에 잠시 기착 중이던 리 자오싱 중국 외교부장에게 전화하여 한·미 양측은 6자회담 전체회의에서 경수로 제공 논의 시점을 밝히기로 했다면서 중국도 같이 발언해줄 것을 요청했다. 그는 자신도 라이스한테서 같은 이야기를 들었다고 하면서, 중국은 NPT 당사국이 아닌 누구와도 핵 관련 협력을 하지 않는다는 원칙을 밝히겠다고 설명했다. 한편 러시아의 라브로프(Sergey Lavrov) 장관은 북한에 대한 경수로 제공 논의는 공동성명 초안처럼 북한의 핵 폐기와 NPT 복귀 그리고 IAEA 안전조치 이행 후에 하는 것으로 해석한다면서 그러한 입장을 밝히겠다고 했다. 역시 중국은 '원칙'으로, 러시아는 '논리'로 입장을 밝혔다.

나는 힐과 만난 후 곧바로 김계관을 만났다. 뉴욕에서 반기문 장관이 라이스 국무장관을 수차 접촉하여 설득하고 있으니 북한은 더 이상 핵 폐기의 조건을 바꾸지 않아야 한다고 다짐했다. 김계관은 한국 측의 노력을 알고 있다면서 자신도 평양을 설득하는 데 최선을 다하고 있다고 했다. 그는, 그러나 북한의 NPT 복귀는 '조속한 시일 내'로 되어 있는데 경수로 제공 문제 논의는 '적절한 시기'로 되어 있어 평양에서 불만이 많다고 했다. 그래서 나는 이번에는 원칙에 관해 공동문서에 합의하고 구체적인 문제는 다음 단계에 진전시켜나가자고 종용했다.

당시 미국으로서는 북한이 모든 핵무기와 현존하는 핵 계획을 포기한다는 것을 중요한 성과로 부각시킬 수 있었다. 또 어차피 한국이 방향을 잡는 바람에 어떤 식으로든 경수로 문제를 공동문서에 넣는 것이 불가피하다고 판단했을 것이다. 중국으로서는 높은 수준의 협상 타결로 중국 외교의 성공을 보여주는 동시에 북한에 대해 생색을 낼 기회도 잡았다. 북한으로서는 처음에는 평화적 핵 이용 권리에서 출발해서 이제 와서는 '경수로 제공 문제 논의'를 확보함으로써 모든 핵무기와 현존하는 핵 계획을 포기하는 대신 미래에 그에 상응하는 양보를 받는 것으로 간주했다. 핵 문제를 타결하여 한반도 상황을 바꾸어보겠다는 한국의 의지가 미국, 북한, 중국의 이익과 합류하여 마치 4개의 강이 만나는 것과 같았다.

9월 19일 오전, 나는 김계관을 만나, 힐이 경수로 제공 논의 시점에 대해서 여러 조건을 부과하는 발언을 할 텐데 중요한 것은 문서합의 내용이라고 미리 충고를 했다. 김계관은 무슨 말인지 알겠다면서 북측은 오직 합의된 문서에 치중하겠다고 반응했다.

하나의 가정에 불과하지만, 북한의 모든 핵 폐기 범위와 경수로 제공 논의에 대한 조건만 먼저 합의하고 다른 조항들은 부수적으로 따라오게 했으면 9·19공동성명의 채택 과정도 그렇게 복잡하지는 않았을 것이다. 그러나 이런 협상이란 각국의 입장이 서로 화학적 반응을 일으켜가면서 협상 카드가 바닥을 완전히 드러낸 후에야 판가름 나는 것이다.

미국은 처음에는 경수로(LWR)의 L자도 들어갈 수 없다며 강한 입장을 견지했다. 나중에 알게 되었지만, 미국 측에서는 경수로 제공의 가능성만 열어두는 것을 대가로 북한의 핵무기와 현존하는 핵 계획을 포기하는 공약이 저울에 남게 되자 라이스 국무장관과 해들리 안보보좌관이 부시 대통령을 설득했다고 한다. 당시 한국이 9·19공동성명 타결에 온 무게를 던지고 있어 만약 한·미 간 타협이 되지 않으면, 한·미동맹은 물론 미국 국내 정치적으로도 부담이 된다는 고려가 있었던 것으로 보였다. 아울러 북한 핵 협상 타결이 당시 한참 진행 중이던 이란과의 핵 협상에도 긍정적인 영향을 미칠 것으로 보았을 것이다.

돌이켜보면 당시 미국이 한국과 중국에 보인 입장 사이에는 민감한 차이가 있었다. 비단 이 경우만이 아니다. 미국은 북한 문제나 한반도 문제의 중요한 계기에서는 한국이 결정적인 카드를 쓸 수 있도록 맡기지 않아왔다. 미국 외교정책의 밑바탕에는 마지막에 못을 박는 것은 미국의 몫이라는 인식이 깔려 있다. 당시 나와 힐이 소통이 잘된다 해도 국가 간 이익의 간격은 불가피한 것이다. 미국 외교의 이른바 '보스DNA'는 다른 동맹국과의 관계에서도 흔하게 나타난다.

이처럼 9·19공동성명은 기본적으로 북한의 핵 폐기 범위와 이에 상응하는 경수로 제공 문제의 상관관계를 중심축으로 협상된 것이다. 그러나 한반도 비핵화는 한반도의 평화체제와 북·미관계 정상화, 제네바 합의 붕괴의 단초가 된 북한의 비밀 우라늄농축 사업, 남북 핵 상호사찰, 북한에 대한 경제협력 문제 등이 서로 불가분의 관계로 얽혀 있다. 9·19공동성명 채택 과정에서 이 문제들도 함께 풀어야 했다.

북한의 우라늄농축 계획, 있다 없다

북한의 우라늄농축 의혹은 부시 행정부에 들어와 북한 핵 문제 해결을 뒤헝클어놓은 핵심 요인이었다. 우라늄농축이 가져오는 핵 확산 위험 자체도 심각하긴 하지만, 그보다도 미국으로서는 당장 북한으로부터 농축 계획의 존재에 대한 시인을 받는 것 자체가 국내 정치에 필요했다. 부시 행정부는 전임 클린턴 행정부의 대표적 실책 중 하나로 이 문제를 내세웠다. 미국은 2002년 10월 켈리의 방북 때 이미 북한으로부터 이 계획을 시인받았다고 주장했으면서도 6자회담장에서 추가적으로 확인받고 싶어 했다. 나는 미국의 요청을 그대로 따르는 것보다는 적절히 관찰하면서 우리의 입장을 북측에 제시하는 것이 더 효과적이라고 생각했다. 당시 미국의 힐은 북한의 농축우라늄 문제에, 그리고 일본의 사사에는 납치 문제에 각각 집중하고 있을 때이다. 나는 두 사람의 입장이 탐탁지는 않았지만 이해는 할 수 있었다. 본국의 거대한 정치적 요구를 외면하고서는 현장에서 협상을 진행할 수가 없기 때문이다.

나는 1999년 미국의 카트먼 한반도 문제 특사가 우라늄농축을 통해 핵무기를 개발하려면 100억 달러 이상의 엄청난 비용(prohibitive cost)이 들기 때문에 북한이 그러한 능력을 갖추기는 어렵다는 미국 정부의 판단을 나에게 밝혔던 것을 생생히 기억하고 있었다. 그래서 부시 행정부가 북한의 우라늄농축 프로그램을 실제 이상으로 부각시킨다는 생각도 들었다. 실제로 미국의 어느 행정부이든 대북정보를 적절히 활용해가면서 한국을 이끌어가는 경우가 자주 있었다. 북한이 핵무기 개발을 추진하는 한, 당연히 플루토늄 방식과 우라늄 방식을 동시에 택할 것으로 보는 것이 맞다. 그러나 당장 시급한 무기급 플루토늄 생산부터 중지시키는 것이 순서상 맞다고 보았다. 내가 6자회담 수석대표를 맡았을 즈음 미국이 우리에게 제시한 바에 의하면, 북한은 2000년을 전후하여 파키스탄으로부터 우라늄농축 설계와 원심분리기 모델을 입수했고, 2002년에는 원심분리기 2,600개(연간 두 개의 핵무기용 우라늄농축 가능) 제작이 가능한 특수 알루미늄 140톤을 러시아로부터 수입했다. 또, 다음 해에 더 많은 양을 독일로부터 수입하려다 실패했다는 것이었다.

7월 26일 힐은 한·미 접촉에서 "이번 회담에서 북한의 우라늄농축 문제에 대한 해결방안을 반드시 찾아야 한다. 미국은 북한이 파키스탄의 압둘 카디르 칸 네트워크로부터 우라늄농축용 알루미늄 튜브와 원심분리기용 회전모터를 구입했다는 정보를 갖고 있다. 북한의 우라늄농축 계획이 반드시 폐기 대상이 되어야 한다"고 강조했다. 이때 옆에 있던 롤리스 국방부 부차관보가 북한이 구입한 것과 같은 종류의 물품들을 예시하는 사진을 제시했다.

나는 6월 27일 평양에서 김정일 위원장이 정동영 통일부장관에게 우라늄농축 사업을 갖고 있지 않다고 주장했음을 상기시켰다. 그 말을 그대로 믿을 수는 없지만 일단은 북한 스스로가 출구를 찾도록 길을 보여주는 것이 좋겠다고 했다. 아울러 미국이 갖고 있는 정보에 대해서 좀더 상세한 브리핑을 요청했다. 그러나 추가 브리핑은 없었다.

7월 26일 러시아의 알렉세예프를 만나 북한의 우라늄농축 능력에 대한 러시아의 평가를 타진했다. 그는 미국 측 정보를 포함해서 종합해보면 북한이 수년 전 농축용 원심분리기 12개 이상을 구입하여 농축 계획을 추진 중인 것으로 보인다고 했다. 그러나 아직은 초보적인 상태이고 이를 군사무기화하는 데 20~30년이 소요될 것으로 본다고 했다. 그는 또한, 미국의 정보는 주로 파키스탄의 칸 박사의 진술에 의한 것인데 신뢰할 만한 가치가 있는지 의문스럽다면서, 북한이 무기급 우라늄농축을 완성하기에는 너무 큰 비용이 소요될 것이라고 본다고 덧붙였다.

러시아가 객관적인 진단을 하는 경우가 있지만, 자신의 이익과 연결되는 경우는 당연히 사정이 달라진다. 그럼에도 우리 스스로의 판단을 위해 다른 각도의 관찰에도 주의를 기울여야 한다. 당시 알렉세예프의 평가는 2010년 미국 헤커 박사 일행의 북한 우라늄농축 시설 관찰기와는 큰 차이가 났다. 러시아가 미국의 북한에 대한 정보 독주를 견제하고자 한 것이거나, 러시아가 북한 핵 개발의 초기단계인 1970~80년대의 정보에서 유추했을 가능성이 있다. 또는 북한이 의도적으로 헤커에게 보여준 우라늄농축 시설은 겉모양이고 실제로는 그에 미치지 못한 것일 수도 있다. 그보다는 북한이 비밀리에 초보적 시설을 구축해오다가 2005년 말부터 9·19공동성명 이행이 지연과 좌초를 거듭하자 본격적으로 우라늄농축을 추진했을 가능성도 있다.

7월 27일 나는 김계관에게 "미국 측은 북한이 초보 단계이지만 우라늄농축을 추진하고 있다는 증거를 갖고 있는데, 만약 사실이 아니라면 북측이 이를 입증시킬 필요가 있다. 그러지 않으면 지금 우리 앞에 놓인 많은 문제들을 해결할 수 없다. 특히 미국은 북측이 우라늄농축에만 쓰는 특수 알루미늄과 고강도 접착제를 수입한 증거를 갖고 있다"고 지적했다. 그랬더니 김계관은, 북한은 우라늄농축 계획이 없고, 미국이 말하는 특수 알루미늄은 북한의 무역업자가 수입하여 중국 선양(瀋陽)에 있는 항공사에 공급하려 했던 적이 있다고 했다. 그래서 "미국이 원한다면 관계자와 대면을 주선해주겠다"고 미국에 제안했다는 것이다. 마치 북한에도 민간 무역업자가 마음대로 그 정도 규모의 사업을 할 수 있는 것처럼 이야기하는 것이었다. 북한과 미국의 주장이 마치 태평양만큼이나 벌어져 있어 난감했다.

이에 대해서 나는 "그럼에도 최종 구매자는 북한이라는 의심이 남는다. 또, 북한이 파키스탄으로부터 미사일 거래의 대가로 원심분리기 13개를 들여왔다는 정보도 있다"면서 따졌다. 김계관은 재차 특수 알루미늄의 최종 수요자는 중국 선양에 있다고 주장하고, 수입을 그대로 두고 추적했으면 최종 구매자를 붙잡았을 수도 있었는데 미국 측이 중간에 차단해버렸다고 반박했다. 그는 또 원심분리기를 들여온 적도 없고 파키스탄과 미사일 거래는 했지만 핵 관련 거래는 없었다고 주장했다. 칸 박사도 10차례 북한을 방문한 것이 아니라 미사일 문제로 1999년 8월 딱 한번 북한을 방문했다는 것이다. 또한, 파키스탄 정부도 여러 차례에 걸쳐 북한과의 핵 거래는 없다고 했는데, 미국은 칸 박사의 진술만 믿고 있다고 비판했다.

나는 "지금 미국과 북측 이야기가 크게 다르다. 칸 박사와 대질심문하는 방안도 생각해봐야 한다. 이 방안을 먼저 미국이 제안토록 해볼 테니 북측이 이를 적극 수락하기 바란다"고 했다. 김계관은 다음날 미국과 그 방안에 합의하기 위해 최선을 다할 것이라면서, 필요하면 과거 '금창리 문제 해결 방식'(1999년 북한의 지하 핵시설 의혹에 대해 미국이 식량 60만 톤을 제공하고 현장을 방문한 사례)도 가능하다는 자신감을 보였다.

7월 27일 오후 나는 힐과 만나 북한의 주장과 제안을 설명했다. 힐은, 특수 알루미늄은 중국 선양 항공사에 의해 수입되어 단둥(丹東)

으로 수송되었고 최종 수요자는 북한이 확실하며, 독일 법원도 독일 수출업자에게 금수품(禁輸品) 수출 혐의로 유죄를 선고한 바 있다고 강조했다. 또 미국은 북한이 칸 박사로부터 24개의 원심분리기를 수입했다는 확실한 정보를 갖고 있다면서 북한 주장을 반박했다. 이에 대해 나는 "북한이 금창리 방식의 해법도 가능하다고 하니 그 방법을 추진하자. 미국이 문서나 사진을 제시하고 파키스탄 관계자와 대질심문도 하는 것이 좋겠다"고 제안했다.

이에 대해 힐은 미국의 정보는 확실하지만 그 소스의 민감성으로 인해 구체적인 정보를 북측에 제시하기는 어렵다고 하면서 북한 스스로가 구매 사실을 인정하고 나와야 문제 해결이 가능하다고 했다. 또한 설사 미국이 선하증권(船荷證券, 해상물건운송계약에 있어서 운송물을 수령 또는 선적하였음을 확인하고 목적지에서 운송물을 증권의 정당한 소지인에게 인도할 의무를 표시하는 유가증권)을 제시한다 하더라도 북한이 날조된 것이라고 주장하면 그만이라고 했다. 이때 롤리스 미 국방부 부차관보는 북한이 우라늄농축 계획을 추진하는 것은 확실하지만, 아직 성공하지 못할 가능성이 있다고 덧붙였다.

2004년 2월 파키스탄의 무샤라프 대통령은 『파이낸셜 타임스』와의 회견에서 북한과의 핵 관련 거래를 부인했다. 그러나 그는 2005년 8월, 칸 박사가 북한에 우라늄농축용 원심분리기와 설계도면을 북한에 제공했다고 밝혔으며 2006년 9월 출판된 자서전에서 같은 증언을 했다. 비밀스러운 일이 많은 나라의 군사 지도자로서 충분히 할 수 있는 행보였다.

4차 6자회담에서 북한의 우라늄농축 계획에 대한 해법은 찾지 못했지만, 9·19공동성명에 "1992년도 '한반도의 비핵화에 관한 남북공동선언'은 준수, 이행되어야 한다"고 합의함으로써 앞으로의 해결 근거를 남겨두기로 했다. 이 선언에는 "남과 북은 핵 재처리시설과 우라늄농축시설을 보유하지 아니한다"(제3조)고 되어 있기 때문이다.

돌이켜보면 김계관이 '금창리 방식'으로 해결해보자고 했을 때 한국이 좀더 세차게 북·미 양측을 밀어붙여볼 수도 있지 않았나 싶다. 물론 우라늄농축 시설은 소규모로 운영할 수 있어 플루토늄 재처리 시설과 달리 은닉이 쉽기 때문에 의혹 규명이 금창리 경우만큼 간단치는 않았을 것이다. 그러나 그런 시도가 핵 문제 해결과 투명성 증진을 위한 동력을 만들고 북·미관계 진전의 계기도 될 수 있었을 것이라는 아쉬움이 남는다.

남북 상호사찰하자

김계관은 2005년 7월 26일 4차 6자회담 개막식에서, "조선반도의 핵무기 반입을 원천 봉쇄해야 하며 미국의 핵우산을 철회해야 한다"고 했다. 다음 날 남북 대표단이 만난 자리에서 나는 그 발언의 배경을 캐물었다. 김계관은 1991년 11월 18일 당시 노태우 대통령이 남한에서의 핵 부재 선언을 했음에도 불구하고 바로 다음 날 미국 국무부는 "확인도 부인도 할 수 없다"고 제동을 걸었다면서, 남측이 핵이 없다고 말로만 해서 되는 것이 아니고 북쪽만이 아니라 남쪽에 대해서도 검증을 해야 한다고 주장했다. 그는 또 한반도 비핵화 지위를 위해서는 미국의 남측에 대한 핵우산도 없애야 한다고 했다. 이에 대해서 나는 "한반도 비핵화 공동선언에 따라서 검증 체제를 만들어 상호 사찰하면 될 것이다. 한반도의 남쪽 북쪽 어디든지 예외 없이 사찰하도록 하자"고 제안했다.

한국과 미국은 과거부터 주한미군 기지를 남북 상호사찰에 포함하는 문제를 민감하게 생각해왔다. 그러나 검증이란 것은 기본적으로 상호적이기 때문에 주한미군 기지를 제외한다는 것은 논리에 맞지 않다. 나아가 주한미군 부대도 사찰하는 대신 북한의 군부대까지 예외 없이 모두 사찰하여, 한반도 전역에 걸쳐 군사적 신뢰를 구축할 수 있다면 의미있는 진전이 된다. 나는 종전부터 상호사찰이 쉽게 이루어지기는 어렵지만, 우리가 자신 있게 제안할 일이라고 생각해왔다. 그날 저녁 나는 힐 차관보를 만나 상호사찰 문제에 대해 북측에 제시한 입장을 설명해주었다. 그는 수긍했다.

8월 2일 전체회의에서 중국은 각국의 입장을 조합해서 공동성명 3차 초안을 배포했다. 이 초안에는 "미국은 한반도에 핵무기를 갖고 있지 않음을 확인하고, 또 한국은 자국 영토 내에 핵무기가 없음을 확인한다"는 내용이 들어 있었다. 당초 1차 초안에는 미국만이 한국에 핵무기가 없음을 확인하는 것으로 되어 있기에 나는 중국 측에 한국도 '확인 주체'임을 명기하도록 했다. 핵포탄이나 공중투하용 핵폭탄, 그리고 단거리 핵미사일 등 한국에 배치되었던 미국의 전술핵무기는 1991년 철수되었다. 그후에도 핵무기를 탑재할 수 있는 항공기나 선박이 한국 영토에 들어올 때는 한국 정부에 사전 통보 형식으로 협의하게 되어 있었다. 나는 이런 배경을 두고 한국이 핵무기 존재 여부의 확인 주체임을 강조했다.

이날 전체회의에서 김계관은 한국에서의 핵무기 부재 확인을 위한 검증 방안에 대해서 미국 측을 향해 장황하게 북한의 입장을 설명했다. 힐이 이에 대응 발언을 하자 미·북 중심으로 토론이 전개되었다. 내가 이미 7월 27일 남북 접촉 때 한국에서의 미군의 핵무기 배치 여부는 한국이 미국과 협의해서 결정하는 사안임을 힘주어 설명했고, 또 한국 측의 요청으로 초안에 한·미 공동의 핵 부재 확인 사항이 들어가 있었다. 그럼에도 불구하고 전체회의장에서 북한과 미국이 한국 내 핵무기 존재 여부에 대해 논쟁하는 것을 보고 분노가 치밀었다.

나는 발언권 단추를 누르고 김계관에게 "한국이 핵 부재 확인의 주체이다. 핵 부재 확인은 회담 기간 중 남북 간에 이미 충분히 논의하지 않았느냐. 왜 이 문제로 다시 논쟁하느냐. 남과 북이 베이징까지 와서 한반도 문제로 이렇게 논쟁을 해야 하는지에 대해 나는 비애를 느낀다. 이런 것이 북한이 늘 내세우는 '우리 민족끼리'의 의미이냐!"고 목소리를 높였다. 나는 이어 한반도에서의 핵 부재 검증에 관한 것은 남과 북이 별도로 논의하면 되지 전체회의에서 논의할 일이 아니라며 말을 마쳤다.

회의는 중·영·일·러 4개 언어 동시통역으로 진행되는데, 의미가 채 전달되기 되기 전에 각국 대표들은 내가 왜 그렇게 목청을 올리는지 휘둥그레 쳐다보고 있었다. 회담장 분위기가 긴장되어 일단 정회에 들어갔다. 바로 힐이 나에게 다가와 "민순, 북한에 대해서 그렇게 거칠게 나가도 괜찮으냐?"라면서 애매한 표정으로 말을 건네었다. 당시 우리 정부가 미국에 대해서는 강하게 대하면서 북한에 대해서는 유화적인 접근을 하고 있다는 워싱턴의 시각이 담긴 농담 반 진담 반 대화였다.

이 문제는 한동안 수면 아래 가라앉아 있었다. 그런데 9월 18일 수석대표 회의에서 공동성명의 최종안을 검토하는데 북한이 또 한반도 핵무기 부재 조항에 대해 이의를 제기했다. 김계관은 이 초안이 북한의 비핵화에만 초점을 두고 있으므로 남한 내에 현재 핵무기가 없다는 사실을 확인할 뿐 아니라 '미래에도 이를 검증받는다는 공약'이 필요하다는 것이었다.

순간, 경수로와 우라늄농축 문제에 대한 미국 내의 거대한 반발을 간신히 넘어 이제 합의를 거의 다 이루었는데 또 웬 장애물이냐는 생각이 들었다. 나는 잠시 정회를 요청하고 남북이 바로 소회의실에서 만났다. 김계관은 북측의 핵 포기가 미래 공약형으로 되어 있는 만큼, 남측도 '현재'뿐만 아니라 '미래'에도 핵이 없음을 검증한다는 문안을 넣어야 한다고 주장했다. 나는 그 자리에서 바로, "한국은 1992년도 한반도의 비핵화에 관한 공동선언에 따라 핵무기를 반입도 배치도 하지 않는다는 것을 공약한다"는 문안을 제시하고, 이 문제는 남북간 합의로 끝날 사항이니 더이상 전체회의에서 거론하지 말라고 했다. 그는 평양에 청훈하여 결정하겠다고 했고, 다음 날 그대로 채택되었다.

한국 내 핵 부재 확인은 사실 광범위한 함의를 갖고 있는 문제이다. 한·미 연합훈련 때 배치되는 미국의 항공기와 함정마다 핵무기를 탑재하지 않았다는 것을 검증하자고 할 경우 논쟁의 소지는 끝이 없게 되는 것이다. 기본적으로 남북 사이에 상호위협과 적대관계를 해소하는 긴 과정의 정치적·군사적 신뢰가 구축될 때 이 문제는 비로소 해결될 수 있을 것이다.

평화체제 수립하자

6자회담 재개를 목전에 둔 7월 22일, 북한은 외무성 대변인을 통해 "평화체제 수립은 조선반도 비핵화를 위해 반드시 거쳐야 할 노정이고, 조·미 사이의 평화공존과 북·남 사이의 평화통일을 실현해야 한다"고 주장했다. 어떤 사람들은 이를 두고 북한이 6자회담에서의 기선을 잡기 위한 전술이라고 평가하기도 했다.

나는 그해 7월 24일 베이징의 창안클럽에서 북한 대표 김계관에게, 한반도 평화체제는 6자회담에서보다 남북을 포함한 직접 당사자 간에 별도로 합의할 것을 제안했다. 한반도의 평화체제를 실제로 지킬 주체는 남과 북임을 강조한 것이다. 김계관은 비핵화를 풀기 위해서는 우선 북·미관계가 개선되어야 하고, 동시에 현재의 정전협정은 평화체제로 전환돼야 한다고 했다. 그는 나의 제안을 정면 거부하지는 않으면서도 한반도 평화체제의 당사자를 북한과 미국으로 간주코자 했다. 나는 이참에 분명히 짚고 싶었다. 어떻게 평화체제 당사자가 북한과 미국인가? 휴전협정에 서명한 당사자이기 때문인가? 아니면 주한미군의 존재 때문인가?라고 따졌다. 그는 그 두가지 모두 고려한 것이라면서 실제로 지금도 미군이 남쪽에서 모든 권한을 행사하지 않느냐고 반문했다. 나는 "한국군에 대한 미군의 작전통제권을 두고 하는 말 같은데, 그건 언제든지 우리가 행사할 수 있는 권한이다. 다만 우리의 편의에 따라 미군에 일시 위임한 것에 불과하다. 지금도 실제 결정은 한·미가 공동으로 한다"고 했다.

김계관은 남측도 군사적 실체의 일부이기 때문에 당사자 문제는 앞으로 검토해나가야 할 일이라면서 한발 물러섰다. 남측이 어떤 입장인지는 알겠다고 하면서 평화체제는 6자회담에서 논의하는 게 맞지 않지만, 한편으로 한반도 비핵화를 이루자면 평화체제도 이루어야 하고, 이는 북·미관계 정상화와도 바로 연결되어 있기 때문에 두루 검토해볼 필요가 있다면서 뒤로 넘기고자 했다.

평화체제의 당사자 문제에 관한 북측의 태도는 1999년 제네바 한반도 평화회담 때 어조와는 다소 차이가 있어 보였으나 어느 정도 변화인지는 확실치 않았다. 우선 6자회담 계기에 당장 이 문제를 집중 논의할 준비가 되어 있지 않았을 수도 있고, 과거처럼 북·미 사이에 한반도 평화협정을 논의하는 것이 어렵다는 현실도 인식하고 있었을 것이다. 그러면서도 북한은 외무성 성명을 통해 미국과 평화협정 체결을 계속 공개 주장하고 있었다.

한국은 1997년부터 1999년 사이 열린 제네바 한반도 평화 4자회담에서부터 한반도 평화체제의 주 당사자가 남과 북이고, 미국과 중국은 휴전협정의 관련국으로서 한반도 평화체제를 지지하는 역할을 하는 것이 적절하다는 입장을 견지해왔다.* 이에 대해 북한은 북·미 간 평화협정이 우선이라고 보았고, 미국은 남한과 북한의 주장 사이에서 분명한 입장을 취하지 않았다. 중국은 평화협정에 자기 자리를 잡으면 된다는 태도를 보였다.

평화체제와 관련해 7월 25일 한·일 협의에서 일본 측이 먼저 이 문제를 꺼냈다. 일본 수석대표 사사에 겐이치로는 한국이 한반도 정전협정을 평화체제로 전환하는 문제를 논의하는 데는 소극적이나, 평

---

* 한반도 평화체제란 남과 북의 군사적 대치세력 간에 정치적·군사적 신뢰가 구축되어 실질적인 평화가 법적·제도적으로 보장된 상태를 말한다. 평화협정은 평화체제의 관련국 간 법적인 권리의무를 규정한 합의문서를 말한다.

화체제를 위한 다자적 안전보장 문서를 채택하는 데는 전향적인 것으로 알고 있다면서 나의 생각을 타진해왔다. 앞서 7월 23일 『니혼케이자이신문(日本経済新聞)』도 "한·미·일 3국이 대북 안전보장 공동제안을 마련했고, 이는 한·미·일을 이간하려는 북한의 전술을 봉쇄하기 위한 것"이라고 보도한 바 있다. 그러나 한국은 그런 제안에 합의한 적이 없었다. 일본이 자국 언론에 먼저 풍선을 띄워놓고 베이징에 와서 이렇게 거론하는 것으로 보였다. '다자적 안전보장'이라는 명분을 걸어 한반도 문제에 일본이 발을 들여놓을 여지를 찾는 듯했다.

나는 일본이 우리 입장을 오해한 것이라고 하면서 "휴전체제는 평화체제로 전환해야 한다.* 그러나 다자적 안전보장 형태의 평화체제를 원하는 것은 아니다. 평화체제는 남과 북이 합의 주체이고, 휴전 관련국들이 이를 지지하는 형식이 되어야 할 것으로 본다"고 분명히 했다. 이에 사사에는 일본이 이번 회담에서 한국의 주도적 역할을 지원하는 보조적 위치에 있다는 애매한 말을 하면서도 계속 한반도 평화체제 문제에 대해 집요하게 타진했다. 나는 더 이야기하고 싶지 않아 "한반도 평화체제 문제는 여기서 한국과 일본이 논의할 사항이 아니다"라고 못 박고 대화를 끝냈다.

일본은 6자회담 이전부터 줄기차게 어떻게 해서라도 한반도 평화문제의 국제적 논의에서 한자리를 잡아보려는 의지를 보여왔다. 일

---

* 한반도 휴전체제 또는 정전체제는 전투행위가 중단되고 무력충돌 방지와 위기관리를 위한 법적·제도적 장치가 마련되어 실질적으로 상호 무력 사용이 중단된 상태를 말한다. 휴전협정 또는 정전협정은 휴전에 관한 쌍방의 권리와 의무를 규정한 합의문서를 말한다.

본은 자국 안보에 바로 영향을 줄 수 있는 한반도의 평화와 안보 논의에 한시도 눈을 떼려 하지 않았다.

2005년 7월 29일 수석대표 회의에서 각국 대표들이 이번 회담에서 구체적 결과를 만들어 공동성명으로 채택하기로 의견을 모았다. 그러나 유독 일본 대표만이 일본인 납치 문제를 다뤄야 할 북한과의 접촉이 제대로 이루어지지 않고 있다면서 공동성명 채택 원칙에 찬성할 수 없다고 토를 달았다. 일본이 납치 문제에 강박적으로 집착한 것은 국가 위신과 국민 안전에 관련된 민감한 사안이기도 했지만, 한반도 문제에 대한 발언권을 확보하고자 하는 것으로 보였다.

한반도 평화체제는 한국군에 대한 미국의 군사작전권 행사나 유엔군사령부 존치, 주한미군의 역할과 규모, 그리고 주일미군의 존재와 활동 근거에 관련되는 문제이다. 나아가 아시아태평양에서 미국의 군사적 위상과 전략구도 전체에 영향을 준다. 당시 조지 W. 부시 행정부는 2002년부터 전세계 미군 운용의 이른바 '전략적 유연성'이라는 개념에 따라 군사작전권을 한국에 넘기고 주한미군을 포함한 동아시아 배치 미군을 유연하게 전세계에 투입하려는 전략을 검토하고 있었다.

회담을 시작하고 며칠이 지나 평화체제 문제를 계속 뒤로 넘겨두면 누군가 선제적으로 제안하여 문제를 복잡하게 할 수 있다는 생각이 들었다. 한반도 평화체제에 대한 우리의 문안을 만들어두고 기회를 보고 있었으나 중국 측이 8월 1일 회람한 공동성명 1차 초안에 "6자는 한반도와 동북아시아에서의 항구적인 평화와 안정을 위해 공동 노력한다"라는 문장이 들어가 있었다. 2004년 2월 2차 6자회담 당시 미국의 제임스 켈리 대표가 기조발언에서, "6자회담이 종국적으로 한반도의 휴전을 대체할 평화체제로 귀착되기를 희망한다"라고 한 말을 반영한 것으로 보였다.

미국은 우리만큼 한반도 문제를 민감하게 다루지 않는다. 당시 이런 발언이 나오기 전에 한국이 미국에 대해 6자회담은 한반도 평화체제 협상장이 아님을 분명히 했으면 좋았을 것이다. 중국 측 초안을 보고 나는 바로 중국의 우 다웨이 대표에게 6자가 '동북아'의 평화와 안정을 논의하는 것은 좋지만, '한반도 평화 문제'에 직접 관여하는 것으로 해석될 소지가 있으므로 '한반도' 부분을 삭제할 것을 요청했다. 그는 다른 나라가 한반도 문제에 관여하는 것을 원치 않는다는 뜻으로 들린다면서 한국 입장을 분명히 해달라고 했다. 나는 준비해두었던 "직접 관련 당사국들은 적절한 별도의 포럼에서 한반도의 항구적 평화체제에 관한 협상을 가진다"는 문안을 제시했다. 그리고 동북아 안보를 위한 다자간 노력은 별도의 조항으로 하자고 했다. 이 두 조항은 9·19공동성명에 그대로 채택되었다.

한반도 평화체제는 북한 핵 해결의 필수 조건이지만 6자가 둘러앉아 논의할 사항은 아니라는 점에 대해서는 6자회담 기간 중 남·북·미·중 간에 공감했다. 9·19공동성명에 채택된 평화체제 문제는 이후 2007년 말까지 한·미, 한·중, 남·북 간 계속 논의되었다.

북·미관계 정상화하자

7월 27일 4차 6자회담 전체회의에서 힐은 북한이 핵을 폐기하고 미사일과 인권 문제 등에 합의하면 미·북관계 정상화에 착수할 수 있다는 조건을 내세웠다. 이에 대해 김계관은 북·미 사이의 적대관계를 종식하고 평화공존 관계를 '법적 및 제도적으로' 구축해야 한다고 강조했다. 북한은 1994년 제네바 합의를 통해 북·미관계 정상화가 진행될 것으로 기대했으나 이 합의가 법적 효력이 없는 정치적 선언에 불과해 이행되지 않았다는 인식을 갖고 있었다. 북한은 장거리 미사일을 시험 발사하고 비밀 핵 활동을 계속해 제네바 합의 붕괴의 단초를 스스로 제공했지만, 그런 책임 의식은 북한의 세계관과는 거리가 멀었다.

힐은 9월 19일 4차 6자회담 폐막식 발언을 통해 핵과 미사일 문제 해결, 인권 개선을 미·북관계 정상화의 조건으로 제시했다. 북한이 원하는 방식으로 먼저 관계 정상화를 진전시키면서 북핵 해결을 도모할지, 아니면 미국이 원하는 방식으로 핵을 포함한 문제를 해결한 뒤 관계를 정상화할지는 지난한 과제이다. 북핵 문제는 동전의 양면처럼 한반도 문제와 불가분의 관계에 있다. 혹자는 '북핵 문제가 해결되면' 무엇을 하겠다는 전제를 달기도 한다. 그러나 이 조건은 '한반도 문제가 해결되면 북핵 문제가 해결된다'는 논법만큼 허전한 말이다.

이 점을 염두에 두고 한·미·일은 사전 협의를 통해 북·미 간 관계 정상화 절차로서 우선 연락사무소 교환 개설을 제안하기로 했다. 그런데 실제 6자회담장에서 미국 측은 '연락사무소 교환' 대신 '단계적 관계 정상화'라는 표현으로 대체하고자 했다. 그래서 나는 7월 24일과 25일에 걸쳐 힐에게 "미국이 관계 정상화를 단계적으로 한다면 북한도 핵 폐기를 단계적으로 한다고 나올 것이다. 어차피 모든 것이 단계적으로 이루어질 테니 굳이 그러한 표현은 필요 없을 것 같다"고 설득했다.

그러나 당시 미국 내 강경파는 수시로 대북관계 개선에 제동을 걸고 있었다. 미국은 또 당초 미·북 '외교관계 수립'으로 표현했다가 이를 다시 '관계 정상화'로 표현을 바꾸었는데, 내가 수정한 이유를 따져 물었더니 별 차이가 없다고 했다. 그런데 둘 사이에는 분명히 차이가 있다. 전자는 과정을 거친 구체적 결과이고 후자는 과정 자체를 의미하는 것이다. 어떻게 해서라도 발을 좀 뒤로 빼놓고 싶은 것이었다.

그런데 실상을 보면 북한이라고 해서 급하게 관계 정상화를 추진하는 것도 아니다. 연락사무소 개설은 관계 정상화의 중요한 시발점이다. 그래서 한국 정부는 한반도 문제 해결이 앞으로 굴러가도록 하는 지렛대로서 미국에 연락사무소 개설 방안을 권유해왔다. 미국 내 온건 협상파들도 북한의 개방과 변화를 시도하기 위해 연락사무소 개설을 하나의 필요한 단계로 생각했다. 그런데 막상 구체 행동에 들어가려 할 때는 북한이 오히려 뒷걸음쳤다.

1994년 미·북 제네바 합의의 후속 조치로 미국은 1996년 국무부 한국과장 리처드슨(Spence Richardson)을 평양 주재 연락사무소 대표로 임명하고 개설을 준비했다. 그러나 북한은 판문점을 통한 외교행랑 운송을 끝까지 반대했다. 북한으로서는 미국이 서울을 근거지로 해서 평양을 드나드는 것을 거부한 것이었다. 북한은 대미관계 개선이라는 큰 목표를 위해 운용의 탄력성을 보일 능력이 없었다. 개설 작업은 계속 지연되었고 1998년 북한의 대포동 미사일 발사로 완전 무산되었다.

나는 아직도 북한이 실제 대미관계를 얼마만큼 빨리 진전시키고

싫어 하는지 궁금하다. 북한은 미국이 평양시내에 성조기를 날리면
서 정보를 수집하고 주민을 접촉하는 상황을 버거워하는 것 같았다.
그들은 해도(海圖)가 없는 바다에 배를 띄울 준비가 되어 있지 않다
는 것을 보여왔다. 또한 북한의 행정력이 북·미관계 정상화에 따르
는 많은 일들을 해내기 어려울 수도 있다. 북·미관계와 남북관계가
함께 움직이고 있던 1990년대 말에서 2007년 사이에 북한의 실무자
들은 지나가는 말로 "일에 치여 잠도 잘 못 자고 죽겠다"는 식의 하
소연을 가끔 하곤 했다.

불가능하다고 믿었던 합의

9월 19일 아침 팡페이위안의 정원에서 힐과 내가 함께 공동성
명 채택 상황을 마지막으로 점검하며 걷고 있는데 그의 전화벨이
울렸다. 라이스 국무장관이 공동성명 문안 중 '평화공존'(peaceful
coexistence)이라는 표현을 두고 중국이 1954년 이래 주창해온 '평
화공존 5항 원칙'의 용어이므로 삭제하라고 한다는 것이었다. 워싱
턴 강경파가 라이스를 통해 날려 보낸 마지막 돌부리라는 생각이 들
었다. 2000년 제주도에서 남북 국방장관 회담의 공동발표문 협상
때 남과 북이 같은 내용을 두고 서로 다른 용어를 고집했던 일이 생
각났다. 나는 힐에게 중국의 체면도 있으니 같은 내용을 다른 표현
으로 바꾸자고 했다. 그래서 '평화적으로 공존하며'(exist peacefully
together)로 대체했다. 중국어로는 원래의 '화평공존(和平共存)'을 그
대로 쓰면 되었다. 미국과 중국이 이런 사소한 문제로 신경전을 벌이

는 것을 보고 앞길이 걱정스러웠다.

드디어 오후 12시 공동성명을 채택하는 폐막회의가 열렸다. 순서에 따라 내가 먼저 발언을 하게 됐다. 나는 이번 공동성명 채택이 한반도 비핵화를 위해 '돌이킬 수 없는 거대한 첫걸음'이라고 규정했다. 그리고 이번 회담의 최대 관건이었던 '경수로 제공 문제를 논의하기 위한 적절한 시기'란 북한이 모든 핵무기와 현존하는 핵 계획을 검증 가능한 방식으로 포기하고 NPT에 복귀하면서 IAEA 안전조치를 이행하는 과정에서 자연스럽게 도래할 것이라고 발언했다. 또한 이번에 합의된 원칙들을 성실하게 실천하면서 경수로와 관련된 절차도 조화롭게 개시할 수 있을 것이라고 부언했다.

나의 발언에 이어 러시아의 알렉세예프 외교차관이 "몇년 전은 물론이고 불과 몇개월 전만 해도 불가능하다고 믿었던 합의에 도달했다"며 축하의 말을 던졌다. 돌이켜보면 러시아는 적당한 거리를 두고 유심히 보고 있다가 회담의 이런저런 고비에서 나름대로 방안을 들고나오면서 자신의 역할을 하려고 했다. 알렉세예프의 발언대로 7월 26일 회담이 재개될 때만 하더라도 9·19공동성명 같은 합의에 도달할 것을 기대한 사람은 별로 없었다.

다음으로 미국 대표 힐의 발언이 이어졌다. 당시 미국의 강경파들은 공동성명에 경수로 제공 문제가 포함된 데 강한 거부감을 갖고 있었다. 힐은 그들의 입장을 감안코자 하는 것으로 보였다. 북한이 플루토늄과 우라늄을 포함한 과거와 현재의 핵 계획과 모든 핵무기를 포괄적으로 신고하고, 완전하고 불가역적(不可逆的)인 방식으로 폐기해야 한다고 강조했다. 또 북한이 모든 핵 개발 계획과 핵무기를 포기하고 NPT와 IAEA 안전조치에 복귀한 후 핵 기술 확산이 정지되었다는 것이 입증될 때 경수로 제공 논의를 위한 적절한 시기가 도래한다는 엄격한 조건을 붙였다.

힐은 이어, 공동성명은 북한의 주권을 존중하고 북한과 평화적으로 공존하고자 하는 미국의 의지를 정확히 반영하고 있지만, 북한의 인권 침해, 생화학무기 계획, 탄도미사일 계획과 확산, 테러리즘, 불법행위에 대한 우려를 해소하는 것이 미·북관계 정상화 논의의 필요조건이라고 했다.

북한과의 타협 자체에 대한 미국 강경파의 거부감을 희석시키고자 까다로운 조건들을 배합하여 구두로 미리 제시하려고 한 것이었다. 예상한 바이지만 실제로 듣고 있자니 이번 합의를 두고 워싱턴 내부의 갈등이 어느 정도인지 실감할 수 있었다. 9·19공동성명이 가야 할 험난한 길이 눈앞에 어른거렸다.

이어 김계관이 마이크를 잡았다. 그는 "공동성명이 길지는 않으나 매우 귀중한 문건으로서 한반도 비핵화의 첫걸음을 뗄 기초가 된다. 북측은 비핵화 공약을 완벽하고 성실히 이행할 준비가 되어 있다. 그런데 힐 선생의 발언을 듣고 보니 이제부터 더 큰 산을 넘어야 한다는 느낌이 든다"고 운을 뗐다.

김계관은 회담이 결속된 마당에 논쟁을 벌이고 싶지는 않으나 자신의 느낌을 밝히겠다고 하면서, "지금 힐 선생의 이야기를 듣고 보니 먼저 우리를 무장 해제시키고, 인민이 선택한 제도와 사상을 전면 부정하고 체제를 전복시킨다는 의지에 변화가 없다는 것으로 들린다. 이는 마치 결별선언과 같다. 핵 문제를 이용하여 이른바 관계 개선이라는 감언이설로 우리 제도를 어찌해보려 한다면 망상이다. 지금 미국 측 발언은 그냥 쫓겨나가는 며느리의 변명이라고 생각하고 싶다. 우리는 공동선언 이행을 위해 먼저 움직이지는 않을 것이다. 철저히 상응조치에 따를 것이다"라고 대응했다.

일본의 사사에 겐이치로는 일·북관계 정상화를 위한 2002년 고이즈미-김정일 평양선언에 따라 핵, 미사일, 납치 문제 등 불미스러운 과거와 현안 사항의 해결을 기초로 관계 정상화를 이루도록 노력할 것이라고 했다. 일본은 회담 내내 북한과 양자대화에 집착했다. 일본으로서는 6자회담에서 차지한 자리를 지키는 것 자체도 의미있는 일이었을 것이다.

마지막으로 우 다웨이는 이번 합의는 '만리장정의 첫걸음'이라면서, 중국은 한반도의 비핵화 목표를 견지하고 한반도와 동북아의 지속적 평화와 안정을 수호하여 공동의 발전을 촉진할 것이라고 강조했다. 앞으로 중국이 6자회담을 통해 한반도 평화와 동북아 안정 관리의 주도적 역할을 하겠다는 의지의 표현으로 들렸다.

전체회의에서 공동성명 채택에 이어 우 다웨이가 팡페이위안의 정원에서 기자단에게 공동성명문을 발표했다. 나는 테라스에서 힐과 환담하며 한낮의 햇살을 막기 위해 이마에 손을 얹고 찌푸린 얼굴로 그 장면을 바라보고 있었다. 그런데 영국의 『이코노미스트』지가 이 모습을 사진에 담아 6자회담의 갈 길이 어두워 보인다는 전망으로 연결시켰다.

공동성명문 발표 후 수석대표들이 기념촬영을 하는데 힐이 자리에 없었다. 미국 대표단에 물었더니 귀국일정 때문에 방금 공항으로 떠났다는 것이다. 나는 힐에게 전화를 걸어 "지금 당신이 없는 이 1분이 당신이 있었던 이번 여름 몇주보다 더 눈에 띌 것"이라고 했다. 그는 차를 돌려 회의장으로 돌아와 기념사진을 촬영하고는 공항으로 떠났다. 당시 베이징 회담장의 형세가 워싱턴의 요구대로 돌아가지 않았기에 힐의 심경이 아주 복잡하다는 느낌이 들었다. 회담 막바지에 가서 미국 대표단에서는 미국이 경수로 논의 가능성을 계속 거부할 경우 오히려 회담장에서 고립될 것이라는 위기감이 돌았다는 이야기가 있었다. 한국이 경수로를 명시적으로 논의하는 쪽으로 방향을 틀면서 생긴 일이었다. 그러나 한국으로서는 핵 문제 해결의 틀을 만들기 위해서 다른 길이 없었다.

9·19공동성명은 중간 휴회 기간을 포함해 53일간 북·미·한·중을 중심으로 집요하게 밀고 당긴 끝에 나왔다. 그 이전에 이미 2003년 8월 1차 6자회담부터 실패를 거듭하며 바닥을 다져왔다. 이 성명의 탄생 배경에는, 북·미관계 정상화와 경수로 확보와 같은 체제 유지의 장치들과 핵 카드를 협상해보겠다는 북한의 자세, 핵 문제 해결 없이는 한반도의 미래를 열 수 없다는 한국의 현실인식, 한·미동맹 관리를 위해 한국의 입장을 감안해야 했던 미국의 정책, 북한을 포함한 동북아 주변의 안정 유지 능력을 보여줘야 했던 중국의 의지 등이 결합되어 있었다. 이런 관점에서 한국은 '한·미 공조, 한·중 조율, 남북 소통'이라는 삼박자를 가동하는 데 집중했다.

우리 입장에서 볼 때 9·19공동성명은 베이징에서만 만들어진 것이 아니었다. 무엇보다 노무현 대통령이 북핵 문제 해결에 사활의 무게를 두었기에 가능했다. 또 그해 9월 뉴욕에서 반기문 외교장관이 밀어붙인 일련의 외교장관 회담, 6월 정동영 통일부장관의 평양 방문, 그리고 서울 본부의 유기적인 베이징 협상 팀 지원이 그 뒤에 있었다. 김하중(金夏中) 주중대사도 폭넓은 중국 내 인적 연결을 총동원하여 지원했다. 이런 결정적 요소들이 결합되지 않았다면 한반도 미래의 비전을 담은 공동성명은 채택되기 어려웠을 것이다.

9·19공동성명 채택 후 11년이 지난 2016년 현재, 북한의 핵 능력은 훨씬 진전되었고, 김정은(金正恩) 정권은 핵 불포기 정책을 선언하는 등 김정일 통치시절과는 표면상 많이 바뀌었다. 또 동북아시아에서 중국의 위상이 눈에 띄게 증대된 데 비해 미국의 동아시아 전략은 다자간 협력을 통한 공동 안보 개념보다는 양자 동맹 중심으로 바뀌고 있다. 이러한 정세에도 불구하고 어떤 형태로든지 북한 핵 문제를 관리, 해결하면서 한반도에서의 평화와 동북아시아에서의 공동의 안보 장치를 만들어야 한다. 그래야 종국적으로 분단을 극복하고 한반도의 통일을 이룰 수 있다. 결국 이 공동성명의 합의를 이행하는 것 외에는 현실적인 분단의 평화적 관리와 통일의 길이 보이지 않는다.

2011년 1월 워싱턴에서 오바마 대통령과 후 진타오 주석은 정상회담을 갖고 41개항에 걸쳐 전세계 문제를 다룬 미·중 공동성명을 발표했다. 이 성명은 6자회담과 9·19공동성명 이행을 5차례나 언급하면서 북핵 문제 해결을 강조했다. 미·중 양국 공동의 이익이 이 공동성명의 틀 속에 있음을 확인한 것이었다. 이런 배경으로 북한의 4차 핵실험 후 2016년 3월 채택된 유엔안보리 결의 2270호도 9·19공동성명의 이행을 촉구했다. 앞으로도 이 촉구는 계속될 것이다.

제6장

공동성명 이행의 난관

철 이른 계획

나는 9·19공동성명의 이행 계획을 작성해서 2005년 10월 15일 워싱턴으로 날아갔다. 먼저 국무부 팀과 마주했다. 우리 측에서 나와 조태용 차석대표(후일 한반도평화교섭본부장, 외교차관, 청와대 안보실 차장), 임성남(林聖男) 참사관(후일 한반도평화교섭본부장, 주영대사, 외교차관), 여승배 과장(후일 외교장관 보좌관, 북미국장) 등이, 미국 측에서는 힐과 조지프 디트라니 차석대표, 빅터 차 국가안보회의 국장, 제임스 포스터(James Foster) 국무부 한국과장 등 양측 22명이 자리에 앉았다. 양측의 실무선이 대부분 동원된 것이다.

우리가 준비한 이행 방안을 조태용 국장이 차곡차곡 설명했다.

　1단계는 앞으로 1개월 내에 중유 공급과 핵 폐기 그리고 관계 정
상화 등 전체 절차에 대해서 합의한다. 2단계는 3개월 내 북한은
일체의 핵 활동을 중단하고 현존하는 핵 프로그램을 신고하는 한
편, 미국·일본·중국·러시아는 대북 중유 제공을 개시하고, 한국
은 송전시설 건설에 착수한다. 대북 교역 및 투자를 협의하고, 미
국과 일본은 대북관계 정상화를 협상한다. 이 과정을 거쳐 3단계
는, 3년 내에 북한은 모든 핵무기와 핵 프로그램 폐기를 시작하고
NPT에 복귀하며 IAEA의 안전조치를 이행한다. 미국과 일본은 북
한과 연락사무소를 교환하고 대북 경제제재를 해제한다. 그리고
북한과 경수로 제공 논의에 들어간다. 마지막 4단계는 북한의 핵
폐기가 '되돌릴 수 없는 단계'까지 가면 5개국은 국제 공동 관리하
에 경수로 건설 공사에 착수한다. 그리고 미국과 일본은 북한과 외
교관계를 수립하고, 마지막으로 경수로 건설 완료 시 한국의 대북
송전과 4개국의 중유 제공은 종결한다.

우리가 볼 때 미국과 북한의 입장을 한가운데로 끌어올 수 있는 방
안이라고 생각했다. 우리는 미국 측에 이 방안을 기초로 한·미가 공
동의 대북 협상안을 만들어보자고 제안했다. 물론 북한 입장에서는
핵 신고 시점은 앞당겨 있는 데 비해 경수로 제공 시점은 뒤로 미루
어져 있어 도저히 받을 수 없는 것이었다. 그래도 누군가가 먼저 종
이 위에 그림을 그리기 시작해야 결과를 기대할 수 있기 때문에 대
북 협상의 기초로 제시하려 했던 것이다. 우리 팀은 이어 백악관 실

무 팀인 마이클 그린 선임보좌관과 비확산 담당 존 루드(John Rood) 국장 등도 만났다. 이들은 북한과의 협상 자체에 부정적인 인물들이었다.

미국 측은 북한이 2단계에서 핵무기 숫자와 무기급 핵물질의 양, 그리고 우라늄농축을 포함한 핵 관련 시설의 위치와 생산기록 등 일체를 투명하게 제시해야 한다고 했다. 또 경수로 제공 논의보다는 한국이 제안하는 핵 폐기의 '되돌릴 수 없는 지점'(point of no return)의 개념부터 먼저 설정하자고 했다. 또한 경수로 제공은 현실적 계획이 아니라 먼 장래 가상적인 일의 하나로 간주하고자 했다.

무엇보다도 북한의 정확한 핵 신고가 중요하다면서 우라늄농축 계획의 존재를 부인하는 한 비핵화 진전은 어렵다고 강조했다. 또 제네바 합의는 검증 체계의 약점 때문에 이행될 수 없었다고 지적하고, 북한이 NPT에 복귀하여 IAEA 안전조치 기준에 따라 신고하고 검증하는 것이 선행되어야 한다고 주장했다.

미국 측이 제시하는 조건으로는 협상 자체가 성사되기 어려웠다. 나는 북한을 NPT와 IAEA 안전조치에 복귀시키려면, 대북 제재 해제와 에너지 지원 같은 것이 있어야 하는데, 북한에만 먼저 행동하라고 하면 진전이 되겠느냐고 되물었다. 마치 내가 북한의 대변인이라도 되는 것처럼 들릴 수 있었다. 우리가 미국의 입장을 가운데로 끌어당기지 못하는 한, 현실적으로 타협 가능한 마당을 만들 수 없기 때문에 그런 역할은 불가피했다.

백악관 팀은 북한의 우라늄농축 사업에 대한 미국 정보의 신뢰를 확립하고 부시 행정부가 제네바 합의를 파기시킨 것이 정당한 조치였음을 입증하는 데 중점을 두었다. 기본적으로 9·19공동성명 자체를 그다지 탐탁하게 보는 것 같지 않았다. 그들은 경수로 제공은 미국 행정부가 바뀌어도 의회가 반대하기 때문에 불가능하다면서 '출발선을 떠날 수 없는 경주마'(nonstarter)에 비유했다. 그들은 9·19공동성명의 경수로 부분 타결과정에서 한국이 독자적 역할을 한 데 대해 불만을 갖고 있음을 굳이 숨기려고 하지 않았다. 나는 북한이 미국과 적대적인 상태에서는 경수로의 장비와 기술이 이전될 수 없지만, 북한이 집 안 청소를 하고 난 후에 경수로 제공을 논의하자는 것이 아니냐고 논박했다.

9·19공동성명 채택에 대한 워싱턴 강경파의 불만과 관련해서 얼마 후 2005년 11월 김계관도 베이징에서 비슷한 말을 했다. 그는 북한의 군부가 9·19공동성명으로 핵을 포기하게 된 데 대해 불만이 많다고 호소하듯 말했다.

또한 백악관 팀은 클린턴 행정부에서 제네바 합의가 이행되고 있음에도 남·북·미·중 평화체제 협상을 열어서 비핵화 과정을 흩트리게 했다면서, 6자회담에서도 평화체제 문제로 관심을 흩트리지 말아야 한다고 했다. 앞뒤도 맞지 않고 논리도 없었다. 부시 행정부가 제네바 합의 자체를 기본적으로 부정하더니 이제는 그 효용성을 인정하는 것이다. 또, 평화체제는 한반도에서 정치적·군사적 신뢰구축을 전제로 하는 것이고, 그래야 핵 문제도 해결할 수 있는 것인데, 이들의 주장은 현실성이 없는 것이었다. 국무부와 백악관 실무팀 사이에 상당한 괴리가 있었다.

나는 북한은 '대외 적개심에 기초한 정권'임을 지적하면서, 북한 정권뿐만 아니라 주민들의 외부에 대한 적개심을 줄이면서 핵 협상을 함께 전개해야 함을 강조하고, 바로 그러한 전략에서 평화체제를 협상해야 할 것이라고 말했다. 당시 힐 차관보 팀도 9·19공동성명 이행 계획을 내부적으로 검토하고 있었다. 힐은 나와 별도로 만난 자리에서 전적으로 자신의 생각임을 전제로, 3자 또는 4자 간 한반도 평화체제 협상을 2006년 초에 추진하는 데 대한 의견을 물었다. 그는 라이스 장관이 염두에 두고 있는 유럽안보협력기구(Organization for Security and Cooperation in Europe, OSCE) 방식의 원용도 감안한 것이라고 했다.

나는 핵과 한반도 문제 해결 촉진을 위해서는 우선 남·북·미 3자 회담이 적절할 것으로 본다고 하고, 그해 11월 한·미 정상의 경주 회담 때까지 구체화해보자고 했다. 그러나 방코델타아시아(BDA) 문제로 이 논의는 수면 위로 떠오르지 못했다. 평화체제 문제는 8월 23일 라이스 장관이 반기문 장관, 나, 그리고 힐을 포함해서 모두 넷이 국무부 7층의 연회장인 제임스 먼로(James Monroe) 룸에서 만찬을 하면서 이미 제기한 적이 있다. 그는 한반도 문제의 근원적 성격을 잘알고 있었다. 일단 핵 문제 해결 절차를 합의하면 4자간 평화체제를 추진하자고 했다.

북한에 경수로를 제공하면 국제 공동관리와 사용 후 연료봉의 해외 반출 등 핵무기로의 전환을 막기 위한 방화벽 설치가 필요하다. 그러나 부시 행정부는 북한이 사찰관을 추방하고 사용 후 연료봉 반출을 거부하면서 핵무기를 만들면 어쩔 수 없는 것 아니냐며 방화벽 무용론을 제기하곤 했다. 나는 북한이 그러한 합의를 어긴다면 물리적 힘을 사용해서라도 제동을 걸어야 한다는 강공 방안을 제시했다. 미국 측은 그런 강공이 어디 쉽겠느냐면서 논쟁을 피했다.

나는 10월 방미에 앞서 국내 보수와 진보 성향의 학자들을 함께 초청해서 자문을 구했다. 그때 어떤 학자가 북한을 그대로 두면 중국 동북지방의 네번째 성으로 편입될 가능성이 있다고 전망했다. 이를 염두에 두고 나는 미국 측에 북한이 중국의 동북 제4성으로 편입되도록 방치하는 것이 미국의 이익에 맞느냐고 반문했다. 북한 문제를 단순히 핵 차원에서만 볼 것이 아니라 지정학적 관점에서 접근하자고 했다. 이 부분에 대해서는 국무부나 백악관 구분 없이 중요한 관점이라고 받아들였다.

그후 전개되는 상황을 보면 미국은 북한이 핵무기를 먼저 사용하거나 사용할 징후가 임박하지 않는 한 무력 대응까지는 생각지 않고 있었다. 그렇다고 해서 협상의 바닥까지 가보자는 의지도 없었다. 그냥 가는 데까지 가보자는 것으로 비칠 때가 많았다. 미국이 의도하는 바는 아닐지라도 그렇게 되면 한국은 종국적으로 핵무장을 한 북한의 위협하에 살아야 되고 그래서 한국은 미국의 안보에 더욱 의존하고 또 한·미·일 삼각안보체제의 틀에 묶일 수밖에 없다. 한·미·일 동맹 강화는 미국의 동아시아 정책의 최우선 목표이다. 그 결과로 동북아시아는 해양세력과 대양세력으로 확연히 대립하는 상태가 되고 한반도 분단의 비극은 지속될 수밖에 없는 것이다.

나는 10월 방미 전에 닝 푸쿠이 주한중국대사를 만났다. 한국어를 구사하는 그는 6자회담장에서 나와 우 다웨이 사이에서 교신 역할을 자주 했으며, 바로 이어 주한대사로 부임했다. 나는 그에게 9·19공동성명이라는 큰 수레가 일단 구르기 시작해야 하니, 힐 차관보가 북한을 방문하고 이때 북한이 신뢰의 표시로 영변 5메가와트 원자로의 가동을 중단시키면 좋겠다면서, 중국이 중간에서 다리를 놓을 것을 요청했다. 중국은 이 방안에 대해 적극적이었고 실제로 북한의 의사를 타진했다.

당시 미국도 국내 정치적으로 어떤 형태로든지 북한의 가시적인 움직임이 필요했다. 10월 방미 때 나는 이 방안에 대한 번스 국무부 정무차관의 의중을 타진해보았다. 그는 9·19공동성명 채택에도 불구하고 북한이 경수로 제공을 강조하고 있고, 또 BDA 문제로 미국과 북한 사이 의심의 골이 깊다고 했다. 미국이 북한과 양자 접촉을 하지 않는다는 정책을 갖고 있는데 힐의 방북은 이에 어긋난다면서 부정적인 반응을 보였다. 특히 일본이 납치 문제로 대북관계를 고심 중인데 미국이 너무 앞장서 나가는 것도 어렵다고 덧붙였다. 나는 미국이 이 방안을 받아들였다면 전반적인 비핵화 과정이 달라졌을 수도 있을 것이라고 생각했다. 그러나 중국이 북한의 의중을 타진해본 결과, 북한도 미국의 차관보 방문과 5메가와트 원자로 중단을 맞바꿀 생각은 없었던 것으로 나타났다. 번스의 말대로 양측 간에 불신이 깊이 자리 잡고 있었다.

번스는 외교와 협상을 아는 인물이었다. 그해 6월 초 워싱턴 방문 때 그를 만난 적이 있다. 그는 당시 인도 및 이란과의 핵 협상을 주관하고 있었고, 협상을 통한 북한 핵 문제의 해결을 지지하고 있었다. 당연히 네오콘과도 긴장 관계에 있었을 것이다. 나는 그에게 미국에 'NeoCon'이 있다면 한국에는 'ThreeCons'라는 것이 있다고 했다. 그와 배석자들은 무슨 말인지 궁금한 듯 쳐다보았다. "우리는 북한과 전쟁을 했고 지금도 대치상태에 있지만 바탕에는 또다른 흐름도 있다. 의미상 약간의 차이는 있지만 다소 거칠게 번역하면, 혈연(consanguinity), 지연(contiguity), 인연(congeniality)이란 것이다. 그래서 때로는 모순적으로 보이더라도 미국이 이해해주기 바란다"고 했다. 세계정세를 빨리 파악해야 하는 이들에게 한국의 사정을 간단하게 인식시키는 데 이 세 단어가 도움이 된 것 같았다. 나는 그후에도 남북관계의 이율배반적 상태를 잘 이해하지 못하는 미국인들에게 이 말로 설명했다. 10여년이 지난 지금 우리 내부에서도 북한 주민에 대한 동정보다는 북한 정권에 대한 경멸과 남북관계에 대한 좌절이 더 큰 무게를 갖게 되었다. 'ThreeCons 논리'가 설득력을 갖기에는 점점 더 어려워지고 있다.

2005년 초 노무현 대통령이 국정연설에서 이른바 '동북아 균형자론'을 제기한 이래 계속 파란이 일고 있었다. 나는 번스에게 동북아 지역공동체를 만들기 위해서는 역내 국가들 간의 역사적 반목과 경쟁을 극복해야 하는데, 한국이 이를 위한 촉매자(catalyst) 또는 촉진자(facilitator) 역할을 할 필요가 있음을 강조한 것이라고 설명했다. 나는 대통령이 그런 뜻으로 말했다고 들은 적은 없었지만, 그런 뜻으로 말했어야 한다고 생각했다. 그랬더니 번스는 "그렇다면 매우 환영할 일"(more than welcome)이라고 했다. 다음 해 내가 대통령 안보실장이 되어 노 대통령에게 이 말을 꺼내었더니, 그는 "그렇지요. 나도 그런 뜻으로 알고 말했는데, 그렇게 문제가 될 줄은 몰랐어요. 그때 누가 그 말을 나한테 했더라?"라고 하면서 그 말을 자신에게 입력시킨 사람을 거명하지는 않았다.

나는 10월 방미 중 그동안 9·19공동성명 채택 과정에서 고비마다 워싱턴에 앉아서 강경한 조건을 내세워온 조지프(Bob Joseph) 국무부 군축차관을 만났다. 그가 대표적인 네오콘이라는 것은 잘 알려져 있었지만 나는 실제 그가 어느 정도 강경한지 알고 싶었다. 그는 북한과의 비핵화는 신고에서부터 폐기에 이르기까지 다섯 단계에 걸쳐 질서정연하게 진행되어야 한다면서 조목조목 그의 생각을 설명했다. 나는 검증 절차가 반드시 필요하고 '검증되지 않은 폐기'는 의미가 없다면서 그의 입장에 전적으로 동의했다.

그런 후 내가 북한이 철저한 검증에 응하도록 미국과 한국은 어떤 상응조치들을 취할 수 있을지 협의하자고 했더니, 그는 "나는 검증만 하면 되고 상응조치는 다른 사람들이 할 일이다"라고 했다. 내 귀를 의심했다. 협상에 의한 군비축소는 단계적으로 서로의 상응조치를 이행하는 것이 기본인데, 그는 군축 전문가가 아니라 검증 기술자로 보였다. '이런 사람이 현장 기술작업이 아니라 정책을 담당하고 있으니 힐 같은 협상가들이 얼마나 어렵겠나' 하는 생각이 들었다.

그는 이어서 북한에 대한 경수로 제공은 언제 할 것이냐의 문제가 아니라 제공할지 여부의 문제라고 먼저 이야기를 꺼냈다. 나는 9·19 공동성명에도 북한이 자신의 의무를 다했을 때 경수로 제공 문제를 검토한다고 되어 있음을 지적하고 북한이 집 안 청소를 한 다음 그때 가서 보자고 했다. 그는 한국이 제안한 200만 킬로와트의 전력 송전으로 경수로 문제는 해결되는 것이라면서, 북한은 그 대가로 핵을 폐기해야 한다고 주장했다. 그의 논리는 단순하고 분명했다. 미국 정치의 한 기둥을 잡고 있는 강경 보수 유권자들의 취향에 맞는 것이었다.

2005년 6자회담이 재개될 전망이 보이지 않을 때, 한국이 회담 재개를 위하여 경수로 문제는 뒤로 미루고 대북 송전을 제안한 것이 미국의 강경파에게는 이렇게 활용되었다. 나의 청소 논리에 대해, 그는 '집 안 청소 문제가 아니라 북한이라는 집을 제거'하는 문제가 중요하다고 했다. 대화가 될 수 없었다. 나는 그에게 북한과의 협상을 거부함으로써 얻을 수 있는 것과 협상을 통해 성취할 수 있는 것을 잘 비교해야 될 것이라면서 자리에서 일어섰다. 후일 내가 안보실장과 외교장관으로서 라이스 장관을 면담할 때 라이스는 그를 종종 배석시켰다. 미국의 동맹인 한국의 정부가 어떻게 생각하는지를 조지프와 같은 네오콘이 직접 들어보라는 제스처로 보였다.

나는 방미 때 북한과의 핵 협상에 비판적인 시각을 갖고 있던 『워싱턴 포스트』지의 케슬러(Glenn Kessler) 기자와 인터뷰했다. 미국 조야에 대해 한국의 생각을 알릴 필요가 있다고 생각한 나는, 9·19공동성명은 한반도 비핵화와 평화체제 수립이라는 건물을 설계한 것으로서 단계적으로 지어 올라가는 개념이라고 설명했다. 또한 9·19공동성명은 한반도 비핵화를 향해 바다로 나선 배와 같다고 하면서 그 배는 다시 출발한 항구로 돌아갈 수가 없고, 6자 중에 누구도 먼저 배에서 뛰어내리지는 못할 것이라고 했다.

5차 회담, 예견된 난관들

2005년 10월 28일부터 30일까지 중국의 후 진타오 주석은 평양을 방문해 김정일 위원장과 9·19공동성명의 이행방안을 논의했다. 또 이듬해 1월 말에는 김정일이 중국을 답방했고, BDA 문제 해결방안과 9·19공동성명 이행에 따른 북한의 개혁방안을 논의한 것으로 알려졌다. 중국의 북한에 대한 영향력도 회복되고 있었다.

이에 앞서 북한은 2005년 9월 20일 외교부 대변인을 통해 "경수로를 제공받는 즉시 NPT에 복귀하겠다"고 선언했다. "NPT 복귀 후 핵 폐기가 확인되어야 경수로 제공 여부를 검토하겠다"는 미국의 입장과는 정면충돌하는 것이었다. 또 마카오 소재의 BDA 은행이 북한의 불법자금을 세탁한 혐의로 금융제재를 받게 되었다. 9·19공동성명 채택 직후부터 미국과 북한은 이 두 문제로 장외 논쟁을 벌였다.

2005년 11월 초로 예정되었던 6자회담의 5차 회의가 또 표류할 것으로 우려되었다. 중국은 회담 동력을 이어가기 위해 6자회담 차석 대표 리 빈(李濱) 대사를 평양에 보내 개최 일자를 협의했다. 북한도 금융제재의 해결책을 찾고 9·19공동성명 이행을 통한 에너지 지원 등 실익을 도모하기 위해 회담을 지속할 필요가 있었다. 차기 회의를 11월 9일부터 11일까지 개최하기로 합의했다. 곧이어 11월 18일부터 19일까지 부산에서 열리는 APEC 정상회담을 감안하여 기한을 짧게 정했다. 실제로는 미국이나 북한 모두 쟁점 문제들을 깊이 협상할 준비가 되지 않았으므로 탐색 차원의 회의만 갖기로 한 것이었다.

5자회담에 앞서 11월 7일 중국 외교부에서 한·중 사전 협의를 가졌다. 나는 그동안 한국 측이 미국과 협의하면서 작업해온 이행 계획안의 개요를 설명하고 5차 회의에서 이행 계획을 논의하자고 했다. 우 다웨이는 원칙적으로 동감하고 한국이 많은 건설적 제안을 하고 있는 것을 평가한다면서도 이번에는 한국이 준비한 이행 계획안을 내놓지 않는 것이 좋겠다고 했다. 그러면서 전체 이행 계획보다는 각 분야별로 실무 그룹을 조직하는 것이 좋을 것 같다고 했다. 한국은 마음이 급했지만 중국은 현실적으로 판단하고 있었다. 중국은 그사이 북한과 미국의 사정을 탐색한 결과, 당장 9·19합의의 이행 계획을 논의할 경우 충돌만 생기고 회담 동력이 가라앉을 것으로 우려한 것이었다.

다음 날인 11월 8일 나는 김계관을 창안클럽에서 만났다. 나는 미국 내 강경파가 9·19공동성명에 불만을 갖고 많은 문제를 제기하고 있는 만큼 북한이 먼저 5메가와트 원자로 가동을 중단해서 분위기를 호전시킬 필요가 있음을 강조했다. 그래야 BDA 문제 해결에도 도움이 될 것으로 본다고 했다. 나는 원자로 가동을 중단했더라도 다시 가동할 수 있는 만큼 북한으로서는 크게 잃을 게 없으나 가동 중단 사실을 미국 언론이 보도하면 강경파의 입지도 약화될 것이라고 설득했다.

김계관은 원자로 가동을 일단 중단하면 재개하는 데 기술적으로 많은 시간이 소요되기 때문에 쉬운 문제는 아니라고 했다. 내 생각이 단순했다. 만약 원자로 가동을 중단했다면, 미국의 네오콘은 북한이 금융제재에 굴복한 것으로 간주했을 것이고 추가 조치를 밀어붙였을 가능성이 컸기 때문이다. 북한은 당연히 이 점을 계산했을 것이다.

당시 북한이 경수로 문제를 자주 꺼낼수록 미국의 입장은 더 경직되고 있었다. 나는 10월 워싱턴 방문 때 받은 그러한 인상을 소개하면서 우선 북한에 대한 중유 지원과 한국의 송전을 병행하다가 추후 적절한 시점에서 경수로를 논의하는 것이 현명할 것으로 본다고 했다. 또 경수로 문제를 앞세우면 9·19공동성명 이행이 파탄될 것이고, 앞으로 얻을 수 있는 이익도 차단해버리는 결과가 온다고 했다.

김계관은 "그 말은 맞는 것 같다"며 동조하면서도, 경수로 연료는 외부에서 들여오고 또 폐연료봉은 해외에 반출하는 한편, 새로 건설되는 경수로는 6개국과 IAEA가 공동 운영하면 된다고 했다. 그의 말은 연료를 해외에서 가져오면 북한 내에서는 우라늄농축을 할 필요가 없게 될 것이므로 가시 돋친 쟁점인 우라늄농축 의혹 문제도 해결될 수 있음을 시사한 것이었다. 그러면서도 그는 부시 행정부가 클린턴 행정부 방식으로는 안된다고 해서 이런 방안을 제안했는데, 지금의 행정부는 의지가 없어 보이므로 다음 행정부까지 기다릴 생각이라고 했다.

그는 경수로, 금융제재, 평화체제 문제로 옮겨가면서 이번 회담에서 미국이 이런 문제들에 대한 입장을 어떻게 조정하는지 보겠다고 했다. 나는 한반도 문제에서는 무엇보다 남과 북의 입장이 중요한 것이지 미국이 마음대로 할 수 있는 일은 그리 많지 않다고 강조했다. 그는 평화체제는 "전쟁의 당사자였던 북측과 미국이 기본적으로 할 일이나 남측도 조선반도의 군사적 실체이므로 일단 평화체제 논의가 시작되면 당사자 문제는 명백해질 것이다"라며 그해 7월 나에게 밝힌 입장을 반복했다.

그러면서 그는 9·19공동성명에서 '직접 관련된 당사자' 간에 협의하도록 되어 있는 만큼 직접 관련되지 않은 나라들이 관여하는 것은 반대한다고 했다. 특히 "일본이 왜 자꾸 기웃거리는지 모르겠다"고 덧붙였다. 북·일 양자회담에서 사사에 겐이치로가 김계관에게도 일본의 한반도 평화체제 관여 가능성을 요모조모 타진하고 있는 것으로 보였다.

11월 9일 일본의 사사에는 나에게 북한 핵 폐기, 관계 정상화, 경제·에너지 지원 등 세 트랙으로 나뉜 9·19공동성명 이행 로드맵을 제시하고, 각 트랙을 서로 느슨하게 연계시켜서 운용해가자고 제안했다. 그는 전날 북한 대표단과 만찬을 가졌다고 하면서 다소 고무되어 있었다. 북한에 국교 정상화, 납치 문제, 핵과 미사일 등 안보 문제라는 세개의 틀에서 일·북 협의를 진행할 것을 제의했다고 했다. 일본의 우선순위를 보여주는 것이었다. 한편 러시아의 알렉세예프는 앞으로 진전 여부는 전적으로 미·북 간의 합의에 달려 있다고 하면서 아직 이행 일정을 구체적으로 논의할 시기가 아닌 것으로 판단했다. 평소처럼 관찰자적 시각에서 타당한 말을 한 것이다.

이러한 일련의 사전 협의를 거친 다음 11월 9일 팡페이위안에서 5차 1단계 전체회의가 개막되었다. 각국 대표들이 9·19공동성명 이행 방안에 대한 구상을 제시하면서도, 북한의 동향을 주시하고 있었다. 아니나 다를까 김계관은 작심한 투로 발언을 시작했다. 그는 "동업자들이 다시 만났다. 이제 각측의 의무사항 이행을 구체화하자"고 하면서 공동성명에 준거한 행동계획을 세우자고 나섰다. 북한은 자신들이 궁지에 몰릴수록 더 공세적인 태도를 보였다.

그는 한국에 미국의 핵무기가 없다는 것을 검증하고, 미국의 한국에 대한 핵우산을 걷어내며, 핵 불사용 및 불가침을 보장하는 방안을 만들자고 했다. 나아가 정전협정을 평화협정으로 전환할 것도 제안하면서, 동시에 한국의 영토·영공·영해에서 핵무기 반입과 통과를 금지하는 감시체계를 수립할 것을 요구했다. 미국이 북한의 비핵화에 대한 검증체계 수립을 강조한 데 대한 맞불 전술이었다.

또한 '선 핵 포기, 후 경수로 제공' 방식에는 절대 반대한다면서, 과거에 미국을 믿고 핵 동력을 동결시켰더니 돌아온 것은 경수로가 아니고 군사적·경제적 압박뿐이었다고 비판했다. 그러면서 경수로의 조기 건설과 공동관리 방안을 제시했다. 이어 미국이 마약 거래, 위폐, 무기 밀수 등 상투적인 압박 수단을 동원하여 북한의 정상적인 대외 금융거래까지 차단하면서 단계적으로 북한의 제도를 압살하려 한다고 비난했다.

전체회의 직후 한·미 협의에서 힐은 김계관이 처음부터 경수로에 집착하고 있고 불필요한 논란을 야기할 뿐 아니라 심지어 미국이 북한을 "속였다"(cheat)라고 공개 발언하여 미국 대표단 내에 분위기가 악화되었다고 불만을 토로했다. 그는 경수로 논의는 일단 뒤로 미루고 BDA 문제의 출구를 찾아보려는 자신의 의지와는 다른 방향으로 회담이 흘러가는 데 대한 답답함을 내비쳤다.

이때 조태용 차석대표가 나서서 김계관이 '속였다'고 한 것이 아니라며, 실제로는 "제네바 합의의 경수로 제공 조항에도 불구하고 10년 동안 경수로는커녕 군사적 압박에만 직면했다"라고 말했는데 통역 과정에서 오류가 있었다고 해명해주었다. 실제 미국과 북한 사이에 이런 통역상의 오류가 예기치 않은 장애를 초래하는 일이 더러 있었다. 특히 미·북 양측의 신경이 날카로울 때 그런 일이 벌어졌는데 한국이 북한을 대신해서 설명해주어야 할 경우들이 있었다.

힐은 북한이 NPT상의 평화적 핵 이용 권리와 관계없이 모든 핵 활동을 먼저 포기해야 함을 강조하면서, 한국의 대북 송전 제안에 대해 북측이 어떤 반응을 보이고 있는지를 타진했다. 나는 김계관이 대북 송전으로 경수로를 대체하는 것이라면 수락 불가하나 경수로 제공 시까지 임시 전력 공급 방안이라면 고려해볼 수 있다고 했음을 알려주었다. 북한만 받아들였다면 우리의 대북 송전 방안이 최선의 해결책이었다. 그러나 워낙 답답해서 나온 궁여지책이었지 북한이 경수로의 대안으로 받아들이지는 않을 것임을 미국도 알고 있었다.

한국으로서는 이미 12억 달러를 투자한 경수로 사업을 부시 행정부가 들어와서 백지화시킨 데 대해서 억하심정이 없을 수 없다. 경수로를 제공해서 북한 핵 문제 전체를 풀어나갈 수 있다면 한국으로서는 해볼 만한 일이었다. 그러나 그 방법에는 북한도 어느정도 손발을 맞추어주어야 한다. 그런데 북한이 초반부터 경수로를 조건으로 내세우고 나오면 한국으로서는 어찌 해볼 수 없다. 북한이 걸핏하면 '민족적 차원'에서 무엇을 해보자고 해도 서로 손발을 맞출 수 없는 것이 남북의 현실이라는 것을 보여주었다.

미국과의 협의에 이어 나는 다시 우 다웨이를 만났다. 그는 북한과 미국의 충돌에 대해 한국이 중립을 유지해줄 것을 기대한다고 하면서, 만약 한국이 신중하게 대응하지 않으면 아무것도 안된다고 강조했다. 9·19공동성명 채택 과정에서 보인 한국의 역할을 계속 기대하는 것이었다. 이에 대해 나는 한국은 중립이 아니라 9·19공동성명의 이행을 진전시키기 위해 우리의 가치 기준에 맞게 행동할 뿐이니 그렇게 알고 있으라고 했다.

우 다웨이는 9·19공동성명의 이행 진전을 위해서 한국과 미국이 먼저 비핵화 사찰을 받고 이어서 북한이 사찰을 받도록 하는 방안이 어떠냐고 하면서 이것은 순전히 자신이 그간 생각해온 아이디어라고 소개했다. 이에 대해서 나는 이미 9월 4차 회담에서 남북 협의 때 주한미군 기지를 포함해서 모든 시설을 상호 동시 사찰할 수 있음을 제안했고 북한도 그렇게 양해했는데 이런 논란을 다시 야기시키는 것은 받아들일 수 없다고 지적했다.

당시 우 다웨이의 제안은 말도 안되는 것이라고 나는 판단했지만 돌이켜보면 달리 생각해볼 수도 있었다. 만약 내가 우 다웨이에게 "좋다. 그 방안을 수용한다. 그 대신 주한미군 기지를 포함해 남측이 먼저 사찰을 받으면 북측도 즉시 상응하는 사찰을 받을 수 있게 중국이 보장해주도록 합의하자"고 제안했더라면 어땠을까 싶다. 기 싸움이 아니라 실제 문제 해결을 위한 진정한 방안으로서 말이다. 우리 국내의 정서나 미국 입장에서는 이런 방식을 받아들이기 어렵겠지만, 돌파구를 여는 계기가 될 수 있었을 것이다.

방코델타아시아(BDA) 은행의 덫

미국은 9·11사태 이후 국제 테러 조직으로 돈이 흘러 들어가는 것을 막기 위해 2001년 10월 이른바 '애국법'(Patriot Act)을 제정했다. 이 법의 제311조는 테러 행위뿐만 아니라 대량살상무기 확산이나 돈세탁에 관여되는 세계 각국의 개인과 금융기관에 대한 제재를 가할 수 있도록 했다. 어떤 은행이라도 이 법에 의해서 '돈세탁 우려 은행'으로 지정되면 미국의 금융망과는 거래가 사실상 정지되는 강력한 효력을 갖고 있었다. 우리 국내 언론에서 한때 '북한에 대한 저승사자'로 이름을 떨친 스튜어트 레비(Stuart Levy) 미국 재무차관이 이 법의 시행을 담당했다.

이란 등 테러지원 의심 국가의 대외 금융망을 통제하기 위해서 이 법을 집행 중이었는데 북한의 불법행위도 걸려들었다. 미국 국무부는 2005년 초부터 북한과 거래하는 마카오의 BDA 은행이 이 법망에 걸린 것을 알고 있었다. 그러나 9·19공동성명에 합의하고 이행하는데 그렇게 큰 영향을 줄 것이라고는 생각지 않았던 것으로 보였다. 미국 국무부는 이란의 경우 대외 경제활동이 커서 국제금융의 압박이 효과를 가져올 수 있지만, 북한은 대외거래가 미미하여 BDA를 돈세탁 우려 은행으로 지정한다고 해서 북한에 대한 간접 효과가 그리 크지 않을 것으로 예상했다.

미국은 북한이 1990년대 중반부터 달러화를 위조하고 마약, 술, 담배를 불법 판매한 자금을 세탁하고 있다는 정보를 입수했다. 미국은 특히 북한이 100달러짜리 지폐를 만드는 특수 잉크와 종이, 그리고 프린터를 스위스로부터 수입해 갔다는 정보도 갖고 있었다. 미국은 북한의 위폐 제조설비 자체를 압류해야 된다는 입장이었다. 북한은 위폐 제조 주장을 공개적으로는 전면 부인하면서 강하게 반발하였다.

한편 중국은 관할 구역인 마카오에까지 미국이 법을 집행한 데 대해서 자존심이 상했다. 또한 당시 마카오에 있는 다른 중국계 은행에도 간접 영향을 줄 것으로 우려했다. 중국은 특히 6자회담을 통해서 한반도는 물론 동북아의 정세 안정을 기하고 핵 문제 해결에 있어서 주요 역할을 발휘하려던 중이었는데 미국이 발목을 잡는다고 비판했다.

미국이 BDA를 돈세탁 우려 은행으로 지정하자 마카오 금융 당국은 우선 이 은행에 있던 북한 자금의 인출을 금지시켰다. 미국의 BDA에 대한 제재 조치가 마카오의 다른 은행에 파급효과를 가져오는 것을 차단하기 위해서였다. 이 여파로 다른 나라 은행들도 북한과의 거래를 회피하게 되었다. 북한은 9·19공동성명 이후 미국과 경수로 문제에 대한 샅바 싸움에 들어갈 태세였는데, 이 사건으로 인해서 입지가 어렵게 되었고 이미지도 더 손상되었다. 한편 BDA 내 수십개의 북한 계좌들은 평양 내부 파벌 간 경쟁과도 얽혀 있는 것으로 파악되었다.

미국 재무부가 주축이 된 대북 금융제재는 9월 중순 실행을 결정해야 할 단계에 있었다. 그때는 6자회담이 경수로 문제를 두고 어떻게 전개될지 아무도 모를 때였다. 내가 후일 외교장관으로서 BDA 문제를 풀어 비핵화를 추진코자 라이스 장관과 머리를 맞대던 중, "미국이 BDA 문제를 결정할 때 첫 단추를 끼우기 전에 좀더 폭넓게 검토했다면……" 하면서 아쉬움을 표시했더니, 그는 국무부가 채 깊이 관여하기 전에 결정되었음을 시사했다. 한·미 양국은 북한에 대해 이 사건과 6자회담은 별개로 가야 한다고 주장했다. 그러나 북한은 BDA 자금 해제는 물론 북한에 대한 불법행위 혐의가 벗겨지기 전에는 6자회담에 갈 수 없다는 조건을 들고나왔다.

당시 북측이 미국, 한국, 중국 측에 말한 것들을 종합하면, 여사한 불법행위가 있다 하더라도 정부가 아니라 개인의 행위에 속하는 것이고, 북한에서도 그런 혐의가 확인되면 처벌 대상이 된다는 것이었다. 또 북한 외교관들이 면세품을 불법 거래하지 못하도록 엄격히 검열 중이며, 나진선봉지구의 담배공장으로 가는 중국산 원료 반입도 불허하고 있다고 했다. 나아가 국제 돈세탁 방지 규범에 가입할 의사가 있다는 제안도 했다. 북한이 이 사건을 사실상 시인하고 재발 방지를 위한 해법을 모색하자는 신호였다.

북한은 당장의 금융제재 궁지에서 벗어날 필요도 있었지만, 동시에 9·19공동성명을 자신의 보조에 맞추어 이행하면서 대미관계 개선을 궁리하고 있는 것으로 보였다. 이 사건은 법적으로는 북한, 미국, 중국 사이의 문제였으므로 한국으로서는 발 벗고 나설 수가 없었다. 그렇다고 9·19공동성명 이행의 결정적 장애가 되고 있는데 그냥 보고만 있을 수도 없었다. 그래서 북한 핵 문제 해결의 주체로서 적극적으로 발언권을 행사하고 또 해법을 찾으려 했다.

11월 7일 베이징에서 김계관은 나에게, 미국이 9·19공동성명 합의 이전에는 금융제재를 말로만 하더니 이후에는 실제로 행동을 하고 있고, 또 부시 대통령이 11월 6일 다시 북측 지도자를 폭군이라고 불렀다면서, 이런 상태에서는 미국의 대북정책을 신뢰하지 못하겠다고 불만을 터트렸다. 그는, 폭군 발언은 무시할 수 있으나 금융제재는 살점을 떼어내는 것과 같아서 결코 무시하고 넘어갈 수 없다고 했다. 또한 5차 6자회담에 나온 것은 전적으로 BDA 문제를 따지기 위해서 라고 했다.

김계관은 이어서 미국이 핵 확산을 막기 위해 금융조치를 취한다고 하는데 북한은 이미 대량살상무기를 확산하지 않겠다고 공약했으므로 미국의 조치가 적합하지 않다고 주장했다. 그는 6자회담에서 '말 대 말'의 합의를 이루는 데 2년 이상이 소요됐는데 '행동 대 행동' 계획에 합의하려면 더 많은 시간이 소요될 것이라면서, BDA 문제로 9·19공동성명의 이행이 교착상태에 빠질 수 있다면서 우려하듯이 말했다.

나는 이른바 '불법행위'에 대해서는 6자회담이 아니라 북·미 양자간의 협의로 해결하는 것이 좋겠다고 했다. 우선 사실관계를 파악하고 아울러 협상을 통한 해결의 여지를 만들기 위해서 힐 같은 사람의 입장을 살려주는 방안을 찾으라고 권유했다. 그리고 지금 이 문제로 북·미 사이에 공개설전이 오가고 있는데, 미국은 국내 정치의 속성상 북한에 대해 험한 소리가 나오게 되어 있으니 '좋은 말은 돌에다 새기고 나쁜 말은 모래에 새겨라'라는 속담을 상기하라고 했다. 이때만 하더라도 김계관이 우려한 회담 교착이 어떤 정도가 될지, 그리고 얼마나 오래갈 것인지 예견치 못했다.

11월 10일 나는 BDA 문제에 대한 북한의 입장을 듣고 출구를 찾아보기 위해 김계관을 다시 만났다. 미국의 국제 금융제재는 북한을 표적으로 한 것이 아니라 전반적인 금융통제 조치로서 심지어 북대서양조약기구(North Atlantic Treaty Organization, NATO)의 회원국으로서 미국의 동맹인 라트비아 같은 나라도 포함되어 있다고 설명해주었다. 그러나 그는 미국이 이미 9월 13일 6자회담장에서 대량살상무기의 돈줄을 자를 것이고 금융압박을 가할 것을 시사했다고 하면서 미국의 말을 믿을 수 없다고 했다. 숨 가쁘게 돌아가는 회담장에서 수첩을 찾아보지 않으면 정확한 날짜를 기억하기 어려운데 그는 거침없이 두달 전 있었던 일의 날짜를 집어내었다.

나는 우크라이나도 한때 돈세탁 우려 국가로 지정되었으나 그후 우려를 해소함으로써 제재가 해제된 적이 있다는 것을 소개했다. 따라서 금융제재는 핵과 무관한 별개의 조치이니 김계관과 힐이 동석하는 가운데 북·미 금융 전문가들이 모여서 논의해볼 것을 제안했다. 나는 이미 힐에게도 같은 제안을 해두었음을 알려주었다. 또한 BDA 제재가 반드시 미국 정부 내 여러 기관의 공동 결정이 아닐 수 있으니 북한이 국무부의 입지를 강화시킬 방안도 궁리해보라고 했다.

김계관은 BDA에 수십개의 북한 계좌가 있는데 만약 불순한 거래가 있으면 해당 계좌만 조사하여 필요한 조치를 취하면 될 것이지 "한 몽둥이로 다 때려잡겠다"고 나서는 것 아니냐며 비판했다. 그는 전날 저녁 미국 대표단과 만찬에서 마카오 은행에 대한 제재가 북한의 핵 포기를 겨냥한 것임을 확인하게 되었고, 그래서 북한은 더더욱 핵을 포기하면 안되겠다는 생각을 굳히고 있다고 말했다. 함께 밥을 먹었다고 해서 반드시 좋은 것만은 아니었다. 북·미 간의 만찬이 분위기를 더 꼬이게 한 경우였다.

그는 이어서 싱가포르에서 무슨 물건을 사 오려고 해도 송금이 안되니 마대에 돈을 싸가야 한다면서, 이런 제재하에서는 핵 협상이든 뭐든 할 수 없다고 항변했다. 또 몇년 전에 이미 끝난 사건까지도 무슨 증거라고 내밀지 모른다면서, 북한에서는 마약을 거래하면 개별 회사든 개인이든 사형에 처할 정도로 엄격하게 처벌하므로 미국이 미리 알려주었으면 협력적 자세로 처리했을 것이라고 했다. 내가 북한에서는 간판만 개별 회사이고 실제는 정부가 다 관리하는 것 아니냐고 했더니, 그는 정부기관이 관여되었다 하더라도 결국 개인이 불법을 저지르는 경우이므로 그런 사람은 법으로 처리하면 된다고 했다. 그의 말이 어디까지 진실이고 또 그가 실제로 어느 정도 실상을 알고 있는지는 알 수 없었지만, 기관이든 개인이든 북한이 돈세탁에 관여되었을 가능성은 시인하는 것이었다.

나는 12년 전 싱가포르에서 근무했는데 아시아 금융의 한 중심지여서 북한도 거래가 많은 것으로 안다고 하면서, "금융망은 사람 몸의 혈관과 같은 것인데 피가 돌지 않으면 신체가 작동하지 않는 것 아니냐"고 했다. 그러니 미국과 실무적 협의를 통해 해결을 모색하라고 종용했다. 그는 미국이 불법혐의가 있다고 주장하는 BDA와 북한과의 거래만을 국한하는 것인지, 아니면 북한의 국제금융망을 와해시키려는 위협인지 두고 보겠다고 했다. 그러면서 진정으로 불법행위가 있어 문제가 된다면 사전에 시정할 수 있도록 알려주었어야 할 것 아니냐면서 불만을 표시했다.

그후에 김계관은 나의 말을 원용하여 "금융은 피와 같다. 이것이 멈추면 심장도 멈춘다"면서 핵 협상 거부 명분으로 내세웠다. 한국과 미국의 언론들은 이 표현을 자주 인용하면서 금융제재를 더욱 강화하면 북한이 핵 문제에 손을 들고 나올 수 있다는 기대를 갖기도 했다. 미국 내에서는 협상을 통해 해결하자는 국무부와 제재를 통해서 해결할 수 있다는 재무부 등 강경파 사이에 알력도 생겼다. 김계관의 "심장이 멈춘다"는 표현이 미국의 태도에 어느 정도 영향을 주었는지는 모르지만 그가 이번에는 나의 말을 제대로 활용한 것 같지 않았다. 나는 문제 해결을 위해 던진 말이었는데 엉뚱하게 번졌다.

김계관의 '사전 통보, 자발 조치' 발언은 생각해볼 여지가 있었다. 만약 미국이 사전에 협의하는 형식으로 북한에 BDA 문제의 조사를 제안하고, 북한이 자체적으로 불법행위 문제를 해결토록 미리 기한을 주었다면 어떤 결과가 나왔을까 싶었다. 과연 북한이 그렇게 자체 정화를 할 수 있었을 것인가 하는 의문이 들지만, 최소한 9·19공동성명의 이행을 바라는 북한 내 협상파에게는 힘이 되었을 것이다. 당시 북한은 조심스럽지만 9·19공동성명을 한번 이행해보자는 자세였기 때문이다.

그날 저녁 각국 수석 및 차석 대표만이 참석하는 만찬이 있었다. 조태용 대사가 북한의 리근 차석대표에게 BDA 문제는 북·미 간 대화를 통하는 것이 유일한 길이고 6자회담이 진전되어야 그 길을 찾을 수 있으니 힐에게 힘을 실어주라고 권유했다. 그랬더니 리근은 9·19공동성명에 합의하자마자 미국은 기존 제재의 해제가 아니라 거꾸로 새로운 제재에 즉각 돌입했다고 비판했다. 평양에서는 이로 인해 김계관과 자신이 강경파의 공격을 집중적으로 받고 있어 매우 어려운 처지라는 것이었다. 평소에 그는 비교적 직선적으로 의사소통하는 스타일이었다. 실제 미국은 BDA 외에도 10월 21일 재무부의 행정명령을 통해 8개의 북한 회사를 지정하여 미국과의 거래를 금지시키고 미국 관할지역 내에 있는 그들의 재산을 동결시켰다.

내가 이날 저녁 힐에게 김계관의 불만에 대해서 생각해볼 점이 있다고 했더니, 미국은 이미 2004년 6월 북한에 사전 경고했다는 것이었다. 그러나 김계관은 나에게는 미국이 결코 그런 적이 없다고 부인하면서 미국은 2005년 6월에야 부시 대통령의 행정명령으로 일반적인 금융제재를 발표했다고 지적했다. 중요한 국면에 가면 꼭 이처럼 미·북을 '대질심문'하고 싶은 일이 일어난다. 그러나 양측 모두 8월 4일 팡페이위안의 로비에서 가진 남·북·미 3자회동처럼 극히 예외적인 경우가 아니면 그런 자리에 앉지 않는다.

10월 11일 나는 힐에게 김계관이 사실상 불법행위 관여자가 있음을 시사했다고 알려주고, 북·미의 금융 전문가들이 앉아서 해결방안을 논의하는 방안에 대해 북한은 좋다고 했으니 미국도 이를 수락하기 바란다고 권유했다. 힐은 북한이 이제는 미국의 정당한 법 집행마저 문제시하면서 비핵화를 지연시키고 있다고 비판하고 나서 북한 측에 불법행위에 대해 직접 브리핑해줄 수는 있다고 했다.

나는 힐의 이야기를 들으면서 북한과 미국 간에 현격한 시각 차이가 있음을 느꼈다. 미국은 금융제재 문제를 핵 협상과는 상관없는 단순한 법 집행 차원으로 간주했다. 반면, 북한은 북·미관계 정상화를 요체로 하는 9·19공동성명 채택 직후 미국이 바로 대북 제재를 강화하는 것을 보고 협상을 통한 문제 해결 전망에 대해 근본적 의문을 갖게 되었다. 비정상적인 행위자인 북한을 상대하는 협상에서 각오해야 할 일이었지만 답답했다.

나는 힐에게 "북한이든 어느 나라이든 달러화 위조 등 불법행위를 근절하기 위해 조치를 취하는 것은 당연하다. 다만, 북한의 '핵 개발 저지'와 '위폐 제조 저지' 중 어느 하나에 먼저 집중해야 할 사정이라면 좀더 심사숙고할 필요가 있다. 내 생각에는 북측이 스스로 해결책을 찾도록 문을 열어주는 것이 좋을 것으로 보인다"고 했다. 힐은 단도직입적으로 미국의 입장을 들고나왔다. "이제 북한이 핵 개발로 인해 치러야 할 대가를 자각해야 한다. 불법행위 조사와 금융제재 대상이 되는 것이 다 그런 비용이다. 핵 개발을 포기하는 것이 바른 길이다"라는 것이다.

나는 희망적 사고나 당위보다는 현실적 대책을 논의하고자 했다. 미국은 핵 협상을 위해 북한의 위폐 제조 등 불법행위를 모른 체할 수 없다는 입장이었지만, 한국에는 북한 핵 문제가 한반도의 미래를 가로막고 있는 장애이므로 미국이 탄력성을 보여주기를 바랐다. 특히 북한은 금융제재를 고통스럽게 받아들이지만 실제 김계관이 묘사한 '심장을 멈추는 일'까지는 아니었다. 핵 문제같이 죽고 사는 문제로 보지는 않는 것이었다. 나는 미국이 내세우는 금융제재를 통한 핵 문제 해결은 현실성이 없다고 판단했다. 한국과 미국이 추구하는 목표는 같지만 그 방법에서 중요한 차이가 있었다. 그러나 미국 재무부와 법무부의 일각을 포함한 강경파는 금융제재를 통해 북한의 핵을 포기시킬 수 있을 것이라는 희망을 버리지 않았다.

나중에 내가 대통령 안보실장으로서 라이스 국무장관과 BDA 문제를 논의하면서, 미국의 사전 통보와 북한의 자발 조치라는 우회적 방법도 있지 않았겠느냐고 물었더니, 그는 "미국 행정부는 거대하다"고 한마디 던졌다. BDA 제재가 미국 정부 내에서 사전에 충분히 조율된 상태에서 나온 것도 아니지만, 미국이 북한에 대해 그렇게 섬세하게 움직일 수 없다는 말로 들렸다.

11월 11일 남북 대표단이 창안클럽에서 만찬을 함께했다. 김하중 주중대사와 북한의 최진수(崔鎭洙) 대사도 합석했다. 김하중 대사가 분위기를 이끄는 가운데 덕담이 오고 갔다. 식탁에는 고량주, 맥주, 포도주에다 소주까지 가세했다. 서로 많은 술을 들이켰다. 이런 때는 확실히 '우리 민족끼리'였다. 김계관이 고량주는 산성이고 포도주는 알칼리성인데 서로 배합하면 균형이 맞아서 별로 취하지 않는다는 음주과학까지 동원했다. 매사에 이론이 등장하는 사회주의 체제의 모습은 음주에도 예외가 아니었다.

술이 몇잔 들어간 다음에 김계관은 내 귀에다 대고 "우리는 BDA 문제 해결을 위해서 필요한 조치를 취할 용의가 있다. 미국도 적합한 조치를 찾아보도록 송 단장이 힐에게 잘 이야기해주면 좋겠다"고 했다. 나는 그렇지 않아도 힐 차관보에게 북·미 대화를 권유 중이라고 하면서, 내가 제안했던 휴회 기간 중 제주도 비공식 회동을 수용하라고 종용했다. 나는 6자 대표들이 제주도에서 만나 9·19공동성명 이행 방안을 여유있게 논의하고 이 기회에 미·북 간에 BDA 문제의 상호 설명 기회도 가질 수 있을 것으로 기대했다. 하지만 제주도 회동은 북한이 끝내 동의하지 않아 성사되지 못했다. 문제 해결에 도움이 될 것이라는 확신이 서지도 않았겠지만, 무엇보다 한국에 장마당을 차려주고 싶지 않은 것으로 보였다.

원래 남북 대표단은 9월 19일 공동성명 발표 후 오찬을 갖기로 했다가 북측 사정으로 취소되었다. 이날 만찬은 그 연장선상이라고 했지만, 한편으로는 북한이 BDA 문제로 한국의 도움도 필요했던 때였다. 북한은 불가피할 경우에만 '우리 민족끼리'를 들고나온다. 그렇지 않으면 미국이나 일본과의 관계에 집착하면서 마치 북한이 한반도의 주인인 양 허세를 보이려 한다. 미국과 일본도 북한의 이러한 자세를 적절히 받아들이곤 한다. 북한은 중국, 미국, 일본 등과는 밥을 같이 먹으면서 우리와는 끝까지 피하고 싶어 했다. 김계관의 산성과 알칼리성 배합 논리에도 불구하고 나는 주량이 넘쳐 머리가 아팠다. 그보다는 왜 남과 북이 베이징까지 와서 이런 모습을 보여야 하는지 가슴이 더 아팠다.

11월 11일 6자회담 5차 회의는 3일간의 회의를 마치고 휴회에 들어갔다. 우 다웨이는 "각국이 공동성명의 포괄적 이행 의지를 강조했고 구체적 계획과 행동의 순서를 만들기로 합의했으며 다음 회의는 가능한 가장 빠른 일자에 개최하기로 했다"는 요지의 희미한 의장성명을 발표했다. BDA 문제로 6자회담이 교착 상태로 간다는 신호였다. 6자회담은 한번 수렁에 빠지면 헤쳐 나오기 어려운 무거운 수레와 같다. 한반도와 동북아의 정치적 지반이 그만한 무게를 견딜 만큼 단단하지도 않기 때문이다.

사실 북한이 2000년 미사일 시험발사유예에 합의한 후 미국은 대북 교역 제한을 완화하고 선박 및 항공기 운항을 허용하면서 관계개선 조치를 취한 적이 있다. 또 그 이전 1994년 제네바 합의 후에는 미국의 대북 금융거래와 마그네사이트 등 미국이 필요로 하는 북한 광물자원의 수입을 허용했다. 나아가 정유공장 투자까지 승인하는 등 미·북 간 주요 합의 후에는 단계적이나마 대북 제재를 완화했다.

그래서 9·19공동성명 채택 시 북한은 과거와 유사한 조치들을 기대했다. 그런데 오히려 제재가 강화됨으로써 내부적으로 혼란에 빠졌다고 했다. 북한이 외국 화폐를 위조하고, 위조 담배를 유통시킬 뿐 아니라, 무기 수출을 통해 위험한 자금을 만드는 행태는 근절해야 한다. 그런데 그 방법에 대해서, 그리고 계속 증대되고 있는 북한의 핵 능력을 막기 위해 어떤 방안이 있는지에 대해서는 한국만이 남다른 고민을 할 수밖에 없었다.

북한은 참으로 상대하기 어려운 대상이다. 천신만고의 노력 끝에 6자회담을 재개하고 북한이 그렇게 원했던 경수로 제공 논의의 길도 열었다. 미국과 관계 정상화는 물론 경제지원과 한반도 평화체제 협상도 가능케 했다. 그러나 BDA라는 엉뚱한 사건으로 6자회담은 주저앉게 되었다.

미국은 당초 BDA 외에도 미얀마, 라트비아, 시리아의 은행들도 불법자금 세탁 우려 은행으로 지정했다. 북한만을 겨냥한 것이 아니었다. 그런데 북한으로서는 금융제재를 받는다는 의미도 있었지만 이러한 제재에 굴복하면 핵 문제 협상에서도 밀린다는 절체절명의 기싸움도 걸려 있었다. 처음에는 미국 국무부와 재무부가 이 문제에 대해서 국제 테러를 방지하고 북한을 포함한 나라들의 핵 활동을 억제하는 데 유용하다고 보았다. 그러나 결과적으로는 북한의 핵이 더 발전되는 것을 방치하는 결과를 가져왔다. BDA에 예치된 북한의 돈은 2,500만 달러 정도에 불과했지만, 결국 그 돈 때문에 6자회담은 21개월간이나 발목이 잡혔고 그사이 북한은 2006년 10월, 핵실험이라는 사실상의 레드라인도 넘었다.

1. 판문점 도끼사건 이후 미루나무를 제거하는 장면. (1976. 8. 21) ⓒe-영상역사관
2. 서울에서 열린 제7차 남북고위급회담에서 기본합의서를 교환하고 있는 남한 정원식 총리(오른쪽)와
   북한 연형묵 총리. (1992. 5. 7) ⓒ연합뉴스

1. 북한 영변 핵시설 디지털글로브 위성 영상. (2004. 9. 29) ⓒ연합뉴스/EPA
2. 북한 영변 핵 원자로 냉각탑의 붕괴 장면. (2008. 6. 27) ⓒAP/APTN

4

5

3. 베이징 댜오위타이에서 열린 4차 6자회담의 전체회의. (2005. 9. 19) ⓒ연합뉴스/성연재

4. 4차 6자회담 전체회의가 끝난 후 저자(가운데)와 미국의 크리스토퍼 힐(왼쪽), 북한의 김계관 수석대표.
   (2005. 9. 19) ⓒ연합뉴스/성연재

5. 9·19공동성명의 주역들. 왼쪽부터 크리스토퍼 힐, 일본의 사사에 겐이치로, 중국의 우 다웨이, 저자, 김
   계관, 러시아의 알렉산드르 알렉세예프. (2005. 9. 19) ⓒAP/Ng Han Guan, Pool

1. 한·미 SOFA 개정 협상을 앞두고 당시 외교부 북미국장이었던 저자와 프레드릭 스미스 미 국방부 부차
   관보. (2000. 8. 2) ⓒ연합뉴스/배재만

2. 워싱턴에서 열린 한·미 외교장관 회담 후 기자회견 중인 저자와 콘돌리자 라이스 미 국무장관.
   (2007. 1. 6) ⓒ연합뉴스

3. 제62회 유엔 정기총회에서 저자가 기조연설을 하는 장면. (2007. 9. 28) ⓒREUTERS/Keith Bedford

4

5

6

4. 도쿄에서 아베 신조 일본 총리와 저자가 면담에 앞서 인사를 나누는 모습. (2006. 12. 27)
　ⓒ연합뉴스/EPA/ISSEI KATO/POOL.

5. 제주 신라호텔에서 한·일 외교장관 회담 후 저자와 아소 다로 일본 외상이 함께 산책하는 모습.
　(2007. 4. 1) ⓒ연합뉴스/김호천

6. 제주에서 열린 한·중·일 외교장관 회의에 참석한 저자와 양 제츠 중국 외교부장(오른쪽), 아소 다로 일
　본 외상. (2007. 6. 3) ⓒ연합뉴스/김호천

1. 청와대에서 열린 원 자바오 중국 총리 환영 만찬에서 저자와 리 자오싱 중국 외교부장. (2007. 4. 10)
   ⓒ연합뉴스/배재만
2. APEC 정상회의가 열린 시드니에서 한·중 정상회담에 앞서 저자가 후 진타오 중국 국가주석과 악수를
   하는 장면. 가운데 노무현 대통령. (2007. 9. 7) ⓒ연합뉴스/배재만
3. 서울 외교부로 예방해 온 왕 이 중국 외교부 부부장과 저자. (2008. 1. 14) ⓒ연합뉴스/하사헌

4. 서울 외교장관 공관에서 저자와 세르게이 라브로프 러시아 외교장관. (2007. 6. 5) ⓒ연합뉴스/안정원
5. 마닐라에서 열린 아세안지역안보포럼(ARF) 외교장관 회의에서 저자와 박의춘 북한 외무상. (2007. 8. 2)
　　ⓒ연합뉴스/최재구
6. 제다에서 사우디아라비아의 압둘아지즈 국왕과 대화하는 저자. (2007. 8. 25) ⓒ외교통상부

1. 워싱턴 백악관에서 열린 한·미 정상회담의 노무현 대통령과 부시 대통령. 그 뒤로 반기문 외교장관과 저자의 모습. (2006. 9. 15) ⓒ연합뉴스/백승렬
2. 청와대에서 주한 외국 대사 신임장 제정식장으로 들어서는 저자와 노무현 대통령. (2007. 3. 14) ⓒ연합뉴스/박창기

/ 제3부

실수를 해보지 않았다면
새로운 것을 시도해보지 않았다는 것이다.

― 알베르트 아인슈타인

제7장

북한 핵과 한·미동맹의 저울

같은 목표, 다른 속도

2005년 11월 17일 경주에서 한·미 정상회담이 열렸다. APEC 정상회담 계기에 한·미 양국은 회담장소인 부산에서 벗어나 경주에서 별도의 정상회담을 갖기로 했다. 노무현 대통령은 미국이 BDA 문제를 탄력적으로 풀어서 9·19공동성명이 이행 궤도에 들어가도록 부시 대통령을 설득하려고 했다. 그러나 경주 현대호텔에 마주 앉은 두 대통령의 심사가 그리 편안해 보이지 않았다. 6자회담의 향배가 걸려 있는 정상회담이었다.

두 대통령은 먼저, 부산의 풍광과 경주의 역사 이야기로 인사를 교환했다. 노 대통령은 미국이 추구하는 민주주의와 시장경제라는 가치를 표본적으로 구현하는 나라가 한국이라면서 분위기를 잡았다. 그러고는 중국과 베트남은 물론 북한도 결국 이렇게 변화할 것으로 본다고 했다. 부시 대통령은 '북한의 변화'라는 말에 주목했다. 북한이 대량살상무기를 제조하고 미국 돈을 위조하여 유통하는가 하면, 인권을 극심하게 탄압하고 있으니, 이런 북한 정권의 변화를 위한 전략을 함께 수립하자고 했다.

노 대통령이 그런 우려에 전적으로 동의한다고 하면서, 그런데 서서히 변화시키는 길을 찾아보자고 했다. 부시 대통령은 "나도 인내심이 있다"고 하더니, 변화를 지체시키면 주민의 고통이나 나중에 치러야 할 비용도 그만큼 커질 것이므로 더이상 방치할 수 없다고 했다. 두 사람의 말이 엇나가기 시작했다. 노 대통령은, "독재국가는 외부의 영향이나 내부의 자체 변화로 붕괴될 수 있겠으나, 전투기나 미사일을 동원한 압박은 오히려 내부를 단결시킬 것이다. 그보다는 쌀과 비료가 더 큰 변화를 가져올 것으로 본다"고 했다.

부시 대통령은 그런 방식의 변화 시도에 관심이 없었다. 북한이 핵을 포기하도록 압력을 가해야 한다면서, 만약 북한이 거부하면 미국은 북한의 핵무기 확산은 물론, 화폐 위조와 불법자금 조달을 막기 위해 한·중·일·러와 협력을 동원한다는 것이었다. 그는 특히 한국과 중국이 대북 압박에 가담해야 함을 강조했다.

노 대통령은 다소 굳은 표정으로, "지금 각하와 나 사이에 손발이 맞지 않고 있다. 안에서는 6자가 회담을 하면서 밖에서는 압박을 행사하면, 북한은 미국이 결국 자신을 붕괴시키려는 것으로 볼 것이다. 그렇게 하면 북한은 문을 걸어 잠그고 변화를 거부할 것이다"라고 했다. 부시 대통령도 얼굴이 굳어지기 시작했다. "전세계에서 미국 돈을 가장 많이 위조하는 북한을 두고 보란 말인가. 만약 누군가가 한국 돈을 위조하고 있다면 그냥 두겠는가?" 하면서 단도직입적으로 말했다. 분위기가 심상치 않았다. 이미 그해 6월 워싱턴 회담에서 부시 대통령은 노 대통령에게 북한의 위폐 제조와 마약 거래에 대해 우려를 표시한 적이 있었다.

양측 배석자 모두가 두 대통령 사이의 대화가 어디로 흘러갈지 몰라 긴장하고 있었다. 나는 맞은편에 앉아 있던 힐 차관보와 눈길을 주고받으면서 얼굴을 찌푸리고 있었다. 알렉산더 버시바우(Alexander R. Vershbow) 주한미국대사도 열심히 두 대통령의 대화를 노트에 적고 있었다. 그는 애써 고개를 들지 않았지만 현지 대사로서 이 모습을 목도하면서 좌불안석이었을 것이다. 2008년 대사 임기를 마치고 서울을 떠나기 전에 가진 기자회견에서 그는 '외교관 생활 중 최악의 순간'이었다고 회고했다.

노 대통령도 정면으로 맞섰다. 9·19공동성명 직후 미국이 BDA 문제로 대북 금융제재를 가한 것을 두고, "우연의 일치인지는 모르겠지만 대북 압박이 6자회담의 진전이 아니라 오히려 지장을 초래한다면 전략적으로 생각할 필요가 있다. 지금 북한은 이라크처럼 될 것이라는 공포를 갖고 있다"고 했다. 부시 대통령은 '우연의 일치'와 '이라크처럼'이라는 말에 신경을 곤두세웠다. 그는 미국의 법 집행과 6자회담은 별개의 문제이고, 이라크는 전혀 다른 경우인데 북한은 미국에 모든 탓을 돌리고 있다고 반박했다.

서로 할 말은 한 셈이었다. 노 대통령은 의견 접근이 될 것 같지 않다고 판단했는지 "우리 사이에 큰 목표를 함께하고 있으니 구체적 방법은 앞으로 조율해나가면 될 것"이라면서 다음 화제로 넘어가려

했다. 그러다 멈칫거리더니 "각하는 북한에 대해 전략적 고려나 전술적 접근보다는 철학적으로 김정일을 받아들이기 어려운 것 같다"고 웃으면서 말을 던졌다. 부시 대통령도 더이상 심각하게 말꼬리를 잡을 생각이 없어 보였다. "맞다. 나는 싫다면 싫다. 둘러대는 사람이 아니다"라고 하더니 자신은 '악한 역'을 맡고 노대통령은 '착한 역'을 해서 협력하자며 화제를 끝냈다.

문제는 북한이 '착한 역'을 하는 한국보다는 '악한 역'을 하는 미국만 상대하고자 하는 데 있다. 노 대통령은 북한 핵 문제에 집착하면서 장애를 뚫어보려는 의지로 가득 차 있었다. 감정보다는 논리로 설득하려고 했다. 그러나 부시 대통령은 감정적이면서도 직선적이었다. 한마디로 '나보고 어떻게 하라는 말이냐?'라는 투였다. 나는 이 광경을 지켜보면서 통나무에 납땜질하는 것만큼이나 힘든 대화라는 생각이 들었다.

이어지는 대화는 북한 핵 문제와 한·미관계를 보는 양국의 입장을 대비시켰다. 부시는 기본적으로 북한 핵이나 북한 문제보다는 한·미동맹을 잘 관리하는 것을 최우선으로 삼았다. 아시아에서 미국의 전략적 이익, 즉 한·미·일 삼각협력 구도로 중국과 러시아에 대응하면서 서태평양을 미국의 영향하에 두려는 것이었다. 아시아에 대한 미국의 전통적인 정책이었다.

실제로는 한국이 이라크 파병에 더해 주한미군을 한반도 외부에도 배치시킬 수 있는 이른바 '전략적 유연성'(Strategic Flexibility)에 합의하고, 또 한·미동맹을 안보영역에서 경제영역으로 확대하는 자유무역협정(Free Trade Agreement, FTA)도 추진하고 있었다. 그러나 미국 언론은 부시 행정부의 대북 압박정책과 노무현 정부의 대북 대화정책이 서로 빗나가고 있는데도 백악관이 이를 조율하지 못한다며 비판했다. 이런 배경과 함께 부시 대통령은 '미스터 김정일' 같은 제스처라도 보여달라는 노 대통령의 요청에 응했던 것이다. 미국으로서는 전후 세계질서의 근간이 되는 NPT 체제 유지도 큰 목적이었지만, 아시아 전략 차원에서 한·미동맹 관리가 우선순위로 작용했던 것이다.

그러나 노 대통령은 달랐다. 그는 북한 핵 위기의 와중에서 대통령에 당선되었고, 당선 첫날부터 위기관리에 들어가야 했다. 그는 한·미동맹은 그 자체로 지고(至高)의 목적이 아니라 한반도의 평화와 안정 그리고 통일의 길을 닦는 기초가 될 때 의미가 있다고 보았다. 노 대통령의 입장은 미국이 필요한 것들을 들어줄 테니 북핵 문제 해결을 위해 한국이 필요하다고 생각하는 것은 미국도 들어달라는 것이었다. 그래서 한·미동맹에 일시적으로 다소 그림자가 드리우더라도 자신이 설정한 국가이익을 위해 필요하다면 부시 행정부와 다툴 수도 있다는 자세였다.

동맹의 고전적 작동 원리는 목표를 함께 설정하고 비용을 분담하면서 과실을 나누어 갖는 것이다. 한·미동맹의 경우 한반도와 동북아의 평화와 안정 그리고 궁극적인 통일이 공동의 목표이다. 이 목표를 위해 한반도에 미군을 주둔시키고 또 필요하면 미군을 세계적으로 운용할 수도 있으며, 그 주둔 비용도 분담하는 것이다. 그 과실은 한국으로서는 안정 속에서 경제성장을 이루는 것이고 또 미국은 아시아 지역에서의 영향력을 유지하면서 경제적 기회를 확대하는 것이다. 그리고 궁극적으로 통일을 이루는 문제는 미래에 달성할 수 있는 목표로 걸어두는 것이다. 한·미동맹을 보는 나의 시각이었다.

이날 회담 후 오찬장에서 두 대통령은 동북아 정세를 논의한 후 FTA와 비자 면제 협정, 그리고 반기문 장관의 유엔사무총장 출마에 대해 부드러운 대화로 마감했다. 그러나 노 대통령의 실망은 매우 컸다. 그는 내키지 않았음에도 이라크와 아프가니스탄에 군대를 보냈다. 한·미관계의 현상 관리를 넘어 핵과 북한 문제에 있어 자신의 구도에 맞게 미국의 협력을 얻기 위해서였던 것이다.

그렇다고 해서 부시 대통령도 마음이 편한 것은 아니었다. 그도 한·미동맹의 관리를 통해 북한의 핵 계획을 통제하면서 중국에 대한 전략을 강화해야 했다. 또한 한국 내 미군 재배치 사업을 통해서 전 세계적인 미군 운용의 효율화를 꾀할 필요가 있었고 여기에는 한국의 기지 이전 비용 부담 등 노무현 정부의 협조가 긴요했다. 크지는 않지만 중동에서의 협조도 필요했다.

그러나 당장 두 대통령은 이 회담을 계기로 서로 사이에 건너기 어려운 강이 있다는 생각을 갖게 된 것으로 보였다. 노 대통령은 후일 나에게 경주 회담을 상기시키면서 "부시와는 도대체 말이 되지 않는다"라고 토로하기도 했다. 한편 부시 대통령은 그의 회고록 한국어판 서문에서 노 대통령에 대해 "직무에 대해 대단한 열정을 가진 인물"로 묘사했다. 많은 논쟁을 했다는 표현을 에둘러 한 것이다. 그러면서도 그는 노 대통령의 리더십을 높이 평가한다고 했다. 노 대통령이 국내의 저항에도 불구하고 이라크에 파병하고, 또 한·미 FTA까지 타결한 것을 두고 한 말일 것이다.

"안보실장 잘못 뽑았네요"

이렇게 해서 9·19공동성명은 이행의 발자국도 떼지 못했고 6자회담은 교착상태에 빠졌다. 그럼에도 한반도 평화로 가는 길이 고비마다 북한 핵 문제로 좌초되어왔음을 감안하면, 9·19공동성명의 이행을 담당하는 정부의 통합된 조직이 필요했다. 나는 반기문 장관에게 건의하여 외교부에 핵과 평화체제 교섭을 전담하는 '한반도평화교섭본부' 설치 작업에 들어갔다. 정부 내에 이러한 조직을 설치하는 것은 각 부처의 이해관계가 상충되기 때문에 쉽지 않다. 특히 외교부와 통일부 사이의 의견 조율이 힘들었지만, 당시 9·19공동성명 채택의 영향으로 청와대의 지원을 받을 수 있었다. 우여곡절 끝에 3년 기한의 '한시 조직'이라는 조건을 붙여 타협을 보았다. 나도 한반도 문제가 빨리 해결되어 이 조직의 수명이 '한시적'으로 빨리 끝났으면 좋겠다고 생각했다.

이런 가운데 2006년 1월 내각과 청와대 개편이 있었다. 한달 전부터 청와대에 신설되는 '통일외교안보정책 실장'이라는 자리에 내 이름이 거론되고 있다는 소문이 돌았다. 보통 국가에서는 안보보좌관이라는 이름으로 외교와 국방을 포함한 안보 문제를 다 관장하는데, 우리나라는 남북관계 때문에 이름이 복잡해진다. 통일문제를 우선시한다는 의미도 있었다. 그래도 그냥 대통령 안보보좌관이나 안보실장이라면 될 것을 이렇게 긴 이름을 만든 것이었다.

그런데 청와대를 포함해서 아무도 나의 거취에 대해 말하지 않았다. 오히려 소문을 듣고 나에게 거꾸로 어떻게 되는 건지 물어보는 사람들이 있었다. 당시 나는 북한 핵 문제의 현장 책임에 소중한 가치를 두고 있었다. 막 설치되는 한반도평화교섭본부를 맡기로 사실상 내정되어 있었고, 나도 그 역할을 하고 싶었다. 또 한편으로는 금융제재로 6자회담이 좌초될 위기에 있는 상태에서, 미국의 대북정책에 변화를 주기 위해서는 백악관의 안보보좌관이나 국무장관을 먼저 움직여야 하는데 6자회담 수석대표로는 직급상 한계가 있다는 것도 느꼈다. 무엇보다도 우리나라 대통령과 생각을 먼저 맞추고 전략을 수립하려면 대통령의 안보보좌관으로서의 할 일이 더 많다는 생각이 들기도 했다.

자리 이동 소문이 나온 지 한달여가 지나서 2006년 1월 하순, 청와대로부터 인사 서류를 내라는 연락을 받았다. 신상 검증은 나도 모르는 사이에 한 것으로 보였다. 나는 대통령이 안보보좌관을 임명하면서 별도 면담이나 전화통화도 한번 없이 결정하는 것이 이상하다고 생각했다. 6자회담 기간 중 대표단과 함께 청와대에서 오찬과 만찬을 한번씩 한 게 만남의 전부였다. 나중에 들은 이야기지만 노 대통령은 나의 6자회담 활동을 보면서 관심을 갖기 시작했고, 한번은 저녁식사 후 9시뉴스를 보고 나에 대해서 "어떤 사람인지 한번 알아보라"고 지시한 적도 있었다고 했다.

노 대통령은 신설될 안보실장에 나를 염두에 두고 있었지만 주변에서 말렸다고 한다. 내가 대통령에게도 대들 소지가 있기 때문에 국가안보 문제를 직접 보좌하는 사람으로는 적절치 않다는 이유를 내세웠다고 했다. 그래서 다른 사람들을 추천했는데, 돌고 돌아 결국은 노 대통령이 "대들면 얼마나 대들겠나, 일할 사람이면 됐지. 한번 불러와봐라!"라고 했다는 말을 한참 후에 전해 들었다.

2006년 1월 31일 나는 31년의 직업외교관 신분을 내려놓고 대통령 안보실장으로 자리를 옮겼다. 새로 일할 건물은 과거 김영삼과 김대중 두 대통령 시절에 반기문과 임동원 외교안보수석비서관을 각각 보좌하면서 2년간 일했던 곳이었다. 이 건물과의 연(緣)이 길다는 생각이 들었다. 당시 청와대 안보 관련 업무가 국가안보보좌관, 외교보좌관, 안보회의 사무차장 등으로 나뉘어 있던 것을 장관급 안보실장과 그 밑에 차관급 외교안보수석비서관으로 일원화하도록 개편되었다.

나는 노 대통령이 개인적으로 잘 알지도 못하는 나를 그 자리에 부른 것은 자신의 옆에서 한반도 문제의 미래를 가로막고 있는 북한 핵 문제를 직접 관장하여 풀어나가는 것을 최우선으로 삼으라는 것으로 받아들였다.

내가 맡기로 예정되었던 한반도평화교섭본부장으로는 우여곡절 끝에 외교부의 천영우(千英宇) 정책실장이 임명되면서 6자회담 수석대표가 되었다. 그는 특히 군축 문제에 해박한 지식을 갖고 있는 유능한 외교관이었다. 당시 반기문 외교장관은 유엔사무총장 후보 캠페인에 들어가 있었고 일상적 외교 업무는 차관에게 맡겨두고 있었다. 북한 핵 문제는 내가 대통령의 뜻을 받아 평화교섭본부를 지휘하면서 주관하는 것으로 자연스럽게 조정되었다. 천 대표는 북한 핵 문제를 국제기구의 시각에서 보는 경향이 있었다. 북한 핵 문제는 한반도 시각과 국제기구 시각의 균형이 필요하기 때문에 나와 조화를 잘 이루었다.

청와대에 간 지 일주일 후 노 대통령은 주한미군의 전략적 유연성 문제를 논의하기 위해 관저에서 조찬 모임을 소집했다. 수석비서관들을 포함해 7~8명이 참석한 가운데 노 대통령은 나의 의견을 물었다. 나는 2006년 1월 19일 워싱턴 한·미 외무장관 회담에서 합의한 내용의 의미를 해석했다. 미국은 주한미군을 세계전략 차원에서 활용할 수 있는 여지를 마련했고, 한국은 미국이 자의적으로 다른 지역에 주한미군을 투입하는 것을 반대할 근거를 갖는 것으로서 '서로 비껴가는 타협'을 한 것이라고 말했다. 내가 서류를 넘기면서 한·미 합의의 구체적 표현을 찾으려고 했더니, 대통령은 "서류 볼 것 없습니다. 요체는 우리가 반대하는 지역에 주한미군을 투입할 수 있느냐는 것입니다. 한·미 상호방위조약과 상충되는 것 아닙니까. 그렇다면 이런 합의는 국회 동의를 받아야 하는 것 아닌가요"라고 하면서 다시 내 의견을 물었다. 아침 밥상 분위기가 어두워지고 있었다.

나는 서류를 덮어두고 미국은 자국 군사력의 '전세계적인 운용 역량'(strategically mobile)과 해외 배치 군사력의 '해당 지역 투입능력'(regionally deployable)을 전략적 유연성의 기본 개념으로 삼고 있다고 한 후, "합의의 전체 맥락과 현실적 가능성에 비추어볼 때 우리가 반대하더라도 미국이 굳이 결정하면 주한미군을 어디든 투입할 수 있을 것입니다. 다만 우리는 그 군대가 다시 한국으로 돌아오는 것을 거부할 수는 있겠지요"라고 말했다. 대통령은 법률가적 논리에서 보는 것 같았다. 권리와 의무가 분명해야 합의가 성립되는 것인데 도대체 그런 말이 어디 있느냐는 표정이었다. 토론이 좀더 이어졌지만 거의 같은 말이 되풀이되었다. 대통령은 인상을 찌푸리면서 나를 물끄러미 바라보더니 "내가 안보실장을 잘못 뽑았네요. 그만합시다"라면서 자리에서 일어나 내실로 향했다. 후식으로 과일이 나오는 중이었다. 모두들 뒤이어 엉거주춤 일어나 자리를 떠났다.

아침 안개비가 내리고 있었다. 관저 문을 나서면서 한 수석비서관에게, 내가 한 말이 틀린 것 같더냐고 물었다. 그는 "실장님 말이 맞는 것 같은데, 문제는 대통령님이 그렇게 알고 계시지 않은 것 같은데요"라고 대답했다. 임기 4년차에 들어서면서 청와대 내에서 까다로운 문제에 대해 충분히 토론되지 않는가 하는 생각이 들었다.

회의 후 비서동 건물까지 다들 차로 이동하는데, 나는 그냥 걷고 싶어서 관저 경호원에게 우산을 달라고 했다. 대통령이 나를 잘못 뽑았다니 청와대에 온 지 며칠 되지도 않아서 다시 짐을 싸야겠구나 하면서 걸어 내려왔다. 동북아 다자안보대화가 촉진되면, 한국이 우려하는 것처럼 주한미군이 타이완해협 같은 가상 지역에 투입될 가능성도 줄어드는 것이다. 그래서 9·19공동성명의 이행을 통해 북한 핵 문제 해결의 진전과 동북아 다자안보대화 체제를 수립하는 것이 중요하다. 나는 내심 그렇게 되면 미군 출동의 유연성이든 경직성이든 그다지 중요하지 않을 텐데 미리 너무 큰 이슈로 삼는다고 생각했다.

한편으로는, 미국의 전략적 유연성은 주한미군이 한반도를 넘어 동아시아 어디에나 투입되는 것을 전제로 하는 중요한 성격 변화였다. 그래서 우리 군에 대한 작전권을 가져와 미군의 여타 지역 활동과 한반도 방어 기능을 분리시키는 것이 필요했다. 이런 생각을 하면서 퇴근 무렵이 되어 가방을 챙기고 있는데 대통령 부속실에서 전화가 왔다. 다음 날 아침 몇사람만 다시 조찬을 하자는 것이었다. 조찬 모임에서, 내가 전날 이야기한 내용의 배경을 포함해서 차근차근 설명하며 대화가 오고 갔다. 노 대통령은 그 자리에서 바로 동의하지는 않았으나 결국 한국의 주권적 권리와 미국의 세계전략상 필요를 타협할 수밖에 없다는 점을 받아들이는 것으로 보였다.

노 대통령은 그 전해 6월 워싱턴에서 부시 대통령에게, 미국의 전략적 유연성에 입각한 주한미군의 이동에 대해 "기본적으로는" 동의한다면서도, 미군이 언제든지 자유롭게 이동할 수 있도록 사전에 포괄적으로 합의해주는 것은 곤란하다고 했다. 또 전략적 유연성이 군대의 단순한 이동을 넘어 다른 지역의 전투행위에 투입되는 개념은 아닌 것으로 이해하고 있었다. 그러자 부시는 "한국이 미군 주둔에 싫증이 난 것이냐"며 몰아붙였다. 당장 서로 합의하기 어려운 입장이었다. 두 대통령은 외교장관들이 협의해보도록 하자고 넘겼다.

미국은 주한미군과 관련하여 까다로운 문제가 생길 때면 으레 미군 철수 문제를 전래의 보검처럼 꺼내왔다. 1996년 주한미군지위협정(Status of Forces Agreement, SOFA) 개정 협상 때 정부 각 부처의 요구가 쏟아져 한국 측의 개정 요구 폭이 확대되었다. 당시 미국 교섭대표였던 커트 캠벨(Kurt M. Campbell) 국방부 부차관보(후일 오바마 행정부의 국무부 동아태 차관보)가 나에게 주한미군을 철수하라는 것이냐고 거세게 들고나왔다. 미국이 비공개 협상에서 종종 들고나오는 카드의 하나였다. 나는, 주한미군 철수 문제는 다른 의제이니 그 자리에서 논의할 사항이 아니라고 대응하고 협상을 계속했다.

1992년 윤금이(尹今伊) 살해사건 이후 주한미군 범죄에 대한 비판이 거세지자 한·미 정부가 SOFA 개정 협상에 착수하기로 했다. 나는 1995년 하버드 대학 체류 중 제2차 SOFA 개정 협상을 맡기 위해 그해 여름 조기 귀국했다. 그로부터 4년이 넘게 지나 내가 북미국장 시절 캠벨의 후임인 스미스(Frederick Smith)와 협상을 통해 타결했다. 형사재판 관할권이나 환경 조항에서 종합적으로 미국이 일본이나 독일과 맺은 SOFA의 수준과 비견되는 것으로, 한·미동맹의 안정적 운영에 건실한 기초가 될 것으로 판단했다. 법무부, 국방부, 환경부 등 7개 부처 대표들이 참여했고 외교부 송봉헌(宋奉憲) 안보과장 (주 튀니지 대사 역임)과 신맹호(申孟浩) 서기관(주 불가리아 대사 역임)이 크게 뒷받침해주었다.

미국은 세계평화를 위해 군대를 파견하지만 그 이상의 기능을 포함하고 있다. 1990년대 초 미국 카네기연구소의 한 보고서는 "미군의 해외 주둔은 그 지역에서 미국의 정치적 영향력을 증대시키고, 이는 다시 경제적 기회 확대로 연결된다"고 정의했다. 나는 세계정세가 끊임없이 바뀐다 해도 이 논리는 상당 기간 지속될 것으로 본다. 다만, 전략적 유연성에 입각한 군대 운용의 탄력성과 비용 분담 증액에 대한 미국의 요구는 드세질 것이다.

전략적 유연성 문제로 일련의 토론이 있은 지 얼마 지나지 않아 노무현 대통령이 이번에는 한·미 FTA에 대한 나의 의견을 물었다. 2월 초 한·미 FTA 협상 교섭을 개시하자마자 청와대 내부에서까지 논란이 일고 있던 시기였다. 노무현 대통령은 종종 예고하지 않은 질문을 던져서 사전에 정제된 의견보다는 평소 생각이나 직관을 그대로 들어보려고 했다. 나는 "한국이라는 배는 중국이라는 거대한 조류에 쓸려갈 수 있는데 미국이라는 바닥에 닻을 던져놓아야 제자리를 지킬 수 있지 않을까 싶습니다"라고 했다. 또 통상 협상은 전문가들이 기본적으로 수치에 입각한 기술적 사항을 놓고 해야 하는 만큼, 대통령이 생각하는 정치적·안보적 고려는 보이지 않는 병풍처럼 서 있는 것이 좋겠다고 덧붙였다.

청와대에 간 지 두어달 되었을 때, 캄보디아 총리와 정상회담 직전에 대통령이 몇가지 세부적인 사항을 물었는데 내가 알지 못하는 것들이 되풀이되었다. 내가 겸연쩍어 "잘 모르겠습니다. 모르는 게 많아서 죄송합니다"라고 했더니, 대통령은 "어찌 다 알겠어요. 서로 배워가면서 합시다"라고 넘어갔다. 그로부터 한참 지나 국회의원 시절이던 2010년 나는 '핵 없는 세계'(Global Zero)라는 민간단체가 파리에서 주최한 회의에 참석했다. 레이건 행정부 시절 미·소 전략무기 협상을 한 리처드 버트(Richard Burt) 대사를 만났는데 우연히 그도 나와 비슷한 경험을 소개했다. 『뉴욕 타임스』 기자 시절, 하루는 레이건 대통령이 직접 전화를 해서 군축협상에 가담할 것을 제안하기에, 자신은 군축협상을 잘 모른다며 사양했다는 것이다. 그랬더니 레이건이 "나도 잘 모른다. 서로 배워가며(mutual learning) 해보자"고 하는 바람에 엉겁결에 수락했다는 것이다. 국가 지도자와 보좌진 사이에는 끊임없이 '서로 배워가는' 습관이 필요하다는 생각이 들었다.

한국의 시차 접근 구상과 미국의 포괄적 구상

당장 가장 큰 문제는 경주 정상회담을 전후하여 BDA 사건을 두고 벌어진 노무현 대통령과 부시 대통령 사이의 거대한 인식 차이였다. 그래서 나는 우선 상대역인 스티븐 해들리(Stephen J. Hadley) 안보보좌관과 라이스 국무장관을 만나서 두 대통령 사이의 입장을 좁히는 방안을 찾아야겠다고 생각했다. 나는 이 두 핵심 인물에게, 북한 핵문제 해결이 진전되면 한·미동맹도 더욱 강화될 것이고, 자연스럽게 양국 정부의 국내 정치에도 도움이 될 것임을 강조하려고 했다. 그래서 위폐사건 등 북한의 불법행위 문제도 그런 대국적 관점에서 해결하는 데 초점을 맞추자고 했다. 백악관의 주요 결정은 결국 국내 정치에 어느 정도의 가치가 있느냐로 좌우되는 것임을 염두에 두었다.

당시 9·19공동성명의 이행 가능성이 불확실한 가운데 미국 국무부와 백악관 국가안보회의는 내부적으로 '포괄적 구상'(Broad Concept)이라는 이름의 대북정책을 만들고 있었다. 북한이 개방되어야 비핵화도 가능하다는 전제에 기초한 것으로서, 북한의 개혁개방, 시장경제화 그리고 민주주의를 촉진시키기 위해서 6자회담을 세 트랙으로 나누어 운영하는 구상이었다. 첫째 핵 문제, 둘째 정치·인권과 경제개혁, 셋째 평화체제 수립과 북·미관계 정상화로 구성하는 것이었다. 이는 1975년 동서유럽 간 공존의 질서를 수립하여 종국적으로 동구의 개방으로 귀착된 헬싱키 선언,* 즉 유럽안보와 협력체제의 경험을 원용한 것이었다. 이 구상은 9·19공동성명 채택 후 라이스 국무장관이 중심이 되어 추진 중이었다.

그런데 헬싱키 프로세스의 발족 당시는 소련과 동구가 존립 자체의 안보 불안을 갖고 있지 않은 데 비해 북한은 인권을 포함한 정치개혁 자체를 체제 존립과 연결시키고 있었다. 또 헬싱키 프로세스가 동구의 붕괴로 연결되었다는 학습 효과로 인해서 북한은 유사한 방식을 극도로 경계하고 있었다. 우리로서는 이 방안이 자칫 9·19공동성명 이행 진전에 오히려 역행할 수도 있다는 우려를 갖지 않을 수 없었다. 우선 동북아 다자안보대화를 발족시켜 그 안에서 정치적·군사적 신뢰구축을 조성함으로써 9·19공동성명의 이행을 촉진하고,

---

* 1972년 동·서유럽과 미국 및 캐나다가 포함된 35개국이 헬싱키에 모여 동·서 진영 관계 개선에 대해 의논을 시작했다. 1975년 8월에는 안보, 경제, 인도·인권의 3개 분야를 포함한 유럽에서의 안보와 협력을 위한 행동규범(Helsinki Accords)을 채택했고, 이후 57개국이 참여하는 유럽안보협력기구(OSCE)로 발전했다.

이 과정에 점진적으로 미국의 포괄적 구상도 접목하는 것이 현실적이라고 생각했다.

나는 과거 임동원 외교안보수석과 함께 페리 프로세스를 조율했던 일들을 떠올렸다. 한국이 먼저 기본적인 구상을 펼치고 미국과 협의하여 공동의 방안을 완성하는 것이었다. 물론 부시 행정부의 대북 시각이 경직되어 있어 조율이 훨씬 더 어려워 보였지만, 상호 이익의 공통분모가 있는 한 불가능하지는 않다고 생각했다.

나는 안보실장으로 자리를 옮기자마자 9·19공동성명 이행의 돌파구를 만들기 위해서 외교부, 통일부, 그리고 청와대 안보실을 주축으로 해서 장관급 협의를 시작했다. 한국이 협상의 구심 역할을 하여 2006년 중에 북한의 핵을 폐기 과정에 진입시킨다는 목표를 세웠다. 먼저 북·미관계 정상화 절차와 북한에 대한 경제협력을 시작하고 바로 뒤이어 북한의 핵 폐기를 시작하는 것을 골자로 하는 구상이었다.

미국과 한국은 대북관계 정상화 절차를 밟거나 경제협력을 시작했다가도 언제든지 철회할 수 있다. 그러나 북한은 일단 핵시설을 신고하고 폐기 과정에 들어가면 되돌리기 어렵다. 이미 내부를 드러내 놓은 상태가 되기 때문이다. 이런 속성을 감안하여 양측의 행동에 시차 개념을 도입하고자 했다. 그동안 미국이 주장하는 '선(先) 비핵화, 후(後) 관계 정상화와 경제협력'은 이상주의적 목표이지만 현실주의적 수단을 갖출 수 없다고 판단했다. 다만 관계 정상화와 경제협력 개시에도 불구하고 핵 폐기 개시를 거부하거나 지연시키면 한국과 미국은 물론 중국도 강력한 실효적 제재에 동참한다는 보장을 중국으로부터 받자는 것이었다. 이를 "크게 주고 크게 받되, 안되면 크게 벌준다"(big GIVE, big TAKE, big DISINCENTIVE)로 요약했다.

미국 사람들이 쉽게 알아듣는 '일을 완수한다'(Getting Things Done, GTD)는 말과 연결시켜 GTD로 불렀다. 미국에서 많이 읽힌 책의 제목이기도 했다. 문제는 이 방안을 실현하려면 당장 장애 요인인 BDA 문제의 해결방안이 포함돼야 했다.

나는 이 구상을 사전에 노 대통령에게 보고하고, 대통령이 관계장관회의를 주재하여 정부 입장으로 정해줄 것을 건의했다. 한국과 미국의 선행조치에도 불구하고 북한이 거부할 때는 우리가 대북 제재를 주도해야 하는 상황이 올 수 있기 때문에 관련 장관들의 확실한 인식 공유가 필요했다. 2월 20일 회의에서 일부 장관들이 대북 제재 부분에 대해 우려를 제기했지만, 노 대통령은 제재로 넘어가는 조건을 사전에 분명히 하고, 반드시 중국이 이 구상에 동참해야 한다는 전제를 달아 재가했다. 당시 미국 내 강경파가 협상보다는 압박에 의한 해결을 주장하고 있는 시점이었다. 대북 협상을 확실하게 시도한 후에야 비로소 강력한 대북 제재에 들어간다는 안전장치도 필요했다.

이때는 내가 안보실장으로 일한 지 3주 정도밖에 되지 않았다. 노 대통령이 나에 대해 특별한 신뢰가 없었을 텐데도 비록 조건부였지만 국가안보와 국내 정치적 부담이 따르는 건의를 수락했다. 북한의 핵은 결국 한반도 문제이고 이를 해결하기 위해서는 과감한 선택을 대통령 스스로가 내려야 한다는 것을 인식하고 있었기 때문이라고 생각했다.

3일 후인 2월 23일 나는 워싱턴에서 해들리 국가안보보좌관을 만났다. 그는 대통령 안보 부보좌관으로서 4년 동안 라이스 당시 안보보좌관과 팀을 이루었다. 항상 논리정연하고 감정의 기복을 보이지 않으면서도 상대를 배려하는 인물이었다. 체니 부통령, 라이스 국무장관, 럼스펠드 국방장관과 같은 개성 강한 인물들 사이에서 소통을 이루면서 대통령을 보좌하는 데 적합한 인물이었다. 후일 내가 외교장관 시절에 라이스 장관에게 중요한 제안을 하면, 으레 "해들리와 상의해보자"라고 할 정도로 둘은 호흡이 잘 맞는 것으로 보였다.

다음 날은 졸릭(Robert Zoellick) 국무부 부장관을 만났다. 라이스 국무장관은 해외 출장 중이었다. 졸릭은 1990년 국무부의 차관급 자문관으로서 중동국가, 일본, 한국 등 동맹국들로부터 1차 걸프전의 전비(戰費) 모금을 주관한 적이 있었다. 나는 외교부 북미과장으로서 당시 유종하(柳宗夏) 차관을 수행하여 그를 만났던 것이 기억났다. 자리에 앉자마자 그는 바쁘다는 듯이 10억 달러를 내라고 했다. 유 차관이 "웬 10억 달러냐. 도대체 무슨 기준이냐"면서 조목조목 따졌다. 그의 답변은 간단했다. 일본이 130억 달러를 냈는데 한국의 경제 규모가 일본의 13분의 1이라는 것이었다. 세계를 재는 미국의 눈금이었다.

유 차관은 국방비 부담 비율, 개인 국민소득 등 각종 수치를 일본과 비교하면서 단순 비례는 안된다고 거부했다. 실랑이 끝에 현금과 수송서비스를 배합하여 총 5억 달러로 낙착됐다. 전쟁이 조기에 끝나는 바람에 5억 달러도 다 쓰지 못했다. 그러나 미국은 일단 약속받은 돈은 미국이 다 써야 한다고 주장하여 논쟁이 붙었다. 결국 잔액은 부산 미군용 부두시설 개선에 사용됐다. 나에게는 졸릭이 두뇌회전이 엄청 빠르면서 의사표현이 분명한 사람이라는 인상이 있었다. 그는 후일 세계은행 총재를 지냈다. 근년에 그를 만났을 때도 여전히 명쾌했다.

나는 해들리와 졸릭에게 각각 북한 핵 문제에 대해 좀 과감한 접근이 필요함을 강조했다. 우선 한·미가 당면한 공동의 전략적 이익을 다섯가지로 설명했다. 첫째는 핵 확산을 방지하는 것, 둘째는 북한 주민의 삶의 질을 개선하는 것, 셋째는 북한이 중국의 동북 제4성으로 편입될 가능성을 포함하여 중국의 일방적인 대(對) 한반도 영향력 확대에 대응하는 것, 넷째는 중·일 간의 군비경쟁을 방지하는 것, 다섯째는 동북아에서 다자안보체제를 수립하는 것이었다. 바로 이런 핵심 이익을 추구하려면 9·19공동성명을 이행해야 하고, 이를 위해서는 시차적 접근과 중국의 동참을 전제로 하는 GTD 방식이 필요함을 강조했다.

해들리와 졸릭의 반응은 냉담했다. 그들은 거의 같은 목소리로 한국과 중국의 대북 경제지원이 북한 정권을 지탱하고 있다면서, 북한은 제네바 합의를 통해 혜택만 누리고 자신의 의무는 이행하지 않았다고 비판했다. 내가, 미국이 지금까지 북한과 협상의 바닥까지 가본 것으로 보기는 어렵다고 했더니 해들리는 미국은 이미 북한의 의사를 충분히 테스트했고, 9·19공동성명은 사실상 북한이 다시 승리한 것이라면서 불만을 표시했다. 백악관이 9·19공동성명에 대해 불만을 갖고 있다는 것을 다시 확인했다. 2005년 10월 방미 때 받은 인상과 같은 것이었다.

특히 해들리는 자신이 그런 방안을 어떻게 부시 대통령에게 보고할 수 있겠느냐고 반문했다. 북한을 극도로 불신하는 부시에게 "한번 믿어보고 안되면 강력 대응하자"는 말을 할 수 없다는 의미였다. 그는, 중국은 북한의 안정을 최우선으로 삼고, 한국은 통일과정에서의 안정적 한반도 관리에 치중하며, 미국은 북한의 핵과 인권을 중시하고 있다고 갈래를 지어 지적했다. 이렇게 각자의 우선순위가 다른데 과연 북한이 약속을 위반하더라도 중국이 동참할 가능성이 있겠느냐고 반문했다. 또한 막상 북한이 약속을 위반해서 핵 폐기를 거부할 때에도 한국 정부가 남북관계와 국내 정치 때문에 강압적인 조치를 취할 수 없을 것이라면서 불신을 표시했다.

두 사람은 또한 북·미관계 정상화와 한반도 평화체제를 위해서는 북한의 인권과 불법행위 그리고 경제개방 등 여러 트랙을 동시에 진전시킬 것을 강조했다. 미국이 내부검토 중이었던 '포괄적 구상'의 요지였다. 그러면서도 해들리는 한국 정부가 한·미동맹을 중시한다는 입장을 자주 공개적으로 표명해줄 것을 요청했다.

나는 "노무현 대통령이 한·미동맹에 대해 강한 의지를 갖고 있다. 국내의 어려운 정치적 환경에도 불구하고 한미 FTA를 추진 중인 것이 바로 그러한 의지의 한 단면이다. 한국의 민주주의 발전 과정에서 분출되고 있는 다양한 견해들을 반드시 한·미동맹에 대한 도전으로는 보지 말라"고 했다. 이어 "오늘 내가 제시한 방안보다 더 나은 대안이 있으면 언제든지 의논할 용의가 있으니 제시해달라"고 했다. 두 사람 모두 끝까지 나의 제안에 대해서 부정적이었지만, 자리에서 일어설 때쯤에 "서로 검토해보고 다시 협의하자"는 말을 덧붙였다. 인사치레인지 실제 의도인지 애매했다.

졸릭은 면담 말미에 "그간 한·미 간에 정말 솔직한 대화가 없었다. 오늘 동맹국 간에 서로 하고 싶은 말을 충분히 했다"면서 후련한 표정을 지었다. 그러면서도 자신이 너무 노골적인 반응을 보인 것이 미안했던지 "너무 낙심하지 말라!"(Don't be disheartened!)면서, 한·미 간에는 솔직한 대화가 필요함을 재차 강조했다. 그의 외모만큼이나 직선적인 표현이었다. 듣기에 따라서는 처음 만나는 외교관 사이에 오갈 말이 아니었다. 나로서는 매우 불쾌할 수 있는 말이었지만, 싸우더라도 말이 통할 수 있다는 느낌이 들었다. 한·미 간 대화에서 종종 정책의 차이가 거론되는 것을 동맹의 장애로 보면서 눈감고 넘어가려는 경향이 있다. 나는 이런 자세가 오히려 동맹의 건전한 발전을 저해한다고 보았고 졸릭도 비슷한 생각인 것 같았다.

나는 해들리와 헤어지기 전에 지난해 경주 정상회담 후 멀어진 양국 대통령 사이를 어떻게 하겠느냐며 운을 뗐다. 그는 기다렸다는 듯이 이대로 갈 수는 없다고 했다. 나는 노무현 대통령을 설득해볼 테니 그해 9월 14일을 워싱턴 한·미 정상회담의 가상적 일정으로 '잡아두자'(pencil in)고 했다. 그는 바로 대통령의 일정 비서에게 그날이 가용한지 확인했다. 그해 9월 11일 핀란드 헬싱키에서 아시아-유럽 정상회의(Asia-Europe Meeting, ASEM)가 잡혀 있었다. 나는 출국 전 대통령 부속실에 일단 9월 13~15일을 비워달라고 요청해두었다.

당시 구상했던 북한 핵 문제 해결을 위한 '시차 접근과 중국의 제재 참여 연계 방안'을 지금 상황에 대입했을 경우 중국의 가상적 반응이 궁금했다. 2015년 여름 서울에서 열린 한반도 문제 국제회의 계기에 중국 외교부의 한 중견 간부에게 그의 개인적 의견을 물어보았다. 그는 자신의 생각으로는 그런 방안을 검토할 수 있을 것으로 본다고 하면서, 다만 최고 지도부에서는 어떻게 생각할지 모르겠다는 반응을 보였다. 지난 10여년 동안 중국은, 미국이 북한의 '합리적 안보 우려'를 수용해주면 북한도 핵 포기에 긍정적으로 나올 것이라는 공식 입장을 일관되게 밝혀왔다. 중국의 이런 입장을 감안하면서 대북·대중 정책을 고안해야 할 것이라는 생각이 들었다.

방미 후 노무현 대통령에게 결과를 보고했더니, "미국이 핵 문제에 우선순위를 두지 않는 것 같은데 이렇게 해서야 한·미관계가 조화를 이룰 수 있겠느냐"면서, 미국 내 일부 세력은 한반도의 긴장과 대립을 적절히 활용하는 것 같다는 의구심을 내비쳤다. 얼마 지나 4월 초까지 6자회담 재개 움직임이 보이지 않자 노 대통령은, 한국이 북한과 미국 사이에 끼어 곱사등처럼 되어 있는데 이렇게 당하고만 있지 말고 우리도 최소한 자체 핵연료 주기* 문제를 의제로 올리는 방안을 검토해야 할 것이라고 했다. 그러면서 "송 실장이 나서서 방법을 강구해보라"고 했다. 대통령이 오죽 답답했으면 이렇게까지 나오나 싶었다. "미국이라는 큰 배가 빨리 움직이지는 않는 만큼 좀더 인내를 갖고 방향을 돌려본 후, 그래도 정히 안되면 그때 가서 제기하겠습니다"라고 대답하여 숨을 돌렸다.

작지만 큰 BDA의 돈, 크지만 취약한 6자의 배

2006년 2월 9일 북한 외무성은 BDA 문제에 대한 담화를 발표했다. 자체 조사 결과, 달러 위조나 돈세탁 같은 불법행위는 없었고 만약 그러한 행위가 적발되면 즉시 처벌할 것이며, 북한은 국제적인 돈세탁 방지 활동에 적극 참여할 용의가 있다는 것이었다. 나름대로 해결책을 제시하려고 많은 궁리를 한 것으로 보였다. 그러나 2월 16일

---

* 핵연료 주기(Nuclear Fuel Cycle)는 원자력 발전용의 우라늄농축과 이를 연료로 사용한 후 재처리하여 다시 사용하는 순환 과정을 말한다. 농축과 재처리 과정에서 핵무기를 만들 수 있는 고농축우라늄과 무기급 플루토늄이 생산된다.

BDA는 북한과의 금융 거래를 중단한다고 발표했다. 미국은 북·미 간 금융 실무 협의기구를 만들자는 북한의 3월 제안을 거부했다. 부시 대통령은 3월 10일 다시 북한을 "악의 축"이라고 불렀다. 또 미국 재무부의 레비 차관이 4월 4일 미국 상원의 돈세탁 청문회에서 미국의 금융제재 조치가 전세계적으로 효과를 발휘하여 북한으로의 자금 유입을 막고 있다고 증언했다. 돈줄을 죄어 북한 핵 문제를 해결할 수 있다는 자신감을 보인 것이다. BDA 조치가 당초에는 북한 핵 해결을 위한 것이 아니었음에도 북한이 강한 반발을 보이자, 금융 압박으로 핵 문제를 해결할 수 있다는 인식을 갖게 된 것이다.

이어 4월 10일 도쿄에서 개최된 비정부 간 동북아 협력대화에 천영우, 김계관, 힐을 포함한 6자회담 수석대표들이 참석했다. 김계관은 이 계기에 힐과 만나 금융제재 문제를 해결하고 싶어 했다. 우리 정부는 미국에 대해 북한과 접촉하도록 설득했으나 워싱턴은 6자회담장 밖에서의 미·북 양자대화를 허용하지 않았다. 미국은 계속 북한이 금융제재를 핑계 대지 말고 일단 6자회담에 나오라고 했고, 북한은 BDA 해결 없이는 못 나간다는 입장을 보였다. 이 회의에서 남북 수석대표가 만나 타협책을 모색했지만 접점을 찾지 못했다.

6월 1일 북한 외무성 대변인은 다시 담화를 발표하여 6자회담을 통한 한반도 비핵화 의지를 확인하고 6자회담 복귀 분위기 조성을 위해서 힐 차관보의 방북을 초청했다. 동시에 미국의 적대시 정책이 계속되면 북한으로서도 초강경 조치를 취할 수밖에 없다는 경고성 발언을 했다. '적대시 정책'은 금융제재를 두고 한 말이고, '초강경 조치'란 미사일과 핵실험을 시사한 것이었다. 미국 백악관 대변인은 별도의 미·북 양자협상은 할 수 없다면서 힐의 방북 초청을 거부했다. 그사이 5월 말 미국은 북한이 줄기차게 매달려온 신포 경수로 사업을 공식 종료시키고, 이에 대응해서 북한은 남북 간 경의선과 동해선 철도의 실험 운행을 무기한 연기시켰다.

　6월 중순부터 북한의 장거리 미사일 발사 준비 조짐이 포착되기 시작했다. 나는 1998년 8월 북한의 대포동1호 발사 당시 상황이 떠올랐다. 그때 청와대 외교비서관으로 있으면서, 북한이 위성용 로켓을 발사했다고 주장했지만 추진 로켓이 군사용 미사일과 기술적으로 중첩된다는 입장을 정리하고 우려를 표명한 적이 있었다. 대포동1호는 북한과 이란의 미사일 위험을 경고한 이른바 '럼스펠드 보고서'가 나온 지 한달여 만에 발사된 것이다. 이 보고서가 처음 나왔을 때는 별다른 주목을 받지 못했는데 북한이 보고서를 정당화시켜주었다. 당시는 럼스펠드가 재야에 있었지만, 그가 다시 정부에 들어와 강경파의 핵심 축을 이루고 있는 시점에 북한이 또 그의 주장을 강화시켜주는 듯했다.

　이처럼 미국과 북한은 핵·미사일과 BDA 문제로 서로 압력을 올리고 있는데, 워싱턴과 서울의 일각에서는 미국의 금융제재로 북한이 심장을 멈추는 고통을 호소하고 있다고 보기도 했다. 미국 내에서는 국무부의 협상 의지보다는 재무부의 제재 목소리가 더 커지고 있었다. 이런 와중에 내가 2월 워싱턴 방문 때 제시한 일종의 '과감한 접근과 중국 동참 방안'에 대한 한·미 간 협의가 진전되기는 어려웠다. 나는 국면 타개 방안을 찾기 위해 미국 정책 당국자들과 얼굴을 맞대고 의논해보기로 했다.

　나는 2월 미국에 제시했던 '크게 주고 크게 받되 그래도 안되면 크게 벌준다'는 방안을 좀더 정교하게 발전시켜 7월 4일 워싱턴에 도착했다. 숙소에서 우선 힐 차관보를 만나고 있는데 그의 휴대전화가 울리기 시작했다. 마침 그 시간에는 미국 독립기념일을 축하하는 폭죽 소리가 요란했다. 북한이 방금 일곱 종류의 미사일을 마치 칵테일처럼 섞어서 실험했다는 것이다. 대포동2호도 포함되어 있었다. 그는 급히 사무실로 돌아가야겠다면서 자리를 뜨려고 했다. 그래서 나는 이제 더 미적거리지 말고 우리가 제시하는 과감한 접근 방식으로 교착상태를 뚫고 나가야 함을 강조하고, 다음 날 라이스와 해들리에게 이 문제를 제기할 것임을 미리 알려주었다.

다음 날 해들리를 먼저 만났다. 그는 지난 2월보다 진지했다. 나는 우선, "북한의 현 상황은 받아들일 수 없다. 주민은 굶기면서 핵과 미사일로 정권을 유지하는 이런 행태는 바꾸어야 한다. 어떻게 바꿀 것인지 현실적인 방법을 짜보자"고 했다. 이어 그 방법으로는 9·19공동성명 이행의 비상시동(jump-start) 계획이 필요하다면서, 2월보다 좀더 발전시킨 방안을 제시했다. 첫째, 북한의 비핵화 초기행동을 유도하기 위해 BDA 문제 해결을 포함하여 북한에 매력적인 조치를 제안한다. 둘째, 한·미의 이러한 구체적인 계획 제시에도 북한이 6자회담 복귀에 불응할 때에는 공동으로 강력한 대북 제재를 시행한다. 셋째, 중국이 이 방안에 동참할 수 있도록 사전에 한·미 공동으로 중국과 협의한다는 요지였다. 나는 특히 중국의 참여 없는 대북 제재는 효과가 없다는 것을 강조했다. 해들리는 더 협의해보자면서 라이스와도 의논할 테니 나도 그에게 잘 설명하길 바란다고 조언했다.

이어서 라이스를 만났다. 나는 "북한에 대해 형식적인 제재나 가하면서 이대로 그냥 갈 수는 없다. 어느 방향이든 간에 북한의 행태를 바꾸고 핵과 미사일 문제를 해결하는 방법에 대해서 한·미 간에 툭

터놓고 논의해보자"고 했다. 그러면서 공동의 행동 계획을 만들어서
9월 한·미 정상회담에서 합의하자고 제안했다. 라이스는 나의 제안
에 대해 "좋다, 서로 귓등으로 듣는 이야기(talking past each other)는
그만하고 마주 앉아 심각하게 이야기해보자"고 했다. 그는 이미 힐과
해들리로부터 나의 생각을 전해 들은 뒤였다. 그럼에도 북한이 미사
일을 발사한 상황에서 당장은 제재 조치가 필요하다고 강조했다. 그
러나 자신이 월말 방한할 테니 그때 6자회담 재개 방안을 포함하여
구체적으로 협의하자고 했다.

라이스는 2005년 1월 국무장관 내정 상태에서 미국 CBS 방송과의
회견에서 "북한은 고립을 먹고 사는 나라이다"라고 규정했다. 고립
에서 빼내와야 한다는 의미였다. 그는 또 이 회견에서 한국 내 민족
주의 부상, 한·미 간 대북정책의 차이, 그리고 중국의 한국에 대한 영
향력 증대를 대한(對韓) 정책의 핵심 고려 요소로 열거했다. 나는 그
의 관점을 보고 대화가 될 수 있는 상대라는 인상을 받았다.

그럼에도 불구하고 전세계 문제에 관여해야 하는 미국이 몇발의
미사일 시험발사에 영향을 받아 대북 자세를 바꾸기란 어려운 일이
다. 나의 제안에서 두 사람이 주목한 부분은 '강력한 대화'보다는 '강
력한 제재'에 무게를 싣는 것이었다. 백악관으로서는 동맹국인 한국
과 함께 북한에 대해 강력히 대응한다는 모습을 보여주는 것이 시급
한 관심사였다. 한국과 미국이 마치 같은 시소의 양쪽에 걸터앉아 서
로 자기 쪽에 무게를 싣고자 하는 모양이었다. 그 자리에서 당장 합의
된 방안이 나올 리가 없었다. 서울로 돌아오는 발길이 무겁기만 했다.

북한의 장거리 미사일 실험 후 열흘 만에 7월 15일 미국과 일본의
주도로 유엔안보리 제재결의안 1695호가 채택되었다. 1999년 북한이

북·미 협상 과정에서 발표한 미사일 발사유예 선언을 위반하여 지역 정세를 불안하게 한 것이 제재의 주요 이유였다. 결의안은 북한의 미사일 발사를 규탄하면서도 6자회담의 재개와 9·19공동성명의 이행을 촉구했다. 동시에 북한에 대한 미사일과 핵무기 부품 그리고 기술 이전을 금지했다. 아울러 유엔헌장 제7장*에 따른 경제 및 군사 제재 등 추가조치 가능성도 열어두었다. 당시 미국은 헌장 제7장의 실제 '동원'을 규정하려고 했으나 중국이 반대했다.

중국은 유엔헌장 제7장의 동원을 막는 대신 비교적 온건한 결의안을 받아들임으로써 미국과 북한 사이에 저울을 맞춰보려고 했다. 그러나 북한은 중국이 동참함으로써 이 결의안이 통과되었다고 보고 '미국의 협조자'라며 공개 비난했다. 북·중 내부 접촉에서는 더 크게 반발한 것으로 알려졌다. 한편 일본은 이 사건을 북한과 한반도 문제에 대해서 일본·미국·한국이 한목소리를 내는 데 활용하고자 했다.

북한의 미사일 발사에 대해서 주변국들은 문제 해결을 위한 실질적 대책보다는 각국이 내심으로 추구해온 정책을 구체화하는 데 더 눈독을 들이고 있었다. 미국의 강경파는 이를 계기로 핵물질의 이동을 물리적으로 차단하는 대량살상무기확산방지구상(PSI)을 하나의 국제 체제로 확립시키는 데 초점을 맞추었다. 일본은 한반도 문제에 대한 발언권을 올리면서 북한으로부터의 위협을 자국 군사력 강화의 명분으로 삼으려 했다. 중국은 북한의 대량살상무기 개발 방지보다는 당장 한반도에서 혼란과 불안이 조성되지 않도록 하는 데 초점을 맞췄다.

....
* 유엔헌장 제7장은 국제평화에 대한 위협, 평화의 파괴 및 침략 행위에 대한 경제 제재는 물론 군사적 제재까지 가능하게 하는 근거를 제공한다.

한국은 북한의 행동을 규탄했다. 그러나 대북 제재, 북한의 반발, 우리의 추가 대응으로 이어질 연쇄작용이 한반도의 안보상황을 더욱 악화시키는 것도 막아야 했다. 미국이 협상을 통한 핵 문제의 해결에 초점을 두지 않고 금융제재의 효력을 과신하고 있는 데 대한 불만도 있었다. 무엇보다 미국이 중동 문제에 빠져 한반도 문제에 우선순위를 두지 않는 것을 보고 속이 끓고 있었다.

노무현 대통령은 북한의 여러 행태에 대해 거대한 분노에 싸였다. "좋아진 건 미국과 일본의 사정이고 나빠진 건 남북관계이다. 북한이 자신의 손익계산을 못한다는 사실보다 더 위험한 것은 없다. 이래 놓고 무슨 '민족 공조'냐"라고 내부 회의에서 토로했다.

노 대통령은 7월 21일 후 진타오 주석과 통화하면서, 북한 없이 우선 5자가 비공식적으로 모여 미국과 북한의 타협을 촉구하도록 한·중이 협력해보자고 했다. 후 주석은 5자만 모이면 북한이 아예 6자회담에서 탈퇴할 것이라면서 좀 시간을 두고 신중하게 대처하자고 했다. 중국도 우리만큼 급한 일이 아니었다. 우리 역시 국내적으로는 화급한 안보 상황이라고 흥분했지만 당시 주한미군은 평상시 경계 태세를 그대로 유지하고 있었다.

유엔안보리 결의안 채택 후 7월 16일 나는 해들리와 통화하여 만약 9·19공동성명이 없었더라면 안보리 결의에 중국이 동참하기도 어려웠을 것이라면서, 중국이 더 적극적으로 참여할 수 있는 방안을 강구하자고 했다. 열흘 전 내가 제시했던 큰 당근과 큰 채찍의 방안을 상기시켰다. 그는, 막 유엔안보리 제재 결의가 채택된 마당에 아직 그럴 모드가 아니라고 하면서도, 나의 뜻을 알겠다고 했다. 나는 주한미국대사를 통해 세부 교신하겠다고 해두었다.

7월 하순 방한하여 대북정책을 구체 협의하겠다던 라이스 국무장관은 레바논전쟁 때문에 아시아가 아니라 중동으로 갔다. 한반도보다는 그곳이 더 위중했다. 당연히 해들리도 중동 문제에 매였다. 그렇다고 한국으로서는 마냥 기다리고만 있을 여유가 없었다. 워싱턴과의 협의를 진척시키기 위해 나는 7월 하순 우선 버시바우 미국대사와 만찬 회동을 가졌다.

나는 그와 약간의 인연이 있었다. 내가 1980년대 후반 주미 한국대사관에서 근무하던 시절 그는 국무부 소련과장이었다. 냉전 시절 소련과장은 최고 엘리트가 거쳐가는 코스였다. 국무장관과 식사를 하는 유일한 과장급 자리라고 미국 언론이 보도할 정도였다. 몇차례 대면하면서 그가 매우 명석하고 전형적인 외교관의 틀을 갖추고 있다는 인상을 받았다. 오랜 시간이 지나 나는 2005년 3월 6자회담 수석대표로서 모스크바를 방문했다. 내가 간다고 하니, 당시 자신의 주한 대사직 후임을 찾고 있던 힐이 버시바우를 한번 만나보라는 것이었다. 그는 이미 주 NATO 대사를 역임하고 주 러시아 대사로서 3년째 근무 중이었다. 마침 그는 조만간 임기가 차서 본국의 보직을 맡거나 아니면 다른 주요국 대사 자리를 찾고 있었다. 나는 그가 유럽에서 냉전종식의 현장에서 일한 경험을 바탕으로 주한대사로 와서 일을 하면 좋겠다는 생각이 들었다.

전세계 미국대사관 중에 보안장치가 가장 잘되어 있다는 그의 집무실에서 만났다. 나는 그에게 주한미국대사로서의 매력에 대해서 이야기했다. "한반도는 새로운 역사를 함께 만들 수 있는 곳이다. 역사의 물결을 따라갈 것이냐, 아니면 역사의 물결을 바꾸는 작업을 할 것이냐는 우리 외교관들이 선택해야 하는 문제가 아니냐"며 화두를 던졌다. 그리고 한반도 정세와 모스크바 생활에 대해 많은 이야기를 나누었다. 모스크바에서 돌아온 지 얼마 되지 않아서 힐은 버시바우가 주한대사 자리에 관심을 보여왔다고 귀띔을 해주었다. 힐과 버시바우는 성격이나 스타일에서 대비되었다. 힐은 실수를 두려워하지 않으면서 결과 지향적인 스타일인 반면, 버시바우는 상황을 면밀히 관찰하면서 세밀하게 행동하는 인물이었다.

내가 해들리와 통화한 이후 버시바우는 워싱턴 실무선과 교감 중이었다. 나는 우선 버시바우에게 현 상황을 보는 시각을 제시했다. 북한에 대해 당근과 채찍을 함께 준비하되 좀 큰 스케일로 적용할 필요가 있다는 점과 북한 핵의 최대 피해국은 한국인 만큼 한국의 입장을 존중하라는 요지였다. 또한 북한 핵 문제가 한·미관계를 삼키지 말아야 하고 아울러 중동 문제도 한반도 문제를 삼키지 말아야 한다는 점도 강조했다.

이러한 인식을 기반으로 하여 그와 나는 구체적 행동 방안을 다듬었다. 요지는 이러했다. 첫째, 대북 협상개시 초기에 북한의 미사일 발사유예 선언 및 6자회담 복귀와 미·북 간 BDA 문제 해결을 연계시켜 합의한다. 둘째, 이행 단계에서는 북한이 핵 폐기를 개시하는 한편, 미국은 BDA 문제를 해결하고, 5개국이 중유를 공급하며, 미·북 간 연락사무소 교환 설치 후 평화체제를 협상한다. 셋째, 완결 단계에서 미·북관계 정상화와 함께 북한은 핵을 완전 폐기한다. 마지막으로, 만약 이런 제안에도 불구하고 북한이 합의를 거부하거나 합의사항을 중도에 위반할 때에는 미국은 추가적으로 대북 제재에 들어가는 한편, 한국은 대북 지원을 중단하고 개성과 금강산 사업을 동결하며 PSI에 전면 참가한다.

버시바우도 본국의 구체 훈령이 있었던 것은 아니었지만 어느정 도 교감을 하고 있었다. 서로가 입장을 공식화하지 않으면서 마치 조형물의 임시 모형을 떠보는 것과 비슷했다. 나는 미국이 여전히 마지막 부분, 즉 실패할 경우 한·미의 단합된 대북 제재에 무게를 두고 있음을 주목하고 있었다. 나는 이 작업에 대해 미리 반기문 장관과 의논해두었다.

에스 플랜

내가 버시바우를 통해 워싱턴과 간접 교감하여 만든 구상에 '에스 플랜'(S-Plan)이라는 약칭을 붙였다. 6자회담(Six Party Talks)의 머리 글자를 따온 의미도 있었고, '송민순 차원'에서 비공식적으로 추진된다는 뜻도 있었다. 최종적으로 북한이 거부하면 강력하게 제재하는 조건을 담고 있었기 때문에 결정적인 대북 조치를 선택해야 할 경우 대통령의 마지막 판단 여지를 남겨두기 위해서였다. 당시 여당에서는 김근태(金槿泰) 열린우리당 의장이 주도가 되어 어떤 경우에도 PSI 같은 물리적 대북 제재는 안된다는 입장을 공개적으로 밝히고 있었다. 대북 물리적 제재 가능성을 담은 방안을 정부의 공개 입장으로 내놓기 어려웠다. 그래서 전적으로 내 선에서 권한과 책임이 끝나는 구상으로 발전시킨 후, 정상회담을 통해 두 대통령의 의사가 일치하면 그때 공식화하기로 했다.

한편, 미국에서는 체니 부통령이나 럼스펠드 국방장관, 그리고 레비 재무차관 같은 강경파들이 대북 강경 조치에 한국을 전면에 내세울 기회를 보고 있었다. 경우에 따라서는 이들이 나의 구상에서 협상 부분은 제치고 제재 부분만을 선취하여 활용코자 할 우려도 있었다. 실제로 7월 말 라이스 장관은 쿠알라룸푸르 아세안지역안보포럼(ARF)에 참석하여 반기문 장관에게 북한 핵과 미사일 관련 자금을 차단하기 위해 개성공단과 금강산을 통한 자금 유입을 통제할 것을 요청했다. 반 장관은 받아들일 수가 없었다.

8월 초 나는 이 구상을 좀더 구체화하여 노무현 대통령에게 윤곽을 보고했다. 대통령은 관련국들과 협의해서 어느정도 가능한 방안이 만들어지면 그때 가서 보자고 했다. 그러면서도 "이리저리 다 해봐도 안되면, 제재를 거부할 수 있겠느냐"라고 덧붙였다. 문제는 어느 수준까지 가야 '다 해봤다'고 할 수 있느냐였다.

8월 10일 서울 시내 한 호텔에서 버시바우 대사와 만나 우리의 구상을 담은 문서를 주었다. 청와대 안보실 임성남 국장과 미국대사관 조지프 윤(Joseph Yun) 공사가 배석했다. 두 사람은 그동안 양측의 생각을 다듬기 위해 수차 협의를 가진 바 있었다. 버시바우는 그사이 본국 휴가를 다녀왔다며 그 기회에 나와 의논해온 윤곽에 대해 워싱턴 관계자들에게 타진했더니 부정적 반응과 긍정적 반응이 있었다고 했다. 그는 이날 내가 건넨 문서에 북한이 합의 이행(Path A)을 이탈할 경우에는 강력한 대북 제재(Path B)를 가한다는 점이 명시되어 있어 자신도 본국의 고위층에 구체적으로 건의할 수 있을 것으로 본다고 했다.

그는 워싱턴에서는 이 구상에 대한 북한의 반응을 먼저 알아보자고 할 수 있다면서 한·미 공동 팀이 방북하는 방안도 거론했다. 당시는 미국이 북한과 양자 차원의 접촉을 거부하고 있을 때였다. 또한

이 구상의 성공 여부는 불투명하지만 한·미 양국의 대북정책에 있어서 모호성(ambiguity)을 줄이고 명료성(clarity)은 높임으로써 동맹을 강화하는 데 도움이 될 것이라고 했다. 그는 미국 정부 내의 기류로 봐서는 앞으로 몇달 안에 6자회담의 재개와 진전이 없으면 불만이 누적되어 북한을 압살하자는 목소리가 커질 가능성이 높다고 덧붙였다.

나는 북한의 기존 행태에 비추어 한·미 공동 팀의 방북은 물론 남북 접촉을 통해 북측의 반응을 타진하는 것도 어려울 것으로 보았다. 실제로 8월 중순 미·북 뉴욕 채널을 통해 타진했더니, 북측은 BDA 문제는 북·미 간에 해결할 문제라고 하면서, 필요하면 힐 차관보가 조건 없이 평양에 오라고 했다. 다른 대안으로 중국을 협의 과정에 참여시키는 방안을 생각했으나 시간이 많지 않았다. 이 방안을 9월 14일 한·미 정상회담 때까지는 확정하여 이행에 들어가야 하는데 문제의 성격상 해들리와 전화로 의논하기도 어려웠다.

양측 책임자가 머리를 맞대고 결정해야 하는 사항인데 주한대사를 통해 교신하자니 답답하기도 했다. 그러나 목마른 사람이 우물 파듯이, 우리가 나서지 않으면 사태는 선로 위를 달리는 기차처럼 더 큰 위험으로 굴러갈 것으로 보였다. 미국은 한반도에 당장의 위험이 닥치지 않는 한 세상의 다른 일들로 너무 바빴다.

미국은 우리의 구상 중에서 제재 부분에 더 관심을 갖고 있었던 것이다. 중국이 적극적으로 동참하지 않는 한 효과는 기대할 수 없는데도 미국은 진전이 눈에 잘 보이지 않는 협상보다는 제재와 같은 당장의 가시적 행동을 선호하는 국내 여론을 의식했다. 또, 중동 지역 등의 다른 잠재적 도발세력에 대한 경고 효과도 기대했다. 누군가가

"제재는 게으른 사람들의 외교정책 수단이다"라고 했던가. 제재 명령을 내려두고 현장 관리들에게 이행을 독려함으로써 일단 책임을 다하는 것으로 본다. 실제 효과가 있는지 없는지는 먼 장래의 일로 넘기면 된다. 나는 한국의 입장에서는 그런 대책에만 치중할 수 없고, 제재에만 의존하는 것은 외교적 사치에 해당한다고 보았다.

북한의 미사일 발사 후 7월 11일부터 14일까지 부산에서 남북 장관급 회담이 개최되었다. 이종석(李鍾奭) 통일부장관이 북한의 미사일 발사를 비판하고 추가 발사 방지를 요구하면서 6자회담 복귀를 촉구했다. 북한의 권호웅(權浩雄) 내각 참사가 미사일 발사는 주권국가의 당연한 권리라고 반발하고 나옴으로써 당초 예정된 식량 지원 논의도 무산되었다. 인도적인 지원과 이산가족 상봉이 중단되고 금강산 면회 지원 요원도 철수했다. 우리도 자연스럽게 부분적으로 대북 제재에 들어간 것이다.

이런 환경에서도 7월과 8월에 걸쳐 우리의 과감한 접근 방안에 대해서 북한과 직접 교신을 몇차례 시도했다. 그러나 북한은 7월 말 쿠알라룸푸르에서의 남북 외교장관 제의도 거부했고, 금강산에서 기존 남북 채널로 협의하자는 제안에도 응하지 않았다. 마지막으로 제3지역에서의 접촉도 타진했으나 성사되지 않았다. 만약 성사가 되었다면 BDA 문제 해결과 북·미관계의 실질적 개선이 이루어지도록 한·미 간에 상당한 논의가 진행 중임을 전달하고, 이를 바탕으로 미국을 더 강하게 독려할 수 있었을 것이다. 당시 남북관계 악화라는 사정도 있었지만, 기본적으로 북한은 핵을 포함한 안보 문제에 대해서는 한국과 논의하지 않겠다는 자세를 버리지 않았다. 돕고 싶어도 손발을 맞춰주지 않는 것이었다.

이런 와중에 북한의 핵실험 가능성이 대두되기 시작했다. 8월 21일 부시 대통령은 후 진타오 주석과 통화하면서 북한의 핵실험 저지를 위한 중국의 영향력 행사를 요청했다. 그러나 후 진타오는, 지금 사태의 악화를 방지하기 위해서는 미국이 좀 융통성있는 자세를 보여주기를 기대한다고 맞받았다. 미국과 중국은 10년이 지난 지금도 "북한 핵을 용인할 수 없다"고 입을 모은다. "6자회담을 재개하고 9·19 공동성명을 이행해야 된다"는 원론적인 입장을 그때그때 다른 말로 바꿔가면서 표현할 뿐, 실질적인 해결방안에 대해서는 서로 책임을 넘기는 데 익숙해졌다. 그때마다 우리 국내에서는 양측의 말 한마디 한마디에 각별한 의미를 부여한다.

나는 우선 중국과 '에스 플랜'을 협의한 후에 그 결과를 갖고 미국을 방문하기로 했다. 8월 24일 밤 베이징에 도착하여 다음 날 오전 리자오싱 외교부장과 우 다웨이 부부장을 만난 후 바로 귀국했다. 언론에 일체 알리지 않았다. 가기 이틀 전에 연락했더니 중국은 즉시 환영 의사를 표시했다. 중국도 엄중한 상황에서 한국의 역할을 기대하고 있었다. 나는 리 자오싱에게 우리의 구상을 설명하고 미국의 비공식적 의견도 일부 참작한 것임을 부연했다. 그러니 이제 한국이 미국을 설득하고 중국은 북한을 설득해서 난국을 타개해야 할 때가 되었다고 했다. 나는 버시바우에게 전달한 내용 중 초기 조치의 축약본을 리 자오싱에게 건넸다.

그 요지는 이러했다. 미국은 북한과 양자 접촉을 갖고 3개월 내에 BDA 문제의 종결을 약속한다. 이를 위해 2주 내에 미·북 간 금융문제 협의를 개시한다. 이와 동시에 북한은 즉시 미사일 발사유예를 선언하고 2주 내에 6자회담에 복귀한다. 이후 5개국은 즉시 북한에 중유와 연료를 지원하고 한국은 인도적 물품을 포함한 대북 경제지원을 제공한다. 이와 동시에 북한은 5메가와트 원자로의 가동을 중단하고 IAEA 대표단을 초정한다는 것이다.

제재 부분(Path B)은 구두로 설명했다. 즉 만약 북한이 거부할 경우에는 한국이 미국 및 일본과 함께 대북 경제제재에 동참한다. 반대로 미국이 이 방안을 거부할 경우에 한국은 미국이 주도하는 대북 제재에 동참하지 않을 것이다. 중국도 이 방안에 참여한다는 입장을 분명히 해주기 바란다고 했다. 나는 북한보다는 미국이 이 방안을 더 수용하기 어려운 것임을 지적하고, 중국 최고위 선의 정치적 의지가 필요함을 강조했다. 내가 9월 6일 미국을 방문해서 해들리 안보보좌관 및 라이스 국무장관과 이 방안을 협의할 예정이니 그전에 중국이 북한과 협의해서 그 결과를 동석하고 있던 김하중 대사를 통해 알려달라고 했다.

리 자오싱은 구체적이고 창조성있는 방안이라면서, 북한을 상대로 이 방안을 진지하게 설득해보겠다고 약속했다. 그러면서도 그는 최근 한국이 북한의 수해 복구를 긴급 지원하기로 한 것으로 알고 있다면서, 한국이 직접 북한을 설득할 수 있는지를 타진했다. 7월 중순 폭우로 인해 500명 이상이 사망하고 3만 가구 이상이 피해를 보자 한국 정부가 10만 톤의 긴급구호 식량을 보낸 것을 두고 한 말이었다. 중국은 대북 설득에 대해서 늘 부담을 느끼고 있었다. 그래서 이러한 부담을 한국이 나눠 짊어지기를 기대했던 것이다. 나는, 한국은 미국을 설득하고 중국은 북한을 설득하는 역할 분담을 재차 강조했다.

이어 나는 지금 미국은 대북 제재 기류가 상승하고 있고, 북한은 핵실험 기류가 상승하고 있어 언제 하늘에서 천둥이 일지 모르는데,

만약 북한이 핵실험을 하면 한국은 더이상 한반도 비핵화 선언에 얽매이기 어려울 것이라고 했다. 그는 무슨 말인지 알겠다는 듯 고개만 끄덕였다. 내가 가파른 절벽도 두 사람이 서로 받쳐주고 당겨주면 올라갈 수 있다면서 한·중 협력의 필요성을 강조했더니, 그는 "정상에 올라가봐야 다른 산들이 작다는 것을 알게 된다(會當凌絶頂 一覽衆山小)"는 두보(杜甫)의 시 「망악(望岳)」 한 구절을 인용해 그다운 반응을 보였다.

이어 우 다웨이와의 오찬에서 나는 "미국은 어떻게 해서라도 우리가 끌고 올 테니 북한은 중국이 책임지라!"면서, 대북 설득 결과를 9월 4일까지 알려달라고 했다. 그와는 늘 직설적으로 말할 수 있어 좋았다. 그는 우리 모두가 보고 싶어 하지 않는 행동을 북한이 할 가능성을 보인다면서 핵실험 가능성을 시사했다. 7월 말 쿠알라룸푸르에서 있었던 중·북 외교부장 회담에서 북한의 백남순 외무상은 중국이 유엔안보리 결의에 동참한 데 대해 굉장한 분노를 표시했다고 소개했다. 자신이 보기에는 9·19공동성명이 한반도 비핵화는 물론 동북아의 평화 안정을 구축하는 길인데 미국이 굳이 이 시기에 금융 문제로 일을 그르칠 필요가 있었나 하는 의문이 든다면서 미국에 대한 불만을 보였다. 또 며칠 전 중·미 정상 간의 통화에서도 부시 대통령이 위폐 문제를 강조했다면서, 중국 지도부는 미국이 진정으로 한반도 비핵화에 관심이 있는지 회의를 갖고 있다고 했다.

그는 한국 측이 내놓은 구상은 일종의 '배수진'을 치겠다는 것으로 이해된다고 전제한 후, 북한이 응하지 않을 경우 한국이 미·일의 대북 제재에 동참한다는 것은 알겠지만, 중국의 동참 여부는 말하기 어렵다고 했다. 특히 제재 단계로 들어가는 문턱이 너무 낮다고 우려

했다. 미국과 중국을 한배에 태우기가 지극히 어려운 일이라는 것을 다시 한번 생각했다. 나는 워싱턴에는 9·19공동성명을 이행하여 비핵화를 촉진시키려는 정부와 북한의 도발행위에 대한 강력한 제재로 긴장이 고조되기를 은근히 기대하는 정부가 양립하는 것으로 본다고 했다. 그러므로 전자의 입장을 세워주기 위해서는 대북 제재 요건도 분명히 해야 한다고 강조했다. 그런데 중국은 우리처럼 미국의 내부 사정을 민감하게 고려하지 않는다. 그건 미국의 사정이고 중국은 중국의 갈 길을 간다는 대국 근성이 있다.

내가 베이징에서 돌아온 직후인 8월 26일 북한 외무성은 "9·19공동성명을 이행하면 북한이 얻을 것이 많기 때문에 6자회담을 하고 싶다. 관건은 미국의 금융조치 해결이다"라는 요지의 담화를 발표하여 속내를 드러냈다. 그러나 미국의 강경파는 북한의 이런 실토를 대북 압박을 강화하는 데 거꾸로 활용하는 것으로 보였다.

나는 9월 4일 그리스 아테네에서 노무현 대통령을 수행 중이었는데, 중국이 김하중 대사를 통해서 북한의 반응을 알려왔다. 중국은 북한과 접촉한 지 6일 만에 일차적 반응이 왔다면서 이례적으로 빠른 것이라고 평가했다. 북한은 중국이 유엔안보리 결의에 동참한 것은 미국에 칼자루를 쥐여준 것이라면서 불만을 먼저 표시하고, "BDA 문제가 해결되면 조건 없이 6자회담에 복귀할 용의가 있고, 미국의 제재와 압박이 강화되는 가운데 군사훈련의 일환으로 미사일을 발사한 것을 두고 문제 삼는 것은 이치에 맞지 않으며, 중국 측 제안에 대해서는 심도있게 검토해보겠다"고 했다는 것이었다.

중국 측은 북한이 '심도있게 검토하겠다'는 것 자체가 절반은 긍정적인 반응이고, 또 한·중이 같이 만든 제안에 대해 부정적이지 않은 태도를 보인 것이 특이하다고 해석했다. 또 북한이 BDA 문제가 해결되지 않으면 회담에 복귀하지 않겠다는 식의 단정적 표현을 사용하지 않은 것도 눈에 띈다고 평가했다. 중국의 전언을 듣고 일단 사태 안정과 돌파구의 가능성이 보이는 듯했다. 문제는 BDA 해결의 방안이 나오느냐였다. 당시 미국 스스로는 이란 핵 문제에 집중하는 한편 북한 핵 문제는 한국이 대북 지렛대를 활용하고 중국이 관리해 주길 바라고 있었다. 미국으로서는 북한 핵 문제 자체보다는 한·미 동맹이 균열되지 않도록 하는 데 더 신경을 쓰고 있었다.

이런 가운데 8월 말 천영우 본부장과 청와대 안보실의 임성남 국장이 먼저 미국을 방문해서 번스 차관 및 힐 차관보와 만나 '에스 플랜'에 대한 사전 정지 작업을 했다. 북한은 핵을 미국과의 문제로 간주하고 있어 남북 차원에서 설득하는 데는 한계가 있으므로, 미국이 탄력적인 자세에서 북한과 양자 접촉을 통해 6자회담을 재개해야 한다는 전제를 내세웠다.

미국 측에 설명하기 위해 정리해간 '에스 플랜'의 배경은 이렇다.

BDA 관련한 법 집행은 충분히 이해하나 당장은 사활적인 핵 문제 해결에 우선을 두자. 급박한 안보 이익과 법 집행 원칙 사이에 우선순위를 조절하는 것이 필요하다. 미국이 외교적 노력을 주저하는 동안 북한이 핵실험을 감행할 경우, 한국민들은 당장은 북한을 규탄하고 제재를 촉구할 것이나 시간이 지나면 미국도 과연 최선을 다했나라는 비판이 함께 제기될 것이다. 이처럼 한·미 간에 서로 책임을 넘기는 사태가 생기면, 북한이 핵실험을 하더라도 강력한 대북 제재 수단을 동원하기는 어려울 것이다.

또한 미국이 외교적 자산을 이란 핵 문제에 쏟는 만큼 북한 핵 문제에도 투입하기 바란다. 이란은 우라늄농축 자체는 포기하지 않겠다고 선언했다. 그래도 협상을 하고 있다. 반면, 북한은 주변국들이 다 모인 자리에서 완전 핵 포기를 이미 합의했다. 그 합의의 이행을 위한 협상의 의미가 이란보다 크다. 제재는 출구를 열어둘 때 의미가 있고 또 효과도 발휘할 수 있다. 이번 노무현·부시 회담에서 북핵 문제를 해결하기 위한 포괄적 합의를 하자.

천영우 본부장은 이런 배경을 설득력있게 설명하고 '에스 플랜'을 제시했다. 이에 대해 번스 차관은 창의적인 구상이라면서 그간 버시바우 대사를 통해서 비공식적으로 교신해왔는데 라이스 장관과 구체적으로 협의하겠다고 했다. 그러면서 그도 북한이 핵실험을 할 경우 포괄적인 대북 제재를 가해야 할 것임을 강조했다. 당시 워싱턴에 일시 귀국하여 면담에 동석한 버시바우 대사도 "강력한 방안이다. 송실장이 정상회담 직전에 와서 추가 협의할 것으로 안다"고 거들었다.

우리의 방안에 대해서 미국 측은 협상이 실패할 경우 강력한 제재 국면으로 전환하는 척도가 중요하다고 지적했다. 힐 차관보와 백악관 실무진은 한국이 과연 강력한 대북 제재에 적극 동참할 수 있겠느냐면서, 한국의 생각에 기초한 한·미 공동구상을 도출하는 것은 매우 큰 과제가 될 것이라며 회의적인 반응을 보이기도 했다. 양측은 일단 한·미 정상회담에서 공동 입장을 도출해보기로 했다.

미국 측은 또한 BDA 문제를 해결은 해야 하지만, 한국 측이 설정한 3개월 기한은 현실적으로 문제가 있다는 반응을 보였다. 미국 측이 특히 관심을 갖는 것은 이 방안에 대한 북한의 예상 반응이었다.

또한 한국이 '에스 플랜'을 강하게 밀어붙일 경우 자칫 9월 14일로 예정된 한·미 정상회담이 2001년 3월 김대중·부시의 워싱턴 회담이나 2005년 11월 노무현·부시의 경주 회담처럼 파국으로 끝날 가능성도 우려했다. 미국 실무진들도 이번 한·미 정상회담은 어떻게 해서라도 원만하게 이루어져야 한다는 중압감을 느끼고 있었다.

그들은 두 대통령이 먼저 북한이 인권을 탄압하고 주민을 굶기는 나쁜 정권이라는 인식을 마치 배경음악처럼 공유한 다음, 북한을 어떻게 바꿀 것인가 하는 문제로 대화를 진행시키는 게 좋겠다고 했다. 미국 측은 이번 정상회담에서 지난 수년간 한·미관계를 덮고 있던 불편한 분위기를 대내외적으로 씻어낼 수 있는 공동 기반을 만드는 것이 긴요하다고 했다.

왜 한국의 대통령이 미국 대통령의 정서적 요구에 맞추도록 애를 써야 하는지 마음이 편치 않았지만, 그런 감정보다는 결과가 중요한 일이었다. 또 실제로 두 대통령의 북한 정권에 대한 정서가 기본적으로 다른 것도 아니었다. 노 대통령은 북한 정권이 나쁘다는 것은 천하가 다 아는 일이지만, 한반도의 미래를 가로막고 있는 핵 문제를 해결하는 데 우선하자는 입장이었다. 반면, 부시 대통령은 북한 정권의 사악함에 대해 한·미 양국 지도자가 공개적으로 인식을 같이하면 다른 문제는 큰일이 아니라는 비교적 단순한 생각을 갖고 있었다. 국가 지도자 간에 합정합리(合情合理)의 관계를 만드는 것이 필요하지만, 부시와는 합리(合理)는 나중이고 우선 합정(合情)이 되어야 하는 사정이었다.

제8장

공동의 포괄적 접근

왜 대통령을 이기려 드느냐

2006년 9월 3일부터 대통령의 아시아-유럽 정상회의(ASEM) 일정
이 시작되었다. 그리스·루마니아·핀란드를 거쳐 9월 12일 워싱턴에
도착하게 되어 있었다. 나는 그리스 일정만 수행한 후 9월 5일 아테
네에서 워싱턴으로 향했다. 일련의 한·미 협의를 지속적으로 뒷받침
하기 위해 임성남 국장은 서울에서 워싱턴으로 직행했다. 막상 비행
기에 오르니 지난 일들이 스쳐 지나갔다.

2월 하순 나와 해들리는 연필로 노무현·부시 대통령의 일정을 잡
아두었다. 나는 3월 초 노 대통령에게 미국 방문 얘기를 꺼냈다. 대통
령은 넉달 전 경주 정상회담의 씁쓸한 기억 때문에 "부시와 만나봐

야 서로 말이 되지 않는다. 만나면 오히려 거리만 더 멀어질 것이다"라면서 거부했다. 며칠 후인 3월 10일 부시 대통령이 다시 공개적으로 북한을 '악의 축'이라고 불렀다. 노 대통령의 마음은 불편했다. 북한을 옹호해야 할 아무런 이유가 없음에도 북한과 대화를 통해 핵 문제를 해결해야 한다는 사정 하나 때문에 북한에게도 부시에게도 화가 나는 것이었다.

그래도 나는 그후 기회 있을 때마다 뜸을 들였다. 5월 중순 대통령의 몽골과 중동 방문에서 돌아온 직후 나는 "미국과 대북정책을 미리 조율해볼 테니 금년 중 적절한 시점에 미국에 가자"면서 작심하고 건의했다. 대통령은 "송 실장은 대통령이 싫다는 일을 왜 자꾸 끄집어냅니까. 왜 대통령한테 이기려고 해요"라면서 정색을 했다. 나는 뭘 잘못한 사람처럼 겸연쩍은 모습으로 집무실을 나오는데 뒷머리가 불편했다.

며칠 지나 5월 하순, 도저히 안되겠다 싶어 청와대 내부업무망인 e-지원으로 방미의 필요성을 조목조목 정리해서 다시 건의했다. 독일의 슈뢰더(Gerhard F. K. Schröder) 총리나 프랑스의 시라크(Jaques R. Chirac) 대통령 등 여러 서방 지도자들도 부시 대통령과 불편한 관계였지만, 그래도 만나고 또 필요하면 논쟁도 한다는 경우들을 사례별로 정리했다. 나는 이 지구가 당위나 정의가 아니라 결국 군사력과 경제력에 의한 위계질서에 따라 움직인다는 현실인식을 바탕으로 보고서를 썼다. 세상은 평평한 것이 아니라 피라미드처럼 층계가 진다는 국제정치를 염두에 두었다.

다음 날 대통령이 불러 집무실로 갔다. 자리에 앉자마자 "보고서다 봤습니다. 왜 자꾸 대통령을 갚으려 합니까?" 하고 따졌다. 그래서 나는 "제가 대통령님을 갉아서 무슨 득을 보겠다고 그러겠습니까. 대통령님의 심정은 잘 알지만 그래도 가시는 것이 좋겠습니다"라며 다소 굳은 얼굴로 말했다. 대통령은 두번째 담배를 물고는 나를 쳐다보면서 무슨 말을 하려고 했다. 내가 먼저 "만약에 이번에 부시 대통령을 만났는데 또 실망하시면, 다녀와서 저를 잘라버리십시오. 안보실장을 믿고 미국까지 갔는데 마음에 안 들었으니 그 책임을 물으시면 될 것 아닙니까"라고 했다. 대통령은 길게 연기를 뿜어내며 잠시 생각하더니 "아! 정말 귀찮아서 안되겠네. 그래 한번 가봅시다"라면서 양 무릎에 손을 얹고 일어섰다. 며칠 후 5월 30일 반기문 장관의 워싱턴 방문 기회에 미국 측과 9월 14일 회담 일정을 확정했다. 그동안 연필로 적어두었던 일정을 잉크로 바꾸었다.

노 대통령이 부시 대통령을 만나는 일정만을 위해 미국을 찾아가는 것은 스타일상 받아들이기 어려웠을 것이다. 그래서 9월 초 대통령의 그리스와 루마니아 방문에 이어 핀란드 헬싱키에서 열리는 아시아-유럽 정상회의 참석 후 귀로에 워싱턴을 경유해서 돌아오는 모양새를 만들었다. 나는 비행기 안에서 대북정책에 대한 두 대통령의 정서적·논리적 공통분모를 만들기 위해 노력한 지난 6개월을 회상하며 잠들었다.

2+2로 만나자

9월 6일 라이스 국무장관을 만나 정상회담의 의제와 진행 방식을 우선 의논했다. 먼저 양 대통령이 작전통제권과 기지 이전 문제 등

한·미동맹의 주요 이슈가 잘 합의되고 있음을 강조하기로 했다. 다음으로 북한과 핵 문제에 대해서는, 북한의 인권 상황에 우려를 표하고 핵무기 개발은 결코 용인할 수 없다는 점을 분명히 하면서 공동의 대책을 논의하는 것으로 했다. 그리고 오찬 시에는 한·미 FTA와 이라크 등 중동 문제, 그리고 비자 면제 프로그램 등을 논의하도록 했다. 이러한 순서를 양 대통령에게 보고하기로 합의했다.

나는 무엇보다 양 대통령이 북한 핵 문제에 대해 양국 국민과 북한 그리고 중국에 보여줄 공동의 확고한 메시지를 도출할 필요가 있음을 강조했다. 북핵 문제의 해결 시동을 위한 우리의 제안을 미리 브리핑 받았을 것이라고 전제하고, 그 내용이 담긴 문서를 건넸다. 라이스는 바로 북핵 문제 해결과 6자회담 재개에 한국이 얼마나 큰 무게를 두고 있는지 안다면서 미국의 입장을 밝혔다. 한국의 방안은 북한에 대한 일종의 '마지막 제안'(the last chance offer)으로 이해하지만, 기본적으로 미국이 견지해온 원칙과 배치된다는 반응을 보였다. 미국이 6자회담의 바깥에서 북한과 접촉하는 것은 가능하지 않고, 또 9·19공동성명은 좋은 출발점이었는데 한국의 방안은 마치 제네바 합의 방식을 부활시키는 것처럼 보인다는 것이었다.

나는 우선 미·북 양자 접촉은 과거처럼 6자회담 재개 직전에 만나는 것이므로 6자회담 밖에서 만나는 것이 아님을 지적했다. 그리고 우리의 방안은 제네바 합의와는 크게 다르다는 점을 강조했다. 첫째, '6자회담 재개와 초기 단계 이행 조치'를 하나의 패키지로 묶었고, 둘째, 북한·미국·한국의 행동을 연계시키고 있는 데다, 셋째, 북한이 합의 자체를 거부하거나 약속을 위반할 경우에는 한국이 제재에 적극적으로 동참하게 되어 있음을 주목하라고 했다. 라이스는 다시 한국이 북한 핵 문제 해결을 위해 쏟고 있는 노력을 높이 평가한다면서도, BDA 문제는 북한이 6자회담에 복귀했을 때 논의 가능하다고 주장했다. 한마디로 한국의 방안을 수용하기 어렵다는 것이있다.

한국에는 북한 핵 문제 해결과 분단 극복의 길이 애국가에 나오는 백두산만큼 중요하지만, 미국에는 로키산맥의 수많은 봉우리 중 하나쯤으로 비치는 것이 현실이다. 라이스 국무장관은 전세계 문제에 매달려 있다. 워싱턴에 있는 시간도 많지 않았다. 동아태 차관보는 세계 6개 지역을 나누어 담당하는 책임자의 한명이고 국무부에는 통틀어 35개의 차관보급 직책이 있다. 국무장관이 차관보로부터 상세히 보고를 받을 여유가 없는 경우가 많다. 장관이 외국 상대역과 일정이 잡히면 그 직전에 회의를 하거나 브리핑을 받아 입장을 정하는 경우가 많다. 라이스는 세계 주요 문제에 대한 상황 파악과 대처가 빨랐다. 뛰어난 피아노 연주가로서의 이름에 걸맞게 한번에 여러가지 일을 할 수 있는 능력을 가진 인물이었다. 그럼에도 그간 한국이 공들여온 방안을 자세히 들여다본 것 같지는 않았다. 아니면 북한의 6자회담 복귀 거부 시 한국이 대북 제재에 확실히 참여하도록 다짐을 받기 위해 일단 거부 입장을 취한다는 생각도 들었다.

나는 라이스에게 중국을 통해 북측이 보낸 반응도 설명했다. 중국은 한국이 대북 제재로 넘어가는 문턱이 너무 낮다는 우려를 표하기는 했지만, 이미 중국도 사실상 이 방안에 대해서 상당 부분 동참하고 있음을 강조했다. 한국이 중국과 먼저 협의하여 북한의 반응을 타진한 데 대해서 거부반응을 보일 가능성이 있었으나, 버시바우 대사를 통해 진행상황도 알고 있었을 것이라고 전제했다.

라이스는 "6자회담이 재개되어도 안보리 결의 1695호는 계속 유효하다. 중국도 미국의 대북 금융제재는 방어적 조치임을 이해할 필요가 있다"고 하면서 중국의 반응에 신경을 썼다. 그는 문서를 찬찬히 다시 보더니 몇가지 구체적 문제를 제기했다. 첫째는 1단계의 6자회담 재개와 BDA 문제 해결을 연결하는 방안은 미국의 입장과 맞지 않다. 둘째는 2단계의 원자로 가동 중단과 중유 제공 교환방식은 제네바 합의 내용과 형식에서 비슷하다. 셋째는 BDA 문제를 정해진 시한 내에 종료하도록 합의하는 것은 어렵다면서 그때까지 견지해온 미국의 입장을 재차 강조했다.

나는 이 방안이 협상을 통해 북한 핵 문제를 해결해보려는 '마지막 시도'(the last ditch effort)임을 강조했다. 특히 미국과 한국의 긍정적 조치에도 북한이 불응할 경우에는 제재 경로로 갈 수밖에 없고, 이 경우 중국만 국제사회의 대북 제재 조류에서 벗어나 있기 어려울 것이라고 강조했다. 라이스는 한국이 이루고자 하는 것이 뭔지 이해를 하겠다면서 제네바 합의와 유사한 위험요소가 있긴 하지만 좀더 논의해보자며 거부의 톤을 낮추었다.

나는, 한국의 방안은 미국이 연초부터 검토했다는 '포괄적 구상'과 상호보완적인 것임을 강조했다. 엿새 후인 9월 12일 노무현 대통령을 수행해서 다시 워싱턴으로 올 테니, 그때 반기문 장관과 나, 그리고 라이스와 해들리가 '2+2'로 만나서 정상회담 전에 이 방안을 마무리 짓자고 제의했다. 이어서 10월 13일 베이징에서 한·중 정상회담이 예정되어 있는데 이때 노 대통령이 후 진타오 주석에게 중국의 참여를 중점 논의할 예정이라고 덧붙였다. 또한 한·미가 합의하면 이를 기초로 북한 설득과 병행하여 11월 APEC 정상회의 때 한·미·일 3자 정상회담에서도 이 방안을 협의하자고 제안했다. 나는 또 한·

미 양국이 모든 외교적 조치를 다 강구해봤다는 것을 한국 국민들이 확신해야 한국 정부도 강력한 대북 제재의 문을 열 수 있다고 강조했다.

그랬더니 라이스는 자신이 9월 12일 늦게 캐나다에서 돌아오니 그 다음 날 2+2로 만나서 더 이야기해보자고 했다. 그는 이어 "제네바 합의는 '핵 폐기'가 아니라 '핵 동결'에 맞추었는데 이번 한국 안에는 1년 내에 핵 폐기를 개시하는 부분이 있어서 좋다. 9월 14일 한·미 정상이 이 구상을 승인하면 일본은 물론 중국도 동참하도록 해보자. 오늘 대화를 통해 마음이 가벼워졌다"면서 다소 긴장했던 얼굴을 풀었다.

나는 서로 생각의 흐름이 합류한다고 느끼면서 그가 미국 외교전문지 『포린 어페어즈』(*Foreign Affairs*)의 2000년 1월호에서 역사의 방향에 대해 기고한 내용을 끄집어내었다. "한국과 미국은 많은 것을 공유하고 있다. 더 적극적으로 공유해야 할 것은 한반도와 주변의 역사를 바꾸는 것이다. 당신이 오랫동안 강조했듯이 북한과 같은 나라를 역사의 올바른 편(the right side of history)으로 옮겨 오는 일을 함께하고 싶다. 한국과 미국의 부작위로 인하여 한반도의 북쪽이 역사의 잘못된 편에 잔류하도록 내버려두어서는 안된다"고 했다. 그리고 미국이 북한과 수교하지 않은 상태보다 수교를 했을 때 북한의 변화에 더 큰 영향을 미칠 것이라고 부연했다. 그는 "지난 세기의 체제에 속하는 나라들이 아직도 이 지구상에 있다는 것은 부끄러운 일"이라면서 나의 생각에 전적으로 동의한다고 했다.

회담 후 배석자 없이 둘만 있는 자리에서 나는 북한과의 건설적 대화를 위한 마지막 시도가 실패할 경우, 강한 제재로 가는 데 대한 노무현 대통령의 의지는 분명하다고 확인했다. 아울러 "북한을 개방시키고 한반도 평화체제와 동북아 다자안보체제를 수립하여 역사를 바꾸는 것은 부시 행정부에도 큰 업적이 될 것이다. 개방은 요구한다고 해서 되는 것이 아니다. 경제지원과 관계 정상화를 하면 부지불식간에 개방이 불가피해진다"라고 했다. 이어서 나는 "만약 당신이 외부로부터 경제지원을 받으려면 무엇부터 먼저 해야 하느냐?"고 물었다. 라이스는 다소 어리둥절한 표정을 지었다. 그래서 나는 바로 옆에 있는 문고리를 잡으면서 "우리가 지금 이 방에 갇혀 있는데 외부의 도움을 받으려면 우선 안에서 문을 열어주어야 할 것 아니냐. 그게 바로 개방(opening) 아니냐"며 초등학생 같은 대화를 나누고는 서로 웃었다.

'노무현·부시 재회동'이 일주일밖에 남지 않았다. 세부 문안을 구체화할 시간이 촉박했다. 나는 수행 중인 임성남 국장을 남겨두고 갈 테니 그와 함께 작업을 진전시킬 사람을 지정해달라고 했다. 라이스는 바로 국무부 자문관 필립 젤리코(Philip D. Zelikow)에게 맡기겠다고 했다. 나는 마음이 놓였다. 젤리코는 원래 직업 외교관에서 전환한 학자였다. 라이스와 함께 『독일통일과 유럽의 변환』(*Germany Unified and Europe Transformed*, 1995)이라는 책도 펴냈고, 역사의 전환을 향해 전략적 사고를 하는 현실주의적 인물이었다. 이 책에서 두 사람은 독일의 통일과 냉전의 종식이 필연적인 역사의 흐름에서 나온 것이 아니라 우연과 실수를 넘어서는 지도자들의 치국(治國) 능력이 만들어낸 것이라고 강조했다. 내가 라이스와 대화를 마치고 그의 집무실을 나서는데 그는 밖에서 대기 중이던 밥 조지프 차관, 힐 차관보, 젤리코 자문관 등을 불러들였다.

나는 이어서 백악관으로 가서 해들리 국가안보보좌관과 저녁 8시 무렵까지 한시간 반에 걸쳐 대화했다. 라이스에게 설명한 방안을 그에게 반복하고, 라이스가 제기했던 문제점에 대한 나의 생각도 제시했다. "한국의 방안이 부시 대통령이 지켜온 원칙에 배치되지 않는다. 6자회담을 재개한다는 전제하에 그 직전에 미·북 접촉을 갖는 것이다. 핵 동결이 아니라 핵 폐기에 중점을 두고 있기 때문에 제네바 합의와는 근본적으로 다르다. 중국을 통해 북한의 중간 반응도 받았다. 이 방안을 한·미 양국이 공동 추진함에도 불구하고, 북한이 거부할 때에는 강력한 제재로 가기 위해 한·미 공동의 전략을 세울 필요도 있다"라는 요지였다.

해들리는 북한의 거듭된 도발에도 미국과 확실히 공동보조를 취하는 나라는 일본뿐이라는 인식이 워싱턴에 퍼져 있다면서 한국의 태도에 불만을 먼저 표시했다. 그는 북한이 거부할 때 한국이 진정으로 제재 경로로 갈 수 있느냐면서 의문을 표시했다. 또 6자회담 재개 이전에 미·북 접촉을 갖는 것은 부시 대통령이 그어놓은 금지선을 넘는 것이고, 6자회담 복귀를 위해 금융제재 종료 같은 큰 대가를 지불해서는 안된다면서 내가 제시한 방안에 부정적 의견을 표시했다. 이어 그는 "이번 정상회담에서 양 대통령 간에 이 방안에 대해서 합의를 이루기 어려울 것이다. 가까운 우방으로서 한국 측 제안을 진지하게 살펴는 보겠지만 양 정상이 공개적으로 승인할 방안을 도출해낼 가능성은 없어 보인다. 한국 측이 희망을 갖도록 오도하지 않기 위해서 직설적으로 말하는 것이니 이해 바란다"며 단호한 반응을 보였다.

라이스가 나를 만난 후 해들리에게도 면담 결과를 전파했을 텐데,

왜 그렇게 강경한 반응이 나오는지 의아스러웠다. 여러가지 생각이 머리에 감돌았다. 그가 안보보좌관으로서 부시 대통령에게 직접 보고해야 하는 입장이라서 그런가 하는 생각도 들었다. 또 과연 백악관이 청와대와 같은 배를 탈 수 있는지에 대해 의구심을 갖고 있기 때문인 것으로 보이기도 했다.

나는 물러설 수가 없었다. 미국이 동맹국인 한국의 절실한 요구를 그렇게도 못 들어준다면 한국도 미국의 요구를 들어줄 수 없는 것 아니냐고 생각했다. 라이스와도 의논하고 왔음을 재차 상기시키고, "두 대통령이 이 방안의 내용까지 상세히 공개적으로 언급할 필요는 없다. 장관급에서 내용에 합의하고, 두 정상은 북핵 문제 해결과 유엔 안보리 결의 이행의 중요성을 언급한 후, 양국이 창의적이고 포괄적인 접근 방안을 공동으로 마련하기로 합의했다"는 선에서 언급하도록 하자고 했다.

그러자 해들리는 부시 대통령이 노 대통령으로부터 북한이 핵을 포기할 의사가 있는지, 그리고 중국의 대북 입장 변화 가능성이 어떤지와 같은 전반적인 그림에 대해서 듣고 싶어 할 것이라고 했다. 그는 또 설사 한·미 간에 합의를 보더라도 일본·중국·러시아와는 어떻게 할 것이냐고 물었다. 나는 우리의 방안에 대해서 중국을 통해서 이미 북한의 중간 반응도 받았음을 다시 설명하고, 한·미가 합의하면 11월 APEC 정상회의에서 한·미·일 3자 간에 협의하고 이어 러시아도 동참하게 할 수 있을 것이라고 했다.

당시 미국은 일본이 북한 핵 문제 논의에서 소외되고 있는 데 대해 신경을 쓰고 있었다. 일본이 미국에 계속 불만을 표시하고 있는 것으로 보였다. 나는 이를 감안해서 미국이 우리와 공동의 접근 방안을 만들면 이를 한·미·일 3자 협의 형태로 발전시킬 수 있다고 한 것이었다.

그런데 해들리는 중국을 통해 북한을 설득 중이라는 말에 정색을 하더니, "나쁜 쪽은 북한인데 어떻게 미국을 고립시킬 수 있느냐"고 했다. 나는 "미국을 고립시킨 것이 아니라 사전에 양측 실무 선에서 많은 교신이 있었다. 그 바탕 위에서 중국과 협의하고 또 북한의 반응도 타진한 것이다"라면서 그런 경과를 모르고 있었느냐고 따지듯 되물었다.

해들리는 "미·북 접촉은 6자회담의 맥락에서 이루어진다는 것과 북한이 불법행위를 즉시 중단한다는 조항을 분명히 포함시켜야 한다. 이어 2단계 조치는 괜찮은 편이고, 제재 경로로 넘어가는 방안도 좋다"고 하면서 좀더 검토해보자고 했다. 우리의 방안에 구체적 반응을 보이면서 한발짝 다가오는 자세를 취했다. 그러나 그는 "제재 부분에 대해 당신은 믿을 수 있지만 당신 뒤에 있는 서울의 사람들을 어떻게 믿을 수 있겠나?"라면서 다짐을 받으려 했다. 나는 한국의 방안에서 협상 경로와 제재 경로는 불가분의 관계에 있고, 노 대통령도 이러한 구조를 잘 이해하고 있다고 말해주었다.

그러자 그는 "오늘 당신이 노 대통령을 대신해서 한국의 입장을 잘 설명했다"고 했다. 내가 제시한 방안을 노 대통령의 뜻으로 간주하겠다는 취지였다. 해들리는 처음부터 방향을 정해두고 제재 부분에 대한 노 대통령의 실제 입장이 어떤지를 확인하려 한 것으로 보였다. 정상회담의 결과는 '조율된 보도지침'(Coordinated Press Guidance, CPG)의 형식으로 합의된 항목들의 요지만 간단히 언론에 발표하기로 했다. 우리의 방안에 대해 중국을 통해서 북한과 교신 중인 상태였고, 일본과 러시와도 협의되지 않은 상태여서 내용을 공개할 수는 없었다.

당시 우리 국내의 여론 분열은 유난했다. 여당에는 북한을 비판하고 제재하는 데 극도로 민감한 사람들이 있었고, 또 야당과 몇몇 언론 매체는 왜 미국이 하자는 대로 따라가지 않느냐며 정부를 비판하고 있었다. 상대적으로 약한 나라가 국내적 결속 없이 외교 협상 테이블에 앉으면 삐걱거리는 의자 위에 못을 깔고 있는 것만큼 여유가 없다. 국내가 그렇게까지 분열되지 않았다면 좀 의젓한 입지에서 우리의 구상을 밀고 나갈 수 있었을 것이라는 생각이 들었다. 이미 땅거미가 드리운 백악관을 나서는데 가슴이 텅 빈 것 같았다.

해들리와 면담을 마친 후 백악관의 와일더(Dennis Wilder) 선임국장과 빅터 차 국장이 배웅차 따라 나오면서 임성남 국장에게 "한국의 방안에 대해서 일본과는 아무런 협의도 없이 이렇게 추진해도 되느냐"면서 불만 섞인 질문을 던졌다. 듣고 있던 나는 "좋다. 지금 일본과 바로 협의하자. 그런데 일본의 사정상 언론에 유출되지 않는다는 보장을 미국이 할 수 있겠느냐"고 반문했다. 십중팔구 협의 내용이 언론에 누출될 것으로 보았기 때문이다. 그들도 부인할 수 없었는지 더이상 이의를 제기하지 않았다.

2006년 2월 말 내가 해들리를 만났을 때 그는 미국에는 대한관계와 대일관계가 중요한 만큼 한·일관계도 중요한데, 양국 관계의 양상이 우려스럽다고 말했던 것이 생각났다. 10여년이 지난 지금도 한·일관계는 근본적으로 바뀐 것이 없다. 미국은 전후 세계질서 구축과정에서 일본의 안정을 통해 팽창하는 공산주의를 막을 필요가 있었다는 판단에서 천황제를 존속시켰다. 우리는 일본이 왜 과거를 깨끗하게 청산하고 함께 앞으로 나아가지 못하느냐고 비판하는데, 만약 전후(戰後) 일본이 공화제로 전환했다면 사정이 달라졌을지 모른다. 일본은 일·미동맹을 견고하게 지키면 일·한관계는 나분히 부수적으로 따라오게 되어 있다고 본다. 한반도 분단이 지속되는 한, 한국은 이런 역학관계에서 벗어나기 어려울 것이라고 생각한다.

냉전종식 후에도 미국은 기본적인 세계전략 구도를 그대로 유지하고 있다. 미국은 국토·인구·자원 면에서 크게 열세였던 독일과 일본을 상대해서 2차대전에서 승리했고, 덩치는 컸지만 체제 자체의 결함을 가졌던 소련을 상대로 냉전에서 이겼다. 그러나 모든 면에서 크고 '사회주의 시장경제'라는 전혀 새로운 체제로 미국에 도전하고 있는 중국에 대해 확신이 서는 대응책을 손에 잡지 못하고 있다. 미국은 2차대전 직후 공산주의 팽창 시기만큼이나 일차 방패로서 일본을 필요로 하고 있다. 그런데 노무현 대통령은 이런 현상을 받아들이지 않으려 했다. 오히려 미국이 일본의 군비증강을 장려함으로써 동북아에서 긴장이 고조된다고 우려했다. 2005년 11월 경주에서 노 대통령은 일본과 중국이 충돌하지 않도록 미국이 견제해줄 것을 요청했다. 부시는 정색을 하더니 "미국의 친구가 일본에 대해 화를 내면 미국은 불안해진다"면서 한국의 대일 자세를 우려했다.

다음 날 나는 임성남 국장 및 젤리코 자문관과 함께 워터게이트 호텔에서 오찬을 하면서 라이스와의 회담에서 못다 한 이야기를 보충했다. 닷새 후 다시 올 테니 그사이 두 사람이 9월 13일 반기문·송민순-라이스·해들리 간 4자회동을 거쳐 양국 대통령에게 건의할 수 있는 수준으로 문안을 손질해달라고 당부했다. '공동의 포괄적 접근 방안'으로 이름을 붙이자고 했다.

한국이나 미국 모두 거의 2년마다 주요 선거가 있다. 양국이 국내 정치의 직접적인 영향권에서 벗어나 대북정책을 협의할 자유로운 시간대가 별로 없다. 2006년 미국은 11월 중간선거를 앞두고 있었다. 부시 행정부는 2005년 9·19공동성명의 이행은 출발도 하지 못한 채 북한의 핵과 미사일 개발을 속수무책으로 방치하고 있다는 비판을 받고 있었다. 이런 시기에 우리가 제시한 '공동의 포괄적 접근 방안'에 대해서 한편으로는 꺼리면서도 다른 한편으로는 돌파구가 될 수 있다는 일말의 기대도 갖고 있는 것으로 보였다. 또 미국이 자체 검토한 '포괄적 구상'과 상호보완 가능성이 있다는 점에서도 의미가 있었다. 또 우리의 방안이 일견 북한에 대한 유화책으로 보일 수도 있지만, 반대로 북한이 거부할 때는 강경책으로 가는 문을 열어두었다는 점에서 미국 내 지지에도 도움이 될 수 있었다.

9월 8일 새벽 나는 헬싱키로 날아갔다. 반기문 장관에게 경과를 설명하고 바로 노무현 대통령에게 미국과의 협의 결과를 보고했다. 노 대통령과 반 장관은 ASEM 정상회담에서 각국 수뇌 및 각료들과 회담하느라 분주했다. ASEM 회의는 유엔사무총장 캠페인의 마지막 피치를 올려야 할 곳이기도 했다. 그런 중에도 노 대통령은 다가올 부시와의 대좌에 신경을 쓰고 있었다. 노 대통령은 한·미 공동의 방안이 아직 확실히 합의되지 않은 것임을 보고받고 나서, 두고 보자는 반응을 보이면서도 기대를 표시했다. 노 대통령은 헬싱키에서 중국의 원 자바오(溫家寶) 총리에게, 북한이 10개월이나 6자회담을 거부하고 있으니 5자가 만나 북한을 설득하고 아울러 미국에도 좀 유연한 입장을 권유하자고 했다. 그가 "신부 없이도 결혼식을 하느냐"며 반대하자, 노 대통령은 결혼식이 아니라 결혼 준비를 하는 자리로 생각해보자고 설득하려 했다. 그러나 중국은 끝까지 반대했다. 노 대통령의 의도와는 달리 중국은 북한이 5자회동을 대북 압박의 자리로 간주하여 더욱 반발할 것을 우려한 것이다.

한편 노 대통령은 독일 및 프랑스 정상들과 한국의 레바논 파병 문제에 대해서 긍정적인 논의를 했다. 나는 서울을 떠나기 전에 대통령에게 레바논 파병에 대해서 적극적으로 검토할 것을 건의했다. 우리가 이미 이라크 파병 문제로 큰 곤경을 겪기는 했지만, 레바논 파병은 이라크와 달리 유엔 깃발 아래의 평화유지군이었다. 한국은 규율이 잡힌 강한 군대를 가진 국가 가운데 역사·인종·종교·정치 면에서 중동에 편견이 없는 사실상 유일한 나라이다. 레바논 파병은 세계 평화에 기여한다는 명분이 분명했다. 노 대통령은 이 점을 고려하여 또다시 중동 파병이라는 민감성에도 불구하고 결정을 내렸다. 2007년 나는 외교장관으로서 레바논을 방문하여 동명부대원들과 함께 가슴 뿌듯한 시간을 가졌다. 국력은 이렇게 뻗어가는 것인데 하는 생각과 함께 장병들의 기개를 느꼈다. 그런데 막상 한반도 안에서는 남과 북이 싸우고, 주변국들을 설득하느라 기진맥진하고 있었다.

나는 헬싱키에서 리 자오싱 중국 외교부장을 만났는데, 그가 얼마 전 다른 자리에서 라이스에게 "한국이 6자회담 재개를 위해 훌륭한 방안을 만든 것으로 보였다"고 했더니, 라이스는 별 반응 없이 오히려 5자회담을 제의했고, 중국은 역시 반대했다며 그간의 경위를 알려주었다. 미국과 중국이 한반도 문제를 진지하게 의논하기란 이렇게 쉽지 않은 일이었다.

공동의 포괄적 접근 방안(CBA)

내가 헬싱키에서 대통령을 수행해서 다시 워싱턴으로 오는 동안 임성남과 젤리코는 나와 라이스 사이에 합의된 골격에 살을 붙여 '공동의 포괄적 접근 방안'(Common and Broad Approach)을 가다듬었다. 양측은 이를 줄여서 CBA라고 불렀다. 나는 부시 행정부가 '포괄적'(comprehensive)이라는 말에 거부감을 갖고 있었던 것을 미처 잘 몰랐다. 1993년 1차 북핵 위기 때 미국은 '포괄적 방안'(Comprehensive Package)으로 대북 접근을 강구했으나 당시 김영삼 정부가 '포괄적'이라는 말이 미·북 접촉을 열어주는 것이라며 극구 반대했다. 이 표현은 결국 '철저하고 광범위한 접근'(Through and Broad Approach)으로 바뀌었다. 또 2003년 이란은 미국의 이라크 침공 후 위협을 느끼자 그해 5월 미국에 대해 핵 문제 해결과 이란-이스라엘 관계 개선, 그리고 대 테러 협력을 포함하는 이른바 '포괄적 평화안'(Comprehensive Peace Proposal)을 미국 측에 제안했다. 미국은 이 제안을 즉각 거부했고, 그후에도 유사한 이름을 원치 않은 것이다. 미국은 이런 전례 때문에 포괄적이라는 개념을 'comprehensive'보다는 'broad'로 표시하기를 원했다. 미국이 검토하고 있었던 '포괄적 구상'(Broad Concept)과도 맞닿는 것이었다.

그 방안은 세 부분으로 구성된다. 요지는 이러했다.

첫째, 시동 단계에서 6자회담 재개 일자에 합의하고, 회담 재개 직전에 미·북 대화를 갖는다. 회담 재개와 동시에 북한은 미·북 간 금융 대화에서 불법행위 근절을 공약하고, 미국은 BDA 자금을 북한으로 송금하는 것을 허용한다. 둘째, 6자회담 재개에 맞추어 한·미를 중심으로 9·19공동성명의 조기 이행을 위한 공동의 계획을 수립한다. 셋째, 9·19공동성명 이행 개시와 함께 남·북·미·중간 한반도 평화체제 협상을 개시한다.

당초 우리는 9·19공동성명의 전체 이행 방안까지 포함시키려 했으나, 미국은 우선 6자회담 재개와 BDA 문제 해결에 초점을 맞추고자 했다. 부시 행정부는 평화적 이미지를 위해 평화체제 협상을 부각시키고자 했다. 평화체제 협상을 개시하면 자연스럽게 미국이 내부 구상했던 '포괄적 구상'의 정치적·군사적 신뢰구축과 인권 문제가 포함된다는 판단이었다.

북한이 이러한 방안을 거부하거나 이행을 지연할 경우 제재 조치에 대해서는 상호 양해 사항으로 해두고 문서에는 명시하지 않았다. 미국도 민감한 사항을 문서로 작성할 것을 고집하지는 않았다. 양측은 시동 단계의 조치를 위한 '한·미 공동 방안'을 한·미·일 협의를 거쳐 북측에 제시하고, 이어 중국 그리고 러시아 측에도 협의하는 것으로 했다.

9월 13일 아침 반기문 장관과 나는 라이스 장관의 집무실에서 해들리 안보보좌관을 포함하여 배석자 없이 넷이 마주 앉았다. '공동의 포괄적 접근 방안' 문안을 펴놓고 같이 훑어보았다. 라이스가 먼저 의견을 제시했다. 우선 BDA 문제의 해결 방법과 시한은 미국의 법 절차가 있어서 재무장관뿐 아니라 법무장관과도 협의해야 될 사항이라고 전제했다. 가장 핵심적인 문제에 단서를 다는 것이었다. 우리 측은 "미국 내 절차는 라이스와 해들리 두 사람이 해결할 것으로 간

주한다"면서 더이상 조건을 달지 못하게 했다.

그러자 라이스는 시동 단계에서 북한이 불법행위 근절을 '공약'하는 것을 넘어 실제 '행동'으로 보여줘야 BDA의 자금 이전이 가능하도록 수정하자고 했다. 우리는 일리가 있다면서 수락했다. 그는 또한 6자회담 재개 후에 북한이 당장 구체적 행동을 보여주는 것이 중요한데, 무엇이 될 것인지에 대해서 문제를 제기했다. 나는 북한이 먼저 5메가와트 원자로를 동결하고 IAEA의 사찰을 개시한 후 1년 내에 핵 폐기를 개시하는 방안을 제시했다. 다른 5개국이 북한에 대해서 에너지를 지원하고 미국의 대북관계 정상화 협상을 개시한다는 점도 붙였다.

이 내용은 이미 실무선에서 수차례 협의된 것임에도 불구하고, 라이스와 해들리의 머리에 자세히 입력되어 있지 않은 것으로 보였다. 미국의 국무장관과 국가안보보좌관은 전세계 문제를 다루다보니 북한 핵 문제에 집중할 수 없는 것이 현실이다. 미국 실무진에 따르면 이틀 전인 9월 11일 이 방안에 대해서 최종 보고를 했더니, 라이스는 "좀 생각해보자"고 했다는 것이었다.

이어 해들리는 북한의 거부 시 제재 옵션이 있음을 한국 측이 공개적으로 밝힐 수 있는지를 물었다. 나는, 그렇게 할 경우 북한으로서는 위협하에서 강제로 응하는 모양이 되어 이 방안 전체를 받아들이기 어려울 것이므로, 남북 채널을 통해서 북한에 알리겠다고 했다. 반기문 장관과 나는 한·미 공동의 합리적인 제안에도 불구하고 북한이 거부할 경우에는 한국 정부가 강력한 대북 제재를 가하기 위해 국민을 설득하기가 쉬워질 것임을 강조했다. 미국 측은 공감을 표시했다.

양측은 다음 날 정상회담에서는 두 대통령이 이 방안에 대해 개괄적으로 언급하고 실행 방법은 장관급 논의로 넘기기로 합의했다. 조율이 끝나자 해들리는 이 방안을 부시 대통령에게 미리 보고해두 겠다고 했고, 라이스는 정상회담에서 유엔사무총장 선출에 대해 노 무현 대통령이 먼저 부시 대통령에게 제기하는 것이 좋겠다고 귀띔 했다.

이날 회동에서 정상회담 결과 발표 지침도 합의했다. 북한 핵 관련 부분은 다음과 같다.

한·미 양 정상은 6자회담을 통한 북한 핵 문제의 평화적이고 다 자적이고 외교적인 노력을 경주하기로 합의했다. 양국은 북한의 핵 무장을 용인하지 않을 것이며 유엔안보리 결의 1695호를 주목 하고 있다. 양 대통령은 9·19공동성명의 이행이 바로 북한이 국제 사회에 들어오는 길임을 강조했다. 양국은 다른 6자회담 참가국 과 함께 북한을 회담에 복귀시키고 공동성명을 이행토록 하는 '공 동의 포괄적 접근 방안'을 만들기로 합의했다. 부시 대통령은 남북 화해를 지지하고 개성공단 같은 사업이 북한의 진정한 개혁과 주 민의 고통을 실질적으로 개선하는 방식으로 운영하기를 기대한다 고 밝혔다.

그외 양측은 대외 발표에서 한국의 독자적인 전시작전통제권 행 사는 한·미동맹이 성숙하고 있음을 의미하는 것으로서, 미국의 지 속적인 안보 공약과 한국의 능력 강화에 기초하고 있는 것임을 강조 하기로 했다. 아울러 한·미 FTA 협상 진전에 만족을 표시하고, 한· 미동맹이 한반도를 넘어서 인간의 존엄을 존중하는 역할을 할 것임을 언급하기로 했다. 또한 미국은 한국의 이라크와 아프간에서 대 테러 협력에 참여한 데 대해 감사를 표시하고, 한국은 베트남에서 이라크에 이르기까지 미국의 중요한 세계평화 유지 활동에서 항상 강력한 파트너가 되어왔음을 적시하기로 했다. 한편 이날 라이스 장관은 정상회담에 앞서 노 대통령을 영빈관(Blair House)으로 사전 예방했다. 이 자리에서 그는 아침에 있었던 2+2회동이 유익했다고 하면서, 양국이 북한과 중국에 대해 단합된 목소리를 계속 내기를 바란다고 했다.

노무현과 부시, 10개월 만에 마주 웃다

2006년 9월 14일 오전 11시, 두 대통령은 백악관에서 2005년 11월 경주 회담 후 처음으로 악수를 나누었다. 두 사람 모두 이미 2+2협의 결과를 사전에 보고받아서인지 비교적 편안한 모습이었다. 부시 대통령은 회담장 입구에서 노무현 대통령을 특유의 큰 웃음으로 환영하고, 뒤이어 오는 반기문 장관에게는 "행운을 빈다"(Good Luck)고 했다. 바로 뒤따라 들어가던 나는 그가 한·미 공동의 대북정책 합의에 대해 만족스러워하고, 또 반 장관의 사무총장 진출도 환영한다는 느낌을 받았다.

부시 대통령은 자리에 앉자마자 두달 뒤에 미국 중간선거가 있는데, 자기 쪽에 내기를 걸라면서 서두를 꺼냈다. 농담조였지만 그 시간에도 국내 정치가 방 안의 공기를 감싸고 있음을 말해주는 것이었다. 그는 이라크와 아프간에서의 한국의 지원에 감사한다는 말도 잊지 않았다. 이어, "오늘은 노 대통령이 발언권을 갖고 있는 만큼 어떤 문제든지 말해달라"면서 마당을 펼쳤다.

노 대통령도 편안해 보였다. 먼저 미군 2사단의 후방 배치와 평택 기지 조성이 잘되고 있음을 언급하고, 작전권 전환 일정은 정치성 없이 유연하게 정했으면 좋겠다고 했다. 또 한국 내에서 FTA에 대해 많은 반대의견이 있지만 높은 수준으로 체결하자고 했다. 부시 대통령도 작전권은 정치 이슈가 되지 않도록 하자는 데 동감을 표시했다. 또 민주국가에서는 늘 많은 반대가 있기 마련인데, 백악관 주변에도 한국으로부터 FTA 반대 시위대가 와 있다는 이야기를 들었다면서 웃었다.

노 대통령은 동북아의 역사 문제를 꺼냈다. 말이 길어지자 부시 대통령이 먼저, 곧 기자들이 들어올 테니 그전에 북한 문제를 논의하자고 말머리를 돌렸다. 그러자 노 대통령이 "양국 외교장관과 안보보좌관들이 먼저 만나서 충분히 협의했다고 보고받았다. 북한 핵 문제에 대한 한·미 간 공동보조가 원활하게 될 것으로 기대한다"고 했다.

부시 대통령은 기다렸다는 듯이 자신의 생각을 쏟아내었다. 북한 핵 문제를 외교적으로 해결할 것임을 확인하면서, "북한의 지도자가 미국이 군사 공격할 것이라면서 주민들을 겁주고 있는데 얼토당토 않은 일이다. 이란이나 베네수엘라 등의 지도자들도 전부 그렇게 말하고 있는데, 내가 설사 공격을 하고 싶다 하더라도 어떻게 그렇게 많은 대상들을 공격할 수 있느냐. 그들이 전부 국내 정치에 활용하고 있는 것이다"라면서 열띤 비판을 했다.

그는 이어서 북한의 핵실험 가능성에 대한 대책을 두고 중국 측으로부터도 시원한 답을 들을 수 없었다면서 답답한 표정을 지었다. 그는 북한이 핵무기를 개발한다면 미국도 일본의 핵 욕구를 말리기 어려울 것이고, 이는 심각한 지정학적 결과를 초래할 것이라고 우려했다. 그래서 중국·일본·한국 등 주위 나라들의 전략적 단합이 중요하다면서 지역 국가들의 역할과 책임을 강조했다. 그의 말투로 보아서는 같은 내용을 며칠 전 후 진타오 주석에게도 그대로 말했던 것으로 보였다. 후 주석은 필시 평소처럼 핵심보다는 원론적인 말만 되풀이했을 것이다.

그의 말을 들으면서 나는 '지역국가 책임론은 맞는 말이다. 그런데 문제는 북한이 죽기 살기로 미국만 상대하겠다는 것 아닌가'라고 메모 수첩에 꾹꾹 눌러썼다. 북한은 미국의 대북 제재와 주한미군의 압박 때문에 못살겠다면서 오직 미국과의 협상만이 문제 해결의 길이라고 고집한다. 한국은 북한을 설득할 수단이 제약되어 있고 일본은 미국을 따라간다. 중국은 북한이 붕괴되지 않는 것이 우선이기 때문에 북한을 결정적으로 압박하지 못하는 것이 현실이었다.

노 대통령은 7월 북한의 미사일 발사 후 쌀과 비료 지원을 중단했다면서, 북한이 만약 핵실험을 하면 남북관계는 지금과는 전혀 다른 상황이 될 것이고, 한국 안보환경을 전면 재검토할 수밖에 없다고 말했다. 노 대통령의 발언은 대북 제재도 하지만 미국이 좀더 강력한 외교력을 발휘하여 한국을 포함한 동북아의 핵확산 방지가 필요하다는 메시지를 담고 있었다. 당시 노 대통령은 나를 포함한 보좌진에게 BDA 문제로 미국이 북한 핵을 방치하면, 결국 NPT 체제는 붕괴될 것이고, 그때 가면 한국도 핵 옵션을 고려해야 하므로 동북아의 핵 확산이 불가피할 것이라고 말하곤 했다.

이에 대해서 부시 대통령은 김정일이 핵 개발을 포기하여 한반도

전쟁 종식을 위한 평화협정을 맺기를 기대한다고 했다. 그는 후 진타오 주석도 자신에게 평화체제에 대해 관심을 표시했다면서, 중·북 간에도 논의한 것으로 알고 있다고 했다. 그런데 북한이 미사일 발사로 중국의 뺨을 때린 격이어서 중국과 북한의 관계가 변하고 있는 것으로 보이지만, 문제는 중국이 그렇게 빨리 움직이지 않는다면서 불만을 표시했다. 그는 중국의 대북정책이 변하는 데는 지정학적 요인 때문에 일정한 한계가 있다는 것을 믿으려 하지 않는 것 같았다.

그는 이어서 고이즈미 총리가 일본이 지켜온 방어중심 전략을 수정하고 있다면서, 일본이 너무 빨리 군비를 증강하지 않도록 미국은 주의 깊게 보고 있다고 했다. 앞서 노 대통령이 동북아 정세를 우려하며 길게 이야기한 것에 대한 답변이었다. 미국은 일본이 동아시아에서 한마리의 고래와 같은 역할을 할 수는 있어도 범고래 같은 공격형이 되지는 않기를 바랐다. 그러나 일본의 군대 증강에 대한 미국의 이런 시각은 그후 10년간 중국의 급속한 자신감 표출과 군사력 강화로 인해 미묘하게 변하고 있다.

화제가 일본과 중국으로 확대되어나가자 이번에는 노 대통령이 북한 핵 문제로 말머리를 돌렸다. 북한이 핵실험을 하면 전세계적으로 고립이 더욱 심화될 것임을 전제한 후, 9·19공동성명을 이행하면 한·미 양국에 매우 중요한 이익을 가져올 것임을 강조했다. 그러므로 6자회담 재개 방안을 한·미가 공동으로 마련해서 다른 나라들과 협의하고 이행 동력을 만들자고 제의했다.

이어서 노 대통령이 "양국 장관급에서 이미 협의된 공동의 방안에 대해 실행계획을 세우자"고 하자, 부시 대통령은 "그게 바로 내가 원하는 것이다. 단호한 결의와 인내심을 갖고 해보자"고 화답했다. 그가 말하는 '단호한 결의'라는 것은 북한이 끝내 거부할 경우 확실한 제재를 가하자는 것이고, '인내심'이라는 것은 그 이전에 외교적 노력을 다해보자는 의미로 들렸다. 양 정상은 그렇게 서로 의견을 맞춘 후 반기문 장관과 나, 그리고 라이스 장관과 해들리 보좌관을 각각 둘러보면서 고개를 끄덕이며 그렇게 하라는 신호를 보냈다.

곧이어 기자들이 들어왔다. 부시 대통령은 먼저 한·미동맹은 공고하고 미국의 안보 공약은 강력하다면서 한국의 이라크 파병에 감사를 표시했다. 그리고 두 사람이 북한 핵 문제를 평화적으로 해결하기로 합의하고 9·19공동성명을 이행할 의지를 서로 확인했다고 밝혔다. 이어서 노 대통령은 "6자회담 재개를 위해서 사전 조율된 방안에 대해 만족스러운 대화를 가졌다. 양 대통령의 보좌진들이 공동의 포괄적 접근 방안 실행을 위해 긴밀하게 협의할 것이다"라고 설명했다.

유엔사무총장과 라이스 플랜

회담 후 백악관 2층으로 옮겨서 오찬을 가졌다. 앉자마자 노무현 대통령은 오늘 회담에서 모든 문제에 의견의 일치를 보아서 한·미관계에서 뭔가 문제점을 찾아보려는 언론에 줄 선물이 없어진 것 같다고 했다. 부시 대통령은 파안대소하면서 언론은 원래 편 가르기 하는 속성이 있다면서 맞장구를 쳤다.

노 대통령이 유엔사무총장 후보선출 예비투표에서 반기문 장관이 15표 중 14표를 획득했다면서 미국의 지지에 감사를 표시했다. 부시 대통령은 노 대통령에게 "반 장관이 괜찮은 사람입니까?"라면서 농담을 던진 후에 반 장관을 보고는 "왜 그 자리를 원합니까?"라고 마치 면접 보듯이 물었다.

반 장관은 "미국과 유엔의 도움으로 한국이 민주주의와 인권, 그리고 시장경제의 성공 사례로 성장했는데, 이제 한국도 유엔을 통해 국제사회에 공헌하고, 특히 유엔의 개혁에 공헌할 수 있을 것으로 생각한다"면서 부시가 듣고 싶은 핵심을 짚었다. 당시 유엔에 대한 미국의 최대 관심은 개혁이었다.

그랬더니 부시는 미국이 유엔에 막대한 분담금을 내는데 효과적으로 집행되지 못하면 차라리 탈퇴해야 한다는 요구가 많다고 지적한 후, "반 장관이 그 자리에 적합한 인물이라고 생각한다. 선출될 것으로 본다"라고 했다. 마치 도장을 찍는 것과 같은 분위기였다. 그로부터 한달 후 반기문 장관은 유엔사무총장으로 선출되었다.

노 대통령은 반 장관의 사무총장 진출을 위해서 자신이 할 수 있는 일은 다하려고 했다. 한국을 방문한 인사 중에서 조금이라도 도움이 된다 싶으면 우선적으로 만났다. 또 사무총장 진출에 도움이 된다고 하면 해외 방문 일정도 조정했다.

한국인 유엔사무총장 선출 문제에 대해서는 미·중 간에 민감한 기류도 있었다. 그해 8월 말 베이징에서 나는 리 자오싱 외교부장에게 유엔사무총장 선출 문제를 꺼내면서 중국의 확고한 지지를 다짐하듯이 요청했다. 그는, 중국은 당연히 아시아 지역 후보를 지지한다고 하면서, 얼마 전 라이스에게 반기문 후보에 대해 타진했더니 '좋은 후보'라고 하면서도 지지 여부는 밝히지 않았다고 소개했다. 자신이 보기에는 반 장관이 미국에 대해 캠페인을 좀더 할 필요가 있어 보인다는 것이었다. 중국 측의 판단이 어느 정도 정확했는지는 알 수 없었으나 안보리 상임이사국 사이의 대화여서 무게가 느껴졌다.

나는 9·19공동성명이 채택된 직후인 2005년 10월 방미 때, 니콜라스 번스 국무부 정무차관에게 반 장관이 사무총장 출마를 계획하고 있다면서 미국의 생각이 어떤지를 타진했다. 당시 북한 핵 문제로 긴박했던 정세가 일단 안정국면에 들어갔다. 그는 아시아에서 사무총장을 맡는다는 데 대해서 미국도 같은 생각이라면서, 라이스 장관도 반 장관이 탁월한 외교관으로서 미국에서 깊이 존경받는 인물로 평가하고 있다고 말했다.

그러면서 번스 차관은 그해 12월 초 브뤼셀에서 28개 NATO 회원국이 참석하는 북대서양위원회(North Atlantic Council)에 반 장관이 참석할 것을 권유했다. 유럽 국가들이 아시아에 대해서 전략적 사고를 하지 않기 때문에 반 장관이 직접 북한 핵과 동아시아 문제에 대해서 설명하면 앞으로 사무총장 캠페인에 좋은 출발이 될 것으로 본다는 것이었다. 그는 자신의 뒤를 이어 NATO 대사를 지낸 버시바우 주한대사와 힐 차관보의 지원이 도움이 될 것으로 기대한다고 했다. 반 장관은 그해 북대서양위원회에 참석하여 동아시아와 세계 문제에 대한 자신의 식견을 피력했다. 반 장관은 이어 슬로베니아에서 열린 유럽안보협력기구(OSCE) 각료회의에 옵서버로 참석하면서 사무총장 캠페인에 본격적으로 나섰다.

백악관 오찬에서 두 대통령이 FTA 협상 가속화에 합의한 후, 부시 대통령은 한·일관계와 한·중관계에 대한 노 대통령의 생각을 듣고 싶다고 했다. 미국 보좌진들이 경주 정상회담의 경험을 염두에 두고 이번에는 가급적 노무현 대통령의 말을 경청하라고 건의했던 것으로 보였다. 노 대통령은 19세기 말에서 2차대전을 거쳐 21세기에 이르는 동북아 외교사를 길게 설명한 후, 미국과 일본이 너무 가까워지면 중국이 우려하고, 미국과 중국이 가까워지면 일본이 반대하는데, 미국과 한국이 가까워지는 데 대해서는 어느 나라도 그런 우려를 갖지 않는다면서, 한·미동맹의 당위성을 강조했다.

그랬더니 부시 대통령은 눈을 크게 떴다. "미국과 일본의 관계가 가까워지는 것을 중국이 우려한다는 것을 어떻게 받아들여야 할지 모르겠다"고 했다. 노 대통령이 일본과 중국을 같은 저울에 올려놓는 것을 받아들이기 어렵다고 표시한 것이었다. 만약 그날 회담의 전체 분위기가 어두웠더라면 이 문제가 또다른 논쟁의 도화선이 될 수도 있었다.

노 대통령은 당시 일본이 독도 근해에서 방사능 공동 조사를 제의하는 등 독도 영유권 문제로 엉뚱한 행동을 하고 있으나 한국으로서는 온건하게 대응 중이라고 했다. 그러면서도 독일은 나치와 결별했지만 일본은 천황제 및 국수주의와 결별하지 못하고 있다면서, 일본은 2차대전의 잘못에 대해 반성하기보다는 오히려 힘이 모자라서 졌다는 생각을 갖고 있기 때문에 위험하다고 지적했다. 이야기가 계속되자 부시 대통령은 일본 지도자들의 신사참배가 한국 국민을 자극한다는 것을 잘 안다면서 말머리를 돌렸다.

노 대통령은 동북아에서는 역사적으로 한국이 강력하면 평화가 있었고 약하면 평화가 파괴되었다면서, 강력한 한·미동맹과 다자안보체제를 결합시키는 것이 동아시아의 평화를 위해 긴요하다는 지론을 폈다. 부시 대통령은 21세기 동북아 협의체를 만드는 것은 좋은 구상으로 본다면서 한반도의 통일 전망을 물었다. 노 대통령은 남북이 평화적으로 공존하면 결국 우세한 쪽으로 융합하여 통일로 갈 것이므로 우선은 평화를 제도적으로 정착시키고 통일이 뒤따라오게 해야 한다고 했다. 노 대통령의 통일관을 듣고 있던 부시 대통령은 "폭정은 내부 모순 때문에 오래가지 못한다"면서 북한 인권 상황에 대해 물었다.

노 대통령이 "북한은 변하지 않으면 무너질 것이다. 다만 무너지더라도 천천히 무너지는 것이 좋다. 북한 인권 문제는 아주 민감하다. 굶고 압박받는 북한 주민을 도와주려면 우선은 북한 정권과 정치적으로 다투지 않아야 가능한데 이것이 우리가 안고 있는 모순적 상황이다"라고 했다. 부시 대통령은 얼마 전 탈북자로부터 실상을 듣고 너무 가슴이 아팠다면서, 북한이 붕괴하면 난민 문제를 걱정하는 것 같은데 크게 문제가 되지 않을 것이라고 했다.

이에 대해서 노 대통령은 만약 그렇게 되면 미국과 협력해서 제2의 마셜 플랜(2차대전 후 유럽 복구 계획을 만든 미국 국무장관 조지 마셜George C. Marshall의 이름을 딴 플랜) 같은 대책을 세우면 되지 않겠느냐고 했다. 부시 대통령은 즉각 "맞다. 이번에는 '라이스 플랜'이라고 부르자"고 하면서 오찬을 끝냈다.

북한 핵의 시계는 똑딱거리는데

당시 한·미 정상회담 이전의 상황을 돌이켜볼 필요가 있다. 2006년 2월부터 9월까지 7개월간 한·미 공동의 접근 방안에 도달하기 위해서 긴 여정을 걸었다. 한국으로서는 한국과 미국이 6자회담 재개와 9·19공동성명 이행의 출발선상에 먼저 서고, 바로 이어 중국과 북한이 서도록 이끌어가야 한다고 보았다. 한편 미국은 이라크전쟁에 이어 한반도까지 불안이 가중되는 것을 원치 않았다. 외교가 아닌 다른 수단을 동원하기도 어려웠다. 한국과 중국이 북한 문제를 맡아주고 미국은 결정적 시기에 결말을 짓기를 바랐다. 그리고 11월 중간선거를 앞두고 전쟁보다는 평화의 길을 보여줄 필요가 있었다. 무엇보다도 백악관이 한·미동맹 관리를 잘못하고 있다는 미국 내의 비판을 부담스러워했다. 그렇다고 해서 북한의 불법행위를 용인하는 듯한 조치도 선거에 도움이 될 수 없다고 판단했다.

중국으로서는 6자회담이 좌초되어 있는 것을 보고만 있을 수 없었다. 그런데 자기 능력으로 BDA 문제를 해결하거나 다른 방법으로 북한을 설득할 길도 없었다. 한국이 미국을 설득해서 해결의 실마리를 찾아주기를 기대하고 있었다. 그래서 내가 8월 말 단계별 접근 방안을 제시하자 리 자오싱과 우 다웨이가 쌍수를 들고 환영했던 것이다.

한편 북한은 중국으로부터 반쯤 반죽된 회담 재개 방안을 제안받았지만 미국으로부터 직접 들어야 구체적으로 대응할 수 있다는 것으로 보였다. 그런데 미국은 북한에 먼저 다가설 사정이 아니었다. 남북 채널을 통해 북·미를 연결해보려 했지만 북한은 한국이 개입되는 것을 꺼렸다. 공동의 포괄적 접근 방안은 중간에 밖으로 알려지면 암실을 벗어난 사진 필름처럼 망가진다는 위험도 있었다. 미국과 합의하고 중국을 통해 북한과 접촉하는 과정이 길 수밖에 없었다.

노무현-부시 회담 전날인 9월 13일 오후 폴슨(Henry M. Paulson) 미국 재무장관이 노 대통령이 묵고 있는 영빈관으로 찾아왔다. 6자회담의 발목을 잡고 있는 BDA 문제를 직접 설명하기 위해서였다. 노 대통령은 BDA 조사라는 미국의 법 집행 문제와 한반도 비핵화를 위한 6자회담이 얽혀 있는데 서로 상충되지 않는 방식으로 조기에 처리되었으면 좋겠다고 했다. 폴슨은 사건 종결을 위해서는 우선 사실관계 조사를 마쳐야 하는데 BDA의 서류가 전산화되어 있지 않아 시간이 걸린다는 점을 설명했다. 당시 한국 언론에서는 미국이 대북 금융제재를 더욱 강화할 것임을 직접 설명하기 위해 찾아왔다고 추측하기도 했다.

정상회담 후 기자단에 결과를 브리핑했다. 도대체 '공동의 포괄적 접근 방안'이라는 것이 구체적으로 무엇이냐는 질문이 쏟아졌다. 나는 한·미 간 사전 조율된 언론지침(CPG)에 따라, 6자회담 재개를 위한 방안과 재개 후의 행동을 포함한다는 것, 중국 및 북한과의 간접 교신 사실을 개략적으로 설명했다. 특히 바로 전날까지 '2+2'협의 후 양 대통령에게 보고했고, 이에 기초하여 앞으로 행동 계획을 구체화하기로 했다고 설명했다.

또한 언론은 노 대통령이 미국의 기존 대북 제재는 인정하되 추가 제재는 반대한다는 입장을 밝혔다는데 사실이냐고 물었다. 당시 일부 국내 언론에서는 경주에서처럼 양 대통령이 대북 제재 문제를 두고 충돌할 것이라는 전망을 내놓기도 했다. 내가 제재는 주요 논의 의제가 아니었다고 답변했더니 어느 기자는 "그럴 리가 있느냐?"는 반응을 보이기도 했다. 항상 '사건'을 발견하고자 하는 언론의 속성도 있겠지만 선입견이 심하다 싶었다. 그만큼 그때까지 북한 핵 문제를 두고 노무현과 부시의 접근 방식이 충돌한다는 인식이 퍼져 있음을 방증한 것이기도 했다.

나는 철학자 비트겐슈타인(Ludwig J. J. Wittgenstein)의 '그림이론'이 떠올랐다. 보기에 따라 토끼 같기도 하고 오리 같기도 한 그림(데

생)을 보고, 한번 토끼라고 생각한 사람은 오리라는 생각으로 바꾸기 어렵다는 것이다. 반대로도 마찬가지이다. 기존의 관점에 따라 사물을 이해하려는 인산의 속성 때문이라는 것이다. 내가 그 이론까지 동원하면서 한·미 정상이 의견을 모았다고 설명해도 일부 언론은 굳이 들으려 하지 않았다.

한편, 이 정상회담 준비에 열성을 쏟아온 버시바우 대사는 2년 후 한국을 떠나기 전 기자회견에서 "수십년 외교관으로서 치른 정상회담 중 가장 훌륭한 회담이었고, 이로써 한·미 간 이견이 있더라도 함께 해결할 수 있다는 탄력성을 입증했다"고 술회했다.

정상회담과 이후 상황을 돌이켜보면, 노 대통령은 BDA 문제 해결과 9·19공동성명의 실질적인 이행에 무게를 둔 반면, 부시 대통령은 한·미 양국이 대북정책뿐만 아니라 전반적인 한·미관계에 결속하고 있음을 과시하는 데 더 중점을 두었다. 그러나 BDA 문제는 미국의 법률 사항이라 해결하는 데 시간이 걸릴 수밖에 없었다. 외교정책보다 법 집행을 중시하는 미국의 재무부와 법무부의 판단으로 해결이 지연되었다. 양측이 같이 가야 할 방향과 방법에는 합의했지만 구체적 행동계획으로 옮기기에는 넘어야 할 장애가 많았다. 한국으로서는 북한의 핵 시계가 똑딱거리고 있는데 시간만 흘러가는 것을 보고 마음이 급했다.

정상회담 후 한·미 실무진은 '공동의 포괄적 접근 방안'을 세부적으로 채웠다. 미국은 북한에 대한 금융제재는 일단 그대로 두고 마카오 금융 당국이 북한의 예금만 돌려주는 방안을 제시했다. 그러나 이 방안에 대해 북한은 물론 마카오의 관할권을 갖고 있는 중국도 받아들일 수가 없었다. 중국은 애초부터 미국이 마카오의 은행을 제재한 것을 못마땅하게 생각하고 있었다. 또 북한으로서는 불법자금으로 낙인찍힌 상태의 돈을 받고 회담에 복귀할 경우, 미국의 제재를 정당한 것으로 받아들이게 되는 것이고 국제 금융제약도 인정하는 결과가 되기 때문이었다.

그래서 우리 측은 '2+2'에서 합의된 골격에 시한을 더 구체화한 방안을 제시했다. 즉시 6자회담을 재개하고, 동시에 BDA 제재를 해제하여 자금을 북한에 송금하며, 북한은 원자로 가동을 중단시키는 것이다. 이어 6개월 내에 대북 에너지와 경제협력을 제공하는 대신 북한은 모든 핵 활동을 중단하고, 다음 1년 내에 미·북관계 정상화 및 한반도 평화체제 협상 완료와 함께 북한의 핵 폐기를 개시한 후 경수로 제공 절차를 논의하자는 것이었다.

북한이 거부할 경우 5개국이 취할 제재 조치도 제시했다. 예를 들어, 한국은 개성공단 및 금강산 사업 확장 중단에서 시작하여 대북 경제제재에 들어가고, 대량살상무기확산방지구상(PSI)에도 참가하는 한편 여타국도 상응하는 조치를 취한다는 내용들이었다. 이러한 전체 그림을 두고 한·미 실무진이 협의를 진행했다. 신속한 BDA 제재 해제를 포함한 방안은 당시 한국의 급한 마음을 반영한 것이긴 했지만 너무 야심적이었다.

정상회담 후 미국은 한·미 간 협의 내용을 일본에 알려주고 중국과도 접촉을 시작했다. 9월 18일 라이스 장관은 뉴욕에서 리 자오싱 중국 외교부장에게, 한·미 간에 패키지 작업이 진행 중이고 곧 중국과도 협의하겠다고 했다. 바로 다음 날 중국은 북한에 이런 동향을 알려주었다. 그런데 북한은 한·미 정상이 밝힌 공동의 포괄적 접근 방안이 무슨 의미인지, 실제 어떤 행동으로 나타나는지 관찰하면서 공개적으로는 침묵을 유지하는 것으로 보였다.

나는 9월 25일 버시바우와 오찬을 갖고 당장 관건인 BDA 문제에 대한 미국 내 동향이 어떤지 물어보았다. 그는 국무부가 재무부를 설득 중이라고 하면서도, 마카오 당국의 은행 감독 실패로 생긴 일을 미국이 어떻게 해결하느냐는 기류가 아직 워싱턴에 깔려 있다고 했다. 나는 한·미 정상이 합의한 공동의 접근 방안으로 중국과 북한을 납득시켜야 하고, 여차할 경우 대북 제재에 필요한 한국 내 여론도 조성해야 하는 만큼 지체할 여유가 없음을 본국 정부에 전달할 것을 요청했다.

이런 가운데 라이스 장관은 9월 25일 『월스트리트 저널』과의 회견에서 노무현 대통령이 부시 대통령에게 만약 북한이 핵실험을 하면 한국도 남북관계를 재고할 것이라고 말했다고 소개했다. 또 미국은 북한의 불법행위에 대한 금융조치를 계속할 것이라고 언급했다. 당시 미국이 대북정책에 있어 동맹국인 한국의 지지를 받지 못하고 있다는 비판을 의식하여 정상회담의 내용 중 중간선거를 앞둔 국내 정치에 부합하는 부분을 취사선택해서 밝힌 것이었다. 라이스는 또한 자신이 달포 내 동북아를 방문하여 외교적 해결을 위한 마지막 노력에 집중할 예정이라면서 협상의 문도 열어두려고 했다.

시간은 지나 10월로 넘어갔다. 10월 3일 북한 외무성 대변인이 핵실험을 예고하는 성명을 발표했다. "과학적으로 안전한 핵실험을 할 수 있는 기술적 완성도를 갖추었다. 결코 핵을 먼저 사용하지 않을 것이며 제3자에게 이전도 하지 않을 것이다. 조·미 적대관계를 청산하고 조선반도를 비핵화하겠다는 의지에는 변함이 없다."

우리도 외교부 대변인을 통해 성명을 발표했다. "북한의 핵실험은 한반도 비핵화 공동선언을 완전 파기하는 것으로서 심각한 우려를 야기한다. 한·미 정상회담을 통해 6자회담 재개와 9·19공동성명 이행 방안을 관련국들과 심도있게 협의 중인데 북한이 핵실험을 거론하는 것은 문제 해결에 역행하는 것이다. 이에 대한 결과는 전적으로 북한이 책임져야 할 것이다"라고 했다. 미국도 우려를 표명했다. 그러나 이런 일련의 성명은 무게를 갖지 못했다.

다음 날 밤늦게 해들리가 전화를 해왔다. 면밀히 검토해보니 북한의 성명이 헛말이 아니고 사실상 예고 통지문이라는 것이다. 핵실험을 하면 유엔헌장 제7장을 원용해서 북한의 선박 및 항공기 차단, 그리고 추가 금융제재, 대북 원조 중단 등 물리적 수단을 포함하는 안보리 결의안을 채택해야 할 것이라고 했다. 따라서 한국도 남북관계를 재검토하여 대북 제재에 동참할 준비를 해달라는 것이었다. 북한은 핵실험을 예고하고 미국은 강력한 대북 제재를 예고하면서 한국의 동참을 요구하는 형국이었다. 두개의 충돌하는 '예고'는 마주 달리는 기차 같았다.

나는 해들리의 이야기를 들으면서, 미국이 좀더 선제적으로 BDA 문제를 다잡았으면 다른 가능성도 있었는데 미국을 움직이기가 참 어렵다는 생각이 들었다. 나는 한·미 양국이 협의해온 공동의 포괄적 접근 방안을 중국을 통해 북한에 전달하거나, 아니면 사람을 보내 북한과 직접 교신해보자고 제안했다. 그랬더니 해들리는 지난번 '2+2'에서 논의한 방안에 대해 힐이 후속 조치를 취하고 있는 것으로 알고 있었는데, 지금 어떤 상태에 있느냐면서 거꾸로 나에게 물었다.

미국은 한·미 정상회담의 후속 조치를 국무부와 재무부 등의 차관보 선에 맡겨두었다. 국무부의 힐 차관보는 재무부와 법무부를 설득 중이었지만 빨리 진전이 되지 않았다. 라이스와 해들리는 중동에 손발이 묶여 있어 상황 보고도 제대로 되지 않았던 것으로 보였다. 2006년 7월부터 중동에서는 이란의 지원을 받고 있는 레바논의 헤즈볼라와 이스라엘 사이의 전쟁이 악화되기 시작했다. 이란은 핵을 개발하고 시아파 과격 그룹들을 지원하면서 중동에서 미국의 세력과 대치했다. 미국 지도부는 세계의 다른 곳에 신경을 오래 둘 여유가 없었다. 미국 국무장관이 새로 취임하면 선배 장관들이 "중동 문제의 수렁에 빠지지 말라"며 꼭 충고한다는 말이 생각났다.

우리는 BDA 문제 해결에 대한 미국의 추진 계획이 내부적으로 정리되면 10월 13일로 예정된 베이징 한·중 정상회담에서 포괄적 방안을 직접 제안코자 했었다. 예상치 못한 해들리의 반문에 대해 나는, 그간 한·미 실무선에서 잠정 합의된 문서가 있으니 이를 바로 북측에 제시해서 반응을 보자고 다시 요청했다. 그는 북한이 이미 핵실험 성명을 발표한 상태에서 그 방안을 제시하면 한·미가 협박을 받고 행동하는 것으로 보이지 않겠느냐며 주저했다. 나는 "그렇지 않다. 북한이 거부하면 제재 경로에 들어가는 것까지 제시할 수 있기 때문에 협박에 굴하는 것이 아니다. 지금 그 문서를 찾아보기 바란다"고 했다. 그는 챙겨보고 다시 연락하자고 했다. 10월 5일 내가 해들리에게 전화했더니, 아직 BDA 관련 범죄수사를 중지시킬 법적 근거를 찾지 못하고 있지만 해법을 모색 중이라는 대답만 돌아왔다.

10월 5~6일이 추석 연휴였다. 촉각을 세우고 있었다. 10월 6일 유엔안보리 의장(일본)은 성명을 통해 핵실험 중지와 외교적이고 포괄적인 해결을 강조하면서, 북한이 국제사회의 요구를 무시하면 유엔헌장에 의한 행동이 뒤따를 것임을 경고했다. 이런 성명은 다른 실질적 대책이 없을 때 내놓는 '대응'으로서의 기능을 한다. 한국의 요청에도 불구하고 미국은 힘이 들고 지리하게 전개되는 협상보다는 강도 높은 안보리 제재 결의안 준비에 힘을 쏟았다. 불과 3주 전 한·미 정상회담에서 부시 대통령은 동북아 국가들이 중심이 되어 외교적으로 북한 핵 문제를 해결하는 것을 지지한다고 했다. 미국은 제재를 가장 쉽게 쓸 수 있는 외교 수단의 하나로 간주했다.

10월 6일 미국은 안보리 제재 결의안 초안을 회람했다. 이에 대해 나는 우리의 입장을 작성하여 즉시 미국에 전달했다. "미국이 회람 중인 결의안 내용에 동의한다. 그런데 그 이전에 양국 정상이 합의한 대로 한·미 공동의 광범위한 접근 방안을 북한에 제시하자. 이 제안에도 불구하고 북한이 핵실험을 하게 되면 강력한 제재에 들어갈 수 있다. 또, 한국도 한반도 비핵화 공동선언을 무효화시킬 수밖에 없다. 만약 우리가 외교적으로 해결하는 방안을 끝까지 찾아보지 않은 상태에서 실효성이 모자라는 제재의 길만 선택한다면 역사의 심판은 우호적이지 않을 것"이라는 요지였다.

그와 동시에 나는 북한이 핵실험을 강행하면 한·미 공동으로 군사력을 포함한 물리적 행동을 강구해야 한다고 생각했다. 그러면서 실제 가능성을 짚어보았다. 첫째, 중동에 매여 있는 미국의 사정에 비추어 미국이 군사력을 사용할 정치적 의지가 있는가. 둘째, 중국의 예상 반발을 감안할 때 한·미가 일방적으로 대북 군사행동을 취할 조건이 되는가. 셋째, 무엇보다도 우리 국민들이 군사충돌로 이어지는 데 대한 마음의 준비가 되어 있는가 하는 것이었다. 한국은 북한과 비교할 수 없을 정도로 성공했는데, 이제 그 성공 자체가 북한에 인질로 활용되고 있다는 자괴심이 들었다.

6자회담 수석대표 시절이던 2005년, 한 동료로부터 "만약 북한이 핵실험까지 가면 어떻게 되겠느냐?"라는 질문을 받고 "무슨 수를 써서라도 북한의 핵시설을 제거해야 한다"라고 말한 적이 있다. 그런데 중국과 러시아는 물론 우리 국민에게도 "할 만큼 했다"고 말할 수 있을 정도로 모든 외교적 수단을 다 소진시켜야 물리적 행동을 정당화할 수 있다.

당시, 우리 정부는 북한이 자강도와 평안북도 등 여러 지역에 지하 갱도를 건설 중인 것으로 파악하고 있었지만 함경북도 길주군 풍계리를 가장 유력한 실험 가능 지역으로 보고 있었다. 또 북한이 이미 140회 이상의 고폭실험을 했기 때문에 핵실험의 기술적 능력은 보유한 것으로 판단하고 대비에 들어갔다. 특히 북한에 체류 중인 우리 인원의 보호 대책을 세우고 국내 안보 불안감 확산과 국제적 신인도 저하 가능성을 차단하기 위한 방안을 고심했다.

제9장

북한의 1차 핵실험

베이징에서 날아온 다급한 목소리

2006년 10월 9일 오후 노무현 대통령은 청와대에서 아베 신조 일본 총리를 만나기로 되어 있었다. 아침에 대통령 관저에서 회담 의제에 대해 사전 보고를 마치고 나오는데 휴대전화가 울렸다. 김하중 주중대사였다. 순간 불길했다. 그는 가라앉았지만 다급한 목소리로 북한이 곧 핵실험을 할 것이라고 중국 측에 방금 통보했고, 중국 외교부가 이를 김 대사에게 알려왔다는 것이다. 그때가 대략 아침 10시 20분경이었다. 나는 바로 발길을 돌려 대통령에게 보고했다. 대통령은 뜻밖에도 차분한 목소리로 안보관계 장관회의를 소집하라고 했다. 올 것이 왔다는 표정이었다. 그로부터 약 10분 후 이 좁은 한반도에 사상 초유의 핵실험 진동이 퍼졌다.

나중에 알게 되었지만, 중국은 핵실험 한시간 전에 평양으로부터 통보를 받았고, 후 진타오 주석이 바로 부시 대통령에게 전화를 했다고 한다. 위중한 상황에서 중국과 미국이 보여준 행동 양태는 시사하는 바가 있다. 중국이 평소에는 북한 핵 문제에 대해 한·중이 협력해서 북한과 미국을 설득할 것을 강조해왔지만 급할 때는 먼저 미국과 함께 상황 관리에 들어갔다. 시간이 급박하긴 했지만 한국과의 교신도 국가 정상 차원이 아니라 대사를 통해 연락했다. 미국 또한 중국으로부터 핵실험 연락을 받고도 바로 우리와 접촉하지는 않았다. 강대국 정치였다.

당장 우리 정부가 할 수 있는 일은 국민을 안심시키고, 북한에 경고하고, 관련국들과 공조 대응하겠다고 '말하는 것' 외에는 별다른 수가 없었다. 나는 안보장관회의에 앞서 한국의 대응 방향을 미리 메모하면서 탄식했다. 공동의 포괄적 접근 방안을 이행했다면 설사 북한 핵실험을 막지 못했더라도 우리의 선택 여지가 넓어졌을 것이다. 그 경우 중국에 대한 대북 압박 요구의 수위도 훨씬 올릴 수 있고, 또 국내외적으로 대북 강공책을 동원하는 것을 정당화하기도 쉬웠을 것이다.

그날 오후 노무현 대통령은 아베 총리와의 회담에서 북한의 핵실험에 대해 국제사회가 즉각적이고 단호한 대응을 강구하기 위해 유엔안보리 결의를 신속하게 채택하자는 데 합의했다. 아베는 이 기회에 한·일 양국 정상의 북핵 반대 공동성명을 발표하자고 제안했으나, 노 대통령은 더 광범위한 조율을 거친 후 필요 조치를 취하자고 했다. 이어 노 대통령은 한·일관계가 정상적으로 발전하기 위해서는 일본이 야스쿠니 신사 참배를 중단하고 역사교과서 왜곡을 시정하는 동시에 위안부 문제에 대해 분명한 입장을 밝혀야 한다는 것을 강조했다. 아베 총리는 과거 아시아 사람들에게 일본이 끼친 손해와 고통, 그리고 커다란 상처, 특히 한국민의 감정을 무겁게 받아들인다면서 '고노 담화'(1993년 8월 고노 요헤이河野洋平 당시 관방장관이 일본군 위안부 강제동원 사실을 최초로 인정하고 사과한 담화)를 그대로 계승한다는 입장을 밝혔다. 그가 노무현 대통령에게 2007년 초 일본 방문을 초청하자, 노 대통령은 당장 걸림돌이 되고 있는 최소한의 문제들을 해결하는 것이 중요하다면서 즉답을 피했다. 그러나 일본에 대한 노 대통령의 요구는 북으로부터 핵실험의 굉음에 묻혀갔다.

나는 한·일 정상의 대화를 듣고 있으면서 북한이 말로만 '우리 민족끼리' 운운하면서 실제로는 한·일 양국이 북한에 공동 대응하게 하는 아이러니를 만들어낸다는 생각이 들었다. 이날 아침 회담 준비를 위한 사전 보고 때만 해도 나에게 "이번 회담에서 과거사 문제를 단단히 짚겠다"고 했던 노 대통령의 목소리가 실제 회담에서는 그다지 단호하게 들리지 않았다.

북한의 핵실험 시간은 미국 시간으로는 한밤이었는데, 부시 대통령이 미국 시간으로는 아침인 10월 9일 밤 9시경 노 대통령에게 전화를 걸어왔다. 그는 "미국은 이 사태에 대해서 신중하게 대응하려 하고, 동맹국들과 협의하여 단합된 목소리를 낼 것이며, 유엔헌장 제7장을 원용하는 결의안을 채택하도록 각국과 조율하겠다"고 했다. 노 대통령은 "그러한 방안에 대해서 전적으로 동의한다. 오늘 아베 총리와도 같은 취지로 협력하기로 합의했다"고 하면서 북한의 도발에도 불구하고 국제 핵 질서는 보호되어야 하며, 한반도 비핵화 공동선언의 효력을 유지시키도록 해야 한다고 차분히 대응했다. 이전에 내부 토론에서 하던 강한 어조와는 달리 사전 준비한 메모에 기초해서 말했다. 부시 대통령은 유엔 결의를 거론하면서, 곧 한국인이 유엔사무총장으로 취임할 텐데 흥미로운 현상이 벌어지고 있다고 덧붙였다. 미국이 추진하는 강력한 유엔 결의에 한국도 적극 동참해야 하지 않겠느냐는 의미로 들렸다.

노 대통령은 당시 '진작 공동의 포괄적 접근에 시동을 걸었더라면' 하는 심경이었다. 그러나 그 상황에서 책임을 떠넘길 수는 없었다. 그보다는 한·미 공조를 강조했다. 노 대통령은 침착하게 중심을 잡으려고 했다. 나는 16년 전 당시 베이커 미국 국무장관이 최호중 외무장관에게 보낸 서한이 생각났다. 미국이 모든 수단을 동원해서 북한의 핵 개발을 저지할 테니 한국은 독자적 행동을 하지 말라던 그 약속은 어딜 갔는가 싶었다.

북한의 1차 핵실험 결과는 폭발력이 1킬로톤에도 못 미쳤다. 폭발력 실험으로서는 실패한 것이었다. 그러나 대부분 핵 야망 국가들은 실패로 시작해서 성능을 향상시켜나가기 때문에 핵의 기차는 선로에 올라선 셈이다. 내부의 의사 결정 과정을 알 수는 없지만, 북한이 9·19공동성명 후 1년 반이 넘게 북·미관계 개선과 경제지원은커녕 제재만 강화되는 것을 보고 일단 핵실험이라는 문턱을 넘기로 결정한 것이라고 판단했다. 나는 북한이 9월 초 중국에 포괄적 접근 방안에 대해 '심도있게' 검토해보겠다고 해놓고 핵실험을 감행한 것으로 보고, 북한 내 의사 결정 과정이 단선적이지 않다고 생각했다. 특히 군부가 핵실험을 주도했을 가능성이 큰 것으로 보았다.

이날 미국의 부시 대통령은 6자회담 국가 중 북한을 제외한 모든 나라 정상들과 통화했다. 그리고 북한이 핵무기나 핵물질을 제3자에게 '이전'할 경우 이는 미국에 심대한 위협이 될 것임을 지적하고, 그 결과에 대해서 전적으로 북한이 책임을 져야 할 것이라고 경고하는 성명을 발표했다. 핵 문제를 외교적으로 해결할 의지도 덧붙였다. 미국은 9·11테러와 같은 행위가 핵무기와 결합하는 것을 가장 큰 위협으로 보고 있는 것이다. 미국으로서는 핵의 그림자로 덮인 한반도보다 자국의 안전이 당연히 중요했다. 우리는 안간힘을 쓰고 있었지만 미국은 우리만큼 절박하지 않은 것도 현실이었다.

다음 날 오후 버시바우 대사가 나를 찾아왔다. 전날 양국 대통령 간 통화에 이어 후속 조치를 협의하라는 본국의 훈령을 들고 왔다. 어렵겠지만 한국 정부가 금강산 사업과 같은 대북 현금 유입 통로를 차단하고 PSI에 참가하는 등 강한 조치를 취하기를 바란다고 했다. 그래야 미국이 중국에 대해서도 대북 압박을 요구할 수 있을 것이라면서, 지금은 노무현 대통령이 외교적 노력이나 9·19공동성명 이행보다는 유엔에 의한 강력한 대북 제재부터 강조해주면 좋겠다는 것이었다. 그는 지금 한국이 대북 압박을 행동으로 보여주어야 한·미 공동의 접근 방안에 따른 외교적 해결의 길로 갈 수 있을 것이라고 했다.

부시 대통령이 공개 성명에서는 외교적 해결을 강조하면서도 내부적으로는 한국이 나서서 압박 조치를 취해달라는 것이었다. 제재와 압박도 외교적 행위의 한 방편이다. 그러나 한국의 입장에서 볼 때는 미국이 국내법을 이유로 협상에 의한 외교를 뒤로 제쳐두고 있다가 뒤늦게 제재에만 열중하는 모습으로 보였다. 또 협상을 추구하더라도 미국이 앞장설 때까지 한국은 뒤에서 따라오라는 '보스 외교'의 행태였다.* 나는 버시바우 대사에게 노 대통령이 핵으로 무장한 북한과 함께 산다는 것은 불가능하다는 단호한 결의를 갖고 있음을 상기시키면서, 유엔 결의 채택을 지지한다고 했다. 다만 "중국이 북한으로부터 대규모의 철광석과 석탄을 현금으로 구매하고 있는데, 북한으로 유입되는 전체 현금 규모에 비추어 금강산 사업 중단이 어느 정도 효과가 있을지에 대해 국내적으로 문제 제기가 있을 것이다"라고 했다.

나는 이어 당장은 "오염된 장갑을 낀 손과는 악수할 수 없다"고 전제한 후, 만약 중국이 일단 6자회담부터 재개하자고 할 경우 어떻게 하겠느냐고 물었다. 버시바우는 최소한 북한의 미사일 발사유예 선언과 한반도 비핵화 공동선언 준수를 재확인하는 등 구체적 조치가 선행되어야 하지 않겠느냐는 반응을 보였다. 우선 북한의 장거리 미사일 능력을 억제하고, 나아가 한반도 비핵화 공동선언을 재확인하여 북한은 물론 한국의 대응 핵 개발도 억제하겠다는 것으로 들렸다.

10월 11일 중국은 북한 핵실험에 대한 대책을 우리에게 서면으로 제시해왔다. 유엔 결의안과 관련해서는, 핵실험을 규탄하고 국제사회의 단호한 결의를 과시하되 인도적 지원까지 막아서는 안되며, 북한을 오고 가는 선박에 대한 검사와 물리적 힘의 사용을 허용하는 것은 반대한다는 것이었다. 또 6자 간 외교장관 회담을 개최하여 휴전

----

* 미국의 보스 외교 행태는 다른 분야에서도 자주 나타난다. 한 예로 1990년대 말 한국은 쿠바와 관계 개선을 시도했고 쿠바도 원했다. 유럽과 일본 등 모든 나라가 쿠바와 외교관계를 맺고 있을 때였다. 내가 북미국장으로 있던 시절 이 문제를 제기하자 당시 미 국무부 자문관이던 웬디 셔먼은 "그러면 미국이 대북정책을 한국의 대(對) 쿠바 정책과 비슷하게 해도 좋으냐"면서 반대의사를 분명히 했다. 2015년 미국이 쿠바와 외교관계를 수립한 뒤에야 비로소 한국의 쿠바에 대한 정책이 자유로워졌다.

체제를 평화체제로 대체하고, 관련국 사이에 관계를 정상화하며, 동북아의 다자안보협력 장치를 논의하자고 했다. 그 방법이 중장기적으로 한반도와 핵 문제의 근본적 해결을 위한 길이라고 강조했다.

중국의 대책 내용은 길었지만 북한을 너무 압박하지 말고 9·19공동성명 이행으로 돌아가자는 것이 요지였다. 그리고 6개국 외교장관회담을 통해 6자회담에 비상시동을 걸자는 것이었다. 중국은 마지막으로 중국과 미국이 한반도 문제에서 공동의 전략적 이익과 책임이 있음을 강조했다. 미국의 일방적 행동을 반대한다는 뜻으로서, 한반도 위기 시 중국의 행동반경을 넓히겠다는 입장을 그대로 드러냈다.

당시 미국과 중국은 정상 간의 통화와 외교 경로를 통해 북한 핵실험의 대응 방안을 의논했다. 그런데 미국과 중국이 양측 간에 협의된 결과라고 하면서 우리에게 각각 대응 방향을 제시했는데, 실제 내용은 서로 달랐다. 중국은 북한에 대한 물리적 압박을 반대하고 식량지원은 지속되어야 한다면서 제재보다는 협상에 무게를 두어야 한다고 강조했다. 반면 미국은 우선 제재와 압박을 행동으로 보여주자면서 한국을 앞장세우려고 했다. 당시 미국과 중국의 말을 다 들어보면, 서로 이해하는 바가 달랐다. 미국은 중국이 북한에 대해 단단히 매를 든 것처럼 이해하는 데 반해, 중국은 매를 들긴 했지만 치기는 어렵다는 뜻으로 우리에게 말했다. 이런 사례는 한두번이 아니었다.

한반도 위기 시에 한국의 선택은 국제사회의 풍향계가 된다. 특히 미국은 중국에, 또 중국은 미국에 대고 "봐라. 한국도 이렇게 하지 않느냐"면서 방향을 잡는 데 활용하려는 것이었다. 특히 중국은 미국에 대해 "당신의 동맹국인 한국도 제재에 나서지 않는데 왜 우리에게만 요구하느냐"고 항변할 구실도 필요했다.

미국과 중국은 서로 두루뭉술하게 이야기하고 각자 편리한 대로 해석하는 경향이 있다. 특히 미국은 중국식 화법에 상당한 좌절감을 느낀다. 특히 한반도 문제에 대해 너 그렇다. 한 예로 2009년 10월 중국 중앙군사위 부주석이었던 쉬 차이허우(徐才厚)가 미국을 방문했다. 로버트 게이츠(Robert M. Gates) 국방장관이 그에게 북한이 붕괴될 경우 핵무기와 핵물질의 안전조치 방안에 대해서 솔직히 논의해보자고 제안했더니 그는 "북한에 대한 미국의 의견에 감사한다"는 말만으로 넘어갔다고 한다. 게이츠는 그후 시 진핑(習近平) 당시 부주석에게 같은 제안을 했는데, 그는 "비핵화되고 안정적인 한반도는 모두에게 이익"이라는 원론적 입장에 한마디도 더 보태지 않았다고 회고했다. 한반도의 미래에 대한 중국의 이른바 불명불백(不明不白)의 전술적 자세는 자신의 힘과 함께 점차 명백해질 것이다.

확장된 공동의 포괄적 접근 방안

북한 핵실험 후 우리는 미국과 중국의 자세를 보면서 변화된 상황에서의 새로운 포괄적 접근 방안을 만들었다. 기존의 그림에다 북한의 핵과 미사일 실험 중지 선언을 추가했다. 또, 북한이 원하는 에너지와 경제 지원, 그리고 관계 정상화와 경수로 논의를 시작해도 북한이 9·19공동성명 이행을 거부할 때는 한국은 물론 중국도 대북 지원을 중단하고 PSI에 함께 참여하게 하자는 요지였다. 기한은 여전히 1년 이내 완료하는 것으로 설정했다.

의욕은 컸지만 그대로 밀고 가기에는 당장 눈앞의 절벽이 높았다.

북한이 일방적으로 핵과 미사일 실험 중지를 선언할 것인가, 미국이 북한의 핵실험이라는 협박을 받고 있는 상태에서 BDA 문제 해결에 나설 것인가, 또 과연 북한이 버틴다고 해서 중국이 그런 강력한 대북 제재에 동참할 수 있을 것인가 하는 점들이 가로놓여 있었다. 이런 난점에도 불구하고 우리가 미·중 양측을 하나의 방향으로 밀고 가는 데 앞장설 수밖에 없다고 판단했다.

10월 13일 노무현 대통령은 확장된 공동의 포괄적 접근 방안을 갖고 당일 일정으로 중국을 방문했다. 나는 과거 독일에 근무할 때 유럽의 정상들이 서류가방 하나를 들고 옆 나라에 가서 오찬 회담을 하고 돌아오는 모습을 인상적으로 보았다. 그해 5월 말 노 대통령의 방미 일정이 확정되자마자 대통령에게 이 방안을 건의했고, 또 중국도 환영했다. 정치적 사정만 되면 한·일 간에도 당일 방문을 추진하려고 했다.

노무현 대통령과 후 진타오 주석은 대북 제재와 외교의 가동을 어떻게 조화시킬 것인지에 대해서 논의했다. 양 정상은 굳이 말하지 않아도 북한에 대한 물리적 제재는 무력 충돌을 야기할 우려가 있고, 한국과 중국이 직접적 영향을 가장 크게 받는다는 인식을 공유하고 있었다. 그럼에도 노 대통령은 우리의 구상에 기초하여 후 주석에게 북한에 대한 압박과 설득의 필요성을 강조했다. 그러나 후 주석은 10월 9일 핵실험 당일 바로 부시 대통령과 통화했다고 하면서, 중국이 모든 설득과 호소를 동원했지만 북한이 이를 거부했다는 것과 중국이 공개적으로 즉각 "단호한 반대" 입장을 밝혔음을 상기시켰다. 후 진타오는 며칠 후 탕 자쉬안 국무위원을 평양에 보낼 것이라고만 했다. 결코 시원한 입장 표명은 없었다. 양 정상은 안보리의 적절한 대응 필요성을 강조하고, 현재의 상황을 악화시키는 일체의 행동을 중지할 것과 각국의 6자회담 복귀를 촉구한다는 다분히 일반적인 합의에 그쳤다. 한국이 못했다면 다른 어떤 나라도 중국과 그 이상의 합의를 만들기는 어려웠을 것으로 보였다.

이틀 후인 10월 15일(미국 시간 10월 14일) 유엔안보리 결의 1718호가 채택되었다. 북한 핵실험 후 엿새 만에 전격적으로 대북 제재 결의안이 채택된 것이다. 예전 같았으면 이런 결의안에 뒷걸음질 쳤을 중국과 러시아도 6자회담 재개의 문을 열어놓는다는 전제하에 결의안에 동참했다. 유엔 주재 중국대사 왕 광야(王光亞)는 북한이 '제멋대로' (悍然) 핵실험을 했다고 공개적으로 비판할 정도로 분개했다. 그때까지 중·북관계에서는 듣기 어려운 말로서 베이징의 고위 선에서 북한의 핵실험을 그렇게 성격 규정한 것이라고 생각했다.

안보리 결의의 제8조가 핵심이었다. 대량살상무기의 이동을 막기 위해 북한에 드나드는 '화물 검색 등 필요한 협력 조치'를 취하도록 유엔 회원국에 '요구'한다는 내용이었다. 또한 이 결의는 북한에 대해 경제제재를 가능케 하는 유엔헌장 제7장 제41조를 처음으로 원용했다. 미국을 위시한 서방은 군사조치도 가능케 하는 제42조까지 포함시키려 했으나 중국과 러시아의 반대로 무산됐다. 이 조항은 중국이 그어놓은 레드라인이었다. 그럼에도 북한을 드나드는 '선박 검색' 조항은 물리적 충돌 가능성을 야기했다. 북한은 유엔 주재 박길연(朴吉淵) 대사를 통해 미국이 압박을 가중시키면 전쟁선포로 간주하겠다고 나섰다.

한국은 북한의 핵실험에 가장 큰 충격을 받았고 어려운 처지에 놓였다. 강력한 대북 경고와 함께 실효적인 추가실험 방지대책이 필요했다. 한편 선박 검색이 무력 충돌로 이어질 가능성도 우려해야 했다. 또 스스로의 판단과 무게 없이 제재 일변도에 따라갈 경우, 나중에 협상 국면이 전개될 때 우리가 할 노릇이 없어진다는 것도 고려해야 했다. 유엔안보리에서 미·영·프와 중·러 사이의 타협안으로 결의안이 낙착되자, 우리 정부는 결의 내용을 충실히 이행하겠다는 입장을 우선 발표했다.

당시 중국은 표면적인 규탄에도 불구하고 북한에 대한 민수용(民需用) 물자까지 제재할 생각은 없었다. 그런데 미국은 금강산과 개성공단 사업을 축소 또는 동결하고, 동해와 서해를 경유하는 북한 선박에 대한 검색을 위해 대량살상무기확산방지구상(PSI)에 한국이 전면 참여할 것을 요청해왔다. 우리는 2005년 8월부터 시행 중이던 남북해운합의서에 따라 제주해협 등 우리 해역을 통과하는 북한 선박의 적재 화물을 파악할 수 있고, 또 필요할 경우 선박을 정지시키고 검색할 수 있다면서 사실상 PSI에 상응하는 장치가 있음을 강조했다. 그러나 미국은 우리가 명시적이고 전면적으로 PSI에 참여할 것을 계속 요청했다. 우리도 내부적으로 금강산과 개성공단 사업에 대해 깊이 검토했다. 그러나 앞으로 회담 재개를 위한 우리의 역할과 안보환경 전반에 미치는 영향을 비교 평가한 결과 안보리 결의에 위배되지 않는 한 일단 유지하기로 했다.

이때 미국은 2006년 9월 14일 한·미 정상회담에서 합의한 '공동의 포괄적 접근 방안'에 주목하고 있었다. 당시 '2+2' 합의에는 만약 북한이 한·미 공동의 방안을 거부하고 핵 개발에 나설 경우 함께 대북 제재를 가한다는 양해가 있었기 때문이다. 그런데 노 대통령과 나의 관점은 미국과 같지는 않았다. 양국 합의에 따라 미국이 BDA 문제를 정리해서 북한을 설득했더라면 사정이 달라졌을 것으로 보았다. 한 가지 분명한 것은 만약 공동의 포괄적 접근 방안을 북측에 직접 제시했는데도 불구하고 핵실험을 강행했다면, 우리 정부의 입지도 분명해지고 강력한 대북 조치도 취할 수 있었을 것이다. 또 그렇게 되면 중국도 한국과 미국으로부터 실효적인 대북 제재 조치를 취하라는 압박을 강하게 받았을 것이다. 한편 10월 16일 노 대통령이 푸틴 러시아 대통령과 전화로 향후 대응방향을 타진했더니, 그는 대뜸 "미국의 제재 정책이 결과적으로 오늘의 상황을 만들었다"고 하면서, 미국에 자신의 이런 판단을 직접 제시하고 북한에 퇴로를 열어줄 것을 제안했다고 했다.

"경수로 뺏어오고 핵실험 내수었다"

10월 19일 라이스 미국 국무장관이 북한 핵실험 후의 대책 협의를 위해 동북아를 방문했다. 서울에 와서 이미 유엔사무총장으로 선출된 상태였던 반기문 장관을 만났다. 반 장관은 라이스에게 우리 정부가 북한의 핵실험 후 3억 5천만 달러 상당의 경제 협력을 중단시켰다면서 대북 제재 상황을 설명했다. 라이스는 한반도의 근본적 상황이 변화됐으니 남북관계도 바뀌어야 한다면서 개성공단과 금강산 관광사업 중단을 요청했다. 이에 대해 반 장관은 북한을 압박하면서도 대화로 복귀할 명분은 남겨놔야 하고, 또 압박을 위해서는 중국과 러시아와의 조율이 중요한 만큼 미국이 이들을 설득해야 함을 강조했다.

라이스는 한국이 빨리 PSI에 참가해주기를 바란다면서 밀어붙였다. 만약 북한이 핵물질이나 기술, 또는 핵무기를 이전할 경우 정말 큰 위기상황이 올 것이라면서 이를 막기 위해서는 한국의 협력이 필요하다고 했다. 미국의 속내를 그대로 보여주는 말이었다. 북한의 핵 개발 자체는 몰라도 만약 핵물질이나 핵기술이 테러 단체나 제3국으로 이전하는 것이 확인되면 미국은 무력 사용도 불가피하다는 것으로 해석되었다. 반 장관은 PSI의 참가 범위를 검토 중이라면서 피해 갔다.

이어서 라이스는 노무현 대통령을 면담했다. 노 대통령은 북한의 핵실험을 비난하고, 한국도 유엔안보리 결의를 준수할 것이라고 했다. 한국은 이미 대북 식량 및 비료 지원과 개성공단 확장도 중단하여 북한에 타격을 주고 있다면서, 그로 인해 우리 기업도 타격을 입고 있다고 설명했다. 또한 과거 미얀마의 아웅 산 묘역 테러, KAL기 폭파, 강릉 잠수함 침투 등 북한이 지속적으로 도발했음에도 대규모 군사 충돌이나 전면전 발발을 우려해서 단호한 보복을 하지 못했던 사정을 상기시켰다. 그리고 대북 제재는 무엇보다 중국과 조율이 돼야 효과를 발휘할 수 있다는 점을 강조했다.

그런데 교수 출신의 라이스도 강의식 설명에는 뒤지지 않았다. 그는 유엔안보리 결의 1718호는 미국의 정책이 아니라 국제사회의 요구라고 정의하고, 중국도 유례없이 유엔헌장 제7장의 제재를 포함한 결의에 동의한 만큼 한국이 중국의 입장은 생각하지 않아도 된다고 했다. 나아가 그는 미국이 중국과 직접적인 협의 채널을 갖고 있다면서, 중국의 탕 자쉬안 국무위원이 "우선 북한에 징벌 조치를 취하고 그후 6자회담에 돌아오게 해야 한다"고 말했다는 것이다. 한국이 중국 핑계로 뒤로 빠지지 말라는 의미였다.

이 면담이 있기 전 10월 11일, 탕 자쉬안이 후 진타오 주석의 특사 자격으로 미국을 방문했다. 그런데 중국 측은 그의 방미 결과를 우리에게도 알려왔다. 북한이 전세계의 경고를 무시하고 핵실험을 한 것을 엄중하게 비난한다면서도, 대북 제재는 6자회담의 재개를 통한 문제 해결의 방편이므로 물리적인 힘의 사용은 반대한다는 점을 미국 측에 강조했다는 것이다. 미국은 '제재'에, 중국 측은 '대화'에 방점을 두고 우리에게 설명해온 것이다. 더 엄밀히 보면 중국은 북한 선박의 검색을 요구하는 유엔안보리 결의에 동의해놓고서도 한국에는 대북 강제조치 자체를 반대한다고 둘러대는 것이었다.

라이스가 노무현 대통령을 만나고 있던 시점에 탕 자쉬안은 평양에서 김정일을 만나고 있었다. 그는 북한의 추가 핵실험 자제를 요청하는 후 진타오 주석의 메시지를 전달했다. 중국이 우리에게 알려온 바에 의하면, 김정일은 "한반도의 비핵화 원칙에 변함이 없다. 관련국들은 미국이 시키는 대로 북한 체제를 전복하기 위해 연극을 하고 있다. 안보리의 제재를 해제해야 하고, 미국이 북한을 위폐 제조와 돈세탁 국가로 취급하지 않으면 6자회담을 개최해서 이 문제를 협의할 수 있다"는 요지로 답변했다는 것이다. 탕 자쉬안도 그간 한·중 간에 협의되어온 포괄적인 접근 방안을 북한 측에 제시하고 우선 북·미 회담을 주선하여 BDA 문제를 해결하면서 6자회담을 재개하자고 제의했다고 했다. 우리가 북한 측의 말을 직접 들을 수 없었기 때문에 대화의 전모를 알 수는 없었다.

탕 자쉬안은 일견 부드러운 표정을 하고 있지만 민감한 문제에 들어가면 단호한 자세를 취하는 스타일이었다. 나는 2007년 초 외교장관으로서 중국을 방문했을 때 국무위원이었던 그에게 중국에 억류 중인 탈북자들의 자유의지를 존중해줄 것을 요청한 적이 있다. 그가 원칙적 답변으로 애매하게 넘어가려고 하기에 내가 명확한 대답을 요구했다. 그는 순간 정색을 하면서 "중국 내 북조선인 문제는 한국에는 제3국의 일이다"라고 단정하면서 중국의 본심을 드러냈다. 더 이상 깊은 논의가 될 수 없었다.

라이스는 노 대통령에게 미국이 한국을 방어할 만반의 준비가 되어 있다고 강조하면서, 그러나 "북한이 누군가를 향해 먼저 핵무기를 발사할 것으로 생각지는 않는다"고 했다. 그보다는 북한이 핵을 제3국이나 테러 조직에 이전할 가능성을 우려해야 하므로 이를 막는 데 한국의 도움이 절대적이라고 강조했다. 그는 지금 국제사회는 한국의 행동을 주시하고 있다면서, 중국도 유엔헌장 제7장의 원용을 지지했으니 한국이 PSI에 적극 참가할 것을 요망했다.

노 대통령의 표정이 심각해지기 시작하더니 바로 미국이 북한의 핵 폐기 자체보다는 핵 이전을 방지하는 데에 중점을 두고 있는 것이 문제라고 지적했다. 지금까지 성공해온 동맹이 서로의 입장을 이해하지 않고 일방적으로 요구하면 큰 문제를 야기할 우려가 있다면서 전면적인 PSI 참여에 대해서는 거부의 뜻을 밝혔다. 또 미국은 북한이 핵을 포기하면 북한 주민의 미래가 어떻게 좋아질 것인지는 이야기하고 있지만, 현실적으로 정권과 주민을 분리 대응하는 것이 불가능한데, 주민과 직접 접촉이 안되면 우선 정권하고라도 대화해야 하는 것 아니냐고 반문했다.

노 대통령은 나아가 유엔안보리 결의는 제재와 대화를 통한 외교적 노력을 나란히 강조하고 있는 데 비해 미국은 압박을 통해서만 효과를 기대한다고 지적했다. 또 압박의 결과로 북한이 붕괴할 때, 이를 감당할 준비가 되어 있나 하는 것도 염두에 둬야 할 문제라고 했다. 그러나 결론적으로 이 모든 고려하에 안보리 결의의 취지에 맞게 미국과 협의해서 성실하게 이행할 것이라고 했다. 여러 조건이 걸린 말이었다.

한편 북한의 붕괴를 우려한다는 노 대통령의 생각은 달리 볼 여지가 있었다. 그런 생각으로 지레 위축되어 우리의 행동이 제약되는 것도 바람직하지 않고, 또 실제로 북한이 붕괴할 경우 상당한 어려움은 있겠지만 결코 감당하지 못할 일은 아닐 것이다. 나는 그 정도를 감내할 각오가 되지 않으면 한반도의 미래도 바꿀 수 없을 것이라고 생각했다. 이런 이런 문제를 두고 가끔 대통령과 진지하게 토론하기도 했다.

노 대통령이 이쯤에서 대화를 끝냈으면 서로 솔직하게 이야기하고 건설적인 결론을 내린 것으로 마무리되었을 것이다. 그런데 결국 마음속에 쌓인 생각을 여과 없이 내놓았다. "지난 4년 동안 한·미가 공조한 결과, 북한으로부터 경수로를 뺏어오는 대신 핵실험을 내준 것으로 귀결됐다"고 했다. 그리고 작심한 듯이 "한국이 단호하지 못해서 또는 대북 제재가 충분치 못해서 북한이 핵실험을 했다고 보지는 않는다. 미국과 북한이 서로 한발도 물러서지 않았다. 이제 한국의 의견에 대해서도 더 귀를 기울여주기를 바란다. 북한이 먼저 핵무기를 쓸 가능성도 없다면서 왜 그렇게 남북관계를 악화시키는 선택을 강요하느냐"며 따졌다.

이러한 발언의 배경에는 노 대통령이 지난 9월 워싱턴을 방문하여 간신히 '공동의 포괄적 접근 방안'에 합의하는 데까지는 좋았는데, 미국의 BDA 후속 문제 해결을 위한 조치가 지지부진하여 대북 협상 자체를 하지 못한 데 대한 깊은 아쉬움이 담겨 있었다. 대통령은 말을 마치면서 "이런 모든 사정에도 한·미 양국이 서로의 입장을 존중하면서 공조해나가자"며 숨을 가라앉혔다.

라이스는 '북한의 핵 자체보다는 핵 이전을 더 우려한다'는 취지의 자신의 말이 한국에 던지는 휘발성을 얼른 인지했다. "당연히 핵 폐기가 최우선이다. 그것은 9·19공동성명에 명시되어 있다. 북한이 먼저 핵을 사용할 가능성이 낮은 것은 미국의 억지력 때문이다. 한·미동맹의 위력에 비추어 북한은 그런 자살행위는 하지 못할 것이다"라면서 수습에 들어갔다. 그는 나아가 북한 핵의 폐기는 긴 과정을 요하는 것으로서, 9·19공동성명에 잘 표현되어 있듯이 미국은 대북 경제지원을 하고 관계 정상화를 위한 대화 의지를 갖고 있음을 강조했다. 또 한·미 간에 인식이나 입장의 차이는 있을 수 있지만, 대외적으로 조율된 입장보다는 이견 부분이 더 부각되는 것은 바람직하지 않다고 했다.

노 대통령은 당연히 한·미가 단단히 공조하고 있음을 강조하는 것이 필요하다면서 대북 압력과 함께 북한을 6자회담으로 끌어오기 위해 그동안 양국이 협의해온 공동의 방안을 시도할 수 있도록 미국이 전략적으로 준비할 것을 기대한다고 했다. 그러면서 "오늘 라이스 장관을 믿고 솔직히 이야기했다"고 덧붙였다.

평소 노 대통령의 대화 스타일은 문제의 역사적 배경과 세부적인 논리를 전개할 뿐만 아니라 종종 반어법도 사용했다. 특히 미국 사람들과 대화에서 그랬다. 우리는 한반도 문제를 현미경같이 들여다보려 하지만 미국은 전세계 문제를 망원경으로 바라보면서 단순화하려고 한다. 노 대통령은 솔직한 의사교환을 통해 현상 관리를 넘어 해결의 길을 찾아보려 한 반면, 미국 측은 간단한 방식으로 현상을 관리하기를 원했다. 이런 차이 때문에 부시 행정부의 인사들이 노무현 대통령에 대해 이해하기 어렵다든지, 반미적이라든지, 심지어 제정신이 아니라는 등 다양한 인상으로 회고했다. 이해하기 어렵다는 부분은 몰라도 그런 식으로 성격을 묘사한 것은 타당한 근거가 있다기보다는 미국의 시각에 쉽게 맞추어주지 않았기 때문일 것이다.

북한의 도발에 대한 한·미·일 3자의 단합된 모습이 필요했다. 이날 저녁에 3국 외교장관이 서울에 모였다. 반기문 장관은 북한이 핵실험의 대가를 치르게 하면서도 추가 핵실험을 방지하고 협상장으로 유도하기 위해서는 중국의 협조가 긴요함을 강조했다. 라이스 장관은 당장은 북한에 대한 압력을 최대한으로 올려 북한이 핵 포기를 선택하도록 강요해야 한다고 주장했다. 아소 다로 일본 외상은, 남북은 같은 민족으로서 경계를 접하고 있어서 미·일과는 다른 처지임을 이해한다면서도, 북한의 핵물질이나 관련 기술이 테러 분자의 손에 넘어갈 가능성을 우려하지 않을 수 없다고 했다. 일본도 미국을 따라 북한 핵 자체의 위협보다는 핵 이전을 더 우려했다.

당시 한국이 미국의 제재 중시 입장에 적극 동조했을 경우 일단 양국이 단합하는 모양새가 좋았을 것이다. 그러나 만약 그랬다면 후에 6자회담을 재개하고 비핵화의 초기 조치 합의를 이끌어내는 작업에서 한국이 설 땅이 없어졌을 것이다. 한국이 미국과 민감한 입장 차이를 보인 것은 공동의 포괄적 접근 방안을 추진하기 위한 여지를 확보해야 하기 때문이었다.

언론보도의 역풍: '미국은 전쟁광'의 진위

10월 19일 아침 6시, 나는 평소처럼 수영을 하려고 청와대 체육관에 도착했다. 옷을 갈아입는데 테이블에 놓인 A신문의 1면 상단에 얼핏 익숙한 두 얼굴이 눈에 들어왔다. 자세히 보니 나와 버시바우 대사를 대립시킨 사진이었다. 순간 잠이 깼다.

그 전날 나는 현대경제연구원과 B신문이 공동 주최한 조찬 토론에 참석했다. 북한이 핵실험을 했으니 우리의 대북정책도 이제는 수정할 수밖에 없다는 논지의 정책 방향을 설명했다. B신문에서는 내가 토론에서 말한 "눈이 왔으니 스노타이어로 바꾸어야"를 제목으로 단 기사가 실려 있었다. 북한이 금지선을 넘었으니 금강산 관광과 개성공단 사업의 변화 가능성도 있음을 시사했다고 보도했다. 그런데 A신문이 "미국은 많은 전쟁을 한 나라, 전쟁 나면 피해자는 한국"이라는 제목으로 나의 발언을 보도하면서 내가 반미적인 발언을 한 것으로 묘사했다. 북한이 선전용으로 사용하는 '타도 제국주의' 사진도 함께 게재했다.

물속에 뛰어들고 보니 정신이 들었다. 내가 불필요한 비판의 빌미를 제공했다는 생각이 들었다. 당시 북한의 핵실험에 대한 우리 정부의 대응 수준에 대해 논란이 많았다. 9월 정상회담을 계기로 한·미 간 의견이 수렴되고 있었지만 핵실험이 나오자 합의보다는 이견을 부각시키려는 목소리가 더 커졌다. 물에 몸을 띄워 긴 숨으로 왔다 갔다 하면서 그 전날 토론 상황을 떠올렸다.

내가 처음 이해하기로는 비공개 토론 형식이었다. 그래서 정책 당국자로서 언론 및 학자들과의 분명한 소통을 위해서 비교적 직설적으로 말했다. 그러나 그날 토론의 언론보도 규칙을 명확히 하는 것은 놓쳤다. 무엇보다 민감한 시기에 대통령 안보실장이 특정 언론만 참석한 토론에 참석하는 것 자체가 적절치 않았고 지뢰밭을 걷는 것과 같은 일이었다. 그래서 늦었지만 그날 오후 나의 발언 내용을 전 언론에 공개하고 내가 청와대 기자실에 가서 브리핑을 했다. 그러나 결과는 내가 바란 대로 되지 않았다. 나를 반미주의자로 묘사한 A신문은 사설에서 "이 정권 사람들은 '미국이 전쟁광'인 만큼 전쟁에 말려들지 않도록 경계해야 한다고 생각한다"는 해석을 달았다. 이 해석은 마치 대통령 안보실장인 내가 미국을 전쟁광이라고 규정한 것처럼 바뀌어서 국내외에 퍼져나갔다. 다음 날에는 다른 신문까지 비슷한 논지로 보도했다.

나는 우선 토론의 질의응답 녹취록 전문을 청와대 홈페이지에 게재하도록 했다. 한·미동맹의 운용, 한국과 국제사회의 관세, 북한 핵에 대한 나의 시각을 반영하고 있기에 그 내용을 그대로 여기에 옮겨 본다.

질문: 우리와 미국은 북한에 접근하는 대전제에 있어 근본적으로 차이가 있습니다. 우리는 전쟁은 안된다(No War)이고, 미국은 핵은 안된다(No Nuke)여서 서로 출발점이 다르기 때문에 숙명적 어려움이 있는 것 아닙니까?

답변: 그 두개는 어떻게 보면 상충되는 것으로 보일 수 있습니다. 미국은 전세계 전략 차원에서 국제적으로 여기저기 전쟁 또는 전쟁과 유사한 무력충돌을 많이 했습니다. 아마 국가의 생성 기간 그리고 국가로서 존재한 기간에 비해서 인류 역사상 전쟁을 가장 많

이 한 나라가 미국일 겁니다. 그런데 우리는 전쟁을 하면 모든 것을 다 잃는다는 생각을 갖고 있고, 그래서 우리 것을 보호해야 되고, 미국은 그것보다도 세계전략 차원에서 핵 확산이 되지 않아야 된다고 생각하는 것 때문에 그러한 차이가 있습니다.

이거 조화시켜나가야죠. 그래서 동맹이라는 겁니다. 우리가 미국의 전세계적인 전략과 이익을 존중하고 지지하는 대신, 미국은 한반도 문제에 있어서 우리의 이익과 장래에 대해서는 한국의 말에 귀를 기울여달라는 것입니다. 그것이 동맹의 기본 원리이고, 그것이 깨지면 동맹이 안되는 것이라고 생각합니다. 바로 그 문제 때문에 한·미동맹이 사이사이에 불협화음도 있긴 하지만 큰 근간을 계속 유지하면서 발전시켜나가고 있고, 지금도 한·미가 같은 목소리를 내고 있는 것입니다. 한·미동맹은 서로의 필요와 조건에 맞도록 진화, 발전되고 있습니다.

질문: 북한 핵실험 이후, 작금의 상황은 전혀 딴판의 다른 세상에서 살고 있습니다. 우리 정부의 정책을 마련하는 데 있어서도 인식과 발상의 변화가 있어야 될 것입니다. 기존의 포용정책의 기조하에서 정책을 수립할 때 국제사회와 엇박자를 보일 가능성이 있다는 점을 먼저 지적하고 싶습니다.

답변: 한반도 문제의 구조를 동심원으로 비유하면, 동심원의 맨 안쪽에 있는 원은 한국입니다. 미국, 중국 등은 두번째 원이 됩니다. 우리는 유엔 결의 1718호를 이런 본질적인 시각에서 봐야 되지 않나 하고 생각합니다. 국제사회가 우리의 운명을 결정할 수는 없습니다. 우리의 운명은 우리가 생각해야 하기 때문에 엇박자가 나

서는 안되죠. 그러나 우리의 핵심적인 국가이익이 국제사회와 엇박자가 나는 그 사이의 어딘가에 균형점을 잘 계산해야 된다고 봅니다.

제대로 된 나라는 자기 문제를 절대 국제화하지 않습니다. 미국이 자기 문제를 유엔에 들고 와서 이야기하고 일본이 북방도서(北方島嶼) 문제를 안보리에 들고 가지 않습니다. 영국이 북아일랜드 문제를 다자회의에서 논의하지 않았습니다. 중남미나 아프리카 어디에 있는 나라와 우리가 생각하는 것과는 엄청난 차이가 있기 때문에 국제사회와 엇박자가 나지 않도록 하면서도 우리의 본질적인 이익을 찾아나가는 것이 필요합니다. 유엔이 우리 운명을 결정하도록 내버려둔다면, 그것은 조금 강하게 표현하면, 자기 운명을 포기하는 것과 같은 것이기 때문에 조화를 이루는 노력이 필요합니다. 제가 국제사회와 엇박자 내자는 것이 아니라는 섬을 분명히 말씀드립니다.

질문: 과연 부시 행정부는 임기 내에 대북 금융제재를 포함한 제재에만 집착할 것인가? 상황이 바뀌면 부시 행정부는 북한과 임기 내에 어떤 조건에서 진지한 협상에 나올 수 있는가? 하는 것입니다.

답변: 부시 행정부의 대북정책은 한곳으로 정립되어 있지 않습니다. 부시 행정부 내에서도, 특히 부시 대통령 자신의 생각이 오른쪽, 왼쪽으로 항상 왔다 갔다 할 수 있는 그런 상황입니다. 참모진들, 부통령을 비롯해 국무장관, 국방장관, 안보보좌관, 그 밑의 실무자들이 어떻게 보느냐에 따라 상황이 많이 좌우되고, 그 상황

은 다분히 북한이 어떻게 하느냐에 따라서 부시 행정부의 정책도 움직인다고 보고 있습니다.

작년 9월 19일 공동성명 채택 다음 날 일어난 일(북한의 경수로 요구 발언)은 그러한 예민한 균형 속에서 북한이 돌을 살짝 던짐으로써 그 균형이 깨지는 형국이었습니다. 그러나 저는 북한이 협상을 통해서 비핵화하겠다는 의지를 좀 강하게, (우선) 행동에 옮기지 않더라도 말로 조금 보이면, 부시 행정부의 정책을 움직일 수 있다고 보고 있습니다.

A신문의 보도가 확산되자 미국 정부에서도 관심을 갖기 시작했다. 백악관의 선임국장이 주미한국대사관 간부에게 한·미가 공동의 위험에 처한 상황에서 왜 한국 청와대가 미국을 공격하는 발언을 하였느냐면서 심지어 사과까지 요구했다. 또 마침 그날 방한한 라이스 국무장관은 반기문 장관과의 회담에서 이 신문기사를 두고, 미국은 북한을 공격하거나 침략할 의사가 없다고 부시 대통령이 수차 언급했음을 강조했다. 반 장관은 송 실장의 취지가 제대로 전달되지 않은 것이라고 설명했다. 또 비슷한 시기에 워싱턴에서 열린 한·미 연례 국방장관회의에서 럼스펠드 장관은 한국의 대통령 안보실장이 3만 명이 넘는 미군이 한국전에서 전사했다는 사실을 모르고 있는 것 같다면서 불만을 표시했다. 여파는 들불처럼 번져나갔다.

나는 발언의 전문을 외교부에 보내서 있는 그대로 영문으로 번역하여 국문 원문과 함께 미국 측에 전달해달라고 했다. 아울러 미국이 한국의 특정 언론보도를 보고 일방적인 반응을 보인 데 대한 나의 실망도 전달해줄 것을 요청했다.

10월 20일 외교부 북미국장이 한국어에 능통한 주한미국대사관 공사를 초치해서 문제의 발언록 중 관련 내용 전문을 그대로 읽어주고 번역문도 전달했다. 미국 공사는 마침 라이스 장관이 방한하는 날과 겹쳐서 한국 언론의 보도가 미국의 주목을 받은 것은 사실이라고 했다. 그는 "아무리 찾아봐도 송 실장이 미국이 호전적 정책을 추구한다는 발언을 한 것이 아니고, 현재의 상황에 대해 미국에 책임이 있다는 내용이 없으며, 한 신문만이 특정한 견해(spin)를 걸어서 보도했다"는 것을 발언 전문과 함께 본국 정부에 보고하겠다고 했다.

이날 오후 늦게 나는 별도로 버시바우 대사에게 전화했다. 나는 "백악관 관계자가 사과를 요구했다는데, 사실과 다른 보도를 두고 이런 반응을 보인 데 대해 경악을 금할 수 없다. 한국과 미국 정부가 언제부터 특정 신문의 보도를 통해 의사를 전달하고 있는지 미국이 먼저 해명해주기 바란다"고 했다.

마침 주말이 지나 월요일인 10월 23일 백악관 관계자는 주미한국대사관 간부에게 전화해서, 버시바우 대사의 보고를 받아보니 사실관계를 확실히 알 수 있어 마음이 놓였고 지난번에 제기한 상황은 종료하자고 알려왔다. 이날 버시바우 대사도 나에게 전화해서 워싱턴으로부터 연락을 받았는데 이 문제는 더이상 논란이 못되는 일이니 상황을 종료하기를 원한다고 알려왔다. 그래서 나는 다음부터는 언론보도와 관련해서 의문이 있으면 우선 워싱턴의 한국대사관이나 서울의 미국대사관에 먼저 사실관계를 파악해야 될 것이라고 강조했다.

그러나 국내에서는 상황이 종료되지 않았다. 11월 중순 나는 국회의 외교통상부장관 임명 인사청문회에 섰다. 야당은 물론 일부 여당의원들로부터도 언론보도에 기초한 비난 공세를 받고 해명을 반복해야 했다. 이 문제로 나를 표적으로 하는 보도가 확산되자 한번은 노무현 대통령이 지나가는 말투로 "뭘 가지고 그렇게 야단이냐"면서 관심을 표시했다. '언론의 속성을 잘 알면서 좀 덜 시끄럽게 하지'라는 뜻으로 이야기한 것으로 들렸다. 내가 언론에 공격의 빌미를 제공한 결과가 돼서 착잡했다. 나의 발언을 문제시하여 보도한 신문은, 한·미 공조가 긴요한 시점에 내가 반미적인 발언을 했다고 비판하려는 취지였겠지만, 결과는 반대로 한·미 공조를 잠시나마 어렵게 만드는 효과를 불러왔다.

10년이 지난 에피소드를 되새겨보는 이유는 무엇보다도 그때 내가 밝혔던 생각들을 앞으로 우리가 갈 길에 비추어보기 위해서이다.

첫째, 미국은 외교의 연장으로서 무력 사용을 가장 용이하게 동원할 수단을 가진 나라다. 북한이 핵실험을 했던 당시 나는 북한이 기어이 핵무장으로 가겠다고 한다면, 미국이 물리력을 동원하는 방안에 대해서 협의해올 가능성을 배제하지 않았다. 나 자신도 그때나 지금이나 핵무기를 가진 북한과 이 좁은 땅에서 계속 같이 살 수는 없다고 생각한다. 나는 북한이 기어이 핵무기를 갖겠다고 하면 물리적으로 제압당할 수 있음을 경고하고자 했다. 미국이 북한에 대해 물리력을 사용할 의지는 불확실하나, 지금 동북아에서는 군비경쟁이 가열되고 있다. 역사적으로 동북아의 불안정은 약한 고리인 한반도에서 충돌로 분출되었다는 점을 간과하지 말아야 한다.

둘째, 유엔에 의해 대한민국 정부가 수립되고 또 유엔군이 북한의 남침으로부터 우리를 보호해준 것은 결코 잊을 수 없는 역사적 사실이다. 그러나 60년이 지난 21세기 한국의 위치는 그때와 다를 수밖에 없다. 국제사회에서는 사리와 명분에 기초한 국가이익이 최우선이다. 유엔이 인류의 보편적 가치 기준에 따른다고 하지만, 기본적으로 각국마다 자기의 이익에 맞게 그 기준을 해석하고 적용한다. 한국은 한반도 문제를 둘러싼 각국의 이익이 중첩되는 동심원 한가운데 서 있다. 한반도 문제에 관해서는 국제사회의 중심에 한국이 있어야 한다. 또 북한의 도발에 대응하여 유엔안보리 결의를 채택하지만 이는 외교의 시작에 불과하다. 우리는 항상 해결을 위한 외교의 문고리를 잡고 있어야 한다.

셋째, 만약 정부가 대북 강경정책을 취하고 있는 가운데 "미국은 전쟁을 많이 해온 나라"라고 했다면, 이를 대북 군사력 사용 가능성을 시사한 것으로 해석했을 것이다. 그러나 나는 당시 우리 정부가 북한에 대해 단호하지 않다는 인상을 주고 있었던 것을 특별히 의식하지 않았다. 평소에 생각하고 있던 바를 여과 없이 밝혔는데 배나무 밑에서 갓끈을 맨 것처럼 되었다. 한편, 나는 남북관계가 잘 진행되면 북한도 무력 공격을 받지 않는다고 했는데, 여전히 맞는 말이다. 또 지금 일본이 집단적 자위권을 내세워 군사력을 강화하면서 필요시에 한반도 진출까지 거론하고 있다. 만약 그때 북한이 핵실험을 하지 않고 남북관계와 북·미관계를 진전시켰더라면 일본의 행보가 지금과는 많이 달랐을 것이다.

PSI 참여가 한·미 공조의 척도로

라이스 장관 방한 이후 미국은 대북정책 전환의 분위기 조성을 위해서 한국이 대량살상무기확산방지구상(PSI)의 참여 입장을 분명하게 밝혀줄 것을 계속 요청했다. 장관급 안보정책 조정회의에서 대책을 논의하는데, 통일부장관이 PSI 불참 입장을 강하게 주장했다. 외교부는 차관이 참석했는데 부분적 참여 입장으로 타협안을 내세웠지만 목소리가 나지 않았다. 나는 사회를 보아야 했는데 그냥 두면 불참으로 결정될 형세였다. "한·미 공조가 필요한 만큼 우선 부분적으로 참여하고 상황에 따라 단계적으로 확대하되, 남북해운합의서를 철저하게 시행해서 주변 수역부터 관리하자"라고 제안을 했다. 사회자가 토론의 한쪽에 서자니 불편했지만 할 수 없었다. 논란 끝에 우선 PSI에 부분적으로 참여하고, 동시에 남북해운합의서 시행을 통해 북한 선박의 한반도 주변 수역활동을 관리하는 방안을 대통령에게 건의하기로 했다.

북한은 이때 조국평화통일위원회의 성명을 통해 한국의 PSI 참가는 수치스러운 반민족 행위로서 동족 대결과 전쟁 참화를 불러올 행위라고 협박했다. 북한이 민족을 가장 어렵게 하는 핵실험을 해놓고서는 적반하장으로 나오는 것이었다. 그러나 우리로서는 남북관계도 있지만 앞으로 중국과도 조율해야 핵 문제 진전이 가능함을 고려하지 않을 수 없었다. 그런데 중국은 동북아 지역에서 미국 주도의 PSI를 전개하는 것을 극력히 반대하고 있었다. 대통령에게 안보정책 조정회의 결과를 보고하자, "PSI에 대한 미국의 요청과 남북관계의 특수성을 감안해서 두 필요성을 잘 조화시켜보라"는 어려운 지시를 내렸다.

당시 북한의 핵실험 후 한국이 얼마나 단호하게 대응하느냐 하는 척도는, PSI 전면 참가와 개성공단 및 금강산 관광사업 방식의 변경 여부였다. 하나의 징벌 조치로서 개성공단과 금강산에서 이미 계획된 사업 확장을 중지했다. 그리고 PSI에 대한 원칙적 지지는 선언하기로 했다. 그러나 전면 참가할 경우, 북한 선박 검색으로 인해 물리적 충돌 가능성이 있음을 감안해서 단계적으로 PSI 참여 수준을 올리고자 했다. 그런데 여당에서는 원칙적 지지와 단계적 참여 자체도 반대했다.

11월 11일 토요일 총리 공관에서 한명숙(韓明淑) 총리, 김근태 열린우리당 의장, 그리고 나를 포함한 당·정·청 회의가 열렸다. 논쟁 끝에 PSI의 8개 활동 사항 중 역내 차단 훈련과 물적 지원을 제외한 다른 상징적 활동에 우선 참여하고 필요에 따라서 참여 강도를 올려가는 방향으로 합의했다. 나는 주말을 넘기고 월요일 "상황에 따라 단계적으로 참여 확대"라는 요지로 발표하고자 했다. 당연히 행정부의 결정사항으로 발표한다고 생각했다.

그런데 회의를 마치자마자 김근태 의장이 바로 언론에다 '한국의 PSI 불참'으로 발표해버렸다. 이는 내외신 뉴스를 타고 퍼져나갔다. 나는 우리의 '단계적 PSI 참여' 결정을 활용하여 어떻게 미국을 대화 모드로 전환시킬 것인가에 골몰하던 중이었다.

김근태 의장은 어떤 형태로든 PSI에 참여할 경우, 협상을 통한 핵 문제 해결을 어렵게 한다고 강하게 주장했다. '부분 참여'와 '불참'이 정부의 대미 협의에 주는 영향은 크게 달랐다. 얼마 전에는 한 언론이 뜨거운 물을 퍼붓더니 이번에는 정치권이 찬물을 끼얹는구나 하는 생각이 들었다. 북한도 자극하지 않고 미국과도 타협해서 협상을 이끌어내는 길은 국내에서부터 난관에 봉착하기 일쑤였다. 아니나 다를까 내가 11월 17일 하노이에서 해들리를 만났더니, 11월 13일자 영국의 『파이낸셜 타임스』를 들고서는 부시 대통령이 바로 이 신문을 자신에게 보여주면서 "도대체 어떻게 된 것이냐"며 한·미관계가 부드럽지 못한 데 대해 질책했다는 것이다. 그 신문은 김 의장의 발표에 근거하여 "한국이 북한의 핵실험에도 불구하고 PSI 참여에 대한 미국의 간청을 거부했다"고 보도했다. 사실을 그대로 반영했다면 "한국이 PSI 참여에 대한 미국의 요청을 단계적으로 수용하기 시작했다"가 맞았다.

2009년 5월 이명박(李明博) 정부가 이른바 '한·미관계 복원'의 상징으로 PSI의 전면 참여 결정을 발표했다. 이번에도 북한의 조국평화통일위원회는 '선전포고'로 규정하고, "전시에 상응한 실제적인 행동조치로 대응할 것"이라면서 구체적으로 위협하고 나왔다. 이런 북한의 위협에 위축되어서는 결코 안된다. 그러나 그들의 행동 가능성에 대한 대비는 확실히 해야 한다. 북한이 위협한 '실제적인 행동조치'와 그후 '실제 도발'들 사이에 무슨 상관관계가 있는지는 알 수 없다.

다시 수면 위로 떠오른 한반도 평화체제

북한의 핵실험 이전에 공동의 포괄적 접근을 시도하지도 못한 데는 몇가지 배경이 있었다. 첫째, 미국 지도부가 중동 문제에 매여 복잡한 BDA 문제에 집중할 여유가 없었다. 둘째, 북한이 이 방안으로 거래를 할지에 대한 의사 확인이 되지 않았다. 셋째, 북한의 거부 시 과연 한국이 강력한 대북 제재를 선택할지에 대한 미국의 판단이 서지 않았고, 중국의 동참은 더 불확실했다.

그런데 북한 핵실험 후 미국의 루거(Richard G. Lugar) 상원 외교 위원장을 포함한 공화당 내 온건 인사들이 미·북 간 양자대화를 주장했고, 또 11월 7일에는 미국 중간선거가 예정되어 있었다. 10월 24일 버시바우 대사와 조찬을 하면서 노무현 대통령이 공동의 포괄적 접근 방안을 시도하지 못한 데 대한 강한 아쉬움을 갖고 있음을 상기시켰다. 나는 북한의 핵실험에도 불구하고 결국은 한·미가 합의했던 방향으로 갈 수밖에 없을 것임을 강조하면서 워싱턴에 우리의 시각을 전달할 것을 요청했다.

이에 버시바우는 워싱턴이 중간선거 이전에 북한과의 대결보다는 대화 모드로 전환할 가능성이 있을 것으로 본다고 했다. 어느 나라나 선거에 미세한 영향이라도 줄 수 있는 일이면 우선적으로 고려할 수밖에 없는 것이다. 그는 한·미 공동의 포괄적 접근 방안을 가동하는 방안을 제기하면서 당장 필요한 것은, 6자회담 재개 시에 바로 합의할 수 있는 결과물을 사전에 합의하는 것이라고 했다. 일종의 조기수확(early harvest) 방안으로 북한이 핵 폐기 개시를 보여주는 가시적 조치를 하는 대신 미국은 BDA 해결과 경제지원을 해주는 방식을 예시했다.

10월 30일 새벽, 힐이 호주 시드니에서 전화하여 그날 베이징으로 가서 우 다웨이와 김계관을 함께 만날 예정이라고 알려왔다. 다음 날 힐이 다시 알려온 바에 의하면, 10월 31일 베이징에서 BDA 문제에 직접 관련되는 북·미·중 3자가 회동했다. 금융문제는 별도 협의로 병행하기로 하고, 편리한 시기에 조속히 6자회담 수석대표 간 소규모 회담을 개최하기로 합의했다. 3자회동은 간판이고 실제로는 미국이 그렇게 반대하는 북·미 양자 접촉으로 이루어졌다. 힐이 미국은 안보리 결의를 이행할 수밖에 없다고 했음에도 김계관은 별다른 거부 반응을 보이지 않았다는 것이다.

이를 보면서 나는 북·미관계의 패턴을 떠올렸다. 북한이 무슨 일을 저질러야 그때 가서 미국과 북한 사이에 주고받기가 시작된 경우가 너무 많다. 그러다가 다시 관계가 틀어지고 북한에 대한 압박이 계속된다. 결정적인 압박이 아니라 목을 지그시 누르는 정도이다. 어느 단계에 가서 북한은 숨이 막힌다 싶으면 발버둥 치면서 또다른 사고를 일으킨다. 이런 현상을 두고 북·미관계는 베토벤의 교향곡처럼 정점을 향해 전개되는 것이 아니라, 바흐의 협주곡처럼 계산된 행동과 그에 대한 반응이 대위법같이 계속 반복된다고 묘사하기도 한다.

북한이 일으키는 사고의 피해자는 한국이기 때문에 우리는 미국과 북한을 한자리에 앉혀보려고 안간힘을 쓴다. 미국은 북한에 쓸 카드가 많다. 미·북 접촉과 대화, 각종 제재 해제, 인도적·경제적 지원, 군사훈련 축소와 중단, 관계 정상화 단계 개시 등이다. 한국의 대북 카드는 기껏해야 인도적·경제적 지원이다. 그래서 한·미동맹을 걸고 미국의 카드를 원용해야 하는 어려움이 계속된다.

2006년 11월 18일 하노이 APEC 정상회담 계기에 한·미 정상이 만났다. 부시 대통령은 노무현 대통령에게 북한이 다시 회담에 돌아오도록 한국이 많은 역할을 한 데 대해 감사를 표시했다. 한국이 남북 관계를 어느정도 희생하는 어려움에도 불구하고 대북 지원을 중단하면서 제재에 동참한 것도 염두에 두고 하는 말이었다. 그는 바로 "우리 둘 모두가 언론자유가 보장된 사회에서 살고 있다. 언론이 한·미 간에 무슨 갈등이 있는 것으로 부추기는 것은 그런 자유의 대가로 생각하자"면서 서로 위안했다. 북한의 핵실험 이후 핵 저지 실패와 사후 대책 미흡에 대한 언론의 비판들은 대수롭게 생각하지 말자는 표시였다. 이에 대해 노 대통령은 요즘 한국이나 미국 언론을 보면 마치 한국이 북한의 미사일과 핵실험 후에 아무것도 하지 않은 것으로 보인다면서 한국이 취한 조치들을 설명했다. 그랬더니 부시 대통령은 "나는 그렇게 생각하지 않는다"라며 분위기를 잡았다.

부시 대통령의 말대로 언론의 자유가 보장된 나라에서 정부는 끝없는 비판을 감내해야 한다. 그런데 침소봉대 현상이 심하면 대통령이나 주변의 사람들은 억울한 생각이 들게 마련이다. 노 대통령은 부시 대통령에게 "참모들의 보고를 받으면 미국과의 협의가 잘 진행되고 있는데, 신문을 보면 매일 양국이 싸우고 있으니, 아무래도 신문을 보지 않아야 한·미동맹이 잘될 것 같다"라고 농담을 던졌다. 부시 대통령은 아주 현명한 처사가 될 것이라면서 맞받았다. 그는 또 럼스펠드 국방장관이 사임하기로 결정했다는 점을 일부러 강조했다. 대통령과 장관이 함께 결정한 것이라고 부연설명까지 했다. 그의 강경 노선에 대해 한국 정부도 불편하게 여겨왔음을 의식한 것이었다.

노 대통령이 그 전날 싱가포르에서 북한이 평화의 길을 선택할 경우 안전보장과 경제지원을 할 용의가 있다고 한 부시 대통령의 발언을 상기시키면서 환영을 표시하자, 그는 북한 핵이 해결되면 북한과 안전보장협정에 서명할 용의가 있음을 강조했다. 부시 대통령은 안전보장협정, 평화협정, 종전선언, 전쟁종식 등의 용어를 특별한 개념 구분 없이 혼용했다.

부시 대통령은 또한 노 대통령이 통일 비용에 대해서 우려하는 것 같다고 하면서, 통일은 한반도뿐만 아니라 세계평화 차원에서 비용을 들일 가치가 있으므로 한국이 혼자 우려할 필요가 없다고 했다. 9월 워싱턴 회담에서 그가 말한 '라이스 플랜'과 같은 맥락이었다.

노무현 대통령은 그 전날 후 진타오 주석과의 회담에서 북한 핵 문제를 대화로 풀지 못할 경우 어떤 방안이 가능할지 타진했다. 그러나 후 주석이 원론적 말만 되풀이할 뿐 손에 잡히는 아무것도 들을 수 없었다면서 답답해했다. 노 대통령은 중국이 많은 노력을 하고 있는 것으로 알고 있지만 "실제 중·북 사이에 어떤 일이 오고 가는지 솔직히 궁금하다"라고 직설적으로 캐물었다. 그러나 후 주석은 북·미 양측의 불신이 심각한 상태에서 한국이 '독특한 지위'를 이용해서 양측을 설득하기를 기대한다면서 피해갔다.

노 대통령은 후 주석과의 대화를 부시 대통령에게 소개하면서, 중국으로서는 이웃집에서 불이 나면 안된다는 생각 때문에 대북 압박에 소극적인 태도를 보인다고 했다. 그런데 우리는 이웃이 아니라 북한과 바로 아래위층에서 사는데 얼마나 어렵겠느냐고 토로했다. 그러면서도 한국 정부가 당시의 큰 이슈였던 PSI의 전면 참가에 다가가고 있다고 했다.

이날 부시 대통령이 북한의 핵실험 여파로 일본 내 핵무장론이 대두되는 것을 지적하자, 노 대통령도 같은 우려를 표명했다. 부시 대통령은 일본의 군국주의 성향은 기본적으로 북한의 핵 개발에 의해 야기된 것임을 강조하고 북한이 핵을 포기하지 않으면 일본의 재무장을 초래하고, 또 중국이 이에 대응함으로써 엄청난 상황으로 번질 수가 있다고 우려했다. 자신도 이런 점을 중국 측에 이야기하고 있으니 한국만 모든 부담을 진다고 생각하지 말기 바란다고 했다. 그는 김정일을 이해할 수가 없다면서 "핵으로 전세계의 관심을 촉구하려는지 또는 심리적인 욕구를 충족시키려는지 모르겠다"고 했다.

전세계의 그림을 보는 미국 대통령의 눈에는 북한이 왜 핵을 개발하려는지가 자세히 눈에 들어오지 않는다. 분단의 한쪽에서 정권과 체제 유지에 매달리는 북한이 리비아나 이라크의 사례를 보면서 핵에 더 집착한다는 것을 미국은 굳이 이해하려고 하지 않는다. 미국에 한반도 상황을 깊이 이해시키는 것은 한국이 짊어져야 하는 큰 부담의 하나다.

노 대통령이 인권, 민주주의, 독재체제와 같은 문제들을 당장은 앞에 내세우지 말고 시급한 핵 문제부터 우선 해결하자고 했더니 부시 대통령은 전적으로 동감한다고 했다. 1년 전 경주 정상회담과는 격세지감을 갖게 했다. 부시 대통령은 미국 혼자서 북한 핵 문제를 해결하려는 유혹에 빠져서는 안된다면서 클린턴 대통령이 그렇게 하려다 실패한 것임을 지적했다. 그러고는 "나와 각하, 그리고 김정일이 함께 한국전쟁을 완전히 종결짓는 평화협정에 서명을 하고 싶다. 그러나 북한이 핵 포기 결단을 먼저 내려야 한다"라고 했다.

그의 말을 들으면서 지난 9월 6일 워싱턴에서 내가 라이스와 단독 회담에서 한 말이 생각났다. 나는 노무현 정부로서는 남은 기간에 북한의 핵 폐기와 평화체제 협상을 기차선로 위에 올려놓는 것을 목표로 하고, 부시 대통령은 1년 더 여유가 있으니 핵 폐기를 완료하고 평화체제를 수립하는 것을 목표로 할 수 있을 것이라고 했다. 정치 지도자로는 당연히 자신의 임기 내에 구체적 업적을 이루고 싶어 한다. 그런 목표를 공유해야 공동의 행동기반도 만들어지는 것이다.

노 대통령과 부시 대통령은 회담을 마친 후 언론을 불러들여 한마디씩 했다. 노 대통령은 유엔안보리 결의 1718호를 충실히 이행할 것이며 PSI의 목표와 원칙을 지지하고 핵의 확산 방지를 위해 사안별로 협력하겠다고 했다. 부시 대통령은 한·미동맹에 대해서 많은 논의를 했고, 한국의 PSI 협조에 감사를 표시하면서 북한이 핵을 포기할 경우 안전보장협정을 체결하고 경제지원을 할 용의가 있음을 밝혔다. 이렇게 해서 부시 대통령의 이른바 종전선언 화두는 한반도의 평화체제 문제를 다시 한번 수면 위로 끌어올렸다.

2006년 7월 초 북한이 7연발 미사일을 시험 발사한 후에 대책을 보고하고 대통령 집무실을 나서려 하는데, 대통령이 내실에서 차 한잔 하고 가라고 했다. 담배에 불을 붙이고는 뭔가를 생각하더니 "송 실장이 직접 외교부 일 좀 챙겨라!"라고 했다. 당시 6자회담은 공전되고 북한은 미사일 발사로 정세를 위협하고 있었다. 야당과 언론이 정부의 대북정책이 실패했다면서 파상공세를 펼 만도 했다. 여당 일각에서도 불만이 제기되었다. 대통령은 답답해했다. 누구나 청와대에서 보면 여론의 비난이 대통령에게까지 날아오기 전에 광화문에서 먼저 막아주길 바란다.

나는 '외교부 일을 챙기라'는 지시에 마음이 내키지 않았다. 대통령의 참모가 내각을 넘어 전면에 나서면 언론에서 어떤 반응이 나올지 뻔했기 때문이다. 그러나 그후 나는 청와대 기자실인 춘추관에 자주 들러야 했다. 북한의 미사일 발사 배경 및 성격을 포함해서 과거 한·미 미사일 협상을 하면서 습득한 지식과 정보를 바탕으로 나름대로 열심히 언론에 설명했다. 예상했던 대로 언론으로부터 각종 공격이 날아오기 시작했다. 나를 외교안보 분야의 실세로 지목하면서 자극적인 비판이 잇달았다. 그러나 현실적으로는 내가 그 일을 피하면서 달리 할 수 있는 길이 없었다.

이렇게 두어달이 넘어갔다. 9월 말 반기문 장관의 유엔사무총장 선출이 확실시되어가자 노 대통령은 나에게 "송 실장이 청와대에 계속 있으면 좋겠지만, 아무래도 외교통상부로 가야겠다"는 말을 꺼냈다. 나는 그 자리에서 반 장관이 외무고시 3기이고 내가 9기인데 너무 건너뛰면 조직이 불안정해질 수 있다면서 한번 더 생각해보는 게 좋겠다고 했다. 대통령은 더 생각할 것 없고 나 대신 후임 안보실장으로 어떤 사람이 오면 좋겠느냐고 물었다. 더이상 다른 이야기를 할 수가 없었다. 후임에 대해서는 두루 살펴보시고 선택하시는 것이 좋겠다면서 특정 인물을 천거하지 않았다.

제10장

2·13합의로 가는 길

외교장관으로서의 첫발

2006년 11월 18일 하노이 대우호텔에서 나는 외교장관 내정자로서 아소 다로(麻生太郎) 일본 외무대신을 만났다. 북한의 일본인 납치 문제는 입구론(入口論)적 접근보다 출구론(出口論)적 접근이 더 유용할 수 있음을 설명하고, 2005년 9·19공동성명 채택 과정에서 회담이 진전되면서 일·북 접촉도 원활하게 이루어진 사례를 들었다.

나는 아소에게 한국이 유엔안보리 결의 이행과 함께 자체 대북 제재를 가하고 있고, 유엔의 북한 인권 결의에 찬성하는 동시에 PSI 참여 가능성도 열어놓고 있다는 점을 먼저 강조했다. 그럼에도 북한에 대해서는 압박과 대화의 두 경로가 동시에 필요함을 제시하면서 6자회담이 진전되면 납치 문제를 포함한 일·북 간 문제 해결의 문이 넓어질 것이라고 했다. 아니나 다를까, 아소는 무엇보다 한·미·일이 확실히 손을 잡는 것이 중요하다고 강조했다. 일본은 한·일관계나 납치 문제가 잘 풀리지 않을 때는 으레 한·미·일 공조를 내세운다. 한국에 대한 미국의 영향력을 염두에 두기 때문이다.

그는 이어 한국이 유엔의 북한 인권 결의에 찬성한 데 대해 감사하다고 했다. 나는 북한의 인권 상황에 대해서는 어느 누구보다 한국이 제일 우려할 문제라고 했다. 그러면서 내심 왜 일본이 그 일에 감사해야 하는지 반문했다. 일본에서 제기하는 북한 인권 문제는 주로 북한 주민과 관련된 것보다는 일본인 납치 문제를 말하는 것이었다. 바로 이어 그는 "아베가 총리가 될 수 있었던 것은 납치 문제 때문이었다"라고 하면서, 그만큼 일본은 국내 정치적으로 이 문제를 중시하지 않을 수 없다고 말했다.

아소는 솔직했다. 한번은 국제회의 오찬장에서 둘이 옆자리에 앉게 되었다. 그는 과거 미국과 영국에서 수학한 적이 있었다. 한국어 통역이 없는 회의장에서는 영어 통역을 사용했다. 내가 "우리 둘 모두 영어가 모국어도 아닌데 굳이 유창하게 할 필요가 있느냐"면서 통역 없이 대화할 것을 제안했다.

그는 자신의 통역을 보고 잠시 머뭇거리더니 그렇게 하자고 했다. "나는 전형적인 외교관이 아니다. 외교적 수사 없이 직설적으로 대화하고 싶다"고 했더니, 그는 "나도 전형적인 일본 사람이 아니다. 좋다"라고 했다. 우리는 양국 간 많은 차이에도 불구하고 터놓고 대화를 했다. 그가 일제강점기에 한국인 강제징용 동원으로 악명 높은 아소 탄광주의 후손이라는 사실이 그와 솔직하게 소통하는 데 장애가 되지는 않았다.

일본인 납치 문제에 대해서는 씁쓸한 기억들이 있다. 2007년 9월 아베 신조 총리에 이어 비교적 온건하다는 후쿠다 야스오(福田康夫) 총리가 취임했다. 그는 2007년 11월 싱가포르에서 개최된 '아세안(ASEAN)+3(한·중·일)' 정상회담에서 노무현 대통령을 만났다. 자리에 앉자마자 자신의 비서를 시켜서 노 대통령과 배석자 모두에게 일본인 납북자들의 사진이 실린 팸플릿을 돌리는 것이었다. 아무리 국내정치적으로 중요한 문제라지만 무례한 행동이었다. 이런 일들 탓에 노 대통령은 내부 토론에서 일본군 위안부 동원은 비교할 수 없이 더 극악한 사실상의 납치 행위였는데 이는 외면하면서 일본인 납치 문제에만 집착하고 있다고 개탄했다.

또 한번은 2007년 1월 필리핀 세부(Cebu)에서 열린 아세안+3(한·중·일) 정상회담 계기에 한·일 외교장관 회담이 열렸다. 일본은 일본인 납치 문제를 9·19공동성명 이행의 전제로 내걸고 있었다. 나는 우리도 한국전쟁 이후에 400명 이상이 납북되었음을 상기시키고, 현실적으로 이 문제를 다른 모든 관계의 전제 조건으로 해서 해결하기는 어렵기 때문에 남북관계의 진전과 병행해서 해결코자 노력 중이라고 설명했다. 이 회담에는 아소의 대리가 참석했다. 그런데 그로부터 며칠 후 1월 14일 일본 『요미우리신문(讀賣新聞)』은 내가 "한국은 400명 이상이 납북되었지만 이 문제를 제기하지 않는다"고 말했다고 보도했다. 외교 경로를 통해 일본에 왜곡보도의 경위를 해명할 것을 요구했더니 "유감을 표명한다"고 알려왔다. 일본이 종종 구사하는 이런 형태의 이른바 '언론 플레이'는 양국 간 신뢰에 도움이 되지 않았다.

다음 날 러시아의 라브로프 외교장관을 만났다. 그는 러시아산 원유 공급, 시베리아횡단철도(Trans-Siberia Railway, TSR)와 한반도 종단철도(Trans-Korea Railway, TKR)를 연결하는 문제를 거론했다. 9·19공동성명이 이행될 경우 러시아가 주목할 분야를 예시한 것이다. 나는 북한의 비핵화 사업에 적극 투자하면 대규모의 대북 경제협력이 전개되고, 이에 따라 동아시아에서 러시아의 경제적 기회도 확대되기를 기대한다고 했다. 나중에 라이스에게 라브로프와의 대화를 소개했더니 그는, 러시아는 에너지 판매에만 관심이 있는 것 같은데 우선 북한 핵 문제 해결 과정에서 제몫을 해야 할 것이라고 했다.

라브로프는 10년간 유엔 대사를 지낸 후 2004년 외교장관이 되었다. 제정러시아 귀족의 티가 흐르는 인물이었다. 나와는 이런저런 일로 소통이 잘되었다. 러시아도 미국이나 중국 또는 일본과 상대할 때와는 달리 한국에 대해서는 나름대로의 편안함을 느꼈을 수 있다. 그는 10년 이상 외교장관으로 있으면서 우크라이나, 이란, 시리아 등의 주요 문제에서 러시아의 목소리를 내는 데 앞장서고 있다. 그는 푸틴이 주창하는 강력한 러시아의 이미지를 대변하는 데 적합한 인물로 보였다.

다음 날 라이스를 만났다. 그간 여러 기회에 대화를 나누었기 때문에 서로 편안하게 느꼈다. 그는 매우 전략적으로 사고하고 판단이 빠를 뿐만 아니라 다른 동료에게 위임을 잘할 줄 아는 인물이었다. 2005년 국무장관 취임 이후 미국의 한반도 정책을 대화 모드로 끌고 가는 과정에서 그가 부시의 귀를 잡고 있었다. 그는 결과 지향적이었다. 구체적 결론 없이는 대화를 끝내지 않는 스타일이었다. 본질적인 문제를 파고들어서 토론하고 결론을 끌어내는 기질이어서 나와는 말이 통했다.

물론 라이스는 조지 W. 부시 행정부 1기의 국가안보보좌관으로 있으면서 체니 부통령이나 럼스펠드 국방장관 등 강경파들에게 휘둘린 면이 있었다. 체니는 제41대 조지 H. W. 부시 대통령 시절 국방장관을 지냈고 1992년 재선 캠페인에서는 러닝메이트로도 거론될 만큼 부시 가문과 밀접한 관계에 있었다. 라이스가 부시 대통령의 신임을 받고 있었지만 워싱턴 권력세계에서 체니가 갖고 있는 무게에 시달릴 수밖에 없었던 것으로 보였다.

한편 체니는 화려한 경력을 갖고 있지만 그에 대한 미국 내의 평가는 상당히 부정적이다. 본인 스스로는 여러 방식으로 베트남전 징집을 회피했으면서도 이라크전 개전에는 앞장선 대표적인 '안락의자의 전사'(Armchair Warrior)로 분류되었다. 그뿐만 아니라 자신이 운영했었던 기업(Halliburton)에 막대한 군수조달 이익을 안겨주었다는 혐의로 정경유착의 비판을 받았다. 라이스는 그의 이름을 직접 말하지는 않았지만 체니의 네오콘적 자세 때문에 힘들다는 표정을 짓는 경우가 가끔 있었다. 어느 나라나 국내 정치가 외교를 지배하지만 최강대국 미국에서는 더욱 그러했다.

라이스는 그날 있었던 정상회담에서 양 대통령이 폭넓은 전략적 시각으로 대화를 이끌어간 것이 인상적이었다고 평가했다. 한달 전 서울에서 노무현 대통령 예방 때의 표정에 비해 많이 여유가 있어 보였다. 그는 한국의 PSI 지지 입장 표명을 환영한다고 하면서 가시적인 행동이 있을 것을 기대한다고 했다. 나는 북한의 핵실험에 대해서 누구보다도 한국이 더 분노하고 있으며, 어떤 논리나 당위보다는 핵을 폐기시키는 결과 지향적인 접근이 중요하다고 했다. 한·미 양국이 갖고 있는 모든 수단을 동원해서 이를 성사시키자면서, 우선 북한의 핵시설 폐쇄와 5개국의 대북 에너지 지원에 합의하는 방안을 만들어보자고 했다. 그렇게 되면 북한이 5개국과 상대해야 되기 때문에 좋은 협상구도가 될 것임을 강조했다.

라이스는 북한이 핵을 포기하는 대가로 얻을 수 있는 것에 비하면 BDA 문제는 사소한 것인데 거기에 매달리고 있다고 했다. 또, 미국은 강제로 북한 정권을 바꿀 생각은 없으나 핵 폐기와 함께 경제지원을 받게 되면 북한 스스로가 변화의 기회를 갖게 될 것으로 본다고 부연했다. 그해 9월 워싱턴에서 나와 함께 나누었던 말이었다. 나는 북한의 현 상태를 결코 수용할 수 없고, 그런 북한을 어떻게 실질적으로 변화시키느냐 하는 문제에 대해 한·미가 깊이 의논하자고 했다. 요체는 북한 주민들이 외부 세계에 대해 알 수 있도록 하는 것이다. 문득 바르샤바 시절 외교단 야유회에서 북한대사관 직원들과 함께 어울려 서로 준비해온 음식과 술을 나눠먹었던 일이 떠올랐고, 또 한겨울 개성시내 관광 중에 북한 안내원에게 내 주머니에 있던 핫팩을 건네 주었더니 "아! 남쪽에 이런 거 있다는 소리 들었습니다"라고 한 말이 귀에 울렸다.

5차 6자회담의 재개

이처럼 많은 대화가 오갔음에도 불구하고 결국 BDA 문제가 풀리지 않는 한 북한 핵 문제는 한발짝도 앞으로 나가기 어려웠다. 미국은 국내법에 의한 금융조치로서 핵 문제와는 전혀 별개의 사안으로 처리하려는 데 반해, 북한은 미국의 금융제재를 받아 대외 은행거래가 묶인 상태에서는 미국과 대등한 입장에서 핵 협상을 할 수 없다는 논리였다. 또한 북한은 그 상태에서 협상을 진행시키는 것 자체가 자신의 과오를 시인하고 제재를 수용하는 것으로 해석된다고 보았다.

12월 6자회담 재개를 앞두고, 천영우 본부장이 베이징에서 김계관과 만나 우리가 생각하는 회담 진전 방안을 논의했다. 한·미 간 합의를 통해서 미국이 진지한 대북 협상의지를 갖게 되었고, 영변 핵시설 가동 중단과 사찰관 복귀 등 '조기 수확'이라는 이름의 초기 조치가 이루어지면, 바로 식량과 경제 지원에 들어갈 것이라고 했다. 김계관은 식량 지원이나 BDA 예금 2,500만 달러가 문제가 아니라 미국이 북한을 각종 제재 명단에서 삭제하고, 다시는 제재를 부과하지 않는다는 의지 표시가 필요하다고 주장했다. 미국 측 제안을 거부한다는 뜻이었다.

또한 김계관은 남측이 북한의 미사일과 핵실험 후 식량과 경제 지원을 중단한 데 대한 불만을 표시하면서, 노무현 대통령에게 큰 배신감을 느끼고 있다고 했다. 남북 간에 교류협력하면서 한반도 문제를 진전시킬 수 있는 가능성을 북한 스스로가 팽개쳐놓고서는 거꾸로 배신감을 운운하는 것이었다. 그러나 그는 끝 무렵에 남북 간 공조의 필요성을 강조했다. 한국이 어떤 역할을 하고 있는지 대강은 알고 있었기 때문일 것이다.

2006년 12월 18일 5차 6자회담 2단계 회의가 무려 13개월 만에 열리기로 합의됐다. 2004년 6월 3차 6자회담 이후 2005년 7월 4차 회담 때까지 13개월이나 공전되었는데 이번에도 13개월 만에 재개되었다. 마치 마(魔)의 13이라는 숫자가 작용하는 것 같았다. 내 나름의 감회가 떠올랐다. 2006년 2월 외교부의 천영우 정책실장을 나의 후임(6자회담 수석대표)으로 선정한 후 6자회담이 공전되는 계기마다 금년 중에는 6자회담 대표들의 새로운 단체사진이 나오도록 하자는 덕담을 종종 했다. 나로서는 BDA와 경수로 문제로 언제 6자회담이 다시 열릴지도 모르는 상태에서 천 실장에게 자리를 물려주어 안타까움이 있었다. 특히 내가 노 대통령의 지목을 받아 청와대에서 이 문제의 책임자로 앉아 있던 입장에서 답답했다.

당시 상황을 보면 노 대통령은 2005년 11월 아슬아슬했던 부시와의 경주 회담과 그후 북한의 미사일과 핵실험으로 인한 위기를 넘겨오면서 한·미 공동의 포괄적 접근 방안에 도달했다. 한편 부시 행정부는 북한 문제로 인해 한·미동맹의 균열 위험과 북한의 핵실험으로 인한 핵 외교의 실패라는 비난에 직면했다. 이런 가운데 11월 중간선거에서 패배했다. 그러나 부시 행정부는 북한 핵 문제 해결과 한반도에서의 평화 건설이라는 역사적 유산을 만들 가능성을 염두에 두고 한국과 공동의 목표와 방법을 택하고자 했다.

반면, 북한으로서는 당장은 BDA 문제를 해결하여 국제 금융망을 열고, 또 9·19공동성명 이행으로 얻을 혜택을 기대하면서 회담 재개에 임한 것으로 보였다. 그러나 BDA 문제에 대한 북한의 요구를 수용하기에는 미국의 법체계가 엄격했다. 아울러 미국 내 강경파 사이에서는 금융제재를 통해 북한 핵 문제를 해결할 수 있다는 희망적 사고가 여전히 퍼져 있었다.

6자회담 재개를 앞두고 미국은 우리와 교감을 거쳐 '공동의 포괄적 접근'을 변형시킨 방안을 중국에 제시했다. 북한이 영변 원자로를 폐쇄한 후 IAEA 사찰단을 복귀시키고 모든 핵 프로그램을 신고하면,

미국은 BDA 문제 해결을 '협의'하고 미·북 간 외교관계 수립을 위한 대화를 개시하며 북한에 대한 안전보장 문서에 합의하자는 것이었다. 아울러 6자 간에 대북 에너지 및 경제 지원 실무그룹을 구성하는 것이다. 또 6자 외교장관이 한반도 휴전협정을 평화조약으로 대체하는 데 합의하고 실제 평화협정에는 한국·미국·북한·중국이 참여하는 방안이었다. 이 과정을 18개월 내에 완료하자는 것이었다.

그런데 이 방안은 전반적으로 미국의 사정에 치우쳐 있었다. 첫째, 북한이 가장 긴요하게 생각하는 BDA 문제 선결 요구에 대한 해답이 없다. 둘째, 전체적으로 '네가 그렇게 하면 내가 이렇게 한다'는 방식으로 되어 있었다. 그보다는 '내가 이렇게 할 테니 너는 그렇게 하라'라는 방식이 실천 가능성이 있다. 강자는 이런 행동을 먼저 취할 수 있다. 그러나 전세계를 상대하는 미국으로서는 모든 약자에게 그런 자세를 취하기 어렵다. 셋째, 한반도 평화체제 문제에 '6자' 외교장관이 관여한다는 점이다. 비록 실제 협상은 4자 간에 한다고 되어 있지만, 일본과 러시아의 역할을 모호하게 걸쳐둔 것이었다. 일본의 지속적인 대미 요구가 작용한 것으로 보였다.

2006년 12월 18일부터 22일까지 베이징에서 5차 6자회담이 열렸지만 진전될 수가 없었다. 북한은 전술적으로 미국의 제안에 반응을 보이면서도, BDA 문제를 먼저 해결하는 것을 전제 조건으로 내세웠다. 회담은 다시 2007년 1월 중순 BDA 문제에 대한 실무회의를 개최한다고만 합의하고 휴회에 들어갔다. 그럼에도 분위기는 좋았다. 북한은 미국에 대해 유럽 지역에서 별도로 만나 BDA 문제와 비핵화를 묶어서 해결하는 방안을 협상하자고 제안했다. 북한으로서도 1차 핵실험 후 전반적인 협상의 여건이 나쁘지 않고, 또 북·미 양자 구도로 끌고 갈 수 있다고 본 것이었다.

나는 12월 베이징 6자회담 결과를 보고 가급적 빨리 워싱턴으로 가서 한·미 공동의 구상을 좀더 현실적으로 발전시켜야겠다고 생각했다. 2007년 1월 5일 라이스 장관과 협의 일정을 잡았다. 그런데 2006년 12월 26일 미국의 38대 포드(Gerald R. Ford Jr.) 대통령이 서거했다. 미국 정부는 2007년 1월 2일 국장(國葬)을 발표하고 각국 조문사절을 초청하였다. 내가 이왕 워싱턴에 가도록 되어 있었기에 조문사절로 참석하기로 하고, 1월 1일 아침 워싱턴으로 떠났다. 천영우 본부장, 조태용 장관특보, 임성남 국장을 위시해서 북핵 팀이 일제히 출동했다.

포드 전 대통령 장례식에 참석해 나는 잠시 상념에 잠겼다. 그는 워터게이트 사건으로 닉슨(Richard M. Nixon) 대통령이 탄핵된 후 1974년 9월 취임했다. 내가 외교관의 길을 시작하기 1년 전이다. 당시 키신저(Henry A. Kissinger) 국무장관은 닉슨 행정부에서 포드 행정부에 그대로 유임되었다. 키신저는 1973년 파리에서 베트남독립동맹(베트민, 越盟)의 레득토(Le Duc Tho) 정치국원과 평화조약을 체결함으로써 남베트남 패망의 길을 연 것으로 평가되기도 한다. 포드 대통령은 취임 6개월 만에 미국 역사상 처음으로 해외에서 패배한 베트남전쟁을 종식시키는 대통령이 되었다.

그런데 사실상 남베트남이 패망한 것은 파리평화조약 때문이 아니라 무엇보다도 내부의 부패와 무능 때문이다. 미국이 아무리 많은 군사적·경제적 원조를 퍼부어도 지도층이 이를 소화해서 제대로 된 국가를 만들지 못하고, 국민 다수가 자기 나라의 체제를 지켜야 할 가치로 여기지 않는 한, 안보를 보장하기 어려운 것이다. 국가안보를 위해서는 무기보다는 국가에 대한 국민의 신뢰가 더 큰 자산이다. 번영과 개인의 자유, 그리고 건강한 사회적 균형이 안보의 요체이기 때문이다.

남베트남의 패망은 북한에 대해서도 하나의 역사적 관점을 제시한다. 남북 접촉이 확대되고 북한 주민들이 외부와 비교할 수 있는 능력이 커질수록 북한사회는 이완될 수밖에 없다. 북한이 아무리 핵을 갖는다고 해도 그것이 북한의 주민을 오래 응집시키거나 자유와 번영을 추구하는 인간 본연의 가치관을 대체할 수는 없기 때문이다.

그럼에도 아직 우리 사회 일각에는 한반도에서 평화협정이 체결되면 미군이 철수하고, 친북세력이 팽창하여 혼란이 가중되고, 이 틈을 타 북한이 한반도 전체를 공산화하려 할 것이라는 걱정이 떠돈다. 한국전쟁 이래 우리 사회 일각의 머리 위를 끊임없이 돌고 있는 이 심리를 넘어서야 우리의 미래를 열 수 있다. 국토 분단 후 70여년에 걸쳐 우리가 이룬 성공에 대한 자신감을 가져야 할 때이다.

지난 40년간 미국과 베트남 관계의 변천사는 한반도에 많은 것을 시사해준다. 미국은 2차대전 후 두차례 중요한 전쟁을 치렀는데 한국전쟁에서는 비겼고 베트남전쟁에서는 패배했다. 미국 역사상 전례 없는 휴전과 패전의 경험을 안겨주었기 때문에 정서적으로 민감하다. 그런데 베트남은 종전(1975)으로부터 10여년이 지난 1986년 도이모이(Doi Moi)라는 개혁정책을 도입하면서 시장경제로 전환하기 시작했고, 미국은 이를 환영했다. 그러면서 미국은 전장에서는 졌지만 이념과 가치의 전쟁에서는 이기고 있다고 보았다. 베트남전쟁에서 실종된 미군유해 발굴작업을 매개로 양국은 관계 정상화의 길에 들어섰고 1995년 외교관계를 수립했다. 2016년 5월 오바마 대통령이 미국 대통령으로서는 16년 만에 베트남을 양자 차원에서 방문하면서 무기금수조치를 전면 해제했다. 베트남이 아직 정치범 수용과 노동조합 결성 불허 등 인권상황이 극히 열악하나고 평가하면서도 중국 포위전략의 일환으로 취한 조치이다.

그런데 북한의 경우는 개방이라는 가치체계의 접합점이 없다. 동북아시아에 있어서 대중·대러 견제는 일본과 한국이 앞장서 있기 때문에 북한은 베트남과 같은 전략적 가치도 약하다. 게다가 북한은 핵무기를 만들면서 정권의 생존을 위해 여러가지 위장과 호전성을 발휘하고 있다. 미국은 이러한 북한의 속성 때문에 몇차례의 합의가 결과를 보지 못했다고 간주한다. 특히 아시아에서 중국과 미국 사이의 경계선을 분명히 하려는 미국의 강경파는 이러한 대북 정서를 활용하여 북한과의 협상에 반대했다.

미국의 강경파는 부시 행정부 말기의 대북 협상 노력을 "희망이 실패한 경험을 지배하는 현상"(triumph of hope over experience)이라고 비판했다. 북한과 협상을 통해 핵 문제를 해결하려는 것을 마치 몇번 결혼에 실패하고도 또다시 결혼하려는 바보 같은 행동이라고 보았다. 그렇다고 압박과 고립정책 외에 대안을 제시하는 것도 아니다. 문제는 그러한 정책이 중국의 협조 없이는 효과를 볼 수 없는데, 중국은 미국 강경파의 대북 자세가 대중 봉쇄정책의 일환임을 알고 있기 때문에 대북 압박에 더욱 동참할 수 없는 것이다.

외교장관 회담에 앞서 2007년 1월 4일 천영우 본부장과 힐 차관보가 먼저 만났다. 라이스 장관이 북한 핵 문제에 집중할 사정이 못되었다. 그렇다고 힐 차관보 선에서 주요 결정을 할 수도 없기 때문에 사전 실무 협의를 한 후 장관 회담에서 결정하는 것이 효율적이었다. 한편 그사이 미국은 뉴욕의 미·북 채널을 통해 1월 중순 베를린에서 비밀리에 접촉하기로 합의했고, 어떤 경우에도 6자회담을 대체하는 양자회담이 아니라는 점도 분명히 했다는 것이었다.

미국은 '북한의 핵시설 폐쇄'라는 조기수확을 전제로 'BDA 해결을 위해 노력한다'는 선을 협상의 기초로 삼으려 한 것으로 보였다. 이런 거래에 부닥치면 북한은 일단 '한다면 한다'는 단정적 입장을 취한다. 물론 가끔 뒷걸음질 치고 속이기도 한다. 반대로 미국은 '최선을 다한다'는 식으로 중간에 여지를 둔다. 양측 간 이러한 차이 때문에 합의가 제대로 이루어지기 어렵다. 이번에도 미국이 BDA 문제를 해결한다고 확답할 수는 없으나 강한 실행 의지를 담보로 북한을 설득하려는 것으로 보였다.

또 미국은 조기수확이 이루어지면, 4자 외무장관 회담을 열어 한반도 평화조약 협상을 추진하여 비핵화의 윤활유 역할을 하도록 하겠다는 것이었다. 여기에는 라이스의 의지가 강하게 작용하고 있었다. '평화조약'*이라는 표현을 쓴 것은 상원의 비준을 받겠다는 뜻이다. 이는 북한이 원하는 것이기도 하다. 당시 나는 남북 간에 '평화합의서'(Peace Accord)를 체결하고 미국과 중국은 이를 지지하는 형식의 문서(protocol)를 채택하는 것이 좋겠다고 생각했다.

1월 4일 힐 차관보가 천영우 본부장에게 설명한 협상 방안을 보니

---

* 미국의 경우 상원의 비준을 받아야 하는 외국과의 합의는 조약(treaty)이라고 하고, 그렇지 않은 행정부 차원의 대외 합의는 협정(agreement)이라고 한다. 주한미군지위협정(SOFA)이 대표적인 경우이다. 한편 우리의 경우 남북한 간의 합의를 외국과의 조약이나 협정과 구별하기 위해 '평화합의서'(Peace Accord)라는 명칭을 생각했다.

미·북 베를린 협상의 타결이 어려울 것이라는 판단이 들었다. 북한은 거창한 문제보다는 당장 금융제재부터 해결해야 다른 문제를 진전시킬 수 있다는 입장이었다. 다른 건 눈에 들어오지도 않을 때였다. 그래서 나는 합의가능성이 있는 방안을 공사 일정표처럼 한장으로 작성해서 주머니에 넣고 1월 5일 라이스를 만났다. 내가 생각하는 협상의 복잡한 구도를 말로 길게 설명해서는 구체적인 아이디어로 남지 않기 때문이었다.

우선 2007년 6월까지 가상적 공사 일정을 펴놓고 역산해서 계산해 보자고 했다. 2월에 6자회담 재개와 북한 핵시설 폐쇄에서 시작하여 3월에 BDA 문제 해결과 관계 정상화 절차를 개시하고, 5월에 6자 외교장관 회담과 4자 평화회담을 출범시킨 후, 6월에는 대북 제재 해제와 함께 우라늄농축을 포함한 북한 핵 목록을 제시한다는 요지였다.

나는 특히 3월 중에는 BDA 문제를 해결한다는 분명한 약속이 있을 때 북측의 핵시설 폐쇄와 목록 제출 등 구체적 조치에 합의할 수 있을 것이라고 강조했다. 적절한 시기에 이 구상을 한·미·일 3자 협의를 통해 공유할 것을 제안했다. 당시 일본은 미국이 북한에 대한 강경한 자세를 취하는 것이 필요하다고 주장하는 중이었다. 그래서 3자 협의는 일본을 설득하는 데 도움이 되는 카드였다.

나는 북한 핵 문제 해결과 한반도 평화조약 체결을 업적의 하나로 삼고자 하는 부시 행정부의 욕구를 감안했다. 그런데 북한을 BDA 문제에서 풀어주고 적성국 명단에서도 해제하기에는 미국 내 반발이 만만치 않았다. 동맹국인 한국의 요청은 그런 반발을 완화시키는 중요한 명분이 될 수 있었다. 라이스는 한국의 요청을 내부 협의에 적절히 활용하는 것으로 보였다.

한편 노무현 정부는 2007년 말까지 북한 핵의 불능화를 완결하여 본격적인 핵 폐기 과정으로 진입시키고, 한반도 평화체제 협상과 동북아 다자안보대화를 출범시키는 것을 임기 중 가능한 목표로 삼았다. 나는 라이스에게 이러한 목표 설정을 제시하고 부시 행정부는 1년 더 시간이 있으니 핵 폐기 완료와 평화체제 수립을 실현할 수 있을 것으로 본다고 했다. 눈앞의 장애물들을 희망적으로 간과하면서 나온 의욕일 수 있지만, 전체적인 일정을 갖고 협의해야 한발이라도 진전이 될 수 있을 것으로 보았다.

라이스는 내가 제시한 일정 위에 가필하면서, 북한 핵 문제를 가시적으로 진전시키겠다는 부시 행정부의 의지가 확고하다고 강조했다. 특히 북한이 초기 조치를 이행한다면 미국은 BDA 문제를 유연하게 처리할 것이라고 했다. 법적 장애도 넘어서겠다는 것으로 들렸다. 그리고 4자 외교장관 간에 한반도 평화협정 체결 협상을 개시할 수 있을 것이라고 하면서 함께 수정한 일정표를 베를린 협상의 기초로 삼겠다고 했다.

라이스는 이날 면담 중 국무부 부장관으로 내정된 네그로폰테(John D. Negroponte) 국가정보국장의 화려한 이력을 설명하면서, 그가 북한 핵을 포함한 아시아 문제에 중요 역할을 할 것이라고 했다. 당시 미국의 최대 관심사는 이라크전쟁을 성공적으로 종료하는 것이었는데, 사태가 악화되고 있었고 민주당이 지배하는 의회의 비판이 가중되고 있었다. 또 이스라엘과 팔레스타인 간 평화협상도 미국이 적극 나서야 할 사정이었다. 따라서 라이스 자신은 중동 문제에 집중하고 한달 후 취임 예정인 네그로폰테 부장관에게 북한 핵 문제를 맡기려는 것이었다.

네그로폰테는 한장의 이력서에 담을 수 없는 긴 경력을 갖고 있었다. 필리핀과 유엔을 포함한 5개의 대사직과 국가안보 부보좌관을 지냈고, 중앙정보국(CIA)과 국방정보본부(DIA) 등 미국의 모든 정보기관을 총괄하는 장관급 국가정보국장을 맡고 있었다. 그가 산전수전을 거친 노련한 외교관임은 분명하지만 라이스처럼 목표 지향적이고 전략적 사고를 한다는 인상을 받았거나 평판을 들은 적은 없었다. 나는 라이스에게 내가 제시한 2007년 6월까지의 협상 일정이 결실을 맺을 때까지는 같이 가보자고 했다.

이미 그 전날 나는 네그로폰테를 백악관 내 그의 집무실에서 만났다. 내가 먼저 북한 정권의 변화를 유도하고, 또 만약의 사태에 대비하기 위해 한·미·중이 함께 받아들일 수 있는 비상계획을 논의해야 한다고 운을 뗐다. 그는 기다렸다는 듯이 1990년대 후반 당시 캠벨 국방부 부차관보와 북한 급변사태 가능성에 대해 진지하게 논의한 적이 있는데 지난 6~7년 사이에 논의가 금기시된 것으로 보인다고 했다. 김대중 정부 이후 한국 측에서 그런 논의에 적극적이지 않았던 것을 두고 하는 말이었다. 그는 북한이 당장 붕괴된다는 것은 아니지만 하나의 가능성으로는 논의할 필요가 있다면서, 통독(統獨) 때와 같은 혼란은 막아야 한다고 했다. 나는 그런 가능성에 대비해서라도 한국과 미국이 중국과 함께 한반도 미래에 대한 비전을 공유하도록 노력해보자고 제안했다.

네그로폰테가 이날 일부러 캠벨의 이름을 꺼낸 이유가 있었던 것으로 짐작되었다. 나는 1995~97년 사이에 캠벨과 한·미 SOFA 개정 협상을 했다. 복잡한 문제들을 두고 외교관, 군인, 법률가 들과 얽혀 논쟁을 많이 했다. 2005년 워싱턴에서 다시 만났을 때 그는, 내가 평생 자신의 부인보다 논쟁을 더 많이 한 유일한 사람이라고 여러 사람 앞에서 농담했다. 네그로폰테는 국가정보를 총괄하는 자리에서 인물 파일을 통해 내가 어떤 사람인지 이미 잘 알고 있다는 것을 보여주려는 듯했다.

미·북 베를린 접촉

2007년 1월 초 미국을 방문하기 전, 2006년 12월 27일 나는 도쿄로 가서 아소 다로 장관을 먼저 만났다. 미국이 중시하는 한·일관계에 대해서 한국이 성의를 갖고 있다는 것을 보여주는 효과도 있었다. 아소는 미국 국방부와 국무부 내 강경파가 대북 금융압박을 통해 북한을 붕괴시킬 수 있으면 괜찮은 방안이라고 일본 측에 말하고 있다고 했다. 아소의 전언은 일본도 동의한다는 의미로 들렸다. 미국은 이런 대화를 한국보다는 일본과 더 편하게 해온 것이다.

아소는 일본 국민 감정상 납치 문제가 해결되어야 대북 지원에 참여할 수 있다고 했다. 납치 문제 카드를 또 꺼내는 것이었다. 나는 일본의 입장을 충분히 이해한다고 전제한 후, 일본이 북한 핵을 해결하기 위한 6자회담에서 엔진 역할을 하지는 않더라도 최소한 브레이크로 작용하지는 않아야 할 것이라고 강조했다. 이어서 북한의 핵실험 후 일본 내 핵무장론이 대두되고 있는데 어떻게 생각하는지 물어보았다. 그는 10월 북한의 핵실험 후 중의원에서 일본의 핵무장 가능성을 제기했던 인물이었다. 그는 이번에는 일본의 비핵화 3원칙을 강조했다. 예상한 답변이었지만, 나는 북한 핵이 방치될 경우 일본과 한국을 포함한 핵 확산으로 연결될 가능성이 있고 이는 모두에게 재앙이 될 것임을 경고하기 위해 물어봤던 것이다.

이날 전체회담 전에 배석자 없이 단독회담을 제안했더니, 아소도 그의 성격대로 좋다고 화답했다. 당시 독도 문제를 필두로 한·일관계가 불편하여 노무현 대통령이 일본을 방문하지 않고 있었다. 나는 가능하다면 이를 돌파하기 위해 특별한 제안 없이 아소와 솔직히 이야기를 나누면서 서로의 틈새를 찾고 싶었다. 나는 종종 일본과의 '외교 전쟁'보다는 한·일관계 개선을 위한 조건의 문턱을 다소 낮추어 보려고 했다. 그런 생각을 갖고 아소에게 노 대통령의 방일 환경을 만들기 위해 정상회담의 결과물을 사전에 어느 정도 조율할 수 있는지를 타진했다. 먼저, 1998년 '한·일 파트너십 공동선언'과 2003년 '한·일 정상 공동선언'에 포함된 과거 반성과 사죄의 정신에 입각해서 한·일관계를 발전시켜나가겠다는 것을 양 정상이 대외적으로 표명할 수 있는가 하는 것이었다. 그리고 한·일관계의 먼 미래를 위해 독도 문제는 서로 먼저 언급하지 말자는 것이었다. 독도는 그냥 두면 긴 시간과 함께 점점 도전하기 어려운 한국의 영토로 응고된다는 것이 나의 생각이었다. 그외 제2기 한·일 역사공동위원회 발족을 양 정상이 격려하고, 일본은 남북관계의 특수성을, 한국은 납치 문제의 민감성을 이해한다는 입장을 함께 표명하자는 점 등이었다. 아소는 바로 수락하지는 않았으나 그 방안을 적극적으로 발전시켜보자고 했다.

일본 관료들은 정치인 장관에 대한 '감시'가 심했다. 단독회담이 15분을 넘기자 '검토'라고 적힌 메모를 두번이나 들여보냈다. 혹시 아소가 나의 제안을 덥석 받을지도 모른다는 우려에서 내가 무슨 제안을 하더라도 검토한다는 선에서 대응하라는 메시지였다. 그런데 그후 일본의 입장이 아소가 나에게 보인 만큼 유연하게 움직이지는 않았다. 만약 한·일관계가 그런 방향으로 발전되었다면 지금쯤은 한·일 양국이 동아시아에서 미국과 중국의 조화를 촉진하는 역할을 하고 있었을 것이다. 나는 그 길이 아시아에서 한·일이 함께 열어가야 할 미래라고 생각했다.

1월 5일 워싱턴에서 라이스를 만나고 이어 1월 11일 필리핀 세부에서 열린 아세안(ASEAN)+3(한·중·일) 회의에서 리 자오싱 중국 외교부장을 만났다. 나의 방미 결과를 설명하고 미국이 북핵 해결의 초기단계 진전을 위한 BDA 문제 해결에 적극적인 만큼 한·중 양국이 협력해서 북한을 단단히 잡아매자고 했다. 그는 뭐니 뭐니 해도 미국을 설득하는 데는 한국이 가장 경쟁력이 있을 것이라면서, 근래 한국의 역할이 더욱 커지고 있다는 것을 잘 안다고 치켜세웠다. 그러면서도 자신이 2006년 한해 동안 라이스와 17번에 걸쳐 회담하거나 통화했는데 절반 이상이 핵 문제에 관한 것이었다고 했다. 또 자신이 얼마 전 사망한 북한의 백남순 외상과도 자주 심한 말다툼을 했다면서 중국이 얼마나 많은 노력을 기울이고 있는지를 강조했다.

당시 백남순의 후임으로 강석주의 이름이 나오고 있었다. 리 자오싱과는 베이징대학 영문과 동기였다. 나는 앞으로 강석주와는 소통이 잘되겠다고 했더니, 리 자오싱은 평소 유머감각을 그대로 발휘하여 "베이징대학 영문과 학생들의 실력이 좋지 않아 서로 영어로 대화가 잘 되지 않는다. 친구 사이에도 '거리가 좀 있는 것이 아름답다(距離産生美)'"라면서 피해 갔다. 중국과 북한과의 미묘한 관계가 드러나는 대목이었다. 그러면서 그는 남과 북이 언어와 문화가 같으니 중·북 사이보다 더 잘 통할 것 아니냐며 반문했다. 어딘가를 찔린 것 같은 기분이었다.

냉전 시절 소련이 동구 위성국가들을 관리할 때, 스탈린(Iosif V. Stalin)은 "폴란드에 공산주의를 도입하는 것은 소의 등에 말안장을 얹는 것만큼 힘들다"고 했다. 폴란드는 공산 치하에서도 집단농장화가 되지 않고 소농을 유지할 정도로 개인주의 성향이 강했다. 일찍이 민주주의를 체험한 역사적 배경도 있었다. 그보다는 강대국과 맞대고 사는 작은 나라의 거부감이 더 크게 작용했을 수도 있었다. 나는 북한과 중국 사이도 별반 다르지 않다고 생각했다.

1월 16일부터 이틀간 미·북 베를린 접촉에서 북한은 BDA에 압류된 2,500만 달러를 해제하지 않으면 아무것도 할 수 없다는 입장을 고수했다. 미국은 북한 핵 해결과 한반도 평화체제의 업적을 쌓고자 하는 욕구에서 국내 법 절차의 난관을 넘어서기로 결심했다. 당시 베를린에서 힐이 김계관을 만나고 있던 즈음 라이스도 독일과의 양자회담차 베를린을 방문했다. 라이스는 압류된 2,500만 달러를 해제하면 북한이 영변 원자로 폐쇄와 IAEA 사찰관 복귀를 허용하겠다는 북한의 제안을 힐에게서 전해 듣고 바로 부시 대통령과 통화했다. 미국은 60일 이내 BDA 문제를 해제하기로 결정하고 북한과 합의했다. 베를린 합의 후 힐은 바로 한국으로 와서 그 결과를 우리 측에 설명했다.

미국과 북한은 추가로 몇가지 더 합의했다. 북한이 모든 핵 프로그램의 목록을 작성하는 대신 미국은 우선 테러지원국과 적성국 명단에서 북한을 삭제하는 절차를 개시하기로 했다. 또 북한에 대해 100만 톤의 중유를 제공하는데, 우선 60일 이내 5만 톤을 긴급 지원하기로 했다.

1월 23일 라이스는 브뤼셀로 가는 비행기 안이라고 하면서 전화를 걸어왔다. 1월 초 나와 같이 의논한 일정표가 베를린 합의에 이르는 데 중요한 기초가 되었다면서, 미·북 간에 합의된 것을 조속히 6자회담의 합의로 채택할 필요가 있다고 했다. 미·북 양자구도에서 빨리 벗어나야 한다는 생각도 작용한 것으로 보였다. 마침 바로 다음 날 내가 베이징에서 리 자오싱 외교부장과 만나게 되어 있었다. 나는 리 자오싱과 6자회담 날짜를 빨리 잡을 테니 걱정 말고 합의사항 이행을 잘 진전시켜나가자고 했다. 나는 여전히 BDA 문제의 실제 해결 전망을 염려했다. 이때 미국은 중국과도 접촉하여 다음 행동계획을 협의 중이었다. 한국을 관여시켜 작업구도를 촘촘하게 만들고자 했던 것이다.

나는 라이스에게 한마디 덧붙였다. 베를린 접촉 결과를 6자회담의 합의로 연결시켜 이행하면 1994년 제네바 합의보다는 훨씬 나은 것이 될 것이라는 점을 강조했다. 부시 행정부가 가장 확인하고 싶은 부분이었다. 나는 남북 사이에도 조심스러운 진전을 보이고 있음을 알리면서 남북과 미·북 관계가 보조를 맞추어나갈 수 있을 것이라고 전망했다. 라이스는 한·미가 손을 잡아서 이런 추세로 계속 밀고 나가자고 하면서, 아울러 일본이 자신들의 문제만 뒤처진다는 생각을 갖지 않도록 하는 것이 중요하다고 했다.

그래서 바로 다음 날 아소 다로 장관과 통화했다. 그도 미·북 간 베를린 접촉 결과에 대해 알고 있었다. 나는 최근 베이징에서 남북이 접촉했을 때 한국의 납북자 문제만이 아니라 일본의 납북자 문제도 성의있게 해결해나가는 것이 북한이 원하는 것을 얻는 데 도움이 될 것이라고 강조했음을 알려주었다. 아소는, 납치 문제는 '민감한 감정의 영역'에 속하는 것이라면서, 지금 미국이 중동 문제에 집중하고 있어 이런 문제들이 관심을 얻기 어렵다는 점을 우려했다. 따라서 한·일 양국이 미국에 대해 핵 문제뿐 아니라 인도적인 문제에도 무게를 두도록 함께 설득하자고 했다. 나는 내심 한·일 과거사 문제가 한국민에게 얼마나 '심각한 감정의 영역'에 속하는지도 말해주고 싶었지만, 한·일 간 문제로 핵 문제에 대한 주의를 흩뜨리고 싶지 않았다.

2·13합의

2007년 2월 8일 6자회담이 재개될 예정이었다. 비핵화, 경제·에너지 협력, 관계 정상화, 동북아 다자안보대화 등 각 분야별 실무그룹을 구성할 전망이었는데 한국이 경제·에너지 협력 그룹을 맡기로 했다. 대북 지원은 어차피 한국이 가장 큰 몫을 할 수밖에 없는 분야이고 이를 통해 우리 나름의 지렛대를 갖는 것이 필요하다는 판단이었다. 또 하나의 핵심 분야인 비핵화 그룹은 핵 보유국인 미·중·러가 맡아서 서로 조정하도록 하는 것이 좋겠다고 보았다. 그러나 나중에 북한의 핵시설 확인 등 현장 활동에 우리가 참여하지 못한 데 대해 국내적으로 비판을 받았다.

6자회담 재개에 앞서 나는 1월 30일 러시아의 라브로프 장관에게 전화해서 9·19공동성명의 이행 분야별 실무 그룹 설치가 필요함을 제기하고, 특히 러시아가 동북아 다자안보대화 체제에 중요한 기여를 할 수 있을 것으로 본다고 운을 띄웠다. 그는 러시아가 '비교우위'에 있는 분야에서 역할을 하고 싶다는 의욕을 보이면서 한국과 협력하기를 기대한다고 했다. 러시아는 1994년 1차 핵 위기 때 미국이 유엔안보리의 대북 제재를 추진하자, 대신 한반도 다자안보회의를 개최하자는 결의안을 제출한 적이 있었다.

당시 우리 정부는 북한과 미국 모두 비핵화와 관계 정상화의 의지가 강한 것으로 판단했다. 비록 핵무기의 완전 폐기까지는 많은 시간과 난관이 예상되었지만 전체적으로는 해결을 향해 진전할 것이라는 기대를 갖고 있었다. 나는 2006년 9월 합의한 한·미 공동의 포괄적 접근 방안이 우여곡절을 넘어 9·19공동성명 이행 구도의 기초로 작동하고 있다고 보았다.

6자회담 재개에 따른 사전 협의차 2월 4일 힐이 다시 방한했다. 힐은 베를린에서 북한과 합의한 사항을 6자회담 공동문서로 채택하도록 중국에 요청할 계획이라고 했다. 부시 대통령이 북한의 핵시설 폐쇄를 가시적인 성과로 부각시키고자 한다는 것이었다. 9·19공동성명이 채택되었을 때는 부시 대통령이 경수로 문제 때문에 적극적으로 반응하지 않았지만 이번에는 적극적이라는 것이었다.

힐은 북한이 5만 톤의 중유가 도착하는 즉시 영변 시설의 스위치를 내릴 수 있다고 하니 지리적으로 가까운 한국이 우선 공급할 수 있는지를 타진했다. 중유 5만 톤을 보내려면 약 240억원이 소요되는데, 우연히도 BDA에 동결된 북한 예금과 비슷한 규모였다. 우리 측은 검토해보겠다고 하면서, 다만 전체 대북 에너지 지원은 5개국이 균등하게 분담한다는 원칙을 강조했다. 당시 일본이 납치 문제를 걸어 대북 에너지 지원에서 발을 빼려는 중이었다.

이런 와중에 나는 무엇보다도 미국이 실제 BDA 문제의 해결책을 갖고 있는지 마음이 개운치 않았다. 힐은 "북한이 비핵화를 진전시키면 모든 문제가 가능하다. 그러나 일정 부분은 미국이 고삐를 쥐고 있을 것이다"라고 했다. 나는 미국 내부, 특히 재무부와 국무부 간에 입장 정리가 되었을까 하는 미심쩍은 생각이 들면서도 미국이 내부적으로 알아서 정리하겠지 하며 넘어갔다. 한편 힐은 북한이 연락사무소 교환 설치에 대해서 별 관심을 표명하지 않는 것이 이상하다고 했다. 나는 북한이 지금 BDA 문제에 집중하고 있고 또 연락사무소 문제는 과거에도 북한이 그렇게 적극적이지 않았음을 상기시켰다.

힐이 다녀간 후 정부 내 협의를 거쳐 라이스에게 전화해서 우리가 초기에 중유를 긴급 지원하여 마중물 역할을 하겠다고 알려주자, 미국이 국내적으로 먼저 나서기 어려운 사정을 이해해줘서 고맙다고 했다. 그는 또 북한이 거론하고 있는 경수로 문제는 현 단계에서 미국으로서는 거론조차 어렵다고 하면서 한국의 대북 송전 제안이 어떻게 되고 있는지 물었다. 나는, 송전은 경수로를 대체하는 개념인데 북한이 이를 거부하고 있으니, 핵 폐기가 돌이킬 수 없는 상태에 갔을 때 경수로 문제를 논의하는 것이 북한을 제외한 5개국의 공통된 생각임을 확인해주자고 했다. 라이스는 핵시설 폐쇄 등 초기단계 이행 후 6자 외교장관 회담을 개최하여 경수로 문제를 포함한 전체 비핵화 계획에 합의하자고 제안했다. 경수로 문제에 대한 미국 내 정치적 거부를 극복하려면 먼저 북한의 가시적 행동이 필요함을 강조한 것이었다.

6자회담 와중인 2월 9일 라이스가 전화를 해왔다. 북한이 실질적인 핵 폐기 개시 전에 중유 100만 톤을 요구하고 있다는데 어떻게 생각하느냐고 물었다. 나는 과거 사례로 보아 북한이 연간 소화할 수 있는 최대 양이 50만 톤이었는데, 100만 톤이라면 핵 폐기를 시작하는 데까지 2년이 걸린다는 계산이라면서, 이건 너무 길다고 했다. 그는 "미처 생각지 못했다"고 했다. 라이스는 중동 문제에 매달리다 북한 핵 문제에 결정을 내려야 될 사정이면 나에게 수시로 전화했다. 내가 핵 폐기 개시 직전까지 최대 50만 톤을 지원하고, 폐기를 시작하면 나머지 에너지를 공급하는 방안을 생각해보자고 했더니, 그는 경수로 문제가 아니라면 탄력적으로 생각해보겠다고 했다. 그러나 결국은 핵 폐기의 전체 과정을 1단계인 '핵 불능화'와 2단계인 '핵 폐기'로 구분하여 북한의 요구대로 중유 100만 톤 상당의 경제·에너지·인도 지원을 제공키로 했다. 당시 판단으로는 5개국이 제공할 지원의 양이 문제가 아니라 북한이 핵 신고와 폐기를 시작하는 것 자체가 중요했기 때문이었다.

2월 13일, 한반도 비핵화를 위한 기본 설계인 9·19공동성명을 채택한 지 17개월 만에 이를 이행하기 위한 첫 단계 '시공계획서'의 합의에 도달했다. 사전에 상당히 조율이 된 회담이었지만 베이징 현지에서 에너지 지원 규모와 분담 방식, 그리고 북한이 수시로 꺼내는 핵 폐기 절차 등으로 순조롭지 못했다. 게다가 일본이 중유 제공 참여에 까다로운 조건을 붙이려고 하여 합의를 더욱 어렵게 했다. 천영우 대표는 현장에서 김계관을 설득하고 힐 및 우 다웨이와 조율하는데 훌륭한 능력을 발휘했다. 중국은 평소에는 한·미·중 3자 협의에 거부감을 갖고 있었으나 북한과 일본 설득이 필요한 상황에서는 먼저 3자 협의를 요청하기도 했다.

북한은 6자회담의 단계마다 획득하고자 하는 핵심 목표가 있었다. 9·19공동성명에서는 '경수로'였고, 2·13합의에서는 '중유 100만 톤'이었다. 그 목표를 위해 어느 정도 내어줄 것인가를 협상한 것이었다. 2·13합의의 요지는 다음과 같다.

우선, 초기단계 조치로서 60일 이내 북한은 영변 핵시설을 폐쇄하고 IAEA 사찰관을 복귀시키며, 미국은 북한과 외교관계 수립을 위한 대화와 테러지원국 및 적성국 제재 해제 과정을 개시하도록 했다. 또 북한은 중유 5만 톤을 긴급 지원받고, BDA 문제는 미·북 간에 60일 이내에 해결하기로 했다.

이어서 30일 이내에 5개 실무그룹(비핵화, 미·북관계 정상화, 일·북관계 정상화, 경제·에너지 협력, 동북아 평화안보체제)의 회의를 개시하고, 초기 조치가 이행되는 대로 6자 장관급 회담에서 9·19공동성명 이행을 확인하며 동북아 다자안보 증진 방안을 협의하기로 했다. 또 직접 관련 당사국 간에 한반도 평화체제를 협상하기로 했다.

다음으로, 북한 핵의 완전한 신고와 불능화가 진행되는 동안 북한에 대해 중유 95만 톤에 상당하는 경제·에너지 지원을 하기로 하고, 5개국이 평등과 형평의 원칙에 따라 분담키로 했다. 일본은 납치 문제의 진전에 따라 분담한다고 조건을 붙였다.

당시 나는 노무현 대통령의 유럽 방문을 수행 중이었는데 온 정신은 베이징에 가 있었다. 아무리 사전에 합의된 말이라도 막상 종이 위에 내려앉히려면 용어 선택에서부터 세부조건 명기에 이르기까지 민감한 과정이 필요하고, 또 언제 어떻게 틀어질지 모르기 때문에 베이징의 우리 대표단과 전화선을 열어두고 지내야 했다. 마드리드*에

....
* 한국이 1950년 스페인과 외교관계를 수립한 후 57년 만에 노무현 대통령이 한국 대통령으로서 처음으로 마드리드를 방문했다. 당시 평창동계올림픽 유치를 위해 사마란치(Juan A. Samaranch) 국제올림픽위원회(IOC) 명예위원장을 만나려는 목적도 있었다. 한국 대통령의 해외 일정은 5년마다 몇몇 나라를 반복해서 쳇바퀴 돌 듯 한다. 그러다보니 당시 세계 경제 10위 수준의 스페인을 그때까지 한번도 방문하지 못한 것이었다. 대통령 5년 단임제가 갖는 폐해 중 하나다.

서 타결 소식을 접한 나는 바로 라이스와 통화하여 서로 축하인사를 나눴다. 라이스는 이날 국무부 언론 브리핑에서 이처럼 갑작스러운 합의가 어떻게 나오게 되었는지에 대해 질문을 받고, "2006년 11월 하노이에서부터 중국의 리 자오싱 외교부장에 이어 한국의 송민순 당시 안보실장과 만난 이후 이번 합의의 요소를 지속적으로 협의해 왔다"고 답변했다. 중동을 포함한 온 세계 문제에 매여 있는 그의 입장에서는 그전에 협의해온 일들은 제쳐두고 하노이 회동을 기점으로 생각할 수도 있었지만, 나로서는 2006년 2월 말 대통령 안보실장이 되자마자 워싱턴을 방문하면서 1년간 매달려온 일이었다.

라이스는 양국이 추진한 공동 구상이 궤도에 올랐다고 하면서, 그간의 한·미 간 조율을 바탕으로 현지 대표단이 이를 잘 소화해냈다고 만족을 표시했다. 당시 나는 언론에 대해서 2·13합의는 다자간 합의이고, 북한 핵의 동결뿐만 아니라 해체를 목표로 하고 있으며, 핵의 해체가 분명해지기 전에는 경수로 문제를 논의하지 않는다는 점 등 세가지 측면에서 제네바 합의와 분명한 차이가 있음을 강조했다. 또, 동북아 다자안보대화와 한반도 평화체제 협상을 담고 있다는 점에서 훨씬 포괄적인 합의임을 내세웠다. 내가 이런 점들을 언론에 강조하고 있다고 설명하자, 라이스는 바로 그 점이 중요하다면서 무엇보다도 북한이 5개국을 상대로 해야 하기 때문에 큰 구속감을 느낄 것이라는 반응을 보였다.

나와 라이스는 비핵화 실무그룹과 경제·에너지 협력 실무그룹을 연동시켜야 하고, 두 그룹에 전략적 사고를 가진 책임자들이 필요하다는 인식을 함께하면서, 천영우와 힐이 현장에서 그 책임을 맡도록 했다. 또한 내가 3월 초에 워싱턴에 가서 머리를 맞대고 2·13합의의 이행을 가속화하는 방안을 협의하기로 했다.

다음 날 나는 리 자오싱과 통화해서 한·중 간 협력이 2·13합의에 크게 기여한 것으로 본다면서 합의 이행 가속화를 위해 4월 중 6자 간 외교장관 회담을 갖자고 제안했다. 리 자오싱은 외교장관 회담이 큰 도움이 될 것으로 본다면서 환영했다. 이어 나는 아소 다로와 통화하면서 2·13합의를 계기로 일본과 북한 사이에 적극적인 대화가 이루어지고, 특히 납치 문제 해결이 잘 진전되기를 기대한다고 했다. 아소는 이 합의는 한국 측의 방안이 토대가 됐다는 것이 일본과 미국의 공통 인식이라는 덕담을 건넸다. 그런데 그는 일본이 대북 경제·에너지 협력의 사전 조사에 참가하고 싶다고 제안했다. 일본이 2·13합의 이행에서 가질 수 있는 지렛대가 경제 분야이기 때문이었고, '사전 조사'라는 말은 기초부터 시작하는 일본식의 체계적인 접근방식이라고 생각했다.

노무현 대통령 역시 감회가 깊은 듯했다. 2·13합의를 보고받고서는 핵 문제 해결과 남북관계 진전에 매진할 수 있다는 기대가 솟은 것으로 보였다. 한편으로 9·19공동성명 채택과 BDA 문제로 인한 이행의 좌초, 그리고 북한의 미사일과 핵실험을 겪은 후 2·13합의에 이르는 과정에서, 외교가 국정의 핵심 분야이고 국가 미래를 좌우한다는 인식을 더 깊이 갖게 된 것으로 보였다. 2006년 10월 노 대통령은 나를 외교장관으로 공식 내정한 후 청와대 본관 집무실에서 자동차를 타러 현관으로 걸어가고 있었다. 대통령은 지나가는 말로, "내가 보니 우리나라는 외교장관을 부총리로 하는 것이 맞을 것 같아요"라고 했다. 나는 "우리나라 환경에서는 그게 맞는 것 같은데 지금 이 시점에는 아닌 것 같습니다. 엉뚱한 분란을 일으킬 소지가 큽니다"라고 했다. 그랬더니 노 대통령은 "그렇지요, 참!" 하면서 차에 올랐다. 무슨 특별한 생각이 있어서라기보다는 4년 가까이 국정을 운영해본 판단에서 나온 생각으로 보였다. 미국과 중국을 상대로 하는 한국의 통일 관련 대외업무를 통일부가 통합 관리하기는 어렵다. 그렇다면 남북문제에 의지와 식견이 있는 사람이 외교담당 부총리가 되어 대외 창구를 조정하는 게 나을 수 있다는 생각이 들었을 것이다. 독일의 경우에는 한스디트리히 겐셔가 18년간 부총리 겸 외교장관 역할을 맡아서 통일의 초석을 다졌다.

2월 14일 노 대통령이 부시 대통령에게 전화하려던 차에 그가 먼저 전화했다. 그는 2·13합의가 한·미 양국의 합작 성과라고 하면서도, "샴페인을 꺼내는 놓되 마개는 따지 않는 것이 좋겠다"고 했다. 그는 60일 후 북한이 핵 프로그램을 공개하고 핵시설을 폐쇄하는 것을 보고 나서 샴페인을 따자고 했다.

부시 대통령은 기본적으로 북한과 합의는 할 수 있지만 그 이행에는 회의적이라고 하면서, 5개국이 단합해야 진전이 가능하다고 했다. 이어 한국 내에서 남북관계를 진전시키라는 압력에 직면하고 있는 것을 잘 알지만 2·13합의 이행에 도움이 되도록 해주면 좋겠다고 했다. 당시 여당과 정부 일각에서 핵 문제 때문에 남북관계가 막혀 있다는 불만이 제기되고 있었다. 그래서 미국은 2·13합의를 기회로 우리가 독자적으로 대북 지원에 나설 가능성을 우려했다. 실제로 2월 초 이재정(李在禎) 통일부장관이 서울에 온 힐 차관보에게 북·미 베를린 합의 결과와 연결시켜 여러가지 장밋빛 전망을 내놨다. 이를 두고 미국은 한국이 핵 문제 해결과 남북관계 진전에 대해 과도한 기대를 갖고 있다는 걱정을 전해왔다.

노무현 대통령은 부시 대통령에게 합의의 이행을 위해 한국이 할수 있는 것들을 신속히 행동으로 옮기겠다고 하면서, 북한을 올바른 방향으로 이끄는 전략을 의논하기 위해 외교장관을 곧 미국에 보내겠다고 했다. 당시 두 대통령은 핵 문제뿐만 아니라 한·미 FTA 타결을 위해서 서로 안고 있는 난관을 극복하자면서 의기투합하고 있었다. 나는 이 통화를 옆에서 지켜보면서, 한반도 역사를 바꾸는 길에 다시 들어서는구나 하는 기대에 찼다. 핵 문제 해결은 한반도와 동북아의 질서를 바꾸는 것이고, 자유무역협정은 한·미동맹을 정치·군사 분야에서 경제·사회·문화의 영역으로까지 확대하는 장치였다.

'한반도 대설계'

노무현 대통령은 스페인에 이어 이탈리아를 방문했다. 나는 2007년 2월 16일 로마에서 2·13합의의 이행 실무그룹 구성, 한반도 평화 프로세스, 그리고 우리 정부 내 조직 운영에 대해 대통령에게 보고했다. 현지에서 여승배 보좌관(후일 외교부 북미국장)과 이병도 비서관(후일 북미1과장)이 나를 도왔다. 여 보좌관은 내가 북미국장 시절과 제네바 4자 평화회담 차석대표 때부터 같이 일을 했는데, 폭넓게 전략적으로 사고하는 외교관이었다. 이 비서관도 초임 때부터 정치·군사 외교의 개념이 분명했고 균형감각을 갖추고 있었다.

우선, 경제·에너지 협력 그룹을 한국이 맡고 다른 핵심요소인 비핵화 그룹과 연결하여 진전시키기로 했다. 또 비핵화 실무그룹에서 북한의 현장 반발을 최소화하도록 단계적으로 핵 폐기를 이행하는 방식을 미국과 협의하기로 했다. 1993년 1차 핵 위기의 경우 IAEA가 초기부터 너무 의욕적으로 사찰을 시도하여 북한과 문화적 충돌을 일으킨 것도 원인의 하나가 되었다는 분석이 있었기 때문이다.

이어서 실제 핵 폐기 단계에 들어가면 더 큰 정치적 에너지가 필요하므로 이미 라이스가 제안한 6자 외교장관 회담을 추진하기로 했다. 아울러 한반도 평화체제 협상 개시선언을 위해 4자 외교장관 회담을 개최하고 가칭 '판문점 선언' 같은 결과를 만들어보기로 했다. 이 선언을 통해 남북회담, 미·북회담, 4자회담의 삼각체계로 구성되는 한반도 평화 프로세스의 법적·제도적 장치를 출범시킨다는 것이었다.

또 6자회담과 남북대화가 한반도 평화 프로세스를 이끌어가는 쌍두마차처럼 움직여야 함을 강조했다. 그래서 정부 내 업무효율을 위해 한반도평화교섭본부에 외교부, 통일부, 국방부 그리고 국정원의 인력으로 구성된 통합 팀을 만들 것을 건의했다. 그러지 않으면 부처 간 불필요한 경쟁으로 가뜩이나 주변국에 비해 상대적으로 작은 우리의 무게가 더 떨어지기 때문이었다.

보고를 받은 노무현 대통령은 6자회담과 남북관계를 전략적으로 일체화시키라면서 2월 27일 예정되어 있던 남북 장관급 회담에서 합의될 사항도 2·13합의의 이행 속도에 맞추도록 하라는 것이었다. 북한에 대해 핵이라는 걸림돌을 치우면 한·미 연합훈련 같은 문제도 그 선상에서 협의할 수 있음을 강조할 필요가 있다고 했다.

귀국 후 내부 회의에서도 노 대통령은 통일부장관에게 북한에 대해 "6자회담의 진전이 바로 남북관계의 이익에 부합하기 때문에 6자회담이 나아가는 만큼 남북관계도 나아간다"는 점을 분명히 하라고 지시했다. 당시 3월 중순 적십자회담, 4월 중순 경제협력추진회담과 장성급회담 등 일련의 남북관계 회담이 마치 교통신호에 걸린 버스처럼 줄줄이 대기하고 있었다. 정부 내 남북관계 일꾼들의 마음이 바빴다.

이렇게 국내적으로 정리된 상태에서 나는 3월 1일 워싱턴에 도착했다. 다음 날 아침 힐과 조찬을 하면서 2·13합의 이행에 대한 우리의 구상을 미리 설명해두고, 오후 라이스와 배석자 없이 그의 집무실에서 만났다. 라이스는 먼저 지난 1월 5일 나와의 협의에 기초하여 베를린에서 미·북 합의를 하고, 이어서 2·13합의로 연결된 데에는 한·미 양측 모두 대외 보안을 철저히 유지한 것이 도움이 되었다고 했다. 앞으로도 그런 방식으로 한·미 협의를 이어나가는 것이 좋겠다고 했다. 워싱턴에서는 여전히 미·북 사이의 거래를 반대하는 체니 부통령을 위시한 강경파의 목소리가 있음을 의식한 것이었다.

나는 세 트랙으로 구성된 2·13합의 이행계획안을 펼쳐놓고 설명했다. 첫째, 2007년 말까지 북한 핵시설의 불능화를 완료하고 2008년 1월부터 8월 사이에 핵 폐기를 완료한다. 둘째, 미국은 2007년 8월까지 북한을 테러지원국 명단에서 해제하고 12월까지 적성국 교역 대상에서 해제하며, 2008년 8월까지 미·북 외교관계를 수립한다. 이는 한반도 평화체제 수립과 직결되는 것이다. 셋째, 2007년 4월 말까지 6자 외교장관 회담을 개최하여 동북아 다자안보대화를 발족시키고 이어서 4자 외교장관이 한국전쟁 발발일인 6월 25일 또는 휴전협정 서명일인 7월 27일에 판문점에서 한반도 평화체제 협상개시를 선언한다. 이 협상은 2008년 8월까지 완료해서 4자 간에 한국전쟁의 종전을 선언하는 것이다.

계획안 상단에는 '한반도 대설계'(A Grand Design for the Korean Peninsula)라는 거창한 제목이 붙어 있었다. 이 구상은 당시 나는 물론 라이스에게도 하나의 포부를 불러일으켰다. 그는 잠시 생각하더니 2007년 말로 잡은 북한 핵시설 불능화 완료 일정은 좀 앞당기는 것이 좋겠고, 미·북관계 정상화 일정은 좀더 여유를 갖는 것이 필요하다면서 화살표로 도표 위 일정을 앞뒤로 조정했다. 그는 개념 파악이 아주 빨랐다. 우리는 조정된 전체 이행 계획에 따라 추진해보기로 합의하고, 이 계획안을 각각 서류 폴더에 넣어 배석자들이 있는 전체 회담장으로 갔다.

한편 2007년 1월 25일 신년특별연설에서 노무현 대통령은 "6자회담에서 어떤 결론이 나기 전에는 남북 정상회담이 이루어지기 어렵다. 그러나 문은 열어놓고 있다"고 말했다. 2·13합의가 이루어지자 남북 정상회담설이 돌기 시작했다. 우리 국내 정치권에서는 핵 문제의 실질적 진전보다는 남북관계에만 몰입하는 발언들이 나오고 있었다.

3월 1일 만났을 때 라이스는 비핵화에 도움이 된다면 언제든지 남북 정상회담이 가능할 것으로 본다며 먼저 이 문제를 꺼냈다. 나는 노 대통령이 남북관계는 6자회담의 반걸음 뒤에서 받쳐나간다는 입장을 갖고 있음을 강조했다. 아울러 북한은 핵실험을 하고도 한국이 대북 지원을 계속할 것으로 기대할 정도로 우리의 상식과는 다른 정권임을 지적하고, IAEA 사찰단이 복귀해야 북한에 대한 쌀과 비료를 지원할 것이라고 했다. 나는 노 대통령이 비핵화의 구체적 성과를 확신할 수 없는 상황에서는 정상회담을 추진하지 않을 것이며, 남북 정상회담이 북한 핵 문제 해결에 도움이 된다는 판단을 한국과 미국이 공유할 수 있을 때 비로소 가능할 것이라고 다짐했다. 한국과 미국이 한배를 타고 공동으로 설정한 목표를 향해 가고 있는 상태에서 우리가 신뢰할 수 있는 동반자라는 것을 각인시키고자 했다. 그러나 이 다짐은 나중에 나를 무척 아프게 한 약속이 되었다.

나는 북한이 비핵화와 북·미, 북·일 관계 정상화 그리고 평화체제 협상이라는 새로운 경지에 들어가는 데 대한 두려움도 있을 것이고, 또 일을 감당할 행정 역량도 따르지 않을 것이라고 했다. 그래서 북한이 원하는 것을 들어준다고 해도 때로는 뒷걸음질 치는 경우가 있을 것임을 미리 염두에 두자고 했다. 실제로 북한은 1990년대 말 제네바 4자 평화회담, 미국의 페리 프로세스, 남북대화 과정에서 그러한 현상을 보여왔다.

라이스는 북한이 개혁과 개방의 길로 나오고 또 인권을 개선할 가능성이 있는지에 대한 나의 의견을 물었다. 나는 전에도 말했던 것처럼 북한이 경제협력을 받아들이려면 불가피하게 문을 열 수밖에 없는데, 개방을 강요하면 오히려 문을 더 걸어 닫을 것으로 본다고 했다. 그는 경제지원이라는 간판하에 개방과 인권 개선의 효과를 기대할 수 있다는 말에 수긍했다. 그러나 한국과 미국에서 이러한 판단의 타당성에 대한 의문이 끊임없이 제기되고 있다. 접촉을 통한 화학적 반응이 실질적 변화로 연결되는 데는 시간이 많이 걸리기 때문이다.

나는 또 라이스에게 과거 미·중 간의 '핑퐁외교'*처럼 북한의 여

---

* 1971년 4월 미국의 국가대표 탁구팀이 중국을 방문하여 시작된 미·중 간 탁구팀 교환이 가져온 외교 효과를 말한다. 미국 탁구팀 방중 후 1972년 2월 닉슨 대통령이 중국을 방문하여 양국 관계 정상화를 향한 '상하이 코뮈니케'를 발표했고, 이어 중국 국가대표 탁구팀이 미국을 방문했다. 이런 해빙 과정을 거쳐 1979년 미·중관계 정상화에 도달했다.

자축구팀을 미국으로 초청해서 몇몇 도시에서 친선경기를 갖는 방식을 제안했다. 그는 자신도 북한과 유사한 교류증진 방안을 구상하고 있다면서 좋은 방안이라고 했다. 실제로 이런 생각들은 2008년 2월 뉴욕필하모닉의 평양 공연으로 이어졌다. 뉴욕필은 미국과 북한의 국가(國歌), '평양의 미국인'을 연상시키는 「파리의 미국인」 그리고 「아리랑」을 연주했다. 1959년 뉴욕필이 소련 공연을 통해 철의 장막을 걷어냈고, 1973년 필라델피아 오케스트라가 중국 공연으로 죽의 장막을 걷어낸 것과 비유하기도 했다. 만약 북한 여자축구팀의 방미 순회경기가 이루어졌다면 미국 내에서 북한에 대한 이미지 형성에 도움이 되었을 수도 있을 것이라는 생각이 들었다.

마침 한·미 FTA 협상이 막바지에 있을 때여서, 미국에 개성공단 제품을 한국산으로 인정해줄 것을 요청했다. 라이스는 북한이 아직 적성국이기 때문에 미·북관계가 개선될 때까지는 어렵다면서, 비핵화가 이루어지면 자연스럽게 해결될 것이라고 했다. 당시 국내에서는 미·북관계 정상화 없이도 개성 제품의 한국 원산지 인정을 해달라는 요구가 드셌다. 이런 요구가 실익은 없이 FTA의 다른 부분 협상력에 부담을 주었다. 그럼에도 우리 내부에서는 실리보다 명분이 우세했다.

라이스는 동북아 평화·안보 체제 실무그룹에 호주와 캐나다가 참여하면 어떻겠느냐고 타진했다. 이 두 나라가 미국 측에 요청하고 있던 것으로 보였다. 나는 6자 간에도 의사결정 과정이 복잡한데 이를 확대하면 진행이 더 어려울 것이며, 우선은 현재의 틀을 정착시키는 데 치중하자고 했다. 미국은 아마 한국이 반대한다는 이유로 호주와 캐나다에 참여가 어렵다고 설명했을 것이다. 며칠 후 러시아도 이 두 나라가 참여를 타진해왔다면서 우리의 입장을 물어왔다. 내 손에 먼저 흙 묻히기 싫어하는 것은 사람이나 국가나 비슷하다.

우리는 가끔 우리 문제를 다자간 협의로 확대하는 것을 별 의식 없이 받아들이는 경향이 있다. 심지어 참여자가 많으면 많을수록 좋다는 생각까지도 한다. 전시성 행사로는 그럴 수 있다. 그러나 우리의 미래에 대한 본질적 문제에는 관여자가 적을수록 좋다. 어떤 나라도 한번 발을 디디면 그냥 떠나지는 않는다. 때로는 다자대화가 한반도의 분단구조를 관리하는 데는 유용할 경우도 있지만, 분단을 넘어 현상을 변경하려면 참여자가 적을수록 좋을 것이다.

3월 1일 라이스와 회담하기 전, 나는 로버트 게이츠 신임 국방장관을 만났다. 그는 3개월 전에 럼스펠드의 후임으로 취임했다. 한국군에 대한 작전권 전환과 미군기지의 평택 이전 문제를 포함한 한·미 동맹 문제에 대한 의견을 교환한 후 나는 북한 핵 문제의 진전 전망에 대해서 우리의 입장을 밝혔다. 미국의 내부정책 조율에서 국방부가 상대적으로 강경한 자세를 취하고 있음을 감안했다.

한·미동맹의 운용에는 하나의 특이한 현상이 있다. 군사정부 시절에는 미국이 국무부보다는 펜타곤과 주한미군을 통해 한국을 관리하고자 했다. 우리 군이라고 해서 그냥 미국의 요구를 따르는 것은 아니지만, 그래도 미국은 한국군이 오랜 기간 미군의 작전통제하에 있어왔기 때문에 상대하기가 편하다고 보았다. 더욱이 당시에는 청와대, 내각, 정보기관, 국회 등에 군 출신 인사들이 포진하고 있었기 때문이다. 그래서 양국 간 쟁점에 대해 외교부나 다른 부처에서 반대 의견을 내면, 미국은 한국의 군을 통해 자신의 입장을 관철하려는 경우가 많았다. 이런 현상은 아직도 일부 남아 있다. 미국과 군사안보 문제를 협상할 때에도 외교부를 앞에 세우고 국방부는 실질문제에 관해 판단을 내리는 것이 좋은 조합이다. 그런 협상을 거친 결과가 장기적인 동맹 발전의 바탕이 될 것이다.

게이츠는 나의 설명을 주로 경청했다. 북한 비핵화 문제는 라이스 장관이 잘 추진하고 있는 것으로 안다면서 국무부 소관으로 넘겼다. 그런데 그는 퇴임 후 2014년에 펴낸 회고록에서 노무현 대통령이 "아시아에서 가장 큰 안보 위협은 미국과 일본이라고 말했다"면서, "반미적이고 좀 제정신이 아니었다"고 기술했다. 나는 평소 노 대통령이 공사석(公私席)에서 한 발언에 비추어 그럴 리가 없다고 생각했다. 당시 면담 배석자들을 통해 실제 무슨 말이 오고 갔는지 확인해보았다.

한·미 연례 국방장관 회담차 방한한 게이츠는 2007년 11월 7일 오후 청와대로 노 대통령을 예방했다. 이 자리에는 김장수(金章洙) 국방장관, 백종천(白鍾天) 안보실장, 김관진(金寬鎭) 합참의장과 버시바우 대사, 마이클 멀린(Michael Mullen) 합참의장, 티머시 키팅(Timothy J. Keating) 태평양사령관, 버웰 벨(Burwell B. Bell) 한미연합사령관을 포함해서 약 20여명이 배석했다.

노 대통령은 그동안 한·미관계가 많이 발전하여 반미시위나 비판 여론도 많이 줄었다고 하면서, 한국이 미국에 너무 의존하면 미국에도 부담이 될 것이라고 평가했다. 게이츠는 바로 그런 점에서 작전통제권 전환이 중요하다면서 한국이 책임과 권한을 이관받으면 한국 군이 더 강해질 것으로 본다고 했다.

노 대통령은 한달 전의 남북 정상회담에 대해 말을 꺼냈다. 북한은 무슨 문제든 몇갈래로 쪼개서 대가를 받고자 하기 때문에 협상이 어렵다면서, 그런데도 최고 지도자가 결심하면 의외로 쉽게 풀린다고 했다. 또 미국과 북한은 실제 상호위협 이상의 불신을 갖고 있는 것으로 보인다고 했다. 게이츠는 그렇기 때문에 서로 행동을 주고받으면서 신뢰를 구축하는 과정이 필요하고 거기에는 시간도 많이 걸릴 것이라고 전망했다. 여기까지는 대화의 아귀가 잘 맞았다.

그런데 말미에 노 대통령이 동북아 정세에 대한 생각을 펴기 시작했다. 동북아도 유럽처럼 평화공존의 질서가 발전할 수 있다고 하면서, 중국은 미국의 적수가 될 수 없고 또 개방으로 나가고 있는 데 비해, 일본은 2차대전 패전의 상실감으로 국수주의로 가고 있어 장래 행동이 불안하다고 평가했다. 일본이 사고를 낼 가능성이 큰데 한국의 방위 구도는 자꾸 중국에 대응하는 쪽으로 가야 하니 어려움이 있다고 했다.

노 대통령의 말에는 일본의 군사력 강화에 대한 우려와 한국의 미사일방어망(MD) 참여 요구에 대한 반대의 뜻이 담겨 있었다. 미국의 핵심 전략은 미·일동맹과 미·한동맹을 묶어 중국을 견제하는 것인데, 노 대통령이 중국보다 일본을 더 위험하게 본다고 하니 게이츠로서는 받아들이기가 어려웠을 것이다. 노 대통령은 평소에 자신의 성향에 대한 오해가 있는 것을 염두에 두고 논리적 설명을 하려고 했다. 2006년 5월 말 네오콘의 핵심으로서 세계은행 총재가 된 울포위츠의 예방을 받은 자리에서는 "나는 요구가 많은 친미주의자"라고 스스로 정의를 내리기도 했다.

역사가들은 1차대전의 산물로 파시즘과 공산주의가 탄생하였는데, 유럽에서는 파시즘이 2차대전 종전으로, 그리고 공산주의는 냉전의 종식으로 사라졌다고 본다. 그러나 아시아에서는 중국이 전례 없는 형태로 공산주의를 시험하고 있고, 일본은 평화헌법 수정 움직임으로 국가주의가 강화되는 징후를 보이고 있다. 역사의 거울을 통해 자기 나라의 미래를 걱정하는 한국 지도자의 생각을 미국의 장관이 애써 이해하려고 하지는 않았다.

미국의 시각에서는 최대 동맹국의 하나인 일본을 중국보다 더 위험하다고 생각하는 것은 제정신이 아닌 것으로 보이는 것이다. 그래서 게이츠의 머리에는 노 대통령이 마치 미국과 일본을 함께 싸잡아 아시아 안보를 위협하는 것으로 본다고 각인되었을 수 있다. 무엇보다 미국은 역사 담론을 좋아하지 않는다. 전세계에서 벌어지고 있는 일들을 단순하게 정리하고 싶어 한다. 만약 노 대통령이 "청일전쟁 이후 중국의 피해의식, 그리고 2차대전 후 일본의 패전의식 모두가 위험하다. 중국은 부상하고 있고 일본은 불안해하는 상황에서, 동아시아 정세가 우려스럽다. 그래서 한·미동맹은 지역 안정을 위한 핵심 축으로 발전되기를 바란다"고 말했다면 안심했을 것이다.

그런데 그로부터 10년이 지난 지금 일본이 평화헌법 수정과 '강력한 보통 국가'를 지향하면서 무기 수출에까지 나서고 있는 것은 중국 못지않게 우려스럽다. 노 대통령의 걱정은 '온전한 판단'에서 나온 것이다. 동맹국의 전직 장관이 자기 나라가 원하는 논리가 아니라고 해서 상대국 지도자의 말을 자의적으로 해석하면서 인격 모독까지 하는 것은 개탄스러운 일이다. 그러나 미국은 앞으로도 게이츠가 바라본 바로 그 시각에서 한·중관계와 한·일관계를 재단코자 할 것이다.

'역사상 가장 악명 높은 2,500만 달러'

이 문제는 마치 열쇠가 없는 족쇄처럼 6자회담의 발목에 매달려 있었다. 2007년 3월 19일 미국은 BDA에 동결된 북한의 자금을 해제하고, 중국은행(Bank of China, 민간은행) 내 북한 계좌로 송금하겠다고 했다. 그러나 미국은 국내법 때문에 BDA에 대한 '돈세탁 우려 혐의' 자체는 유지했다. 중국 은행은 북한 자금을 통과시키는 데 부정적이었다. 그러자 북한은 돈이 문제가 아니라 불법행위 혐의를 완전히 벗겨주고 정상적인 국제금융 거래의 길을 터줘야 2·13합의 사항을 이행할 수 있다고 버텼다. 2,500만 달러만 풀어주면 북한이 2·13합의의 이행을 개시할 것이라는 미국의 기대는 빗나갔다. 당시 한국과 미국의 일부 관계자들은 그 돈이 북한정권의 통치자금이기 때문에 절박하게 매달리고 있다고 추측하기도 했다. 그러나 북한경제 규모가 아무리 작고, 또 통치자금과 관련되었다 하더라도 2,500만 달러 때문에 2·13합의 이행을 통해 얻을 수 있는 큰 혜택을 포기하고자 하는 것은 아니었다. 그보다 금융제재라는 목줄이 잡힌 상태에서는 핵협상을 할 수는 없다는 판단이 더 강하게 작용한 것이었다.

북한은 2·13합의 후 60일이 되는 4월 14일까지 실제로 돈이 인출되어야 IAEA 사찰단을 초청할 수 있다고 버텼다. 예금 전액을 중국이나 미국의 은행을 통해 북한 계좌로 송금함으로써 북한이 정상적으로 국제금융체제에 재진입한 것을 입증해달라고 했다. 이를 수용하여 4월 10일 미국 재무성이 BDA의 북한 계좌 자체에 대한 동결을 해제한다고 발표했다.

그런데 중국의 생각은 달랐다. 미국이 자의적으로 마카오 은행을 제재하더니 이제 와서 '불법자금'을 해제하여 외부로 송금하려 하느냐며 명시적으로 거부했다. '남의 마당을 어지럽힐 때는 언제고 이제 와서 청소를 거들라고 하느냐'는 투였다. 앞서 3월 초 중국의 우 이(吳儀) 부총리가 미국의 폴슨 재무장관에게 북한의 자금이 문제가 아니라 BDA에 대한 제재 자체가 문제이니 이를 해제할 것을 요청했다. 그러나 미국이 이를 받아들이지 않았고 중국은 자존심이 크게 상했다.

우리는 중국에 대해 섭섭했다. 중국은 북한 핵 문제 해결의 진전보다는 대미관계에서 자존심을 세우고 중국 금융시스템을 보호하는 데 더 큰 무게를 둔 것이었다. 중국이 우리에게 그렇게 강조하던 한반도 비핵화와 공동의 미래는 어디 가고 미국과의 기 싸움에 빠진 것이다. 이제는 중국이 걸림돌이라는 생각이 들었다. 미국의 제재 해제 조짐이 있던 시점인 4월 3일, 나는 인도의 뉴델리 남아시아지역협력연합(South Asian Association for Regional Cooperation, SAARC) 회의에서 리 자오싱 중국 외교부장과 만나 "미국이 푸른 돈 붉은 돈 구분치 않고 풀어주려고 하니 BDA 문제를 해결해서 6자회담을 성공시키면 바로 중국 외교의 승리가 아니겠느냐"면서 중국의 송금 협조를 요청했다. 그는 한국과 중국이 함께 화해를 권유하고 회담을 촉진하는(權和促談) 것이 좋으나, 이 일은 미국의 일방적인 조치로 생긴 일인 만큼 미·북 간에 알아서 해결토록 해야 한다면서 평소의 그답지 않게 '분명하게' 말했다.

한편, 4월 10일 미국 재무성의 제재 해제 발표를 전후로 일주일 사이에 라이스가 세번이나 전화했다. "북한을 상대하는 것은 정말 어렵다"면서 한숨을 지었다. 돈을 보내려면 북한 예금주들의 서명이 필요한데 노출을 꺼려서인지 또는 다른 정치적 문제가 있는지 인출요구서에 서명을 거부한다는 것이었다. 미국으로서는 중계은행까지 보장할 준비가 되어 있는데 북한이 이렇게 나오니 더이상 할 수 있는 일이 없다고 토로했다.

자금의 인출, 송금, 예치라는 3단계의 과정을 거쳐야 BDA 문제의 해결이 가능한데, 송금은 차치하고 인출 단계부터 문제가 발생한 것이다. 북한은 인출요구서 없이 무조건 자신이 지정하는 경로를 통해 입금해달라고 하고, 1월의 북·미 베를린 합의에 따라 그렇게 해야 한다고 주장했다. 미국은 물론 우리를 포함한 모두가 황당해했다.

이즈음 베이징에서 이 문제로 남·북·미·중이 교차 접촉하고 있었다. 우리는 임성남 국장을 보내 각방으로 의사소통하고 있었다. 북한 관계자들은 임 국장에게 조용히, 미국의 입장을 이해한다고 하면서 북한 내 예금주들 사이에 복잡한 문제가 얽혀 있음을 시사했다. 라이스는 임 국장이 베이징에서 북한과 이러한 접촉 결과를 미국 측에 알려주어 그나마 소통에 도움이 된다고 했다. 그럼에도 당초 미국과 북한이 BDA 문제를 해결한다고 합의한 시점, 즉 2·13합의로부터 60일이 되는 4월 14일이 가까워지는데도 해결될 기미 없이 날짜만 지나가고 있었다.

라이스는 4월 12일 나에게 전화하여, 중국이 이상하게 행동한다면서 한국도 중국을 설득하는 데 노력해달라고 했다. 이날 중국의 외교부 대변인은 "BDA 문제는 마카오의 금융 및 사회 안정과 6자회담의 진전에 도움이 되는 방식으로 해결되어야 한다"는 원칙을 제시했다. 북한의 돈만 빠져나가고 마카오는 불법 금융지대로 남는 것을 중국은 받아들이지 않겠다는 입장을 공식적으로 밝힌 것이었다.

다음 날 나는 리 자오싱에게 전화하여 "자금 인출과 송금을 위해서 미국이 어떤 일을 더 해야 하는지 알고 싶다. 한국과 중국이 같이 뜻을 모아보자"고 했다. 나의 중국어 통역은 제갈량의 고사성어를 원용하여 내 말의 결론을 '집사광익(集思廣益, 여러 사람의 지혜를 모아 더 큰 이익을 얻는다는 뜻)'으로 요약해서 전달했다. 그러나 그의 반응은 단호했다. "마카오는 일국양제(一國兩制)의 특별구로서 시장경제 체제를 유지하고 있다. 중앙정부가 할 수 있는 일은 제한적이다. 마카오 당국은 아무것도 모르는 상태에서 이 사건에 연루되어 피해를 입고 있다. 미국은 BDA의 북한 돈이 절반은 깨끗하지 않다고 하면서 이제 와서 왜 그런 돈을 해제하겠다고 하는지부터 알 수가 없다"며 불만을 표시했다. 이어 자신은 라이스에게 "미국이 달나라까지도 가면서 왜 북한과는 신뢰구축 하나도 못하느냐고 따지고 있다"고 전했다. 여전히 미국이 일방적으로 제재했으니 모든 얽힌 문제를 결자해지(結者解之)하라는 투였다.

이어 그는 내가 6자회담 수석대표 시절 9·19공동성명 이행의 난관을 예상하여 '호사다마(好事多魔)'라고 말한 것을 기억한다면서, 한·중이 함께 이를 잘 극복하자고 에둘러 넘어갔다. 내가 북한의 이해할 수 없는 행동을 개탄하고, 또 중국의 소극적인 자세에 실망을 표시하자, 그는 『서유기(西遊記)』의 한 구절을 인용하여 "친척은 설사 주먹질을 하더라도 그 관계를 끊을 수 없고, 이웃은 설사 욕을 하더라도 왕래를 끊을 수 없다(打不斷的親, 罵不斷的隣)"면서 서로 인내하자고 했다.

나는 숨이 막히는 듯했다. 베이징이 실제로는 마카오 당국을 조정하면서 겉으로는 중앙정부가 할 수 있는 일이 없다는 것이었다. 어깃장이 심하다는 생각이 들었지만 더 따지고 들 수도 없었다. 당시 중국 지도부의 자존심이 많이 상해 있음을 알 수 있었다. 중국은 어디까지나 중·미관계의 틀을 통해 한반도를 보고 있었다.

리 자오싱 외교부장은 그후 4월 27일, 65세 정년으로 퇴임했다. 그는 평소에 까다롭고 복잡한 사항에 대해 직접적인 언급을 피하고 시적 표현이나 사자성어를 써서 넘어갔다. 그는 가끔 내가 없는 자리에서 나에 대해, 9·19공동성명 채택을 위해 실질적인 역할을 했다고 평가하기도 했다.

3월 워싱턴에서 라이스와 함께 만든 '한반도 대설계'의 일정이 계속 밀리고 있었다. 5월 초 이집트 시나이반도의 남단에 있는 홍해의 휴양지 샴엘셰이크(Sharm el-Sheikh)에서 열린 이라크 재건 국제회의에 참석했다. 모세가 십계명을 받았다는 시나이산을 바라보는 곳에서 라이스와 만났다. 한반도 문제가 해결되려면 바다가 갈라지는 것에 버금가는 기적이 일어나야 할 텐데, 고작 2,500만 달러를 들고 온 세계를 돌고 있는 것이었다.

나는 BDA 문제를 두 단계로 나누어서 해결하는 방안을 제시했다. 1단계는 북한의 예금에 대해 일회성 면제조치를 취해서 미국이 중계하여 북한 계좌로 송금해주고, 2단계는 북한의 국제금융 정상화를 위한 미·북 협의를 개시하는 것이었다. 북한이 더이상 골대를 옮기지 못하도록 이 방안을 최종 안으로 못 박자고 했다. 그는 미국 재무부가 반대할 가능성이 있지만 검토해보자고 했다.

5월 23일 나는 라이스 장관에게 다시 전화를 했다. 곧 있을 남북 장관급 회담에서도 2·13합의의 이행에 맞추어 식량을 지원할 것임을 북측에 분명히 할 것이지만, BDA 문제가 오래 걸릴수록 서울과 워싱턴에서 한·미관계에 대한 잡음이 커질 것으로 우려했다. 당시 야당인 한나라당은 한·미관계가 좋지 않기 때문에 북한 핵 문제가 해결되지 않는다고 연일 비판했다. 반면, 여당과 정부 일각에서도 북핵 문제는 제쳐두고 지나치게 남북관계에만 쏠리는 경향이 있었다. 국가이익보다는 당장의 당리당략에 치중하는 것이 정치권의 생리였다. 반면 라이스는, 미국이 한국의 대북 조치들에 만족하고 있고, 심지어 전날 부시 대통령이 영국의 토니 블레어(Anthony C. L. Blair) 총리에게도 한·미관계가 강력하다고 말했다고 전했다.

나는 홍해를 거쳐 유럽까지 BDA 문제를 들고 가게 되었다. 5월 말 함부르크에서 개최된 ASEM 외교장관 회의에서 중국의 양 제츠(楊潔篪) 신임 외교부장을 만났다. 전임 리 자오싱 부장이 허허실실하면서 시적 표현으로 넘어가는 스타일이었던 데 반해 양 부장은 입장을 비교적 구체적으로 밝히는 스타일이었다. 오랫동안 미국 관계 일을 하면서 그런 자세가 몸에 젖은 것으로 보였다. 그러나 중국의 모범적인 관료와 함께 창의적이거나 개방적인 아이디어를 서로 만들어가기는 여전히 어려웠다. 나는 6자회담 진전이라는 대국적 견지에서 북한 예금을 마카오 중앙은행, 미국 연방준비은행, 러시아 중앙은행을 경유하여 이체하는 방안을 받아들이자고 설득했다. 그러나 양 제츠는 미국이 자기 나라 법에 따라 중국 관할의 은행에 제재를 가한 것은 있을 수 없는 일이라고 비판했다. 이어 중국은 북한의 국제금융망 편입을 통해 6자회담을 살리고, 아울러 마카오 금융 자체도 살리는 방안을 미국 측에 제시하고 있다면서 공을 넘겼다. 나는 중국과 미국이 서로 떠넘기는 것을 보고 답답하고 화도 났다.

그사이 6월 초 북한은 BDA에 있는 52개의 계좌별로 서명이 된 인출카드를 제출했다. 북한이 내부적으로 어떻게 그 문제를 해결했는지는 우리가 알 수 없었다. 북한의 외화벌이를 맡고 있던 노동당 작전부를 포함한 파벌 갈등과 위폐 등 불법 활동에 관여한 세력의 활동 등이 북한 내부에서도 문제가 된 것으로 파악되었다. 52개 계좌 중 17개에 예치된 약 1,200만 달러가 돈세탁 등 불법자금과 연루된 것으로 나타났다.

나는 6월 5일 서울에서 열리는 33개국 간 아시아협력대화(Asia Cooperation Dialogue, ACD) 회의에서 양 제츠와 라브로프를 만나게 되어 있었다. 나는 그 전날 라이스에게 전화해서 이들과 각각 회동 예정임을 알리고 BDA 문제를 협의했다. 그는 5월 초 시나이반도에서 나와 협의했던 BDA의 두 단계 해결 방안을 중국과 러시아 측에 제시했는데 중국이 협조적이지 않다고 했다. 이어 중국이 6자회담을 인질로 잡아서 북한의 예금뿐 아니라 마카오 금융체계 사체의 문제까지 해결하려 한다면서 불만을 토로했다. 나는 다음 날까지 기다릴 수가 없어서 양 제츠에게 바로 전화했다. 그는 미국이 국내법으로 다른 나라 은행을 제재하는 것은 수용할 수 없다면서, 미국이 그렇게 아쉬우면 마카오 금융시스템에 씌운 덫을 먼저 해결하라는 주장을 반복했다. 한참 말이 오고 갔다. 그런데 마지막에 가서 그는 '두 단계의 해결 방안'에 대해서 일단 검토해보겠다고 했다. 약간의 희망을 갖기 시작했다.

6월 5일 저녁 나는 서울 한남동 외교장관 공관에서 한·러 회담을 갖고 이어서 러시아 대표단을 위한 만찬을 열었다. 만찬에는 으레 포도주를 곁들이지만 보드카를 미리 냉동해두었다. 만찬장에는 러시아 관련 정치·경제·문화 관련 인사들도 참석했다. 나는 인사말을 하면서 대학시절 읽었던 투르게네프(Ivan S. Turgenev)의 『사냥꾼의 수기』에 나오는 "보드카를 한잔 마시고 간단하게 생각한다"는 구절을 상기시켰다. 나의 체험을 섞어 "눈밭으로 사냥을 나갔다 돌아오면 체온이 올라간다. 얼음 같은 보드카 한 모금이 식도로 흘러내려가 위벽에 닿자마자 차가운 기운이 등골을 타고 올라오면서 행복의 샘을 자극한다"고 묘사하고 우리 모두 행복의 샘을 위해 건배하자고 했다. 라브로프는 답사에서 내가 러시아를 아는 사람이라면서 덕담을 건넸다.

그날 참석자들은 보드카를 많이 마셨다. 대화가 길어져서 라브로프의 특별기는 한시간 이상 이륙을 늦추었다. 만찬이 끝나갈 무렵 정원을 걸으면서 북한의 BDA 예금이 러시아 은행을 경유하여 송금될 것으로 기대한다고 했다. 사실 6자회담이 진전되고 북한에 대한 경제협력과 동북아 다자안보대화가 열리면 러시아도 실질적 혜택을 누릴 수 있었다. 그래서 BDA 문제는 동북아에서 러시아의 전략적 이익과도 연결되어 있었다. 그는 며칠 전 라이스로부터 비슷한 요청을 받았다고 했다. 러시아가 이란 핵 문제, 미국의 미사일방어망(MD) 구축, 그리고 코소보 사태를 둘러싸고 미국과 대립하고 있지만, BDA 문제에 대해서는 한번 검토해보겠다고 했다. 북한이 그 방안에 대해 어떻게 반응할지 확인하고 러시아가 할 수 있는 일은 다하겠다고 하면서, 돌아가는 대로 필요한 조치를 취하겠다고 했다.

그로부터 사흘 뒤인 6월 8일 라이스는 러시아가 중계 이체에 동의했다고 전화로 알려왔다. BDA 북한 자금을 마카오 중앙은행─미국 연방준비은행─러시아 중앙은행─러시아 대외무역은행의 북한 계좌로 송금하는 것이었다. 그런데 이 방안을 중국에 제시했더니 중국은 아직도 BDA 자체에 대한 제재부터 해제할 것을 요구하고 있다는 것이었다. 그래서 그날 있을 G8 정상회담에서 부시 대통령이 후 진타오 주석에게 송금 문제를 직접 세기할 것이라고 했다.

이런 와중에 북한은 6월 16일 원자력 총국장 명의로 IAEA 사무총장에게 서한을 발송했다. BDA 자금 해결이 마무리 단계에 있다는 것이 확인됨에 따라 영변의 핵시설 가동 중지와 감시 절차를 토의하기 위해 IAEA 대표단을 초청한다는 것이었다. 예금 이체를 재촉하는 제스처였다.

그런데 6월 22일까지도 돈은 북한 계좌에 입금되지 않았다. 라브로프에게 전화했더니 그는 공항에서 사무실로 가는 중이라면서 바로 확인해보겠다고 했다. 미국의 면책보장 문서가 6월 21일에서야 러시아 측에 도착하여 아직 북한 계좌로 송금되지 않았다면서 바로 조치하겠다는 것이었다. 그런데 미국은 이미 일주일 전 이 문서를 러시아 측에 전달했다고 알려왔었다. 하루가 바쁜데 일주일 가까이 지체된 것이다. 여러 나라가 관련되어 이런저런 착오와 지체가 생긴 것이다.

6월 25일 북한 외무성 대변인이 BDA 문제가 전면 해결되었다고 발표했다. 북한은 돈의 액수가 문제가 아니라 금융제재가 적대시 정책의 집중적 표현이었기 때문이라고 주장했다. 미국은 해제된 돈을 무기개발이 아니라 북한 주민의 생활 향상과 인도주의 목적에 써야 한다고 형식적인 조건을 달았다. 서로 체면을 살리는 길을 찾은 것이다. 이에 따라 북한은 6월 26일부터 IAEA 측과 핵시설 가동 중지 및 검증 과정을 시작하겠다고 발표했다.

천신만고로 2005년 9·19공동성명에 합의한 후 무려 21개월 만에,

라이스의 표현대로 "역사적으로 가장 악명 높은 2,500만 달러"가 해결되었다. 공교롭게도 한국전쟁이 발발한 지 꼭 57년째 되는 날이었다. 이 긴 세월을 우리는 분단의 아픈 무게를 짊어지고 가고 있는 것이다. 앞으로 언제까지 화근을 이렇게 달고 살아야 하는가 싶었다.

돌이켜보면 미국의 네오콘과 재무부 및 법무부의 관료들이 대북 금융제재의 효과를 과대평가하여 BDA 문제 해결이 필요 이상으로 지연된 측면도 있다. 9·19공동성명 이행이 무려 21개월 동안이나 지체됨으로써 북한의 핵 폐기를 진전시킬 동력이 떨어진 것이다. 특히 북한은 6자회담이 진지하게 진행되는 동안에는 핵실험을 감행할 구실을 찾지 못했다. 2016년 1월까지 4차에 걸친 핵실험은 모두 회담이 좌초하고 있을 때 일어났다. 북한은 1994년 제네바 합의의 붕괴에 이어 2005년 9·19공동성명 이행이 좌초되는 것을 보고 일단 핵무기를 가진 후 다음 선택지를 찾겠다는 쪽으로 기운 것으로 보였다.

만약에 당시 대북 금융제재를 계속했을 경우 어떤 결과로 귀결되었을지는 단정하기 어렵다. 나를 포함하여 한국 정부에서는 북한에 금융제재를 가할수록 북한이 더 폐쇄적으로 되고 핵무기 개발에 집착할 것으로 판단했다. 특히 대외 거래의 대부분이 중국을 통해 이루어지는데, 북한을 금융제재하에 비틀거리게 하는 데 중국이 가담해 주지는 않을 것으로 보았다.

북한 경제의 통계는 신뢰할 만한 것이 거의 없지만, 2006년 북한의 대외무역 의존도는 줄잡아 15퍼센트 선에 불과했는데 그마저도 70퍼센트 이상이 중국과의 교역이었다. 당시 우리 국내에서도 금융제재의 결정적 효과를 기대하여 금강산과 개성을 통해 흘러들어가는 돈줄의 차단을 주장하는 사람들이 많았다. 하지만 그 돈을 합쳐봐야 북한 전체 외화유입 규모의 대략 2퍼센트 선에 해당되었다. 실효를 거두기보다는 오히려 한반도의 긴장만 더 고조시켰을 가능성이 컸다. 게다가 그럴 경우 나중에 미국의 대북정책을 협상 모드로 전환시켰을 때 우리가 목소리를 낼 여지도 없어지는 것이었다.

동북아시아 안보대화를 위한 발판

2007년 3월 15일부터 17일 사이에 베이징에서 경제·에너지, 비핵화, 그리고 동북아 다자안보체제 등 3개 분야 실무그룹 회의가 함께 열렸다. 또 3월 19일부터 6차 6자회담 1단계 회의가 예정되어 있었다. 회의 직전 라이스는 나에게 전화를 해서 BDA 문제가 다소 우려되지만 6자회담을 방해하지 않도록 잘 해결할 것이라고 했다. 나는 미국의 의지를 전적으로 신뢰한다고 하고, 8월 말까지는 불능화가 완료되도록 미국이 북한을 테러지원국과 적성국 명단에서 해제하면 좋겠다고 했다. 그는 북한의 핵 불능화가 빨라지면 자신도 그렇게 밀어붙일 것이라고 다짐했다. 또 이즈음 리 자오싱은 나와의 통화에서 한국에 이어 중국이 바로 중유 5만 톤을 보낼 것이라면서 2·13합의 이행을 한·중이 이끌어가자고 했다.

3월 하순 나는 아소 다로에게 전화로 일·북관계 정상화가 조기에 성과를 내지 못하더라도 일본이 중유 지원에 참여할 것을 권유했다. 그는 내가 한국 정부 내부에서 6자회담과 남북관계의 진전을 연계시키고 있는 것으로 알고 있다면서, 일본도 일·북관계와 중유 제공을 연계시킬 수밖에 없다고 했다. 내가 대북 지원이라는 수단으로 6자회담 진전에 도움을 주려 한 반면, 그는 거꾸로 6자회담을 납치 문제 해결에 활용하려는 전혀 반대의 생각을 갖고 있었다.

며칠 후 3월 31일 서귀포에서 아소 다로를 만났다. 내가 비공식적으로 한·일관계를 의논하기 위해 제주도에서 만나 골프나 등산을 하자고 했던 것이다. 그러나 안개와 비 때문에 야외로 나가지 못했다. 나는 역사 문제는 시간이 걸리겠지만 우리 세대에서는 지금 제주도의 날씨처럼 한·일관계를 덮고 있는 안개와 구름을 걷어내야 한다고 했다. 그는 이에 동의하면서도, 한·일 간 배타적 경제수역(Exclusive Economic Zone, EEZ)의 경계 확정 등 당면 현안 해결이 시급하다고 강조했다. 그는 북한의 경제개발을 위해서는 결국 일본과 한국이 손을 잡아야 하고, 당장 100억 달러 이상을 투입해야 할 것이라면서 일본의 역할을 강조했다. 100억 달러는 오래전 북한이 관계 정상화의 조건으로 내세워온 금액인데 그대로 인용하는 것 같았다.

이어 아소와 단독회담에서 나는 한·일 사이에 과거사 문제를 반복적으로 다룰 필요는 없고, 일본이 계속 사과하라는 것도 아니며, 다만 일본의 행동이 과거의 사과에 부합하면 되는 것이라고 강조했다. 그래야 노무현 대통령의 방일도 추진할 수 있다고 했다. 아소는 나의 뜻을 잘 알겠다고 했지만 결국 방일은 이루어지지 않았다. 그는 내가 외교부에 일본통 간부를 많이 기용한 것으로 안다고 하면서 일본의 외무성과 정치권에서 이를 평가한다고 덕담했다. 인적 연결을 중시하는 일본이 특히 신경 쓰는 부분이다. 실제로 나는 핵심 간부에 일본통인 조중표(趙重杓) 제1차관(국무조정실장 역임), 심윤조(沈允肇) 차관보(주 오스트리아 대사 역임), 박준우(朴晙雨) 기획관리실장(주 EU 대사 역임), 조희용(曹喜庸) 대변인(주 캐나다 대사 역임)을 기용했다. 그들은 모두 미국과 중국 근무 배경을 함께 갖고 있는 유능한 외교관으로서 내가 행정안전부에서 특별히 영입한 김호영(金浩榮) 제2차관과 함께 정책 집행과 조직 혁신에 크게 기여했다. 나는 재임 중 한·일관계에 대해서는 일본 근무 배경이 있는 사람과 없는 사람의 의견을 골고루 들으려고 노력했다.

아소는 중국이 패권주의 국가로 갈 가능성을 지켜볼 필요가 있다면서 한·일이 경계해야 할 것이라고 했다. 나는 이에 대해서 첫째, 중국이 지금은 국내 안정과 경제개발에 치중할 수밖에 없고, 둘째, 현대의 발전된 무기체계를 감안할 때 19세기형 군사 패권주의는 어려울 것이며, 셋째, 중국의 체제가 인간의 자유의지를 억제하는 것을 허용하고 있는데 그런 가치체계로는 패권적 위치를 차지하기 어려울 것이라는 소견을 밝혔다. 그러면서 중국이 언제까지 현재와 같은 체제로 나아갈 수 있을지는 지켜봐야 할 것이라고 했다.

BDA 문제가 사실상 해결된 시점인 6월 21일 나는 아소에게 전화로, 우리도 중유 5만 톤과 쌀 지원을 재개하려고 한다고 알리면서, 일본도 일·북관계 정상화를 잘 진전시키기를 기대한다고 했다. 그러나 그는 북한이 납치 문제 해결에 적극적이지 않기 때문에 대북 에너지 지원에 동참하기 어렵다며, 한·미·일이 공동으로 납치 문제에 대한 대북 설득과 압박에 나설 것을 요청했다. 나는 또다시 '납치 문제에 의한 북한 핵 문제의 납치'라고 생각했다.

9월 초 시드니에서 일본의 마치무라 노부타카(町村信孝) 신임 외상을 만났더니 납치 문제 해결과 미국의 테러지원국 제재 해제를 연계시키지 않겠다고 했다. 당시 몽골에서 열리고 있던 일·북 회담에서 납치 문제 재조사 논의가 진전되자 일본이 자세를 바꾼 것이다.

전임 아소 다로 외상은 자민당 간사장으로 옮겨 갔다. 일본은 전세계에서 우리보다도 장관이 더 빨리 바뀌는 거의 유일한 나라일 것이다. 일본이 세계 3위의 경제력에도 불구하고 주변국 모두와 과거와의 싸움 속에 살고 있는 데다, 장관도 수시로 바뀌다보니 국제사회에서 제 몫을 찾지 못하는 경우가 많았다. 남북대결 속에 살면서 북한 문제만 나오면 세계 모든 나라에 부탁을 해야 하는 한국의 사정은 더하다고 생각했다.

나는 9월 말 뉴욕에서 새로 취임한 일본의 고무라 마사히코(高村正彦) 외상과 만났다. 그사이 장관이 또 바뀐 것이다. 그는 납치 문제로 인해 북한 핵 교섭에 지장을 주지 않겠다면서 좀더 완화된 입장을 보였다. 나는 남북 정상회담에서도 노무현 대통령이 김정일 위원장에게 납치 문제에 대해 적극적인 자세를 취할 것을 요청할 계획임을 알려주었다.* 9월 초 시드니에서 라이스를 만났더니 그는, 미국은 미·북관계와 일·북관계 사이에 보조를 맞추기를 희망한다고 하면서, 남북 정상회담 때 북측에 일·북관계 진전의 필요성을 강조해주기 바란다고 했다. 일본―미국―한국―북한으로 이어지는 역학관계가 마치 당구에서 쿠션 원리와 같았다.

일본은 과거의 기록을 치밀하게 챙긴다. 고무라 외상은 내가 지난날 한·일관계에 관여했던 일을 파악하고 나왔다. 자신이 1998년 김대중―오부치(小淵惠三) 간 '21세기 새로운 한·일 파트너십 공동선언' 합의 당시 외무대신으로 참여했다고 하면서, 내가 김대중 대통령

....

* 실제 노무현 대통령은 그로부터 며칠 후 평양에서 김정일 위원장에게 납치 문제를 거론하면서 일본과의 문제도 다 풀고 세계로 진출할 것을 권유했다. 그러나 김정일은 납치 문제로 일본에 더 해줄 수 있는 일이 없다고 잘라 말했다.

의 외교비서관으로서 이 선언 작성에 참여한 것으로 안다고 상기시켰다. 이 선언에서 오부치 총리는 "일본이 과거 한때 식민지 지배로 인해 한국 국민에게 다대한 손해와 고통을 안겨주었다는 역사적 사실을 겸허히 받아들이면서, 통절한 반성과 마음으로부터의 사죄를 한다"고 표명했다. 이에 김 대통령은 "전후 일본이 평화헌법하에서 전수방위(專守防衛) 및 비핵 3원칙을 비롯한 안전보장정책과 세계경제 및 개발도상국에 대한 경제지원 등을 통하여 국제사회의 평화와 번영을 위하여 수행해온 역할을 높이 평가한다"고 천명했다. 일본의 과거에 대한 반성 및 사과와 전후 일본이 보인 평화와 협력의 자세라는 두개의 균형 잡힌 기둥으로 세워진 미래로의 문을 만든 것이었다. 당시 나는 양측 실무자들과 이 문안을 협의하면서 앞으로 한·일 양국은 이 선언을 벽에 걸어두고 무슨 중요한 문제가 나오면 한번 읽어본 후 그 정신에 따라 관계를 발전시켜나가자고 강조하곤 했다.

그런데 근래 와서 일본이 첫째 기둥은 무시하고 둘째 기둥만 강조하려는 경향이 있다. 중국의 부상과 미국의 국내 회귀 추세라는 국제정세의 변화도 있지만, 일본 스스로를 역사의 감옥에 가두어 주변국들도 편안하지 않게 만들고 있다. 한국도 일본 문제만 나오면 한치의 여유도 허용하지 않는다. 중국의 패권 성향 또한 10년 전보다 훨씬 눈에 띈다. 앞으로 중국의 대외정책은 중화사상에 바탕을 두면서 경제적 영역은 물론 정치적·군사적 영역에까지 확대되어갈 것이다. 서태평양까지 자신의 영역으로 지키려는 미국과 태평양을 나누어 관리하자는 중국의 갈등은 불가피할 것이다.

한국은 이런 전망을 하나의 상수(常數)로 보아야 한다. 나는 한국과 일본이 김대중-오부치 선언의 정신을 살리면서, 아시아·태평양에서 미국과 중국의 공존환경을 만드는 데 힘을 합치는 것이 동북아 평화의 길이라고 생각한다. 대통령 안보실장과 외교장관 재임 기간 중 노무현 대통령과 한·일관계에 대해 토론할 때마다, 불편해도 감수해야 하는 깁스를 감은 다리와 같다면서, 한·일관계도 한반도 내부 문제의 진전과 함께 근본적으로 개선될 여지가 커질 것이라고 했다.

BDA 문제 완결 직전인 2007년 6월 19일, 나는 라이스와 전화로 2·13합의 이행을 위한 다음 단계를 협의했다. 나는 우선 이틀 후로 예정된 힐의 방북계획이 좋은 생각이라고 했다. 나는 북한이 경제협력과 관계 정상화를 원하고 있는데 우리가 서두른다는 인상을 줄 필요는 없다고 하면서, 우선은 거론 중인 영변의 냉각탑 붕괴 같은 행사를 통해 가시적 진전을 보여주자고 했다. 그다음 6자회담을 재개하고 7월 말쯤 6자 장관회담으로 진행시켜나갈 것을 제안했다. 그는 6자 장관회담은 동북아시아 지역에서 별도로 갖는 것이 좋겠고, 힐이 평양에 가면 북측과 일정을 잡아보겠다고 했다.

힐 차관보가 오산공항을 통해서 6월 21일 평양에 도착했다. 미국 측이 철저한 보안을 요구했기 때문에 그가 평양에 도착하기 전까지는 대통령에게만 보고했다. 만약의 경우를 생각해서 이재정 통일부장관에게도 알리지 않았는데 그는 나중에 분노를 터뜨렸다. 입장을 바꾸어보면 그의 반응을 이해할 수 있었다. 대외관계와 남북관계를 다루는 별도의 부서가 병립하는 우리 정부의 조직이 문제이기도 했다.

힐은 평양을 다녀와서 나와 천영우 본부장에게 결과를 설명했다. 김계관은 BDA 송금이 완결되면 한국이 수송작업 중인 5만 톤의 중유가 도착하기 전에도 핵시설 폐쇄에 착수하겠다고 했다. 김계관이 최종적인 비핵화는 경수로 문제 해결 후에 가능하다는 입장을 반복한 데 대해, 힐은 우선 북한의 우라늄농축 의혹을 확실히 해명한 후 전문가들이 경수로 문제를 논의하자고 했다는 것이다. 서로의 기존 입장은 이렇게 수시로 확인하면서 미래의 과제로 넘겨두는 것도 외교의 중요한 역할이다.

나는 BDA 해결 사흘 뒤인 6월 28일 워싱턴으로 날아갔다. 라이스는 만나자마자 "아마 역사상 가장 악명 높은 2,500만 달러"일 것이라면서, 이렇게 해결하기 어려운 사건은 정말 보기 힘들 것이라고 소회를 밝혔다. 나는 북한이 손에 잡히는 지원의 상징으로 중유 지원을 재촉하고 있으므로 1차분 6,000톤을 2주 내에 보낼 것이라고 알려주었다. 이 중유는 실제 2·13합의 직후 울산 부두에서 선적대기 중 BDA 문제로 수송이 지연되었다. 중간에 계약 해제로 인한 과태료도 물어가며 무려 5개월 후에야 보냈다. 북한을 상대하는 일이 얼마나 예측하기 어려운지를 보여주었다.

나와 라이스는 2개월 내에 핵시설 폐쇄와 신고, 그리고 불능화까지 완료할 것과 빠르면 9월 초 4자 외교장관이 만나서 한반도 평화체제 협상 개시를 선언하는 방안도 협의했다. 또 동북아 다자안보대화가 중·일 간 군비경쟁을 억제하는 효과가 있을 것이라는 점에도 의견을 같이했다. 나는 이어서 워싱턴에서 시애틀로 건너가 노무현 대통령과 합류했다. 노 대통령은 평창동계올림픽 유치를 위해 과테말라에서 열리는 국제올림픽위원회(International Olympic Committee, IOC) 총회에 가는 중이었다. 노 대통령은 7월 1일 시애틀에 기착해서 부시 대통령과 통화했는데, 두 사람 다 기분이 좋았다. FTA 서명과 BDA 해결 때문이었다. 부시 대통령은 가을에 미국에서 만나자고 노 대통령에게 제안했다.

부시 대통령은 미국과 한국이 한목소리를 내니 북한의 지도부가 귀를 기울인다면서, 이제 북한의 핑곗거리가 모두 제거되었으니 핵 프로그램도 완전히 공개하여 폐기해야 할 것이라고 강조했다. 그는 이어 라이스와 내가 서로 만족스럽게 일하고 있는 것으로 안다며 치켜세웠다. 당시 실무적으로는 10월 첫째주 두 대통령이 캠프데이비드(Camp David) 또는 워싱턴 근교에서 만나는 계획을 잡고 있었다.

중국의 양 제츠 외교부장이 7월 2일 방북 후 전화로 결과를 알려왔다. 김정일, 강석주, 박의춘 등을 만났는데, 김정일 위원장은 전면적이면서도 균형 잡힌 초기 비핵화 조치를 이행하고 또 북·미 대화와 함께 남북관계를 개선하겠다는 의지를 표시했다고 했다. 그는 한국이 그동안 BDA 문제 해결에 노력하고 먼저 중유를 제공하는 등 6자회담 진전을 위해 중요한 역할을 한 데 대해 감사한다는 말도 잊지 않았다. 북한과 중국 사이에 남북대화가 거론된 것은 당연하면서도 의미가 있다. 중국은 기회가 있을 때마다 남과 북에 서로 잘 지내기를 바란다는 희망을 표시한다. 그들이 늘 강조하는 한반도 정세 안정을 위해서다. 그런데 북한이 남북관계 개선 의지를 중국에 표시한 것은 늘 있는 일이 아니다. 아마 중국의 희망을 의식하고 BDA 해결과 2·13합의 이행 개시에서 한국이 보여준 역할을 생각했을 것이다. 아울러 추진 중인 남북 정상회담을 시사했을 가능성이 있었다.

7월 4일 IOC 총회는 2014년 동계올림픽 개최지를 러시아의 소치로 결정했다. 당시 푸틴도 과테말라를 방문했다. 평창을 제치고 소치로 결정된 데는 여러 이유가 있지만 '푸틴 방식의 로비'가 작용했다는 것이 현지에서의 중평이었다. 과테말라 현지에서는 노무현 대통령과 푸틴 대통령이 서로 만나지 않았다. 노 대통령이 귀로에 하와이에 도착했을 때 푸틴 대통령에게서 전화가 왔다. 그는 승사로서의 여유를 보였다. 한·러 간의 치열한 유치경쟁이 오히려 양국 간에 더 큰 협력의 기회가 될 것이라면서 한국이 높은 기술력으로 소치의 올림픽 준비에도 참여할 것을 기대한다고 했다. 또 한반도 비핵화와 이를 통한 한반도종단철도(TKR)-시베리아횡단철도(TSR) 연결 및 북한과의 삼각협력을 기대한다고 했다.

노 대통령은 소치의 동계올림픽 유치를 축하한다고 하면서 BDA 문제 해결에 러시아가 적극 협력해준 데 감사하다고 했다. 나는 몇차례에 걸쳐서 노 대통령과 푸틴 간의 회담에 배석했는데 그는 특이한 풍모를 가지고 있었다. 크지 않은 체구임에도 표정 없이 상대방을 응시하면서 분위기를 긴장시키는 스타일이다. 말수도 적어서 속으로 무슨 생각을 하는지 알기 어려운, 흔히 말하는 '크렘린 스타일' 그 자체로 보였다.

나는 8월 31일 모스크바에서 라브로프를 만나 러시아가 실무그룹 의장을 맡고 있는 동북아 다자안보대화에 대해 한국이 검토한 5개항의 기본 원칙을 제시했다. 분쟁의 예방과 평화적 해결, 상호 신뢰와 이해 구축, 갈등 감소와 역내 평화 안정의 증진, 정치·경제·사회·문화적 차이의 존중, 군사적 투명성의 제고였다. 모두 지당한 명제이지만 이를 기초로 해서 단계적으로 의제를 발전시키고 합의를 도출하자는 취지였다. 라브로프는 러시아가 받아들일 수 있는 원칙이라고 하면서, 한국이 동북아 다자안보대화를 원활하게 하는 역할을 계속해줄 것을 요망했다.

9월 초 호주 시드니에서 나는 라이스에게도 이 원칙을 설명했다. 그는 언제나 그렇듯이 문제를 즉각 파악하고 그 자리에서 의견을 제시했다. 유엔헌장의 정신을 추가하고, "각국 간 정치적 차이를 존중한다"는 부분은 재검토하며, '군사적 투명성 제고'라는 부분은 그냥 '투명성 제고'로 하는 것이 좋겠다고 했다. 라이스가 제기한 두가지 문제는 동북아 다자안보대화와 관련한 미국의 기본 입장을 반영한 것이다. 라이스도 이 부분의 민감성을 알고 차후 추가 논의의 여지를 남기면서 강하게 주장하지는 않았다.

중국과 러시아, 그리고 북한은 미국의 이러한 입장을 받아들일 수 없다. 그들의 시각에서는 나라 사이의 정치체제나 사회제도의 차이를 존중하지 않을 경우, 타국의 국내 문제를 간섭할 근거가 된다고 보기 때문이다. 동북아에서의 다자안보대화와 협력의 체제 없이는 한반도에서 항구적인 평화 정착과 궁극적인 통일을 추진해나가기 어렵다는 것이 우리가 처한 현실이다. 미국과 이 세 나라 사이의 입장 차이를 메우는 일은 결국 한국이 나서야 한다. 다른 나라가 그 역할을 하기는 어렵다.

한국은 미국의 요청을 부분적으로 반영하고 다른 나라들과 협의해 2차 안을 제시했다. '동북아의 평화와 안보를 위한 지도원칙'이라는 명칭이었다. 우선 서문에 다자간 평화안보기구의 설립 필요성을 강조하고 6개의 원칙을 제시했다. 첫째, 유엔헌장과 함께 역내 정치·경제·사회·문화의 다양성을 존중한다. 둘째, 모든 당사국의 정당한 이익을 고려하면서 분쟁과 위기를 정치외교적 방법으로 해결한다. 셋째, 현존하거나 잠재하는 위협을 공동 분석하고, 군사적 투명성을 포함한 신뢰구축 조치를 취한다. 넷째, 테러, 조직범죄, 마약 거래, 해적, 불법 이민, 질병과 환경오염을 막기 위한 협력을 강화한다. 다섯째, 경제 개발과 문화 교류, 인적 교류 심화를 통한 상호 개방을 증진한다. 여섯째, 6자 외 국가들과의 교류를 개방한다.

동북아 다자안보대화는 국장급에서 2007년 3월과 8월, 2009년 2월에 걸쳐 3차례 개최되었다. 6자회담에서 설치된 정부 간 다자안보대화가 계속되었다면 지역 안정을 위한 대화의 장으로서 발전해나갔을 것이다. 정부 간 동북아 다자안보대화는 1988년 노태우 대통령이 유엔 연설에서 처음 제안했다. 그러나 미국과 사전에 협의되지 않은 상태에서 이런 제안이 나오자 미국 백악관 대변인은 '흥미있는 생각'(interesting idea)이라면서 냉담한 반응을 보였다. 그로부터 3년 후인 1991년 베이커 미 국무장관이 『포린 어페어즈』지 겨울호에 한반도 문제에 대한 '2+4' 구상을 제시했다.

이러한 구상을 기고한 직후인 1991년 11월, APEC 각료회의 참석차 방한한 베이커 장관에게 노태우 대통령과 이상옥(李相玉) 외무장관은 한반도 문제에 대한 '2+4' 구상을 정면으로 반대한다고 했다. 이런 저항에 부딪혀 베이커는 APEC 각료회의 공동 기자회견에서 한반도 문제는 한국이 주도하고 주변국들은 이를 지원하는 것이라며 '2+4' 구상은 북한 핵 문제에 대한 다자적 접근에 국한한다고 해명했다. 당시 나는 외교부 북미과장으로서 이 문제를 담당하고 있었는데, 한국과 미국이 서로 사전 협의 없이 한번씩 이런 구상을 제시하여 한·미 간에 외교적 긴장이 잠시 조성된 적이 있다.

한·미·일 공조와 한·중·일 3자 협의체 발족

1999년 4월 대북정책 조율을 위해 3자 대북정책조정감독 그룹 (TCOG)이라는 이름으로 한·미·일 협의가 시작되었다. 이 그룹은 그후 제네바 합의 이행을 위한 한반도에너지개발기구 사업과 6자회담 과정에서 3국 협의의 형태로 자리를 잡았고, 대북정책 차원을 넘어 동북아 안보구도의 한 축으로 발전되어갔다. 이와 병행하여 한·중·일 간에도 다자회의 계기에 간헐적으로 외교장관 회담과 정상회담을 하곤 했다.

나는 동북아와 한반도의 안정적 정세 발전을 위해서는 한·중·일 협력을 제도화하여 한·미·일 구도와 조화시키는 것이 필요하다고 보았다. 그래야 동북아에서 한국의 건설적 역할을 위한 지평도 넓힐 수 있다고 보았다. 2007년 1월 11일 필리핀 세부에서 열린 아세안 (ASEAN)+3(한·중·일) 회의에서 나는 일본의 아소 다로 외상에게 그간 아세안+3 회의 계기에 개최해온 한·중·일 외교장관 회담과 정상회담을 앞으로는 별도 일정으로 정례화하자고 제안했다. 아소는 "전향적으로 검토하겠다"면서도 확답을 하지 않았다. 나는 그럼 "동의한 것으로 알고 중국의 답변을 받겠다"며 기정사실화했다.

바로 이어서 중국의 리 자오싱 외교부장에게 2007년 6월 4일 서울에서 개최되는 아시아협력대화(ACD) 외교장관 회의에 앞서 별도로 제주도에서 한·중·일 외교장관 회담을 개최하자고 제의했다. 그는 일정표를 갖고 있지 않다면서 뒤로 미루려고 했다. 나는 수행비서관에게 리 자오싱의 비서를 찾아오라고 하여 그 자리에서 일정을 확인했다. 말이 나왔을 때 바로 정하자면서 6월 제주도 3자회담을 확정지었다.

6월 3일 제주 컨벤션 센터에서 3국 외교장관이 만났다. 그사이 중국 외교부장은 리 자오싱에서 양 제츠로 바뀌었다. 처음부터 민감한 의제를 꺼내기보다는 무역, 교통, 문화, 환경 등의 협력을 논의했다. 회의는 순조롭게 진행되다 기후변화 문제에 들어가자 탄소배출의 급속한 규제를 옹호하는 일본과 완만한 규제를 지지하는 중국의 입장이 날카롭게 맞섰다. 내가 중간에서 양측의 입장을 완충시키는 역할을 해야 했다. 회의는 3국 간 투자협정과 FTA 협상 촉진의지를 밝히고 서울의 김포, 상하이의 홍차오, 도쿄의 하네다 사이에 셔틀 항공을 취항시키기로 합의하는 등 실질 문제에 집중했다. 또 3국 간 별도회담을 정례화하기로 합의했다. 나는 국가관계도 하나의 생명체처럼 정치·안보는 산소, 경제는 혈액, 문화는 정신에 해당한다고 보고 한·중·일 3국이 이 3대 요소를 균형있게 발전시켜야 한다고 생각했다.

이날 저녁 나와 외교부 동료들은 한국이 앞장서야 중·일을 포함한 동북아 협력이 활성화될 수 있음을 보여주는 실제 사례라고 평가했다. 그해 11월 나는 하버드 대학의 케네디스쿨에서 '동아시아와 한·미동맹'이라는 주제의 강연에서, 큰 바퀴들 사이에는 강한 볼베어링이 있어야 기계가 원만하게 작동하듯이 동북아의 안보구조에서는 한국이 그런 역할을 할 수 있고, 한·미동맹도 그와 같은 원리에 맞게 발전적으로 운용해야 할 것이라고 진단했다.

이듬해인 2008년 12월, 일본 후쿠오카에서 처음으로 별도의 한·중·일 정상회담을 개최했고, 2009년 베이징에 이어 2010년 제주도 정상회담에서 '한·중·일 3국 협력사무국'을 서울에 설치하기로 합의했다. 사무국은 2011년 정식 발족되었다. 내가 2008년 2월 퇴임한 후에도 이런 발전을 이어가는 것을 보면서 동북아의 미래에 대해 밝은 기대를 가졌다.

/ 제4부

선과 악을 넘어.

— 프리드리히 니체

제11장
북한 핵과 남북 정상회담

아프간 인질 사건

아프가니스탄에 봉사 겸 선교 활동을 떠난 23명의 한국인이 2007년 7월 19일 카불에서 칸다하르로 이동하는 도로 상에서 탈레반 테러 조직에 납치되었다. 그중 2명의 인질이 희생되고, 먼저 석방된 2명은 8월 17일, 나머지 19명은 9월 2일 각각 귀국했다. 이 사건의 해결 과정에 여러 나라가 직간접으로 관여되었다. 북한 핵 문제와 남북관계에 직간접 영향을 주었다. 21개월 만에 간신히 BDA 문제를 해결하고 2·13합의의 본격적인 이행 절차에 들어가고 있던 때였다. 나는 핵 문제를 뒷전에 미룬 채 인질들의 생명을 구하는 데 전념해야 했다.

탈레반 조직은 처음에는 인질의 몸값보다는 아프간 정부가 구금하고 있는 탈레반 죄수와의 교환을 요구했다. 또 한국 정부가 탈레반을 납치단체가 아니라 아프간 내전의 정식 교전단체(交戰團體)로 인정할 것을 요구했다. 아프간의 테러 근거지 소탕과 정세 안정에 집중하고 있던 미국에도 이 사건은 악재였다. 탈레반과의 인질 교환은 처음부터 불가능한 일이었지만, 만약 한국 정부가 몸값 요구에 굴복하면 탈레반의 사기를 올려주는 나쁜 선례를 남기기 때문이었다. 라이스 장관은 나에게 이 점을 수차례 강조하면서, 미국을 이 사건에 일절 연루시키지 말아줄 것을 요망했다. 그러나 인질 석방을 위해서는 아프간의 치안을 맡고 있는 국제안보지원군(International Security Assistance Force, ISAF)의 도움이 필요했는데, 그 사령관이 미군 장성이었다.

나는 7월 26일 라이스에게 전화로, '납치단체와 협상하지 않는다'는 미국의 원칙을 충분히 이해하지만, 한국 인질과 탈레반 죄수의 교환을 심각하게 고려해줄 것을 요청했다. 라이스는 인질과 포로의 교환 방식으로는 결코 문제를 해결할 수 없다면서 단호하게 거부했다. 미국이 아프간 정부에 그런 요청을 할 수 없을 뿐 아니라, 설사 아프간 정부가 그렇게 하려 한다 해도 미국이 용인할 수 없다고 했다. 나는 이날 통화에서 네다섯번에 걸쳐 "Please!"라며 도움을 간청했다.

그동안 한반도 평화와 북한 핵 문제를 포함해 많은 예민한 문제를 라이스와 머리를 맞대고 논의해왔지만 그를 비롯한 어느 외교장관에게도 그렇게 애절하게 호소한 적이 없었다. 주변국들이 우리보다 크다고 해서 한국이 작다고 생각해보지도 않았다. 그러나 인질 문제로 도움을 호소하는 나의 절박한 목소리는 스스로에게도 애처롭게 들렸다. 나는 라이스에게 조중표 외교부 차관을 현지에 파견할 예정임을 알려주고, 현지 미국대사와의 협조를 부탁했다. 인질과 포로 교환은 불가하다는 그의 말이 서운했지만 그것이 자기 나라의 이익임을 어떡하겠느냐고 생각하면서 수화기를 놓았다.

사건 발생 열흘쯤 지나서 이바셴초프(Glev Ivashentsov) 주한 러시아 대사가 사건 해결에 도움을 주겠다는 푸틴 대통령의 메시지를 노무현 대통령에게 전달해달라며 찾아왔다. 러시아와 아프간이 특수한 역사적·지리적 배경을 갖고 있으므로 도움을 줄 수 있을 것이라고 했다. 러시아는 거대한 영토의 변경에서 일어나는 일을 주시하면서 무슨 행동을 해야 하는지를 살펴보고 있었을 것이다. 당시 소치가 평창을 제치고 2014 동계올림픽을 유치한 직후라 푸틴이 노 대통령에게 무언가를 해주고 싶은 생각이 들었을지도 모른다. 워낙 다급한 지경이라 심윤조 차관보가 러시아와 매일 접촉하면서 일말의 기대도 했지만 결과적으로 별 도움은 되지 않았다. 한번은 건강상태가 위독한 여성 인질 3명의 우선 석방을 위해 러시아 측에 역할을 요청했다. 그런데 8월 13일 여성 인질 2명이 석방되자 러시아는 자신들의 손이 작용한 것이라고 알려왔다. 그러나 실제로는 아프간 현지에 파견된 한국 팀의 작업 결과였다. 러시아 측에 요청한 3명과 실제 석방된 2명이 다른 인물들이었다.

8월 초 탈레반 조직은 인질 석방 협상을 하려면 한국 정부의 신임장을 휴대한 대표를 보내라고 요구했다. 나는 인질을 구하기 위해서는 무슨 일이든 해야 하지만, 그래도 납치 테러단체에 정부의 신임장을 제시하는 것은 국가가 결코 넘어서는 안될 선이라고 판단했다. 내가 아는 한 어떤 국가도 테러단체에 그들을 협상대상으로 인정하는 신임장을 써준 사례는 없었다. 그러나 안보정책조정 회의에서 김만복(金萬福) 국정원장과 이재정 통일부장관은 사람을 살리기 위해 신임장이라도 써 보내자고 주장했다. 문재인(文在寅) 비서실장과 백종천 안보실장도 찬성했다. 김장수 국방장관은 중립이었다. 며칠 후 알게 되었지만 이때는 남북 정상회담 일자를 비밀리에 막바지 조정하던 중이었기 때문에 마음이 급했을 수도 있었다.

설사 탈레반이 요구하는 신임장을 써준다고 해서 인질 석방으로 연결된다는 보장도 없었다. 단지 협상 개시용으로 요구한 것이었다. 나는, 신임장을 넘겨주면 탈레반은 한국 정부가 탈레반을 국제법상 정식 교전단체로 인정했다면서 바로 그 문서를 공개할 것이 훤히 보였다. 그렇게 되면 두고두고 국가에 엄청난 낙인이 찍히게 되는 것이다. 더욱이 한국이 테러단체로 지목된 탈레반에 신임장을 써 보내는 것은 테러 소탕작전을 전개하고 있는 미국 주도의 국제안보지원군으로서는 결코 받아들일 수 없는 행동이었다. 나는 무엇보다도 국제안보지원군의 협조 없이는 우리의 인질 구조 활동 자체가 어렵기 때문에 신임장 제시가 오히려 인질 구조 노력에 역효과를 가져올 것으로 우려했다. 나는 내부 회의에서 신임장이라도 써 보내보자는 사람들을 상대로 몇차례 심하게 얼굴을 붉히고는 결국 납치단체의 요구를 거부했다. 국민의 목숨이 걸린 일이라 나 역시 신임장을 보내자는 사람들만큼 절박한 심정이었지만 올바른 결정이었다고 생각했다.

나는 그 대신 이슬람 세계의 내부 경로를 통해 접근해보기로 했다. 그해 3월 노무현 대통령을 수행하여 사우디아라비아 방문 때 보았던 압둘라 빈 압둘아지즈(Abdullah Bin Abdul-Aziz) 국왕이 생각났다. 그는 사우디 국왕이기 이전에 '성스러운 2대 사원의 수호자'(The Custodian of The Two Holy Mosques)라는 직함을 갖고 있었다. 아프간을 포함한 중동과 이슬람, 특히 수니파 지역에서 종교, 정치, 그리고 경제에 걸쳐 위력을 행사하고 있었다. 아프간은 정부군이나 탈레반 모두 수니파에 속한다.

8월 중순 나는 주한 사우디 대사를 조용히 장관 공관으로 초청해서 압둘아지즈 국왕 예방 일정을 요청했다. 그러나 8월은 사우디 국왕이 하계 거처인 제다(Jedda)에 머무를 때여서 예방 일정이 쉽게 나오지 않았다. 그렇다고 마냥 기다릴 수가 없었다. 사우디 측에 일방적으로 출발을 알리고 8월 24일 자정에 마영삼(馬寧三) 중동 국장과 보좌관을 대동하고 두바이를 경유하는 제다행 비행기에 올랐다. 마국장은 내가 국왕 예방 일정은커녕 입국 비자도 나오지 않은 상태에서 무작정 출발하는 바람에 마음고생이 심했다. 제다에 도착해 하루를 숙소에서 기다리고 있는데 왕실로부터 연락이 와서 26일 오후 국왕을 예방했다.

왕세자 시절인 1998년 한국을 방문한 적이 있는 압둘아지즈 국왕은 한국에 대해 친숙한 인상을 갖고 있었다. 국왕은 내가 왜 찾아왔는지를 당연히 알고 있었다. 나는 노무현 대통령의 친서를 전달한 후 이슬람 본래의 가치와 이상에 대해 내가 이해하는 바를 밝히고, 한국과 이슬람 세계가 주로 제3자를 통해 서로를 알아왔다면서, 앞으로 좀더 많은 직접 교류를 통해 서로를 잘 알 수 있기를 바란다고 했다. 그런 취지에서 우리 정부가 '한·아랍 소사이어티' 창설을 진행 중인데 아프가니스탄에서 인질 사태로 인해 어려움을 겪고 있다고 말했다. 예방시간이 30분가량 지나니 왕실 의전장이 조용히 자리에서 일어났다. 예방을 끝낼 시간이라는 신호였다. 그런데 국왕은 그에게 앉아 있으라고 손짓하더니 한국과 이슬람 세계와의 교류에 대한 나의 생각을 자세히 물어보았다. 나는 이슬람에서 말하는 자유와 정의의 의미, 인류 문명의 발전에 미친 영향에 대해 깊지 않은 식견을 동원하면서, 학술과 문화 교류 확대계획을 설명했다.

한시간 가까이 많은 대화를 나눈 후, 압둘아지즈 국왕은 너무 걱정하지 말고 왕실 영빈관에 가서 편히 쉬라고 했다. 그날 저녁 7시경 사우디의 마다니(Nizar Bin Obaid Madani) 외무담당 국무상이 국왕의 지시라고 하면서 영빈관으로 찾아왔다. 국왕이 지방 출장 중인 아프간의 카르자이(Hamid Karzai) 대통령을 찾아 통화를 했고, 또다른 조치도 취했다는 것이었다. 당시 아프간 현지에서는 우리 측과 납치조직의 비공개 접촉이 한창 진행 중이었다.

그날 밤 늦게 나는 카타르, 아부다비, 그리고 두바이의 지도자들을 만나기 위해 공항으로 향했다. 이들에게 '한·아랍 소사이어티' 참여와 인질 석방 지원을 요청하기 위해서였다. 제다 공항을 이륙하는 비행기에서 내려다보니 사막 가운데로 가로등이 명멸하고 있었다. 나는 아직도 인질로 남아 있는 19명이 저 불빛처럼 꺼지지 말고 돌아오기를 빌었다. 8월 28일 두바이로 이동하던 중 카불에서 국정원 요원들과 협조하고 있던 박인국(朴仁國) 외교부 정책실장으로부터 인질의 전원 석방에 합의했다는 연락을 받았다.

당시 국정원은 현지에서 아프간 중개인을 내세워 탈레반 측과 비밀리에 접촉하면서 공개적으로는 할 수 없는 다양한 수단을 동원했다. 안팎의 여러 압력으로 큰 난관을 겪었지만 요원들의 소명의식이 투철했다. 그러나 인질 석방 후 국정원장과 현지 책임자가 언론에 나타남으로써 고생한 보람과 공(功)에 때를 묻혔다. '성공하면 아버지가 많고 실패하면 고아가 된다'는 말이 있다. 아버지의 한사람으로서 나서지 않는 것이 나서는 것보다 더 어려웠나 싶었다.

그해 말 아프간에 파견되어 있던 200여명의 공병·의무부대가 철수했다. 2006년 국회에서 1년간 파견연장 동의를 받으면서 2007년 말까지 철수하기로 이미 공개적으로 약속했던 사항이다. 그런데 탈레반 측은 인질석방의 합의조건이라면서 선전에 활용했고, 국내 정치권에서는 탈레반에 굴복하여 철수했다고 비판했다.

나는 이 인질 사태 기간 중 하루 일정으로 마닐라에서 열리는 아세안지역안보포럼(ARF) 외교장관 회의에 참석하여 6자회담의 외교장관들과 북한 핵 문제를 의논하기로 했다. 그 전날 회의에 참석하지 못하고 8월 2일 뒤늦게 도착하자 모든 참가국 대표가 나에게 다가와 위로했다. 왠지 내 얼굴이 화끈거렸다. 몇몇 장관들은 피랍자들의 봉사와 선교활동에 관한 언론보도를 상기하면서 "어떻게 아프간에까지 가서 그런 무모한 행동을 할 용기가 생겼을까" 하는 말로 위로해주려 했다.

북한의 이해하기 어려운 행동들로 'Korea'라는 이름이 세계인들의 관심을 끌고, 한반도 자체는 북한 핵 문제로 국제사회의 원치 않는 주목을 받고 있는데, 이젠 이런 무모한 행동까지 보태는가 싶었다. 2016년 현재 해외에 거주하는 우리 동포가 대략 700만명에 이른다. 게다가 1년에 2,000만명 정도가 해외로 여행한다. 우리와 비슷한 크기의 국가들에 비해 3분의 1 정도에 불과한 500여명 남짓의 재외공관 영사 인력으로 이들의 안전과 편의를 보살피는 데는 한계가 있다.

압둘아지즈 국왕에게 강조했던 '한·아랍 소사이어티'는 내가 퇴임한 지 석달 뒤인 2008년 5월 정부와 기업, 그리고 아랍 22개국이 참여하여 정식 발족되었다. 마영삼 국장이 많은 고생을 했다. 2007년

3월, 한국 대통령으로서는 22년 만에 처음으로 노무현 대통령이 사우디를 방문했다. 그사이 한국에서는 석유가격이 오르고 중동 붐이 일면 몰려가고 경기가 후퇴하면 파시(波市)처럼 떠났다. 노 대통령의 중동 방문 귀국길에 시류에 관계없이 중동과 지속적으로 상호 교류하고 이해를 증진시키는 역할을 할 기구가 필요하다고 건의했더니, 대통령은 좋다면서 적극 지원했다.

아랍 세계에서 볼 때 한국은 색다른 존재이다. 한국은 역사·종교·지리·문화에서 미국이나 유럽과 다르고, 또 중국이나 러시아처럼 거대한 상대도 아니다. 현지 적응이 힘든 곳이라고 해서 일본처럼 몸을 사리지도 않고 상대적으로 편견이 없다. 내가 만난 아랍 지도자들은 이처럼 독특한 한국의 특성을 인식하면서 교류 확대에 기대를 표시했다.

압둘아지즈 국왕이 2015년 1월 서거했다는 소식을 들었다. 나와 할 이야기가 더 있다면서 의전장에게 앉으라고 손짓하던 그 모습이 떠올랐다.

남북 정상회담 추진

7월 30일 오후 늦게 청와대에서 대통령 주재 안보관계 장관회의를 열고 6자회담과 아프간 인질 문제를 논의했다. 회의 후 별실에서 노무현 대통령에게 마닐라에서 미국과 중국의 외교장관, 그리고 북한의 외무상도 만나고 오겠다고 출국 보고를 했다. 대통령은 잘 다녀오라고 하더니, "송 장관도 잘 모르고 있겠지만 남북관계를 좀 진전시켜보려고 정상회담에 대해 타진하고 있다"고 했다. 노 대통령은 새 정부가 들어와 다시 시작하면 오래 걸리기 때문에 지금 정부에서 남북관계의 틀을 만들어두고 다음 정부는 그 위에 벽돌을 더 쌓아나가는 것이 필요하다고 했다.

남북 정상회담은 2005년 6월 정동영 통일부장관 방북 때 2005년 가을로 추진하자고 북측에 제의한 적이 있었다. 이어 9·19공동성명이 채택되자 당시 청와대의 국가안보회의 사무처 중심으로 검토했으나, 이어 벌어진 BDA 문제로 가라앉았다. 그후 2006년 북한의 미사일과 핵실험으로 사정은 더 좋지 않아졌다. 그러나 이종석 국가안보회의 사무차장이 통일부장관으로 간 후에도 남북 정상회담에 대한 구상은 계속되었다. 내가 청와대 안보실장으로 있을 때도 통일부와 청와대 일각에서 정상회담을 꺼내곤 했다. 나는 우선은 핵 문제 해결에 집중할 것을 강조했고, 대통령도 수차례에 걸쳐 그렇게 지시했다. 그후 내가 외교장관으로 자리를 옮기고, 2·13합의와 BDA 문제 해결의 윤곽이 잡혀가자 청와대와 국정원 그리고 통일부가 다시 물밑에서 움직이기 시작했다.

남북 정상회담 타진에 대한 노 대통령의 말을 듣고 나는 2년 전부터 있어온 회담 추진의 연장선상에서 나온 말일 거라고 별 생각 없이 받아들였다. 북측과 논의가 깊이 진행되었을 것이라는 생각은 그다지 들지 않았다. 나는, 현 정권 임기가 6개월 남짓 남았는데 이제 겨우 BDA 문제가 해결되고 6자회담이 막 재개되는 상태에서 정상회담을 추진한다는 것을 별로 진지하게 생각하지 않았다. 정권 막바지에 가서 남북 정상회담을 하고자 하면 북한이 칼자루를 쥐려고 할 것이고, 또 어떤 합의를 이루더라도 후속 이행이 불투명하다고 보았기 때문이었다. 나는 "남북관계가 잘되는 것이 핵 문제 해결에도 유익할 것으로 생각합니다. 잘 다녀오겠습니다"라고 인사를 하고 나왔다. 사무실에 돌아와서도 그날 논의된 인질 구조에 매달렸다. 마침 러시아의 푸틴 대통령이 사건 해결을 주선해주겠다는 메시지를 노 대통령에게 보내와 촉각을 세우고 있을 때였다. 경황없이 이틀을 지내고 8월 1일 인천공항으로 가는 중에 노 대통령이 던진 남북관계 화두가 머리에 맴돌았다. 다른 일 같았으면 비행기를 타기 전에 전화로라도 사정을 좀더 물어볼 수 있었을 텐데 그럴 성격의 일이 아니었다.

한밤에 마닐라에 도착해 다음 날 회의장에서 라이스 장관 대신 참석한 미국의 네그로폰테 부장관을 만났다. 남북 간에도 최고위선에서 핵 문제를 직접 논의할 기회가 생길 것으로 보고, 앞으로 한·미 간에 이 문제를 더 긴밀하게 협의하자고 했더니 그는 평소처럼 넉넉한 웃음으로 잘 알겠다고 대답했다.

이어 북한의 신임 외무상 박의춘과 별도 회의실에서 만났는데, '남과 북의 외교장관'이라는 말 자체가 마음을 착잡하게 했다. 그런데 그가 먼저 "한 나라에 두명의 외무상이 이렇게 참석하니 부끄럽다"며 기선을 잡았다. 그래서 나는 나라 이름을 ROK니 DPRK니 하지 말고 그냥 KOREA라고 부를 때가 와야 되는 것 아니냐고 했다. 그런 취지에서 노 대통령이 남북협력의 틀을 만들려는 구체적인 생각을 갖고 있고, 이야기가 진행 중인 것을 알고 있을 것이라며 넌지시 말을 건넸다. 그는 별다른 반응을 보이지 않았다.

이어서 나는 부시 행정부가 임기 내에 북한과 관계 정상화를 하겠다는 의지를 갖고 있고, 핵 문제 해결과 함께 휴전체제를 평화체제로 전환시키고자 하니 남북이 이를 위해 협력하자고 했다. 박의춘은 미국을 지독하게 겪어봐 나름대로 다 파악하고 있다면서, "우리는 조선 반도 비핵화를 위해 6자회담에 나왔다. 미국이 우리의 제도를 압살하려는 것을 그만두고 평화공존 의지를 보여야 평화체제 수립이 될 수 있다"며 기존 주장을 폈다.

그런데 그의 말은 다시 새겨볼 필요가 있다. 우리는 한반도의 남과 북 사이에 먼저 신뢰가 구축되어야 평화체제를 수립할 수 있다는 '출구론'을 주장해왔다. 반면, 북한은 먼저 북·미 평화협정부터 체결해야 한다면서 '입구론'을 주장해왔다. 그런데 박의춘은 비록 북·미 간을 의미했지만 '평화공존 의지'를 선행조건으로 내세운 것이다. 특별히 준비된 발언은 아니지만 북한 내부의 생각을 드러낸 것으로 보였다. 핵 문제만 없다면 우리가 말하는 '신뢰구축'과 북한이 말하는 '평화공존 의지'는 서로 접목 가능한 개념이다.

그는 또한 6·15남북공동선언에 따라 '우리 민족끼리' 잘해야 된다는 말도 잊지 않았다. 이에 대해 나는 "베이징 6자회담에 주변국들을 다 불러놓고 한반도에 대해 이러쿵저러쿵하게 하는 것에 대해 화가 많이 난다. 북측이 말하는 대로 우리 민족끼리 잘할 수 있다면 베이징까지 가서 동네에 속옷을 내놓고 말리는 일은 없을 것이다"라고 했다. 북한이 미국만 상대로 문제를 해결하려는 자세를 빗대어 비판했다. 나는 또 "한반도의 평화는 남북이 합심해야 가능한 것이고 북·미 간에 이루어지는 일이 아니다. 미국이 남쪽에 핵 반입을 하고 있다고 주장하는데 이 문제도 남북 간에 합의하면 해결 가능한 일이다"라고 강조했다.

그랬더니 박의춘은 "우리도 남측에 북측의 사상을 강요하지 않을 테니 우리에게도 남측의 사상을 강요하지 말라"고 하면서, 한 나라에 두개의 제도로 공존하는 것이 얼마든지 가능하다는 논지를 폈다. 그는 이어 "아무리 북과 남이 잘하려 해도 미국이 6자회담의 속도에 남북관계를 맞추라고 하면 남측이 이를 거스를 수 있느냐"고 반문했다. 그래서 나는 "그 속도는 미국이 요구하는 것이 아니다. 한국 정부와 국민이 핵 문제를 그냥 두고 남북관계가 진전될 수 없다고 생각하기 때문이다"라고 했다. 그는 6자회담이 전전되는 것은 북·미 간 회담이 잘돼서 그런 것이라면서 북측이 상황을 주도하고 있음을 과시하려 했다. 북한의 시각에서는 한국이 남북관계를 강조하다가도 상황에 따라 한·미 공조나 한·미·일 3각 협력으로 선회한다고 볼 수 있을 것이다. 그의 주장이 현실과 전혀 동떨어진 것은 아니어서 씁쓸했다.

"남측의 사상을 북측에 강요하지 말라"는 그의 말은 그냥 살게 내버려두라는 뜻으로 들렸다. 그의 말은 왠지 나의 귓속에 오래 맴돌았다. 한국전쟁을 전후하여 남의 '북진통일'과 북의 '적화통일' 시기를 지나 1970년대부터 40여년에 걸쳐 남북 모두 '평화공존'을 주장해왔다. 이제 북은 노골적으로 '일국양제'를 들고나오면서 '따로 같이 살자'고 한다. 우리는 '화해 협력'에서 '비핵 개방 3000'을 거쳐 '통일 대박'으로 움직여왔다. 남과 북의 엇갈리는 외침은 어디에서 멈출 것인가. 박의춘은 2007년 5월 취임해 2014년 4월까지 7년간 재임했다.

우리 정부는 남북관계를 두고 관련국과 협의하는 2개의 창구를 갖고 있다. 미국이나 중국을 포함한 대외정책을 다루는 외교부와, 대북정책을 담당하는 통일부가 별도로 병립하기 때문이다. 외교부장관과 통일부장관의 말이나 인식이 꼭 같을 수는 없다. 그래서 혼선도 생기고 불필요한 오해도 발생한다. 때로는 정책 자체에 차질도 초래한다. 이론적으로는 정책 조정을 잘하면 된다고 볼 수 있으나 실제는 그렇게 작동되지 않는다. 외교부와 통일부의 정책 결정 과정이 통합되어야 할 것이다. 나는 1999년 8월부터 2001년 1월까지 외교부 북미국장으로 일하면서 정부종합청사의 외교부장관실과 통일부장관실 사이를 자주 왔다 갔다 했다. 당시 홍순영(洪淳瑛)·이정빈 외교장관과 임동원·박재규(朴在圭) 통일부장관 사이에 있을 수 있는 이해와 입장의 간격을 줄이기 위해서였다. 다행히 당시 양 부서의 장관들은 모두 한반도 문제의 남북관계 요소와 국제적 요소를 잘 이해하고 있어 별 어려움은 없었다.

2007년 초부터 내가 외교장관으로서 BDA 문제 해결과 6자회담 진전에 몰입하고 있는 사이, 이면에서는 남북 정상회담이 추진되고 있었다. 나는 BDA 문제로 미국·북한·중국 사이에 깨어질 듯한 유리병을 서로 돌리고 있는 팽팽한 상황에서 남북 정상회담을 추진하기는 어렵다고 생각했고, 노 대통령 역시 6자회담과 남북관계 사이에 균형을 맞추려고 했다. 4월경 미국 국무부가 BDA 문제를 풀기 위해 재무부와 법무부를 설득하고 있었다. 나는 대통령 주재 회의에서 미국 내 협상파에 힘을 실어주기 위해 우리의 대북 지원을 조절할 것을 주장했다. 그런데 통일부장관과 국정원장은 "지금 그렇게 할 시간 여유가 없다"면서 남북관계를 6자 회담과 한·미관계에 매어놓을 수 없다고 반대했다. 나중에 알게 된 것이지만, 그때 BDA 문제의 해결 기미가 보이자 남북 정상회담 추진에 속도를 붙였고, 7월 말경 북측과 회담 일자 합의단계에 들어갔다. 내가 앞서 말한 7월 30일 노무현 대통령에게 출국 인사를 할 때는 서울과 평양 사이에 마지막 날짜 조정을 하고 있던 시점이었다.

정상회담 추진 팀은 이와 같은 사실을 내가 미리 알 경우에 남북 정상회담을 비핵화 속도와 맞추도록 미국과 조율하자고 주장할 것이고, 그렇게 되면 일정 추진에 부담이 된다고 판단한 것으로 보였다. 그들은 한·미 간 협의가 잘되어야 남북 회담도 잘된다는 상관관계를 별로 의식하지 않았다. 당연히 미국은 핵 문제에 맞추어 남북관계의 속도를 조절할 것을 기대했다. 그러나 핵과 북·미관계 그리고 남북관계 사이에 요구되는 민감한 균형을 맞추어야 하는 것이 우리의 현실이다. 눈을 감아버린다고 없어질 현실이 아니다.

나는 8월 1일 마닐라에서 귀국해서 며칠 동안, 다시 아프간 인질 구조와 6자회담의 실무그룹 대책을 세우느라 여념이 없었다. 그런데 8월 8일 새벽 청와대에서 연락이 왔다. 아침 7시에 대통령 주재로 국가안보회의 상임위가 열린다는 것이었다. 나는 청와대로 가면서 일주일 전 대통령이 나에게 한 이야기가 떠올랐지만 그렇게 빨리 결정될 일이었다면 대통령이 나에게도 확실하게 말해줬을 것이라고 생각했다. 그보다는 무슨 비상사태가 생긴 것이라고 우려하면서 청와대로 갔다.

그런데 그 전날 『중앙일보』가 남·북·미·중 4자 정상회담을 8월 28일로 추진 중이라고 보도했다. 더불어 얼마 전 이해찬(李海瓚) 전 총리가 이 신문과의 인터뷰에서 자신이 대통령에게 한반도 평화협정 체결을 위해 4개국 정상회담을 건의했다고 말한 것도 함께 실렸다. 남북 정상회담 개최가 가능하다는 취지로도 보도되었다. 정확한 보도는 아니었지만 청와대에서는 8월 28일이라는 날짜가 맞았기 때문에 당초 계획했던 것보다 빨리 발표할 필요가 있었다고 판단했다고 한다.

4자 정상회담 보도의 배경에는 다른 연유도 있었다. 그해 3월 초 워싱턴을 방문했을 때 나와 라이스는 비핵화가 예정대로 진척될 경우, 2007년 6~7월 한반도 평화체제 협상을 개시하고 2008년 8월에 4자 정상회담을 통해 한반도 종전을 선언하는 것을 가상적 일정으로 삼자고 논의한 적이 있다. 이후 2·13합의의 이행 계획을 노 대통령에게 보고하면서 하나의 가능성 차원에서 4자 정상회담을 거론했다. 집무실을 함께 걸어 나오며 대화가 계속되었는데, 밖에서 기다리고 있던 두어 사람이 그 내용을 어렴풋이 들었던 것 같았다. 그런데 며칠 후 여당의 이해찬 동북아 평화위원장이 국회의 한 토론에서 4자 정상회담 필요성을 언급했다. 그는 5월 미국을 방문하면서 남북 정상회담과 4개국 정상회담 방안을 다시 공개 언급했다.

8월 8일 아침, 나는 청와대 조찬 회의장에 도착하고 나서야 상황을 파악했다. 정상회담 계획의 일부가 언론에 누출되어 불가피하게 급히 이날 발표를 하게 되었다는 것이다. 7월 29일 북한의 김양건(金養建) 통일전선부장이 김만복 국정원장을 비공개로 평양에 초청하여 날짜를 협의했고, 8월 3일 노 대통령이 결과를 수락했다는 것이다.

나는 당장 미국과 어떻게 수습해야 할까부터 생각이 났다. 그간 누누이 미국 측에 대해서 남북관계가 북핵 문제 해결을 뒷받침하도록 운영한다는 원칙을 강조해왔다. 물론 미국은 한국의 남북 정상회담 의욕과 동향을 대략은 알고 있었고, 또 내가 일주일 전에도 네그로폰테 부장관에게 애매하게 말을 던지긴 했다. 그러나 그렇게 딴 동네 일인 듯 이야기할 사안은 아니었다. 그간 한·미 간 협의 경과에 비추어볼 때 일어나서는 안될 일이 일어난 것이다. 나는 당혹스러웠다.

이날 조찬 회의에서 나는 불만을 직설적으로 표시하지는 않았지만, 남북관계와 북한 핵 해결이 서로 병행되도록 해야 하고 미국과 협의를 잘해야 한다고 강조했다. 다들 흥분 속에서 별로 귀담아듣는 것 같지 않았다.

회담 일자 발표가 나자 언론은 남북 정상회담에서 4자 정상회담으로 연결되고 한반도 평화체제 구축이 개시되는가에 관심을 보였다. 그러나 그보다는 대부분 국내 대선 정국에 어떤 영향을 미칠 것인가, 또 회담 성사를 위해 정치적 뒷거래는 없었는가 하는 데 관심을 쏟았다.

이날 나는 급히 라이스 장관과 통화를 했다. "노 대통령이 핵 문제 해결과 남북관계 발전에 유용하면 언제든지 정상회담이 가능하다고 언급해왔는데, 북한이 호응해와서 사흘 전 회담 일자에 합의했다. 미국에 미리 알려 사전 협의하고자 했는데 언론에 누출되어 불가피하게 앞당겨 발표하게 되었다. 회담 관련해서 커튼 뒤의 거래는 없을 것이고 미국과 협의하면서 투명하게 추진할 것이다"라고 설명했다. 전화기를 잡고 있는데 얼굴이 화끈거렸다. 아무리 늦어도 8월 3일 대통령이 날짜를 결심한 직후에는 알려주는 것이 당연했다. 무엇보다도 상황을 다잡지 못하고 일이 이렇게 흘러가도록 한 나 자신에게 화가 났다. 나는 그간 라이스에게 다짐해왔던 '사전 협의'를 떠올리면서 가슴이 답답했다.

라이스는 차분히 대응했다. 그간 나와 남북 정상회담 가능성을 이야기해왔고, 또 추진 중이었다는 것은 다 알고 있었던 것 아니냐면서 애써 넘어갔다. 이어서 그는 "미국이 긍정적으로 공개 논평할 것"이라고 했다. 내가 무슨 말을 듣고 싶어 하는지를 알고 미리 답한 것이었다. 그러나 한가지 단서를 붙였다. 북한이 남북 간 거래에서 이익만 챙긴 다음 비핵화 작업은 뒤로 제치는 일이 없도록 해줄 것을 바란다는 것이었다. 나는 노 대통령이 정상회담을 통해 비핵화를 촉진시키고 또 북한과의 교류를 통해 변화를 촉진시킨다는 확고한 의지를 갖고 있다는 말을 되풀이했다.

나는 이날 양 제츠, 아소 다로, 라브로프와 통화하면서 남북 정상회담이 한반도의 비핵화 촉진에 도움이 되도록 할 것이라는 점을 강조했다. 아소는 그답게 직설적으로 일본의 입장을 밝혔다. 북한의 경제부흥을 진지하게 논의할 때가 오면 일본이 가장 크고 효율적인 지원을 할 수 있을 것이라고 하고, 북한도 그렇게 생각해야 할 것이라면서, 남북 정상회담에서 일본인 납치 문제를 설득해줄 것을 기대한다고 했다.

정상회담 발표의 회오리가 얼마 지난 후 버시바우 미국대사가 찾아왔다. 그는 그날 오전에 이미 통일부장관을 만나고 왔다. 나는 9월 말 개최될 6자회담과 남북 정상회담이 상호 긍정적 영향을 주도록 해야 할 것이라고 했다. 또 "테이블 위에 음식이 있더라도 비핵화 진전 없이는 먹을 수 없다"는 것을 북한에 강조할 것이라고 하자, 그는 한국의 대북 지원은 비핵화에 대한 일종의 성과급(成果給)처럼 지불될 것으로 이해한다고 했다. 아울러 그는 내가 정부 내에서 북방한계선(NLL) 문제에 대해 분명한 입장을 견지하고 있는 것으로 알고 있다면서, 북한과 어떻게 논의할 것인지 물었다. 이 문제는 민감한 성격이기 때문에 통일부장관에게는 거론치 않았다고 했다.

남북 정상회담에 대해 미국이 우려하는 것은 크게 두가지였다. 하나는 한국이 비핵화를 위해 북한에 쓸 수 있는 수단을 미리 풀어버리는 것이고, 다른 하나는 휴전체제와 관련된 사항을 일방적으로 합의하여 나중에 한·미 간 이견의 불씨를 남기는 것이다. 당시 내가 대통령 주재 회의에서 밝힌 입장은 간단했다. NLL 문제는 1992년의 남북기본합의서에 따라 정치군사적 신뢰구축과 병행해서 검토될 사항이므로 전체적인 남북관계로부터 분리해서 검토할 수는 없으며, NLL만 변경하고자 하는 어떤 시도도 성공할 수 없다는 것이었다. 한편, 당시 NLL을 기선으로 하여 등면적(等面積)의 공동 어로수역을 설정하는 방안이 논의되고 있었는데, 북한은 NLL을 '기선'으로 할 경우 NLL 자체를 공식적으로 인정하는 결과가 될 것을 우려하여 반대하고 있었다. 이런 상황을 버시바우에게 설명해주었다.

그는 미국이 남북 정상회담을 지지한다는 입장을 표시하고 있고, 한·미 간의 이견으로 비칠 소지가 조금이라도 있는 언행은 극도로 유의하고 있다고 운을 뗐다. 그러나 워싱턴에서는 겉으로 드러내지는 않지만 정상회담 계획을 제대로 알려주지 않은 데 대해 불만의 분위기로 차 있다고 했다. 나는 언론 누출로 인해 불가피하게 급히 발표하게 된 사정을 포함해서 8월 8일 라이스에게 설명한 요지를 반복하고 미국이 그러한 상황을 이해해줄 것을 워싱턴에 잘 전달해달라고 요청했다. 이후 남북 정상회담은 그해 북한의 홍수피해로 인해 10월 초로 연기되었다.

가팔라지는 언덕과 6자 외교장관 회담

나와 라이스는 비핵화 작업의 언덕이 갈수록 가팔라질 것이므로 적절한 시점에 6자 장관들이 모여 추진동력을 만드는 것이 필요하다고 보았다. 특히 라이스는 과거 중동에서의 협상 사례에 비추어 그러한 장치가 필요할 것으로 예상했다. 한참 후 이란 핵 협상의 경우에도 2013년부터 미·영·프·독·중·러와 이란의 7개국 외교장관이 수시로 회동하여 현장에서 의사결정을 함으로써 2015년 7월 핵 협상을 타결할 수 있었다. 때로는 외교장관들을 며칠씩 회담장에 묶어두고 협상을 진행했다. 마지막 단계에서 케리 미국 국무장관은 협상장인 오스트리아 빈에 18일간이나 체류했다. 그만큼 관련국들이 긴박성을 갖고 임해야 마지막 비탈을 넘어갈 수 있다는 것을 보여주었다.

2007년 2·13합의 후 3월 18일 워싱턴에서 장관급 회담 추진을 합의한 뒤 라이스는, 우선 내가 중국 및 러시아와 의견을 모으는 데 나서주기를 요망했다. 미국이 나설 경우 중국과 러시아가 편하지 않게 생각할 것을 고려한 것이다. 며칠 뒤 노 대통령을 수행해 쿠웨이트를 방문 중 리 자오싱에게 전화로 이를 제안했더니, 그는 북한이 BDA 문제가 완전히 해결될 때까지는 핵 불능화 자체를 거부하고 있다면서 좀 뒤로 미루자고 했다. 라브로프도 리 자오싱에게 들었다고 하면서 비슷한 반응을 보였다. 평소 중국과 러시아 사이에 북한 핵 문제에 관해 어느 정도 교신이 되는지는 잘 드러나지 않지만, 이때는 BDA 문제를 두고 중국이 미국의 부당함을 다른 나라들에 지적하고 있던 시점이었다.

6월 25일 마카오의 돈이 적법한 경로를 통해 북한 손에 들어감으로써 북한의 국제금융이 정상화되었다. 우리 정부는 임기 중 영변 핵 시설 불능화를 완료하고, 한반도 평화체제 협상을 개시하는 데 목표를 두고, 이를 촉진하는 방편으로 6자 장관회담이 유용할 것으로 보았다. 이즈음 힐 차관보가 평양에서 김계관에게 8월 초 마닐라 아세안지역안보포럼(ARF)에서 6자 장관급 회담을 갖자고 제의했으나, 그는 미온적 반응을 보였다고 한다. 북한은 고위급이 현장에 나와 핵문제 같은 민감한 결정을 바로 내려야 하는 상황을 원치 않는 것으로 보였다.

그후 몇차례 협의를 거쳐 북한을 포함해 9월 말 유엔총회장에서 6자 장관회담을 갖자는 데 의견을 모았다. 그런데 이번에는 6자회담이 다른 장소로 옮겨갈 가능성을 꺼린 중국이 베이징에서 개최해야겠다고 주장하는 바람에 연기되었다. 2007년 10월 말경 중국은 12월 말까지는 베이징에서 6자 장관회담을 열어 비핵화를 촉진시키고, 이어 4자 장관 사이에 한반도 평화체제 포럼을 열자고 적극적으로 제안했다. 당시 미·북 대화와 남북 대화가 진전되고 있어 중국의 역할이 다소 주변으로 밀리고 있을 때였다.

9월 초 미국과 북한은 제네바에서 연말까지 북한의 핵 신고와 불능화를 이루고 테러지원국 및 적성국 명단에서 북한을 해제하기로 합의했다. 그리고 핵시설 불능화의 범위를 협의하기 위해 미·중·러 3국 전문가가 방북하기로 했다. 북한은 당초 미국 대표단 방북만을 희망했으나 미국은 미·북 양자 구도로 가는 것을 피하기 위해 3국 대표단을 주장했다고 했다.

핵 불능화 작업과 관련해서는 당시 우리와 일본도 참여하기를 희망했으나 핵 보유 3국만 가기로 낙착됐다. 불능화에 들어가는 비용은 당연히 3국이 부담해야 할 것임도 분명히 했다. 또한 미국과 북한은 불능화의 정의를 "복원시키기가 매우 어려운 상태로 만드는 것(難可逆的)"이라고 합의했다. 여전히 충분히 객관적이고 분명한 표현은 아니었지만 단계적으로 개념을 구체화해나가야 하는 것이 불가피한 선택이었다.

힐의 설명에 의하면, 북한은 그동안 그렇게 부인해온 140톤의 특수 알루미늄 튜브를 구입한 사실을 인정하면서 다만 용도는 우라늄 농축용이 아니라고 주장했다. 미국이 실물을 관찰하여 이를 재구매할 것을 제안한 데 대해 북한은 검토해보겠다고 했다. 힐은 이 문제에 대해서 '인정, 해명, 처리'라는 3단계 조치를 연말까지 해낼 수도 있다는 자신감을 보였다. 이런 합의가 이행되면 2007년 말에 가서는 그동안 북한이 추출한 것으로 추정되는 약 50킬로그램의 무기급 플루토늄 문제만 남을 것이라는 전망을 내놓았다.

당시 김계관은, 핵 프로그램은 전적으로 방어용이지만 "지나치게 돈이 많이 든다"고 호소했다는 것이다. 물론 협상장에서의 위장용 발언일 수도 있었다. 그러나 그가 핵 문제에 관한 내부의 고위 협의에 관여하거나 실태를 파악할 수 있는 위치에 있었던 만큼, 북한이 최소한 그때까지는 최대한의 반대급부를 염두에 두고 진지하게 핵 문제 해결을 위해 협상하고 있다는 징후로 보였다.

2007년 9월 27일부터 베이징에서 6차 6자회담 2단계 회의가 열릴 계획이었다. 연말까지 북한의 우라늄농축 관련한 신고와 핵 불능화를 완료함과 동시에 북한을 테러지원국 및 적성국 교역법 대상에서 해제하는 데 대한 합의를 목표로 두고 있었다. 또 중유 45만 톤과 함께 나머지 50만 톤에 상당하는 설비와 자재를 지원하는 방안도 합의해야 했고, 아울러 6자 외교장관 회담도 의제에 올라 있었다.

9월 26일 유엔총회장에서 내가 라이스에게 불능화의 범위와 시한을 구체화하자고 제안했더니, 그는 "상당한 정도의 불능화"가 이루어지면 제재를 해제할 것이라는 입장을 밝혔다. '불가역적'에서 '난가역적'을 거쳐 '상당한 정도'의 불능화로 입장을 조정하고 있었다. 연말까지 구체적 성과를 만들기 위한 의지로 보였다. 내가 남북 정상회담에서 노 대통령이 핵 문제 해결이 경제협력을 위해 긴요함을 강조할 것이라고 했더니, 그는 남북 정상이 9·19공동성명과 2·13합의 이행 의지를 명시적으로 강조하면 좋겠다고 제안했다. 귀국 후 협의 결과를 보고받은 노무현 대통령은 "한반도 비핵화 공동선언에 추가하여 9·19공동선언과 2·13합의 이행을 위해 공동 노력한다"는 조항을 정상선언에 넣자고 방북준비 팀에 지시했다. 이틀 후 양 제츠 외교부장을 만났더니, 미국은 북한이 우라늄농축 신고 문제를 해소할 의지가 있는지, 또 북한은 미국이 대북 제재를 해제할 의지가 있는지를 서로 미심쩍어한다면서, 한국과 중국이 이를 해소하도록 협력하자고 권유했다. 실제로 중요한 고비에서 이와 같은 한·중 간 협력이 필요했다.

한편 나는 9월 28일 유엔총회 연설에서 한반도 비핵화가 성공하면 중동을 포함한 다른 지역에서 핵 문제 해결의 유용한 모델이 될 수 있다면서 협상을 통한 비핵화를 강조했다. 막 6자회담이 재개되고 북한 핵의 불능화가 진전되는 기류여서 나는 자신감있게 역설했다.

베이징 6자회담의 분위기가 좋았다. 10월 3일에는 다음 단계의 비핵화 추진 계획에 대한 이른바 '10·3합의'가 이루어졌다. 북한은 영변의 3개 핵시설에 대한 불능화를 연내에 완료하고, 또 5메가와트 원자로 시설을 신고하며, 우라늄농축에 대해 연말까지 해명하기로 합의했다. 또, 북한은 핵 기술을 외부로 이전하지 않기로 약속했다. 이에 미국은 북한에 대한 제재를 해제하기로 합의하고, 5개국은 100만 톤 상당의 중유와 에너지 및 인도적 지원을 제공하기로 합의했다. 또 6자 외교장관 회담을 적절한 시기에 베이징에서 개최하기로 재확인했다.

11월 초 들어서 북한이 처음으로 6자 장관급 회담을 적극적으로 제안했다. 핵 신고와 불능화, 그리고 미국의 제재 해제 완료 후 2008년 1월에 개최하자는 것이었다. 그러나 한국은 대선 정국에 들어서고 있었다. 한국이 나서서 밀고 가지 못하는 상태에서 가파른 고개를 올라가는 6자회담이라는 수레는 점점 동력이 떨어졌다. 2007년 말에 가서 나와 라이스는 비핵화 속도와 제재 해제 일정에 비추어볼 때, 빨라도 2008년 3월 이전에는 6자 장관급 회담이 어렵겠다고 결론을 내렸다.

비핵화, 종전선언, 평화체제

2007년 9월 시드니에서 열리는 APEC 정상회의를 계기로 노무현 대통령과 부시 대통령이 9월 7일 만나게 되어 있었다. 노 대통령은 나에게 부시 대통령과 한반도 평화체제 협상개시를 논의하고 회담 후 공동 기자회견에서 이를 밝히도록 조율해보라고 했다. 그래야 김정일도 남북 정상회담에서 이 문제를 피해 가지 않을 것 아니냐는 것이었다.

당시 부시 대통령은 자신이 1년 전부터 한반도 종전선언을 거론하였음에도 북한이 별 반응이 없음을 의아하게 생각하고 있었다. 9월 초 제네바 북·미 회담에서 힐이 김계관에게 이런 분위기를 알려주었더니, 그는 진정한 동력과 계기가 마련될 때 평화체제를 추진할 수 있다고 했다는 것이다.

그동안 북한은 수시로 북·미 평화협정을 거론하면서 선전공세에 활용해왔다. 그러나 실제로는 평화협정이 북·미관계 정상화와 불가분의 관계에 있고, 그렇게 되면 군사분야뿐 아니라 제도의 개방과 인권 문제까지 대두될 것임을 우려하지 않을 수 없었을 것이다. 그래서 북한은 오락가락하는 자세를 보여왔다. 부시 대통령이 10개월 전에 한반도 종전선언을 제기하고 자신의 임기 중 성과를 염두에 두었지만 북한의 정치시계가 워싱턴의 시간에 맞추어 움직이지는 않은 것이다.

9월 7일 오전, 노 대통령은 부시 대통령을 만나기에 앞서 후 진타오 주석을 만났다. 후 주석이 먼저, 대북 제재의 효과에 대해 의문을 갖고 있다면서, 남북 정상회담이 한반도에서 화해협력의 좋은 기회가 될 것으로 본다고 했다. 중국 자체가 효과적인 제재를 가할 의사가 없음을 에둘러 말한 것이었다. 노 대통령은 남북관계가 6자회담과 나란히 진전되도록 할 것이라면서, 북한을 포함한 관련국 간 일련의 정상회담을 통해 한반도 평화체제가 수립되기를 바란다고 했다. 후 주석은 "점진적 관계개선과 신뢰구축을 거쳐 최종적으로 평화체제를 구축할 수 있을 것이고, 중국은 이를 위해 나름대로 역할을 하겠다"며 정해진 입장을 밝혔다. 중국은 한반도 상황이 급속하게 바뀌는 것보다 점진적 변화를 바란다는 것을 분명히 했다. 좀더 빠른 진전을 바라는 노 대통령의 마음에 들지 않았다.

9월 6일 나는 힐로부터 9월 1일부터 2일까지 이틀간 열린 제네바 북·미 회담 결과를 듣고 이날 오후 라이스를 만났다. 갈 길이 더 가파르고 험난하기 때문에 톱니바퀴 기차처럼 느리더라도 뒤로 밀리지 않는 장치를 만드는 것이 필요하다고 했다. 라이스는 제네바 회담 결과를 포함한 지금까지의 성과는 전적으로 미국과 한국 공동의 업적이라고 평가하면서, 12월 말까지 북한 핵 불능화와 신고가 이루어지면 한반도 평화체제와 동북아 다자안보대화를 가동할 수 있을 것이라고 낙관했다. 특히 제네바 회담에서 북한이 핵시설 설계 도면까지 보여주면서 단계적 비핵화 과정을 제시한 것은 의미있는 진전이라고 만족을 표시했다.

라이스는 한국의 대북정책 수단을 결코 과소평가할 수 없다면서, 남북 정상회담 때 노 대통령의 분명한 대북 메시지가 필요함을 강조했다. 나는 노 대통령이 김정일 위원장에게 비핵화 진전 없는 실질적 경제협력이 불가능함을 분명히 할 것이라고 했다. 또한 비핵화가 생존을 보장하는 길임을 북한에 설득력있게 보여주도록 미국도 구체적 조치를 취할 것을 요망했다. 그랬더니 라이스는 바로 대사급 외교관계 수립으로 연결되기는 어려울 것이나, 우선 제재 일부를 해제하고 교류를 증대시키면서 미·북관계를 정상화시켜나갈 것이라고 했다. 그러면서도 북한의 인권 상황과 관련된 제재를 해결하는 문제가 관건임을 지적했다.

나는 다음 날 있을 한·미 정상회담에서 두 정상이 '비핵화 진전을 감안'하여 '금년 말'에 한반도 평화체제 협상과 동북아 다자안보대화 출범에 합의할 것을 제안했다. 그랬더니 라이스는 협상 출범 시점을 '금년 말'이라고 하기보다는 '가능한 조속히'로 수정할 것과 '비핵화 진전을 감안하여'가 아니라 '비핵화 진전에 맞추어'로 바꾸자고 했다. 당시 우리 정부는 가급적 연말까지 하나의 매듭을 짓고 싶어 했지만, 미국은 엄격히 비핵화 진전에 맞추어나가야 한다는 원칙을 지키고자 한 것이다. 나는 라이스의 제안이 합리적이라고 판단하여 받아들였다.

9월 7일 오후 시드니의 인터컨티넨탈 호텔에서 노무현과 부시 두 대통령이 만났다. 공통된 관심은 당연히 북한 핵 문제였지만, 목전의 관심에는 미묘한 차이가 있었다. 노 대통령은, 한반도 평화체제 협상 및 동북아 다자안보대화의 출범과 남북 정상회담에 대한 부시 대통령의 적극적 지지에 관심을 두고 있었다. 물론 부시 대통령도 이 문제들을 중시했지만, 한국의 이라크 파병 연장과 아프간 재건 활동의 참여, 그리고 소고기 수출 문제 해결이라는 추가 의제를 갖고 있었다.

부시 대통령은 정상회담 직전에 이라크를 방문한 후 시드니로 날아온 차였다. 평소 그의 방식대로 한국이 이라크에 계속 주둔할 것을 희망한다고 단도직입적으로 요청했다. 노 대통령은 한국에서는 6자회담과 남북관계 진전이 파병 연장 여론에 영향을 주고 있다는 의미 있는 말을 했다. 국회의 동의 절차를 염두에 둔 말이었다.

부시 대통령은 남북 정상회담을 지지한다고 하면서, 다만 "김정일이 먼저 움직이면 한국과 미국도 함께 움직이지만, 그 반대는 안 된다"는 점을 김정일에게 분명히 해달라고 했다. '북한의 선행 조치, 한·미의 후속 조치' 원칙을 말하는 것인데, 바로 이 원칙이 대북정책의 탄력성을 제약하는 것이다. 때로는 우리가 먼저 행동해서 북한의 후속 조치를 이끌어내고 북한이 이행하지 않을 경우 큰 제재를 가할 수 있는 정당성을 만들 필요가 있다.

노 대통령은 김정일에게 6자회담의 성공이라는 강을 건너지 않으면 북한의 손에 들어가는 것은 없다는 점을 분명히 할 것이라고 했다. 동시에 북한이 그 강을 건널 수 있도록 다리를 놓아주기 위해서는 부시 대통령의 전략적 결단이 중요하다고 전했다. 부시 대통령이 자주 북한에 대해 "핵을 포기하는 전략적 결단"을 요구해왔는데, 이제는 노 대통령이 미국에 전략적 결단을 요청하는 것이었다. 그랬더니 부시 대통령은 "후 진타오 주석이 이런 테이블에 함께 있어야 한다"고 했다. 한·미·중이 같이 의논할 일이라는 입장을 드러내면서도, 한편으로는 골치 아픈 북한 문제를 왜 미국이 짊어져야 하느냐는 의미이기도 했다.

회담이 길어지자 부시 대통령이 먼저 "더 이야기할 것이 있느냐"고 본론을 유도했다. 라이스로부터 이미 보고를 받았기 때문에 노 대통령이 한반도 평화체제 협상을 제기할 것으로 기대하고 있었던 것이다. 노 대통령은, 우리 국민들은 한반도 평화체제 구상이 빨리 진전되기를 바라고 있고, 또 동북아 다자안보대화도 함께 개시하기를 바라고 있다면서 자세하게 이야기했다. 그러면서 한국과 미국의 대통령이 함께 그 의지를 공개적으로 밝히자고 제안했다.

부시 대통령은 옆에 있는 라이스 장관을 쳐다보면서 '한반도 평화체제'는 알겠는데 '동북아 다자대화'라는 것이 무슨 말인지를 물었다. 부시는 아마 6자회담이 있는데 또 무슨 다자포럼이냐고 생각하는 것 같았다. 라이스가 6자회담에서 이미 합의된 사항으로 북한 핵 문제를 넘어 동북아 안보 전반에 관한 다자간 포럼이라고 설명하자, 그는 알겠다는 시늉으로 고개를 끄덕인 후 "한국전쟁은 종결해야 한다. 김정일과 평화협정 체결도 가능하다. 그런데 먼저 검증 가능하게 핵 프로그램을 폐기해야 한다"라고 했다. 이어서 "김정일을 만나면 부시와 잘 아는 사이인데, 자신이 한 말을 지키는 사람이니 김정일이 먼저 움직이라"고 말해달라고 했다. 노 대통령이 웃으면서 자신과 부시, 김정일, 후 진타오 넷이서 사진을 찍고 싶다고 했더니, 부시 대통령은 그 문제는 전적으로 김성일이 결정할 일이라고 넘겼다.

회담 후 기자들이 들어왔다. 부시 대통령은 노 대통령과 한반도에서 "전쟁을 끝내는 문제"(ending war)를 논의했다고 하면서 북한이 핵을 폐기하면 평화조약에 서명할 수 있다고 했다. 이날 미국 측 통역의 혼선이 계속된 데다 노 대통령도 '종전선언'이라는 한국말이 통역의 입에서 나오지 않자 잘못 들었다면서 되물었다. 부시 대통령은 의아한 표정으로 "우리는 한국전쟁을 끝내는 날이 오기를 바란다. 김정일이 핵무기 계획을 제거하면 그렇게 될 것이다"라고 다시 말하고는 어색한 표정을 지었다. 이날 회담에는 처음 보는 미국 측 통역이 나왔다. 그는 부시가 말하는 것을 한국어로 옮기는 데 문제가 있었다. 특히 한반도 평화체제, 다자안보대화, 종전선언과 같은 용어들에 혼선이 생겼다. 전문가들이 말하는 '통역 중 실종'(Lost in Translation)도 있었다. 이날 회견 상황을 두고 국내외 언론에서는 양 대통령이 기자회견장에서 언쟁을 벌인 것으로 보도하기도 했다.

이 해프닝은 백악관 대변인이 "부시 대통령이 한국전쟁을 완전히 종식시키는 것(ending the Korean War once and for all)을 지지한다고 분명히 천명했다"고 언론에 다시 설명하면서 일단락되었다. 통역의 실수도 있었지만 그날 정상회담의 바탕에는 양 대통령 간 기본적인 생각의 차이가 있었다. 노 대통령은 남북 정상회담을 앞두고 종전선언이나 평화협정 같은 구체적 표현에 집중하고 있었고, 부시 대통령은 검증 가능한 비핵화가 되면 그 후속으로 전쟁이 끝났다고 선언할 수 있다는 원칙에 무게를 두었다.

한반도 평화체제 문제는 9·19공동성명에 이미 명시되어 있었고, 2006년 4월 부시와 후 진타오의 워싱턴 회담에서도 이 문제가 거론되었다. 그해 11월 부시 대통령이 하노이에서 한반도 전쟁 종식 문제를 공개적으로 꺼내기도 했다. 미국 대통령 누구나 평화 구축자로서의 이미지를 남기고 싶어 한다. 샌프란시스코 평화조약, 캠프데이비드 합의, 그리고 몰타 냉전종식 선언 같은 유산을 남기고 싶은 것이다. 나는 때때로 라이스와 해들리에게 이러한 평화의 업적을 한반도에서 이루지 못할 이유가 있느냐고 반문하곤 했다.

2007년 남북 정상회담

2007년 8월 8일 남북 정상회담 일정 발표 후 남북 정상회담 준비위원회가 구성되었고, 많은 부처들이 평양행 기차에 올라타려고 줄을 섰다. 회담 열흘 전쯤 각 부처가 내놓은 계획을 보니, 대략 12개 분야에 36개의 사업을 정상 간에 합의하는 것을 목표로 세우고 있었다. '눈은 배보다 크다'(Your eyes are bigger than your stomach)라는 서양 속담이 떠올랐다. 나는 준비회의에서 세가지를 강조했다. 첫째, 수레에 너무 많은 짐을 싣지 말자. 둘째, 미국과 충분히 협의해야 회담 결과에 대한 국내 분열을 줄일 수 있다. 셋째, 북한 핵 문제 해결을 위한 남북 정상의 정치적 의지를 전면에 내세우자는 것이었다.

노무현 대통령의 평양 체류 기간 중 현지 팀으로부터 "3자 또는 4자 간에 종전을 선언하는 문제"의 초안을 연락받았다. 나는 직통전화로 평양 현지 팀과의 교신을 관리하고 있던 문재인 비서실장에게 두가지를 반영할 것을 요청했다. 하나는 '종전선언' 앞에 '9·19공동성명과 2·13합의를 통한 한반도 비핵화의 진전'을 강조하는 표현을 먼저 넣고 또 '3자 또는 4자'를 '직접 관련 당사자'로 바꾸자고 했다. 문 실장도 이 문제의 비중을 이해했다. 그런데 결과는 종전선언 문장 다음에 '9·19공동성명과 2·13합의의 성실한 이행을 위해 공동 노력한다'는 조항만 넣는 것으로 낙착되었다. '3자 또는 4자'는 그대로 남았다.

10·4남북정상선언(정식 명칭은 '남북관계 발전과 평화번영을 위한 선언') 제4항은 "남과 북은 현 정전체제를 종식시키고 항구적인 평화체제를 구축해나가야 한다는 데 인식을 같이하고 직접 관련된 3자 또는 4자 정상들이 한반도지역에서 만나 종전을 선언하는 문제를 추진하기 위해 협력해나가기로 하였다. 남과 북은 한반도 핵 문제 해결을 위해 6자회담 '9·19공동성명'과 '2·13합의'가 순조롭게 이행되도록 공동으로 노력하기로 하였다"로 되어 있었다. '3자 또는 4자'라는 표현은 김정일이 북한 협상 팀에 지시한 사항이라서 변경의 여지가 없다고 하여 수용했다는 것이었다. 이미 1997년부터 2년간 제네바에서 한반도 평화체제를 위한 남·북·미·중 4자회담을 개최한 선례가 있다. 이를 그대로 주장하는 것이 좋았을 것이다. 그리고 이 '3자'라는 말은 종래 당사자 문제에 관한 북한의 주장에 비추어볼 때, 북한이 사정에 따라서 중국이나 한국은 빼겠다는 전술을 구사할 여지를 갖겠다는 것으로 보였다. 또, 북한 체제의 속성이 있긴 하지만 "김정일의 지시"라고 고집해서 부득이 수용했다는 것도 거북하게 들렸다.

이런 문제에도 불구하고 평양에서 돌아온 다음 날 노 대통령은 국무회의에서 균형 잡힌 생각을 밝혔다. 북한과의 경제협력은 민간투자 개념에서 접근하고, 핵 문제와 남북관계를 선순환(善循環)시키며, 종전선언은 정상 수준이 아니면 외교장관 선에서라도 토대를 만들어 다음 정부에 넘기자는 것이었다. 또 서해 공동 어로수역도 다음 정부에서 진전시킬 수 있는 환경을 만들어보자고 했다.

남북 정상회담에서 김정일 위원장은 노무현 대통령에게 "종전을 선언하는 것만으로는 문제가 해결될 수 없지만 하나의 시작이 될 수는 있을 것이다. 조선의 전쟁과 관련이 있는 3자나 4자들이 개성이나 금강산 같은 곳에 모여 전쟁이 끝났다는 것을 공동으로 표명한다면 평화 문제의 기초가 마련될 것이다. 그리고 다음에 조건이 될 때 정전협정을 평화협정으로 완전히 바꾸자"고 하면서, 노 대통령이 부시 대통령과 함께 성사시켜보길 바란다고 한 것으로 알려졌다. 미국이 반대하는 것을 알기 때문에 한국이 나서서 움직여보라는 것이었다.

종전선언과 평화체제 문제는 10·4남북정상선언 후에도 마치 찻잔 속의 태풍처럼 출렁거렸다. 김정일은 정상회담 도중 김계관을 불러들여 막 끝난 베이징 6자회담 결과를 설명시키면서, "교전상태가 끝나야 핵무기를 내려놓을 수 있다"고 말하게 했다. 그러면서 김정일은 그런 조건이 이루어지도록 남측이 움직여달라고 요구했다.

당시 평양에 간 우리 대표단은 먼저 종전을 선언하고, 이를 기초로 비핵화를 진전시킬 수 있다는 생각이 강했다. 얼른 듣기에는 그럴듯하지만 현실적으로는 혼란만 야기하고 성과는 보기 어려운 방안이다. 나는 종전이란 것이 선언만으로 되는 것이 아니고 과정이 필요하므로 '한반도 종전을 위한 협상개시 선언'으로 하는 것이 바람직하다고 주장했다.

종전이 되려면 전후 처리, 경계선 확정, 평화유지 구조 등 실질 문제에 대해 합의한 후 조약을 체결하는 것이 필요하다. 그리고 그 조약이 발효될 때 비로소 전쟁 상태가 종료되는 것이다. 1951년 샌프란시스코 평화조약, 1979년 이스라엘·이집트 평화조약, 1994년 이스라엘·요르단 평화조약, 1998년 영국·아일랜드 평화조약과 같은 사례들이 이를 말해준다. 1956년 일·소 공동선언도 영토 문제를 제외한 사실상 평화조약인데 "선언의 효력이 발생하는 날에 전쟁 상태를 종료한다"라고 되어 있다. 그런데 한반도에서는 휴전선의 비무장화, 육상과 해상에서의 경계선, 외국 군대의 주둔, 그리고 북한 핵 등 함께 해결해야 문제들을 앞에 두고 있다. 종전선언부터 먼저 하게 되면 마치 마차가 말을 끌고 가도록 하는 것과 같이 된다.

일각에서는 이스라엘과 이집트 간 평화조약의 기초가 된 1978년 캠프데이비드 합의나 1989년 몰타에서의 미·소 냉전종식 선언과 같은 방식을 원용하는 방안을 생각했다. 그러나 캠프데이비드 합의도 절차 개시를 선언한 후 1년간 협상하여 1979년 이집트와 이스라엘이 평화조약을 체결하고 종전을 선언했다. 또 몰타 선언은 냉전 후 새로운 국제질서를 위한 미·소 간의 상징적 정치선언이므로 한반도에서처럼 구체적 정치군사 문제의 권리 의무를 설정하는 것과는 차원이 달랐다.

당시 노 대통령은 자신의 정치적 유산으로서 한반도 평화체제 수립이라는 이정표를 염두에 두었다. 4개월 남짓 남은 정부에서 남북은 물론 미·중이 참가하는 한반도 평화체제 수립이라는 거대한 사업을 출범시킨다는 의욕을 보였다. 국내적으로도 대통령 선거 직전에 이러한 일을 추진할 동력을 유지하기가 어려웠다. 무엇보다 평화체제라는 한반도의 새로운 현상을 만들어내는 것은 알을 품은 암탉처럼 모든 힘을 쏟아야 하는 일인데, 설사 협상을 출범시켰다 하더라도 과연 다음 정권이 이 사업을 이어받아 밀고 나가는 집단적 지혜를 발휘할 수 있느냐 하는 것이다.

일단 종전을 선언하고 나면 북한은 당연히 비핵화를 위해서는 북·미관계 정상화를 먼저 요구할 것이다. 그러면 미국은 다시 북한의 인권 문제와 투명성 그리고 무엇보다 핵 포기를 선행 조건으로 요구할 것이다. 다시 북한은 적대시 정책 포기와 미군철수를 내세우며 다시 원점으로 돌아갈 것이다. 평화의 봄이 들판에는 오지 않았는데 종이 위에 그림을 그려놓고 봄이 왔다고 선언하는 것과 같은 모양이 되는 것이다. 그런 점 때문에 미국이나 중국이 모두 종전선언부터 하는 데는 부정적이었다.

이 문제와 관련해서 11월 1일 나는 한국프레스센터에서 열린 언론 회견에서 "비핵화 진전의 적절한 단계에 가서 직접 관련 당사국 정상이 모여 어떤 형태의 선언을 하는 것은 가능하다. 관건은 핵을 돌이킬 수 없는 단계까지 폐기했느냐에 대한 공동의 인식이 형성되는 가에 있다"고 했다. 이를 두고 언론에서는 외교부와 미국은 출구론 (出口論)을 주장하고 청와대와 국정원은 입구론(入口論)을 주장한다고 대비시켰다.

9월 7일 시드니 한·미 정상회담 후 나는 대통령에게 남북 정상회담에서 핵 문제를 중요하게 거론해야 함을 강조했다. 그래서 외교장관인 내가 수행하면 좋겠지만, 그럴 경우에는 남과 북이 서로 외국으로 상대하는 모양새가 되기 때문에 천영우 6자회담 수석대표가 수행하는 것이 필요하겠다고 건의했다. 현장 보좌도 할 뿐 아니라 대통령이 남북 정상회담에서 핵 문제를 얼마나 중시하는가를 상징적으로 보여줄 필요가 있음을 강조했다.

노 대통령은 방북 준비 팀과 논의하여 결정하자면서 확답 없이 넘어갔다. 나는 그 자리에서 대통령의 언질을 받고 싶었지만 더이상 재촉하는 것은 효과가 없을 것 같았다. 그전에 이미 정상회담 준비위원장을 맡고 있던 대통령 비서실장에게 요청했으나 반응이 미온적이었다. 회담을 준비 중이던 통일부와 국정원 그리고 청와대는 외교부의 참여를 최소화하고자 했다. 특히 핵이라는 무거운 문제를 앞에 내세우는 것이 부담이 될 것으로 보는 것 같았다. 결국 2000년 정상회담의 전례에 따라 외교부에서는 차관보가 수행했다.

정상회담 후 11월 초 워싱턴에 갔더니 라이스는 나에게 "왜 남북 정상회담에 같이 가지 않았느냐"며 다소 따지듯이 물었다. 나는 북한을 외국으로 보지 않는 우리의 입장을 설명해주었지만, 그는 내가 직접 가서 북한 측과 확실하게 핵 문제를 논의할 기회를 갖지 못한 것을 아쉬워했다. 내가 '외교장관' 자격이 아니라 대통령의 '한반도 비핵화 특별보좌관' 같은 모자를 쓰고서라도 가거나, 6자회담 수석대표가 가서 우리의 의지를 과시했으면 좋았을 것이다. 특히 평양에서 김정일이 김계관을 불러들여 노 대통령 앞에서 6자회담 상황을 설명하게 했을 때, 우리 측에서도 천영우 대표가 같이 참석했어야 했다는 생각이 많이 들었다.

한국과 미국, 임기 말의 욕구

2007년 10월 17일 미국과 북한은 영변 원자로의 냉각탑을 붕괴시킨다는 데 합의했다. 한국이 주도하는 경제·에너지 지원도 판문점에서 실무회의를 갖고 순조롭게 진전시키고 있었다. 11월 초 방미 때 나는 라이스에게 미·북관계 진전이 문제의 핵심이므로 적극적인 발걸음을 요청했다. 그는 미국도 내부적으로는 필요한 행동을 준비 중에 있다고 약속했다. 부시 행정부도 남은 1년여 사이에 한반도에서 평화협정까지 체결할 수 있으면 좋겠다는 욕심을 갖고 있었기 때문이다.

내가 6월 말 미국을 방문했을 때 노무현 대통령의 가을 방미 일정을 의논했는데, 해들리 보좌관은 노 대통령의 마지막 방미는 캠프데이비드 회동 형식으로 해보자고 제안했다. 그런데 중간에 남북 정상회담이 자리를 잡은 것이다. 만약 당시 노 대통령의 임기가 조금 더 남았더라면 김정일을 만난 후 미국으로 가서 부시 대통령과 마주 앉아 비핵화와 평화체제, 그리고 동북아 다자안보대화에 대해 함께 그림을 그릴 수 있었을 것이다. 그러나 역사는 그렇게 순조롭게 흐르지 않았다.

그럼에도 불구하고 노 대통령이 그해 10월 말이나 11월 초 잠시 미국에 갔더라면 좋았을 것이다. 그간 거친 노면을 달려온 노무현 정부 시절 한·미관계에 유종의 미를 장식하고, 다음 정부가 남북관계를 지속적으로 발전시켜나가도록 하는 데 도움이 되었을 것이다. 그러나 노 대통령은 국내에서의 남북 정상회담 후속 조치에 매달렸다. 또 그의 성격상 바로 미국을 찾아가는 것이 불편하기도 했을 것이다.

비스마르크의 회고록 『회상과 상념』(*Gedanken und Erinnerungen*, 1898~1919)의 한 구절이 떠오른다. 그는 프로이센의 재상으로 1870년 나폴레옹과의 전쟁에서 승리하고 이듬해 독일의 1차 통일을 목전에 두고 있었다. 그는 자신이 독일통일을 향해 걸어온 길을 회상하면서, 통일은 신의 손길이 닿아야 비로소 가능한 일인데 대학시절 젊은 혈기로 독일통일이 언제 올 것인가를 두고 결투로 결정하자는 객기를 부렸다는 것이었다. 우리는 통일의 기회가 언제 올 것인가를 점치지 말고 그 손길이 다가오도록 환경을 만들어야 할 것이다.

10월 9일 노 대통령이 부시 대통령에게 전화로 김정일과의 회담 결과를 설명했다. 그전에 내가 이미 라이스와 통화하여, 북한의 핵 불능화와 신고를 완료한 다음 핵시설을 폐기하기 직전에 평화체제 협상을 시작할 수 있음을 예시했다. 노 대통령은 북한 핵 문제가 우선하고 그뒤에 평화체제 논의가 따라야 할 것임을 김정일에게 분명히 했다고 강조한 후, "종전선언을 논의"하는 것 자체가 북한의 핵 폐기를 촉진하는 중요한 동기가 될 것이라고 했다. 두개를 병행하자는 것이었다. 노 대통령은 실제 평양에서 남북 주도의 평화체제를 구축하기 위해서는 북·미관계 정상화와 핵 문제가 해결되어야 한다고 말했다. 김정일에게는 비핵화를 강조하고, 부시에게는 종전선언을 강조하여 양측이 다가가도록 한 것이었다. 그런데 부시는 이러한 양면 전개에 별로 익숙지 않았다. 이런 문제를 협의할 때는 용어와 개념이 분명해야 한다. 종전선언이라는 행위 자체가 평화협정이 체결되었을 때 가능한데, 종전선언을 논의한다는 것은 결국 평화협정 교섭을 개시한다는 의미이다.

미국의 협상파들은 북한 핵의 불능화와 우라늄 관련 신고가 이루어지고, 또 시리아 문제가 해결되어야 종전과 관련한 논의를 시작할 수 있다면서도, 연내에 그런 조건이 성숙될 가능성을 배제하지 않았다. 10월 중순 무렵, 중국도 12월 말을 목표로 평화체제 포럼 출범을 준비하자면서 6자 외교장관 회담을 베이징에서 개최할 것을 제안했다. 그런데 흔히 이렇게 마지막 초읽기에 들어갈 때가 되어서야 기회가 올 듯 말 듯 한다. 한국이 핵심 당사자인데 곧 대통령 선거가 다가오고 있었다.

이런 상태에서 나와 핵 협상 팀은 비핵화와 평화체제의 거리를 조금이라도 좁히는 방안을 고심했다. 우선 영변 원자로 냉각 계통을 절단해서 불능화의 핵심 부분을 보여주고 연내에 평화체제 협상을 개시할 수 있을 것으로 보았다. 이어서 북한이 보유하고 있는 무기급 플루토늄을 해외로 반출하고, 2008년 초에 4자 정상이 모여 완전한 비핵화와 평화체제 수립을 향한 '정치적 의지'를 선언하자는 것이었다. 종전선언과는 다른 상징적 의지 표명을 하자는 것이었다. 이어 핵 폐기가 완료될 시점과 북·미관계 정상화 및 평화협정 서명 시점을 맞춘다는 내용의 선언을 생각했다. 10월 말 나는 대통령 주재 회의에서 이러한 계획에 대해 보고했다.

당시 미국은 2008년 1월쯤 핵 폐기 일정 발표와 동시에 평화체제 협상의 개시가 가능할 것으로 보았다. 그리고 핵 폐기 완료와 동시에 평화협정에 서명하며 미국과 북한의 관계 정상화 절차도 완결한다는 것이었다. 미국은 하나의 가상 일정으로 2008년 8월 말을 예정하고 있었다. 부시 행정부 임기 중에 이러한 업적을 남기고 싶어 했다.

그런데 북한은 미국이 대북 제재를 전면 해제하고 북·미관계 정상화를 이루면 그때 평화협정에 서명하자고 나섰다. 그래서 2008년 7월 평화협정에 서명하고 이어 8월에 핵 폐기의 마지막 부분을 완료한다는 것이었다. 미국과 북한의 입장은 얼핏 가까워 보이지만 실제는 선후(先後) 문제 때문에 큰 차이가 있는 것이었다. 2007년 10월 중순 미국의 힐 차관보는 시드니에서의 한 연설에서, 북한이 50킬로그램의 플루토늄 처리에 합의할 경우 한반도 평화협정 협상을 개시할 수 있을 것이라는 구체적 조건을 내세웠다.

나의 보고를 받은 노 대통령은 김정일을 만나보니 북한이 먼저 핵을 폐기하거나, 또는 핵 폐기와 북·미관계 정상화를 동시에 이행하는 방안은 받아들이지 않을 것으로 보였다고 했다. 그런데 우리로서는 핵 폐기에 관한 기본적 합의는 있어야 4자 정상 간의 평화선언이 가능하지 않겠는가 하는 의견을 제시했다. 그러면서 "북한 핵 불능화를 넘어 핵 폐기 절차까지 합의가 되면 4자 정상선언이 가능하고 또 필요할 것이다. 그런데 완전한 핵 폐기 후에 하나의 모양으로서 정상선언을 하는 것은 의미가 없다. 정상선언은 비핵화가 뒷걸음질하는 것을 막기 위한 장치인데 연내에 핵 폐기 일정 협의 개시가 가능하겠느냐"라고 물었다.

나는 우선 이 문제를 두고 우리 정부 내에서 중구난방이 되고 있는 것을 우려했다. 미국의 협상파들이 우선 불능화 완료와 테러지원국 지정 해제를 맞추는 데 집중하고 있는데, 우리가 앞서 나가 정상선언까지 들고나오면 미국 내 역풍이 나올 가능성이 있었다. 나는 이 문제들 외에도 우라늄 신고와 북한과 시리아 간 핵 협력 문제 등 많은 복병이 깔려 있음을 제기했다. 그럼에도 연내 협의 개시 가능성을 미국과 협의해보겠다고 했다.

이때 국정원장과 청와대 안보실장은 우선 정상선언부터 하고 그 후에 핵 폐기 절차에 들어가면 될 것이라고 주장했다. 그들은 1972년 미국과 중국이 상하이 코뮈니케를 통해 먼저 관계 정상화 의지를 밝힌 후, 협상을 개시하여 7년 후에 국교수립을 한 사례를 원용할 수 있다고 했다. 현실과는 거리가 먼 발상이었다. 첫째, 한반도는 휴전상태에 있고, 둘째, 북한이 NPT를 탈퇴하여 핵무기를 개발하고 있으며, 셋째, 상하이 코뮈니케는 미국이 세계전략 차원에서 미·중·소 간 이이제이(以夷制夷) 전술을 동원한 경우였다.

2006년 4월 미·중 정상회담에서 부시 대통령이 후 진타오 주석에게 북한과 평화협정 체결 용의를 표명했고, 바로 이어 탕 자쉬안 국무위원이 방북하여 김정일 위원장에게 미국의 뜻을 전달한 것으로 알려져 있었다. 그러나 미국은 언제나 '북한의 핵 폐기'를 전제 조건으로 달았는데 사람들은 이를 애써 주목하지 않으려 했다.

그런데 10월 30일 김만복 국정원장이 정부 홈페이지의 국정 브리핑난에 "지금이야말로 종전선언을 추진할 때이다"라는 글을 게재했다. 국가 정보를 관리하는 조직의 장으로서 할 일을 넘어선 것이었다. 나는 외교부 정례 브리핑과 국회 국정감사에서 "비핵화의 실질적인 진전이 있으면 평화체제 협상을 개시하는 것이 가능할 것이다"라고 밝혔다.

10월 말 관계장관 내부 토론에서 나는, 종전선언이란 말은 그 의미가 혼란을 가져올 수 있기 때문에 사용을 자제하고, 또 '3자 또는 4자'라는 표현도 불필요한 오해를 야기하기 때문에 가급적 '직접 관련 당사국'으로 쓰자고 했다. 우선 핵 폐기 일정을 구체적으로 합의한다음, 4자 정상 간에 완전 비핵화와 평화체제 수립에 관한 의지를 밝히도록 입장을 정하자고 제안했다. 그래야 미국과 북한의 입장을 접근시킬 수 있기 때문이었다. 그러나 다른 참석자들은 '3자 또는 4자'는 10·4남북정상선언에서 쓴 용어이므로 그대로 사용할 것을 주장하고, 종전선언은 협상에 들어간다는 정치적 의미로서 필요하다고 했다.

초기에는 남·북·미 3자가 평화체제 협상을 할 수 있다. 중국은 휴전협성에 인민의용군의 이름으로 서명했지만, 현재는 한반도 휴전에 정치군사적으로 관여되어 있지 않기 때문이다. 일단 남·북·미 3자 협상으로 시작하고, 협상의 완결단계에 가서 중국을 포함한 4자 간으로 전개할 수 있다. 그렇다고 처음부터 중국을 제외할 수 있다고 표시하는 것은 좋은 접근이 아니다. 그해 11월 20일 싱가포르에서 아세안+3(한·중·일) 정상회담 계기에 원 자바오 중국 총리는 노 대통령에게 "중국은 조선 휴전협정의 체약국으로서 평화체제 협상에 적극 참여할 것"이라고 강조했다.

이런 내부 논쟁과 관계없이 이즈음 미국은 점점 핵 불능화뿐만 아니라 북한의 시리아 핵 협력 문제와 농축우라늄 신고 문제가 해결되고 또 실질적 핵 폐기 과정에 들어가야 4자 정상선언이 가능하다는 입장을 굳히고 있었다. 강경파의 목소리가 들리기 시작했다. 돌이켜보면, 9월 7일 시드니 한·미 정상회담 후 바로 양측이 마주 앉아 평화체제 협상 출범에 대해 공동으로 설계한 후 남북 정상회담에 임했더라면 좋았을 것이다. 나 자신이 이 역할을 다하지 못했고, 정상회담 준비 팀도 남북관계에만 몰입했다.

11월 초 베이징 6자회담의 남북 수석대표 회동에서 김계관은 종전선언을 하더라도 미국이 모든 제재를 해제하고 북·미 외교관계가 수립될 때까지는 핵무기를 선반 위에 올려놓을 수밖에 없음을 강조했다. 아울러 최고위선의 합의 이전에 분위기 조성을 위해서 판문점에서 4자 외교장관 회담을 한다면 의미있는 일일 것이라고 제안했다. 제재 해제를 위해 한국이 미국을 움직여보라는 의미였다.

11월에 들어서 노 대통령은 본격적 핵 폐기가 개시되기 전에는 평화체제 협상이 불가능하다는 현실을 더 인식하기 시작했다. 대통령은 4자 정상의 종전선언에 급급할 필요가 없다면서, 정권을 초월한 의제로 추진해야 할 것임을 강조하고, 다음 정부에서 평화체제 협상을 발전시켜나갈 수 있도록 환경을 조성하라고 지시했다.

11월 초 힐 차관보는 베이징에서 김계관과 면담 후 서울에 와서 나와 조찬을 하면서, 평화체제 협상 개시 선언은 빨라도 2008년 1월이 적절할 것으로 본다고 했다. 워싱턴은 12월 한국 대통령 선거에 영향을 미칠 수 있는 일을 우려한다고 했다. 한편 당시에 워싱턴에서는 동북아 문제 관련 미·중·일 3자 협의 가능성이 제기되고 있었다. 나는 3자가 모이면 당연히 한반도 문제가 거론될 텐데 "우리 없는 곳에서 우리 문제를 거론하지 말라"(Nothing about us without us)고 못을 박았다. 며칠 후 11월 7일 워싱턴을 방문하여 라이스 장관에게도 이를 분명히 했다. 만약 당시 한국이 극력 반대하지 않았더라면, 최소한 일본과 미국은 미·중·일 3자회동을 추진할 것으로 보였다.

시리아의 경우와 한반도 군사행동 시나리오

예상치 못한 돌부리는 언제 어디서 만날지 모른다. 2007년 9월 6일 이스라엘 공군이 시리아 북부 사막의 지하시설을 폭격했다. 일주일 후 미국 언론에서 목표물이 핵시설이었고 북한의 기술자가 현장에서 작업을 했던 것으로 추정된다고 보도했다. 미국 국무부는 6자회담의 목적은 한반도 비핵화뿐만 아니라 북한으로부터 다른 곳으로의 핵 확산 위협도 제거하는 것이라면서 문제의 심각성을 거론했다. 북한은 북·미관계 진전을 반대하는 불순세력의 음모라며 반발했다. 9월 20일 부시 대통령이 직접 나서서 만약 북한이 6자회담의 성공을 원한다면 핵 확산을 중단해야 한다고 공개 요구했다. 내가 9월 말 뉴욕에서 라이스를 만났더니, 그는 북한이 2005년 9·19공동성명 채택 이전부터 시리아의 5메가와트 원자로 비밀 건설에 관여했다면서 '어리석은 행동'을 했다는 것이었다.

북한의 중동 지역에 대한 핵 및 미사일 협력은 오래전으로 거슬러 올라간다. 북한은 1990년대 초 시리아와 이란에 미사일을 판매했다. 위협을 느낀 이스라엘은 현실적 방안을 강구했다. 북한이 중동에 미사일 판매를 중단하는 대신 이스라엘이 북한의 운산 지역 금광개발 사업에 참여하고 수송 장비를 제공하는 등 10억 달러 규모의 투자를 제안했다. 1992년에서 94년까지 3년에 걸쳐 협상을 진행하여 거의 타결 직전까지 갔다. 그러나 당시 제네바에서 북한과 핵 협상 중이던 미국은, 이스라엘이 먼저 북한과 거래에 나서는 것을 중단시켰다. 미국의 전문가들은 당시 이스라엘의 투자를 통해 북한의 대외 경제의 존도를 높이면서 미·북 제네바 합의의 이행을 병행했으면 더 효과가 있었을 것이라고 아쉬워했다. 북한과 이스라엘의 거래가 성사되었다면 시리아라는 복병도 만나지 않았을 것이다.

조지 W. 부시, 라이스, 그리고 게이츠의 회고에 의하면, 2007년 봄 이스라엘 정보기관이 시리아 사막지대에서 북한의 영변 핵시설과 흡사한 구조물들을 발견했는데 이스라엘은 이를 핵무기 개발 현장으로 의심했다. 올메르트(Ehud Olmert) 이스라엘 총리는 부시 대통령에게 이 시설을 공중폭격으로 제거해줄 것을 요청했고, 미국은 세가지 방안을 검토했다. 첫째는 이스라엘의 요청에 따라 공중폭격하는 것인데, 이는 주권국가에 대한 일방적 군사행동으로서 국제사회에서 심각한 외교적 후유증을 가져올 것으로 우려했다. 둘째는 비밀작전 요원을 투입하여 파괴시키는 것인데, 성공 가능성이 낮고 실패할 경우 파장이 클 것으로 보았다. 마지막으로 외교적 수단으로 우선 시리아의 핵 개발 의혹을 유엔에 제기하여 해체할 것을 요구하고 이에 불응할 경우 공개적인 군사행동의 명분을 축적하는 것이었다.

부시가 마지막 방안을 제안하자 올메르트는 마음에 들지 않는다는 반응을 보이고는 9월 6일 이스라엘 공군이 자체적으로 이 시설을 파괴했다. 그런데 시리아 정부는 이를 공개 규탄하거나 문제 삼기는커녕 잔해를 수습해서 흔적을 없애버렸다는 것이다. 나중에 알려졌지만 이 폭격에는 한국군도 보유하고 있는 통합직격탄(Joint Direct Attack Munition, JDAM)이 사용되었다.

당시 미국이 검토했다는 세가지 방안은 북한의 핵시설에 대한 대책으로서도 충분히 생각해봤을 만한 일이다. 첫번째와 두번째 방안은 현실적으로 북한에 적용하기 어렵지만, 마지막 방안은 2006년 9월 한·미 정상회담을 통해 틀을 마련한 '공동의 포괄적 접근 방안'에 가장 가깝다. 당시 나는 중국도 수긍할 수 있는 합리적인 범위에서 북한의 요구를 충족시켜주고, 그래도 핵 폐기를 거부할 때는 불가피한 물리적 행동의 명분을 축적할 수 있다고 보았다.

특히 게이츠 국방장관이 내부 토론에서 제기한 논지는 깊이 생각해볼 부분이다. 첫째, 미국 국민에 대해 적대 행위를 한다는 구체적 증거가 없는 상태에서 특정 주권국가를 '기습공격'한 선례가 없다는 것을 강조했다. 1986년 리비아, 1989년 파나마, 2001년 아프가니스탄의 경우 모두 미국 국민에 대한 적대 행위의 구체적 증거가 있었다는 것이다. 2003년 3월 이라크 침공도 예고된 전쟁이었지 기습공격은 아니었다. 미국은 '도조 히데키(東條英機) 옵션'을 선택하지는 않는다는 것이다. 1941년 11월 일본이 선전포고 없이 진주만을 선제공격한 것을 그렇게 불렀다. 그래서 1981년 이스라엘이 '바빌론 작전'이라는 이름으로 이라크의 오시라크 원자로를 공격했을 당시, 레이건 대통령은 이스라엘을 공개적으로 규탄했다는 것이다.

둘째, 시리아에 대한 공개적인 선제공격을 감행할 경우, 이라크전에 이어 미국이 호전적으로 부각되어 중동 지역에서는 물론 세계적으로 미국의 위상에 흠이 갈 것을 우려했다. 모든 다른 수단이 실패했다는 것이 입증될 때, 무력 사용을 선택한다는 것이 미국의 오랜 정책이라는 것이다. 결국 미국은 이스라엘이 독자적으로 기습공격하는 것은 막을 수 없었지만, 미국이 관여되는 것은 피했다는 것이다.

한반도에서 북한의 핵 개발이 우리의 존립에 위협을 가한다는 점에서는 이스라엘의 행동을 참고할 수 있다. 그러나 시리아와 북한의 군사력 차이, 시리아의 배후세력인 이란과 북한의 뒤에 있는 중국의 국력 차이, 북한의 주요 핵시설이 중국 국경에서 직선거리로 불과 100킬로미터밖에 떨어져 있지 않다는 지리적 조건, 그리고 우리 수도권이 북한의 장사정포 같은 재래군비에 직접 노출되어 있는 점 등을 고려해야 한다. 그럼에도 만약 한국이 이스라엘과 같은 선택의 가능성을 염두에 두려면, 스스로 군의 작전을 수행할 수 있는 능력을 갖추는 것이 필요하다. 우리나라에는 거꾸로 군사작전권은 갖지 않겠다면서 걸핏하면 대북 강경 군사행동을 쏟아내는 이른바 '안락의자의 전사'들이 많다.

그간 미국이 북한 핵시설에 대한 군사 공격의 가능성을 검토했다는 사실이 공개 거론된 적이 있다. 책상에 올려놓을 수 있는 모든 가능성 중에 하나일 수 있다. 시리아 사건은 북한이 한국이나 미국 또는 일본을 공격하거나 그 징후가 명백할 경우, 아니면 모든 비군사적 수단을 동원해본 후 다른 선택의 여지가 없다는 데 대해 주변국들이 동의할 때 비로소 군사행동의 문이 열릴 수 있음을 보여준 사례이다. 북한은 미국의 이러한 행동반경을 염두에 두고 아슬아슬한 한계 내에서 여러 유형의 도발을 해왔다.

나는 이스라엘이 실제 시리아를 폭격했다는 소식을 듣고 1989년 베이커 미 국무장관과 최호중 외교장관 사이에 오고 간 서한이 생각났다. 그때 최 장관의 회신에 좀더 강한 내용을 담았으면 좋았을 것이다. 무슨 수단을 써서라도 북한의 핵 개발을 막아주겠다는 베이커의 약속을 그냥 믿는다고만 할 것이 아니었다. 일정 기한 내, 예를 들어 당시 노태우 정부의 임기 만료인 1993년 2월로부터 1년 정도 여유를 두고 해결하지 못하면 한국이 자체적 대응방안을 모색하겠다는 조건을 달았어야 했다는 생각이 들었다.

2007년 9월 미국은 북한의 시리아 핵 지원에 대한 시인과 재발 방지 약속이 있어야 테러지원국 및 적성국 제재 명단에서 해제할 수 있다고 압박했다. 북한은 비공개로 과거에 유사한 활동이 있었음을 시인했다. 그래서 2007년 6자회담의 10·3합의에 "북한이 핵물질과 기술을 이전하지 않는다는 공약을 재확인했다"는 조항이 들어갔다. 협상을 통해 비핵화를 단계적으로 진척시키려던 라이스와 힐은 이런 우회적 방법을 통해 다음 단계로 넘어가려 했다. 이 문안은 미국과 북한이 서로 체면을 유지하는 방식으로서 한·미 간에도 사전 협의되었던 것이다.

그런데 미국의 정치가 그렇게 쉽게 돌아가지 않았다. 중동에서의 핵 확산은 한반도와는 차원이 다른 미국 내 정치적 무게를 갖는다. 중동 지역이 갖는 국제 안보상 비중은 물론, 테러집단으로 핵이 확산될 위험, 그리고 이스라엘의 미국 내 영향력 때문이다. 체니 등 강경파는 사건을 공개적으로 규명하고 북한이 명시적으로 재발 방지를 약속해야 한다고 주장했다.

11월 초 워싱턴에 갔을 때 라이스는 가급적 조용히 이 문제를 해결하려고 노력하지만 미국 내 여건이 여의치 않다고 실토했다. 그는 시리아 문제가 해결되어야 12월 초 미국 의회에 대북 제재 해제 계획을 통보하고 45일 경과 후 해제가 발효되면, 2008년 1월 하순 한반도 평화체제 협상 개시도 가능할 수 있을 것이라고 했다. 나는 북한이 6자회담에서 시리아의 경우를 적시하면서 핵 확산의 재발 방지를 공개적으로 약속할 가능성은 희박하므로 미·북 양자회담에서 시인하고 재발 방지를 약속받는 것이 현실적인 방안일 것으로 본다고 했다. 우리도 북한에 그렇게 설득해보기로 했다.

11월 중순 서울에서 열린 남북 총리회담 계기에 노 대통령이 북한의 김영일(金永一) 총리에게 시리아를 지칭하면서, 북한의 핵 확산 문제가 북·미관계 진전에 심각한 장애가 되고 있으므로 조기 해결이 필요하다고 강조했다. 그는 상부에 보고는 하겠지만 그 문제는 이미 미국과 충분히 협의했다면서 비껴갔다.

이런 북한의 반응을 라이스에게 알려주었더니, 그는 북한이 이 문제가 해결된 것으로 잘못 간주하고 있다고 하면서, 전면 해결 전에는 아무것도 할 수 없다고 토로했다. 그는 시리아 문제로 워싱턴의 분위기가 악화되어 그동안 논의되어온 한반도 평화체제 협상은 워싱턴에서 거론하기도 어려운 사정이라고 했다. 한국에서는 대통령 선거의 막바지 국면에다, 미국에서는 강경파의 목소리가 올라가는 이중의 난관에 부딪쳤다.

당시 북한 핵의 불능화 작업은 진전되고 있었고 또 북한의 우라늄농축 계획에 대한 소명 방법에 대해서도 접근 기미가 있었다. 그러나 미국의 강경파는 북한의 우라늄농축 계획보다는 시리아와의 핵 협력 문제를 더 긴박하고 심각하게 제기했다. 북한의 우라늄농축 계획은 당장 테러리스트의 손에 이전될 정도로 발전되지 않았지만, 무기급 플루토늄 능력은 바로 이전될 수 있다는 논리였다.

사실 이 논리는 9·19공동성명 채택 과정에서 우리가 미국에 대해 주장했던 것과 같다. 우리는 당장 북한의 무기급 플루토늄이 더 위험하니 이를 먼저 해결하고 그에 기초하여 우라늄농축 문제로 넘어가자고 미국에 요구했다. 그러나 그때 강경파들은 우라늄농축 문제에만 집요하게 매달려 협상을 어렵게 했다. 그런데 시리아의 경우에는 두 나라가 정반대의 입장을 보였다.

이런 가운데 나는 12월 초 이스라엘로 날아가 올메르트 총리와 리브니(Tzipi Livni) 부총리 겸 외교장관을 만났다. 기습공습으로 시리아의 핵 시도를 잘라버린 인물들이었다. 나는 북한의 핵 자체를 없애야 중동 지역으로 확산되는 것을 원천적으로 해소할 수 있다고 했다. 그러기 위해서는 미·북관계 개선을 통해 북한의 핵 개발 자체를 저지하는 것이 관건이라면서 한국과 이스라엘의 대미 협력을 강조했다. 그들은 무슨 뜻인지 알겠다는 반응을 보였다. 실제 미국에 어느 정도 영향을 미쳤는지는 알 수 없었지만 미국 강경파의 저항을 완화시키기 위해서는 그런 길도 가봐야 했다.

이들을 만난 후 나는 예루살렘에서 무장 경호를 받으며 팔레스타인의 행정 수도인 라말라로 갔다. 우리 일행은 7미터 높이의 콘크리트 장벽을 지그재그로 통과하여 중간 비무장지대에서 팔레스타인 측 경호 팀에 인계되었다. 나는 불만에 찬 얼굴로 하릴없이 길거리를 배회하는 젊은 팔레스타인 청년들을 보면서 바로 그들이 테러조직의 유혹에 노출되어 있다고 생각했다. 내가 통과한 콘크리트 장벽만으로는 결코 이스라엘의 안전을 보장할 수는 없다고 보았다.

나는 파이야드(Salam Fayyad) 팔레스타인 총리에게 한국이 직업훈련센터를 세우고 이어 중소기업이 진출하여 훈련된 노동력을 고용하는 방안을 제시했다. 이스라엘도 그와 같은 한국의 역할을 환영했다. 한국은 그후 자동차와 전기를 중심으로 한 기술고등학교와 경제정책연구소 설립을 지원했다. 세계 어디서나 안보를 위해서는 무기나 장벽으로만이 아니라 불안의 근원에 접근하는 시각이 필요하다.

소고기 협상, 같은 말 다른 해석

2007년 9월 시드니 회담에서 노무현 대통령은 부시 대통령에게 "소고기 문제는 지난번 전화로 이야기한 바에 따라 이행할 것이다"라고 했다. 그해 4월 초 한·미 FTA 협상 타결 직전에 두 대통령이 나눈 통화 내용을 두고 한 말이었다. 당시 노 대통령은 카타르를 방문 중이었다. 3월 28일 아침 부시 대통령이 소고기 문제로 노 대통령과 통화하고 싶어 한다는 이야기를 듣고, 나는 서울의 통상교섭본부에 연락해서 상황을 파악하고 수행 중인 청와대 보좌진들과 함께 노 대통령이 부시 대통령에게 언급할 대화 요지를 급히 작성했다. 김영주(金榮柱) 산업자원부장관, 백종천 안보실장, 윤대희(尹大熙) 경제수석이 함께했다. 이 문제의 민감성을 잘 알고 있던 노 대통령은 본인의 언어로 다시 정리하여, "국제수역(獸疫)사무국(OIE)의 기준을 존중하고, 일본, 대만, 홍콩 등과 형평을 맞추면서 연말까지 해결토록 하자"고 부시 대통령에게 말했다. 문제는 이 세가지 조건이 일관될 수 없다는 점이다. 노 대통령은 '아시아 다른 국가들과의 형평'에 방점을 두었고, 부시 대통령은 '국제수역사무국의 기준'과 '연말까지 해결하자'는 말에 방점을 둔 것이었다. 그해 5월 22일 국제수역사무국은 미국의 소고기가 광우병 통제 범주에 속하는 것으로 국제수역사무국의 기준을 충족한다고 발표했다. 그래서 미국은 연말까지 한국이 수입 금지를 해제할 것으로 기대했다.*

9월 시드니에서 부시 대통령은 노 대통령에게 한국이 이제 국제수역사무국 기준을 존중하기를 바란다고 했다. 그는, 일본은 한국이 움직여야 일본도 움직인다고 하고, 또 중국은 일본이 움직여야 중국도 움직인다고 하는데, 한국은 중국 핑계는 대지 않고 있다면서 웃었다. 그랬더니 노 대통령은 한국 국민들은 왜 일본은 수입하지 않는데 한국이 나서야 하는지 의문을 제기한다면서 일본, 대만, 홍콩도 한국처럼 수입한다고 해야 우리도 움직일 수 있는데 아직 그들과 협상한다

----

* 당시 소고기 문제는 농수산 검역 당국이 비현실적으로 엄격한 수입 조건을 부가한 측면이 없지 않다. 미국의 소고기 살코기에 실수로 미세한 뼛조각 하나라도 섞이면 컨테이너를 통째로 반송했다. 이러한 조치가 결과적으로 소고기 수입 분쟁은 물론 한·미관계에도 부정적 영향을 미쳤다.

는 소식은 못 들었다고 대응했다.

부시 대통령은 일본과도 한국과 똑같은 소고기 합의를 할 것이고 결코 두 나라 사이를 차별하지 않을 것이라고 다짐했다. 그러면서 한국은 미국의 FTA 파트너이지만 일본은 아니라는 점을 강조했다. 그는 "한국에 미국산 소고기 수요가 있어 공급하는 것이니 시장 원리에 따르면 되는 것이다"라면서 대화를 끝냈다. 그의 입장은 늘 그렇게 간단했다. 그로부터 8년이 지난 2015년에야 미국과 일본을 중심으로 한 환태평양경제동반자협정(Trans-Pacific Partnership, TPP)이 체결되었다. 사실상 미·일 FTA라고도 불린다. 다분히 한·미 FTA가 미국의 대일 협상 지렛대로 활용되었을 것이다. 그후 미국과 일본은 한국보다는 개방 폭이 좁은 수준에서 소고기 협상을 타결했다.

2007년 12월 하순 대통령이 소고기 문제를 결정하기 위해 총리와 관계 장관들을 불렀다. 나는 우리 코트에서 볼을 갖고 있지 말고 "위험 부위를 제외한 30개월 미만 소고기" 수입을 허용하는 방안을 미국에 던지자고 제안했다. 만약 미국이 안 받으면 그때는 미국이 부담을 지는 것이라고 부연했다. 한덕수(韓悳洙) 총리 및 김종훈(金宗壎) 통상교섭본부장과 미리 의논한 후 내가 나서기로 한 것이었다. 노 대통령은 미국이 그 방안을 받을 것 같으냐고 물었다. 한 총리가 받을 것 같지는 않다는 의견을 내자, 대통령의 안색이 굳기 시작했다. "미국이 받지도 않을 방안으로 우리의 카드를 써버리면, 다음 정부가 들어와서 협상할 여지만 줄여버리고, 또 국내 정치적으로도 나를 지지한 사람들에게 좋은 소리도 못 들을 제안을 왜 하느냐"며 역정을 냈다. 노 대통령은 정권이 반대편으로 넘어가게 되니 각료들이 자신의 정치적 입지를 고려하지 않는다는 느낌을 받은 것으로 보였다.

나는 순간 당황했다. 자리에서 일어서는 대통령을 뒤따라가며 "부담을 미국 측에 넘기자고 드린 말씀"이라고 하자, "피도 눈물도 없느냐" 하며 돌아보지도 않고 나갔다. 그간 노 대통령과 많은 토론을 했지만 나의 의도가 그렇게 심각할 정도로 달리 받아들여진 경우는 처음이었다. 잠시 머릿속이 뿌예지는 것 같았다. 미리 그 취지에 대해 조용히 운을 떼어두었더라면 최소한 그런 오해는 없었을 것이라는 아쉬움이 남았다.

2008년 2월 취임한 이명박 대통령은 그해 4월 미국을 방문하여 '한·미관계 복원'이라는 이름으로 미국산 소고기의 조건 없는 수입을 약속했다. 거대한 국론 분열의 파도가 일었다. 30개월 미만 소고기부터 단계적으로 수입하면서 국내적 필요와 미국의 요구를 타협해나갔으면 좋았을 것이다. 미국은 여러 분야에서 한국과 일본 중 어느 한쪽을 먼저 설득하고 이를 지렛대로 다른 쪽을 설득하는 방식을 자주 사용한다. 통상(通商) 협상은 물론, SOFA, 방위비 분담, 기지 이전 비용 부담, 해외 군사활동 지원 등에서 그러한 방식을 동원했다. 미국은 아시아 태평양 전체의 차원에서, 한국은 한·미동맹과 한반도 차원에서 각각 전략을 세우는 만큼 서로 '공생의 지혜'를 찾을 수밖에 없다.

제12장
시작만 있고 끝은 없는 대북정책

북한 인권, 흔들린 원칙

유엔인권위원회는 2003년부터 북한에서 조직적이고 광범위한 인권 침해가 자행되고 있음을 비판하고 개선을 촉구하는 결의안을 채택해왔다. 우리 정부는 2005년까지는 논란과 고민 끝에 세차례에 걸쳐 이 결의안 표결에 불참하거나 기권했다. 나는 인권이라는 인류의 보편적 가치를 존중하는 것은 어느 나라든 예외일 수 없다고 보았다. 우리가 유엔의 북한인권결의안 채택에 앞장설 필요까지는 없지만, 회원국들의 집단적 권고인 만큼, 남북관계와는 분리하여 이 결의안에 찬성하는 것이 맞다고 생각했다.

1970~80년대 우리나라가 미국과 유럽 국가들로부터 인권 상황에

대한 압력을 받고 있을 때, 나도 그 현장에 있었다. 그런데 우리의 경제 성장 및 민주화가 이루어지면서 인권도 개선되어왔다. 국가의 대외의존도가 높아진 것도 크게 작용했다. 따라서 북한이 빈곤과 고립 속에서 인권을 개선할 수 있을 것으로 기대하는 것은 우리 스스로가 걸어온 인권 역사의 교훈과 어긋난다. 인권 상황을 이유로 북한과의 교류와 접촉을 억제하는 것은 오히려 인권 개선에 역행하는 것이다. 한국의 입장은 이 두가지 가치의 중간에 있을 수밖에 없다.

2006년 북한인권결의안은 11월 중순 표결 예정이었는데 9월부터 정부 내에서 이 문제가 논의되고 있었다. 그러던 중 10월 9일 북한이 핵실험을 했다. 우리는 이미 그해 7월 북한의 장거리 미사일 시험발사 후부터 식량 지원 중단 등 대북 압박을 가하던 중이었다. 북한인권결의안에 대해 외교부는 찬성, 통일부는 기권으로 갈렸다. 표결 며칠 전 안보정책 조정회의가 열렸는데 통일부의 기권 주장이 우세했다.

나는 대통령 안보실장으로서 부처 간 입장을 조율해야 했다. 상황을 보니 그해에도 전년처럼 기권으로 갈 것 같았다. 나는 할 수 없이 팔을 걷어붙이고 나섰다. 당시 내가 주도하여 북한 핵의 해결책으로 미국과 '공동의 포괄적 접근 방안'을 가동시키고자 하던 때였다. 이 방안의 핵심 바탕은 적극적인 대북 타협 제안에도 불구하고 북한이 거부할 경우에는 강공책을 동원한다는 것이었다. 그런데 온 세상이 아는 북한의 인권 상황을 개선하라는 결의안에도 찬성하지 못한다면, 어떻게 미국에 대해 한국을 믿고 대북 강공책을 전제로 한 과감한 타협안에 동참할 것을 요청할 수 있겠느냐고 반문했다.

그러나 통일부의 입장은 달랐다. 남북관계의 특수성을 감안해서 기권하자는 주장을 고수했다. 실제 북한과 얼굴을 맞대고 협상하려면 그럴 수 있겠다는 생각도 들었다. 안보정책조정 회의에서 결론을 낼 수가 없었다. 보통 합의된 의견을 대통령에게 건의해서 최종 결정을 받는 것이 순서였지만, 이날은 할 수 없이 외교부와 통일부의 입장, 그리고 안보실장의 견해를 병기해서 대통령에게 보고했다. 당시 여당도 결의안 찬성에 반대하고 있었다. 대통령은 "여당과의 의견충돌도 생각해야 하겠지만, 명분상의 문제이니 찬성 쪽으로 설득하자"고 결정했다. 북한인권결의안이 유엔에 상정된 후 한국은 처음으로 찬성투표했다.

2007년에 다시 북한인권결의안 표결 문제가 대두되었다. 이번에는 내가 외교부장관으로서 책임을 져야 했다. 1년 전에 심한 논쟁 끝에 대통령의 결정을 받아 찬성투표했는데, 인권의 보편적 원칙은 물론이고 국가 정책의 일관성은 유지해야 된다고 생각했다. 우리 정부가 유럽 국가들이 발의한 초안 내용의 강도를 어느정도 완화시키도록 교섭한 결과 북한 지도자를 지칭하는 부분을 삭제하는 등 내용이 상당히 조정되었다. 11월 1일 기자회견에서 결의안 찬성 여부에 대한 질문을 받고 나는, "정부가 2006년 유엔의 북한인권결의안에 찬성투표한 것이 우리의 입장을 공식적으로 표현한 것"이라고 확인했다.

그런데 그로부터 한달 전의 10월 남북 정상회담이 사정을 흔들어 놓았다. 11월 15일 이 문제가 안보정책 조정회의에서 정식으로 논의되었다. 나는 이번 결의안이 이미 우리의 요구를 반영해서 크게 완화되었고, 또한 우리가 북한의 인권 상태를 중시한다는 입장을 취해야 국제사회도 우리의 대북정책에 신뢰를 보이고 지원할 것이라고 주장했다. 그런데 이재정 통일부장관, 김만복 국정원장, 백종천 안보실장의 입장은 달랐다. 북한인권결의안이 북한의 체제에 대한 내정간

섭이 될 수 있고, 또 인권결의안으로 실제 북한 인권이 개선된다는 효과를 기대할 수도 없으며, 특히 어렵게 물꼬를 튼 남북관계 발전에 지장을 초래한다는 이유로 기권을 주장했다. 김장수 국방장관은 특별한 의견이 없었다.

내가 "꼭 그렇다면 찬성과 기권 입장을 병렬해서 지난해처럼 대통령의 결심을 받자"고 했다. 그랬더니 문재인 비서실장이 왜 대통령에게 그런 부담을 주느냐면서 다수의 의견대로 기권으로 합의해서 건의하자는 것이었다. 내가 동의할 수 없다면서 버티자 회의는 파행되었다. 이러한 상황은 대통령에게 보고되었다.

마침 이 시기, 서울에서 남북 총리회담이 열리고 있었다. 11월 16일 노 대통령은 북한의 김영일 총리를 포함한 남북 대표를 청와대로 초청하여 오찬을 가졌다. 11월 20일에는 유엔의 표결이 예정되어 있었고, 월요일인 19일에는 대통령이 '아세안+3' 정상회담 참석차 싱가포르로 출국하게 되어 있었다. 그래서 11월 16일 오후 대통령 주재하에 나와 통일부장관, 국정원장, 비서실장, 안보실장 등 5인이 토론했다. 대통령은 다 듣고 나서는 "방금 북한 총리와 송별 오찬을 하고 올라왔는데 바로 북한인권결의안에 찬성하자고 하니 그거 참 그렇네" 하면서, 나와 비서실장을 보면서 우리 입장을 잘 정리해보라는 말을 남기고 자리를 떴다. 우리는 뒤에 남아서 더 격론했지만 결론을 낼 수가 없었다.

그날 저녁 집무실로 돌아와 혼자서 많은 고민을 했다. 결국 대통령에게 마지막 호소문을 올리기로 했다. A4 용지 4장에 만년필로 나의 생각을 담아서 밤 10시경 대통령 관저로 보냈다. 서한의 요지는 이러했다.

저의 거칠지만 솔직한 생각을 말씀드리겠습니다. 6자회담 수석대표, 안보실장, 그리고 외교장관에 봉직하면서, '한반도 분단 해소'를 향한 대통령의 꿈에 조금이라도 도움이 될까 해서 부족하지만 제가 할 수 있는 모든 것을 다해왔습니다. 핵 문제 해결과 남북관계가 함께 진전되도록 미국을 포함한 여러 나라들을 우리 정책으로 끌어오기 위해 한시도 눈을 옆으로 돌릴 수 없었습니다. 이번 인권결의안 문제는 인권정책을 넘어 우리가 다른 나라들과의 협력을 바탕으로 하여 북한을 국제사회의 일원이 되도록 하는 우리 외교안보 정책의 추진동력에 직접 영향을 줍니다. 지난해 우리는 처음으로 이 결의안에 찬성했고 그때도 북한이 소리만 냈지, 실제 자신들이 필요하면 수시로 우리에게 접근해왔습니다. 이미 우리의 주도로 결의안 내용을 많이 완화시킨 것도 북한이 알고 있습니다. 기권할 경우 앞으로 남은 기간 비핵화를 진전시키고, 평화체제 협상을 출범시키는 데 제가 할 수 있는 일이 뭔지 막막합니다.

나는 편지를 쓰면서 왕조시대에 상소문을 올릴 때 이런 심정이지 않았을까 하는 생각이 들었다. 이틀이 지나 11월 18일 일요일 저녁에 연락이 왔다. 장관들이 다시 모이자는 것이었다. 대통령은 나의 편지를 보고, "그동안 외교부가 여러 나라를 설득해서 결의안 문안까지 완화시켰는데 지금 와서 기권하자면 민망할 것이다. 그런데 찬성을 해서 남북관계에 영향을 줄 위험도 생각해야 한다. 엊그제 북한 총리에게 이 문제를 가볍게 언급했더니 '일 없다'고 지나가듯이 이야기하던데 좀더 챙겨볼 걸 그랬나"라고 했다는 것이다.

노 대통령은 주무기관인 외교장관이 그토록 찬성하자고 하니 비서실장이 다시 회의를 열어 의논해보라고 지시한 것이다. 저녁 늦게 청와대 서별관에 도착하니 다른 네 사람은 미리 와 있었다. 이구동성으로 왜 이미 결정된 사항을 자꾸 문제 삼느냐고 불만을 터뜨렸다. 나는 다시, 인권결의안에도 찬성 못하면서 어떻게 북한 핵과 평화체제 수립을 위한 우리의 방안에 협력해달라고 다른 나라들을 설득할 수 있겠느냐면서, 내가 장관 자리에 있는 한 기권할 수 없다고 했다.

나는 북측의 반발에 대해서 너무 우려하지 말라면서 유엔에서 남북대표부 간 막바지 접촉 경과를 설명했다. 당시 유엔에서 북한 외교관들은 지난 5년간 몇몇 나라가 정치적 목적으로 북한인권결의안을 추진했다고 비판하면서 한국이 결의안에 대한 찬성을 전제로 수정안을 내는 것에 대해 이해할 수 없다는 반응을 보이고 있었다. 이에 대해 한국 외교관들은 남북 경제협력과 인도적 지원, 그리고 국제사회의 대북 지원을 원활하게 하려면 한국이 나서서 완화시킨 결의안 정도에는 찬성하는 것이 현실적 방안이라고 북측을 설득하고 있었다.

나의 주장이 계속되자 국정원장이 그러면 남북 채널을 통해서 북한의 의견을 직접 확인해보자고 제안했다. 다른 세 사람도 그 방법에 찬동했다. 나는 "그런 걸 대놓고 물어보면 어떡하나. 나올 대답은 뻔한데. 좀 멀리 보고 찬성하자"고 주장했다. 한참 논란이 오고 간 후 문재인 실장이, 일단 남북 경로로 확인해보자고 결론을 내렸다. 더이상 논쟁할 수가 없었다. 한밤에 청와대를 나서면서 나는 심한 자괴감에 빠졌다. 남북관계를 좀더 진전시켜두고자 하는 의지는 이해할 수 있었으나 이런 방식으로 남북관계의 허상을 쫓지는 말아야 한다고 생각했다.

다음 날인 11월 19일 아침 대통령을 수행해서 싱가포르로 출국했다. 11월 20일 저녁 대통령의 숙소에서 연락이 왔다. 방으로 올라가 보니 대통령 앞에 백종천 안보실장이 쪽지를 들고 있었다. 그날 오후 북측으로부터 받은 반응이라면서 나에게 읽어보라고 건네주는 것이었다. "역사적 북남 수뇌회담을 한 후에 반(反)공화국 세력의 인권결의안에 찬성하는 것은 정당화될 수 없다. 북남 관계 발전에 위태로운 사태를 초래할 테니 인권결의 표결에 책임있는 입장을 취하기 바란다. 남측의 태도를 주시할 것이다"라는 요지였다. 당연히 예상했던 반응이었지만 적반하장이라고 생각했다.

나는 백 실장을 바라보면서 "이렇게 나올 줄 모르고 물어봤느냐"라고 했다. 분위기가 심상치 않자 백 실장은 자리에서 떴다. 나는 달리 쳐다볼 곳이 없어 한참 천장을 쳐다보고 있었다. 차가운 침묵이 흘렀다. 대통령도 기분이 착잡한 것 같았다. "북한한테 물어볼 것도 없이 찬성투표하고, 송 장관한테는 바로 사표를 받을까 하는 생각도 얼핏 들었는데……" 하며 말을 끝맺지 않았다. 외교장관이 알아서 찬성투표하게 해서 국제사회에서 우리의 체면은 살리고, 그후 장관을 해임하여 북한에 대한 입지도 살리는 고육지계를 생각했던 것으로 보였다. 나는 "그게 오히려 맞습니다. 지금 이 방식은 우리의 대북정책에도 좋지 않고 대외관계 전반에도 해롭습니다"라고 했다. 노 대통령은 "그런데 이렇게 물어까지 봤으니 그냥 기권으로 갑시다. 묻지는 말았어야 했는데…… 송 장관, 그렇다고 사표 낼 생각은 하지 마세요"라고 했다. 정부 임기가 6개월 정도만 남았더라도 사표를 냈겠지만 석달을 앞두고 나의 명분만 차리겠다고 그렇게 할 수는 없었다.

노 대통령은 잠시 후 "나 참, 공기가 무거워서 안되겠네" 하면서 침실로 들어갔다. 이날 청와대 대변인은 "노 대통령이 외교장관과 안보실장으로부터 북한인권결의안에 대해 보고를 받고 기권 방침을 결정했다"고 언론에 설명했다. 다음 날 유엔에서 한국은 북한인권결의안 투표에 기권했다. 4년 사이에 한국은 이 결의안에 대해 불참—기권—찬성—기권으로 가는 지그재그 행보를 걸었다.

11월 19일 서울에서는 버시바우 미국대사가 조중표 차관에게 한국이 전년도와 같이 북한인권결의안에 찬성투표해줄 것을 마지막으로 요청해왔다. 미국 행정부는 한국이 인권이라는 보편적 가치에 동참하지 않을 경우 대북정책 공조에 미칠 영향은 물론 의회와 언론으로부터 동맹 관리를 잘 못하고 있다고 비판받을 것을 우려했다. 대북정책에 대한 의회의 지지를 받기도 어려운 것이다. 당시 나는 라이스에게 얼마 남지 않은 기간이라도 비핵화를 진전시키고 평화체제 협상 출범 여건도 만들도록 최선의 노력을 다하자고 다짐하고 있을 때였다. 그러나 인권이라는 보편적 원칙 하나도 제대로 못 지키면서 미국더러 우리와 공동보조를 취해서 평화체제의 기반을 같이 닦자고 하는 것이 별로 설득력이 없었다.

11월 말 나는 이화여자대학교 강연에서 한국의 국민총생산 규모가 전세계 80위에서 200위에 걸친 국가들을 다 합친 것만큼 큰 나라임을 상기시켰다. 이러한 경제력을 바탕으로 외교력을 발휘하여 더 큰 국가이익을 창출하고 미래의 지평을 여는 선순환을 일으킬 수 있는데, 남북문제만 나오면 국제사회에 나가서 작아진다고 내 심정을 토로했다.

이후 정권이 바뀌어 이명박 및 박근혜(朴槿惠) 정부에서는 북한인권결의안에 대해 단순한 찬성투표를 넘어 결의안 발의를 주도했고 대북정책도 전면 전환했다. 만약 노무현 정부가 2006년에 이어 2007년에도 일관되게 북한인권결의안에 찬성했다면 다음 정부가 10·4정상선언을 포함한 노무현 정부의 대북징책을 뒤집을 명분을 찾기가 그렇게 쉽지는 않았을 것이다.

다른 나라들이 발의한 결의안에 그냥 찬성하는 것과 발의에 앞장서는 것은 다른 문제이다. 남과 북은 서로의 체제를 일단 인정하고, 그 바탕 위에서 협상을 통해 상호 신뢰를 쌓으면서 변화를 추구하는 과정이 불가피하다. 한국이 국제사회의 북한 비난을 선도하는 것과 남북 신뢰구축을 주도하는 것은 병립하기 어렵다. 북한인권결의안에는 찬성하고 대북 지원은 늘리는 것이 균형있는 정책일 것이다. 그래야 한국이 국제사회의 대북 자세를 주도할 입지를 만들 수 있다. 특히 미국의 대북 협상파들로 하여금 필요시에 한국의 대북 압박을 기대할 수 있으니 한국이 제시하는 협상전략을 존중해주자는 목소리를 내게 하는 데 도움이 된다.

미국, 북한 군수공장에

남북 정상회담 후 북핵 불능화를 위한 마지막 피치를 올리기 위해 나는 2007년 11월 7일 워싱턴을 방문했다. 나와 라이스는 앞으로 몇 개월간 이룰 수 있는 현실적 기대 수준을 설정해보았다. 북한이 불가역적 비핵화와 핵물질의 부분적 제거를 하는 대신, 미국 국무장관이 북한을 방문하여 관계 진전을 이루고 평화체제 협상을 진전시키면서 6자회담을 통한 경수로 제공을 약속하는 선으로 잡았다.

이즈음 북한이 미국의 성 김(Sung Kim) 국무부 한국과장 일행에게 군수공장 내부까지 보여주고, 또 지난 3년간 핵심 문제가 되어온 특수 알루미늄은 함포 제작 목적으로 구매했다고 주장하면서 알루미늄 샘플을 보여주겠다고 했다. 그런데 나중에 미국 측이 샘플에서 고농축우라늄 흔적이 나왔다고 주장함으로써 양측이 더욱 대립하게 되었다. 북한이 샘플을 제시할 정도면 나름대로 진실에 자신이 있었거나 또는 미국을 속일 수 있다고 판단했을 것이다. 북한이 미국의 과학기술 능력을 과소평가했거나, 아니면 미국이 자신의 과학 능력을 과대평가했거나 둘 중 하나일 것이라는 말도 있었다. 당시 미국 전문가들 사이에서 샘플에서 포착된 고농축우라늄 흔적이 확정적인 증거는 아니라는(inconclusive) 소수 의견도 제기되었다고 한다. 이른바 '과학 분쟁'이란 것이다.

유사한 다툼으로는 2004년 북한이 일본의 요구에 따라 요코다 메구미(橫田めぐみ, 1977년 11월 15일 만 13세의 나이에 일본 니가타新潟 시에서 귀갓길에 북한에 납치된 일본 여성)의 유골을 일본에 넘겨주었는데, 일본은 유골이 가짜라고 주장하고, 북한은 그렇다면 유골을 다시 돌려달라고 반박함으로써 일·북관계가 뒤틀어졌다. 당시 국내외 과학계에서는 유골에 1,200도 이상의 고열을 가하여 분쇄했을 경우 유전형질이 변형될 수 있기 때문에 일본의 주장도 확증적이지는 않다는 반론이 제기되기도 했다. 당시 미국 연방수사국의 법의학 팀도 같은 의견을 내었지만, 일본 정부의 입장을 감안하여 공개하지는 않은 것으로 파악되었다. 그러나 국제사회에서 신뢰를 잃은 북한의 말은 무게가 없었고, 공방은 계속될 수밖에 없었다. 과거의 행위에 대한 어두운 기억들로 얼룩진 공간을 청소하는 것은 결국 북한 스스로의 몫이다.

11월 20일 일본의 고무라 마사히코 외상을 싱가포르에서 만났더니, 두달 전 뉴욕에서 만났을 때와는 입장이 미묘하게 바뀌어 있었다. 북한 비핵화 작업은 진전되는데 납치 문제와 일·북관계가 진전이 되지 않는다면서 일본 국민들의 여론이 좋지 않다고 했다. 납치 문제가 해결되지 않으면 대북 지원에도 참가할 수 없고, 또 미국의 대북 제재 해제에도 반대한다고 했다. 이 무렵 미국의 강경파와 일본이 다시 같은 배를 탄 형국이었다. 라이스와 힐은 일본으로부터는 납치 문제로, 이스라엘로부터는 시리아 문제로 압박을 받고 있는 것으로 보였다. 그런데 협상에 힘을 보태야 할 한국 정부의 무게는 떨어지고 있었다.

　힐 차관보가 12월 3일 부시 대통령의 친서를 들고 북한을 방문했다. 힐이 김정일을 만나서 직접 친서를 전달하기를 희망했으나 성사되지 않았다. 아마 국무장관이 아니라는 이유였을 것이다. 친서의 요지는, 연말까지 핵 불능화 완료, 핵물질 및 시설의 완전한 신고, 그리고 제3자에 대한 핵 이전을 해명하기를 기대한다고 하고, 완전한 비핵화와 미·북관계 정상화를 함께 진전시키자는 것이었다. 부시 대통령은 비슷한 내용의 친서를 6자회담의 다른 정상들에게도 보냈다. 끝까지 북·미가 양자 차원에서 교신하는 것이 아니라는 것을 강조하고자 했다.

　북한은 12월 6일 친서 접수 사실을 공개했다. 북한으로서는 부시가 김정일과 양자 구도에서 친서를 보낸 것을 과시하고 싶었을 것이었다. 그러나 이 서한에 대해서 구체적인 반응을 보이지 않았다. 서한의 내용에 별로 의미를 둘 만한 것이 없었기 때문일 것이다. 친서의 요체는 북한이 해야 할 일을 먼저 하면, 미국도 할 일을 하겠다는 것으로 압축된다. 북한은 생존을 위해서 그와는 정반대 입장을 고수하고 있다. 친서가 북한을 움직이는 데 도움이 될 것으로 보이지는 않았다.

평양에서 힐은 김계관에게 우라늄농축을 신고하면 국무부가 바로 미국 의회에 북한의 테러지원국 해제를 통보하겠다고 했다. 또 이 통보 후 24시간 내에 CNN 카메라 앞에서 영변 핵 원자로의 냉각탑을 붕괴하는 장면을 보여줄 것을 제안했다. 이 장면은 그로부터 6개월이 지난 2008년 6월 27일에야 보여줄 수 있었다.

당시 북한은 1만 4천개 정도의 미사용 연료봉을 갖고 있었는데, 가격만 맞으면 한국이 구입해 오려는 생각을 갖고 있었다. 경제적 가치와 상징적 효과를 함께 고려한 것이다. 그러나 우리가 관심을 보이자 천만 달러 선에서 수천만 달러 선으로 가격이 오락가락했다. 아무리 안보상 효과가 있다 하더라도 자기 물건의 값을 정하지 못하는 상대와는 거래가 성사되기 어려웠다. 북한이 요구 수준을 오르내리는 이런 행태가 새로운 일은 아니었다. 핵 폐기를 위한 단계마다 정치적·안보적·경제적 값을 매기는데, 그 값이 오르락내리락하여 혼선을 자초했다.

그런데 북한의 미사용 핵연료봉 반입 문제는 좀더 큰 안보 차원에서 고려해볼 필요가 있었다. 나는 그해 11월 워싱턴에서 리처드 루거 상원 외교위원장을 만나서 그가 샘 넌(Sam Nunn) 상원의원과 함께 만든 '협력적 위협감소'(Cooperative Threat Reduction, CTR) 프로그램에 대해 대화를 나눴다. 이 법에 따라 미국은 연간 국방 예산의 0.1퍼센트를 우크라이나 등 구소련연방의 핵 폐기와 기술이전 방지에 투입하는 계획이었다. 우리로서는 국방 예산의 1퍼센트 정도를 투입해서 북한의 미사용 핵연료봉 구입은 물론 전체적인 북핵 진전 통제와 폐기 사업에 투입할 수 있어야 한다고 생각했다. 위협 감소가 최선의 국방이기 때문이다.

한편 평양에서 김계관은 힐에게 북한의 핵 신고에 대한 구상을 알려주었다. 그는 북한이 보유한 플루토늄 30킬로그램 중 6킬로그램은 실험에 사용했고 또 핵무기 3개를 제작하기 위해 18킬로그램을 사용했다고 밝혔다. 당시 우리는 북한이 35~45킬로그램의 무기급 플루토늄을 추출한 것으로 평가했는데 다소 차이가 있었지만 참고가 되었다. 당시 북한에서 작업 중이던 미국 기술 팀은 플루토늄 생산에 필요한 핵심시설 3개를 재사용할 수 없도록 불능화시켰기 때문에 추가적인 무기급 플루토늄 생산은 차단되었다는 기술적 평가를 내렸다. 12월 19일에는 미국 기술 팀이 재차 방북하여 불능화 후속 작업을 계속했고, 그전에 중국의 우 다웨이도 평양에 가서 핵 신고 문제를 해결하려고 했다. 그러나 북한이 우라늄농축과 시리아 핵 협력 문제에 대해 충분한 해답을 제시하지 못했다. 힐은 방북 후 워싱턴으로 돌아가 강경파를 설득하기가 어려웠다.

12월 17일 파리에서 개최된 팔레스타인 원조 회의에서 라이스를 만나 내가 생각한 해결 방안을 한장의 종이에 정리해서 제시했다. 해결의 최저선으로 북한이 첫째, 플루토늄 검증에 합의하고, 둘째, 우라늄농축에 사용될 수 있는 특수 강화 알루미늄과 관련 장치를 습득했음을 시인하며, 셋째, 제3자에게 핵 이전을 반대한다는 공약을 천명함으로써 핵 신고와 시리아 문제를 타협하자는 제안이었다.

라이스는 내 손에 있던 펜을 잡더니, 우라늄농축에 '사용할 목적으로' 특수 알루미늄을 획득했다고 시인하고, 강화 알루미늄 관련 장치를 '파키스탄으로부터' 습득했으며, 시리아의 원자로 건설에 북한이 '관여되었다는 점을 시인'하는 것이 미국의 최저선이라며 내가 제시한 문서 위에 적었다. 나는 시리아 부분을 다시 수정하여 "북한이 핵확산성이 있는 활동은 하지 않을 것을 공약한다"는 조건으로 하자고 했다. 둘이서 문안을 정리하고 복도로 걸어 나오는데, 라이스는 "정치란 게 무엇인지!"(What a politics!)라고 한마디 던졌다. 당시 워싱턴의 강경파와 겪고 있던 심한 갈등을 두고 하는 말로 들렸다.

12월 25일부터 27일까지는 평양에서 한국·중국·북한 3자가 회동해서 대북 에너지 설비 및 자재 지원을 협의했다. 한국 측에서는 임성남 북핵 외교단장이 수석대표로 참석했다. 실무그룹이지만 한·북·중이 평양에서 만나서 중유와 전력장비 지원을 협의했다는 것은 의미있는 일이었다. 이때 평양에서 임성남 국장은 김계관에게 내가 파리에서 라이스와 협의한 플루토늄, 우라늄농축, 시리아 등 세가지 문제의 해결 방안을 제시했다. 김계관은 검토해보겠다는 반응을 보였다. 쉽게 해결될 문제들은 아니었지만, 남북관계에 잦은 교류가 있어야 소통도 되고 타협의 가능성도 넓힐 수 있다는 생각이 들었다.

나는 퇴임 후 국회의원 시절인 2010년 10월 강연차 스탠퍼드 대학을 방문한 길에 라이스를 만났다. 2007년 말 비핵화가 상당히 진전될 단계에 도달했음에도 시리아와 우라늄농축 문제 때문에 북한 핵 불능화의 기회를 놓쳤고, 한반도 평화체제 협상도 출범시키지 못했다면서 당시의 상황을 함께 아쉬워했다. 2011년 12월에는 캐나다의 헬리팩스에서 열린 한 국제회의에서 해들리 전 국가안보보좌관을 만났다. 그도 2007년 말 워싱턴의 정치 상황이 북한 핵과 한반도 문제에 우선순위를 둘 수 있을 만큼 평탄치가 않았고, 더욱이 북한 핵 문

제에 대해서 체니를 중심으로 한 강경파의 압력이 거세었음을 시사
했다.

후에 알려진 미국 정부의 한 보고서에 의하면, 북한과 파키스탄은
1997년경부터 북한의 미사일 능력과 파키스탄의 핵 능력을 서로 교환
거래했고 2001년경부터 북한이 농축을 시도했다고 한다. 이러한 사실
을 알았으면서도 부시 행정부는 2001년 9월 핵을 확산한 파키스탄에
대한 핵 확산 관련 제재를 해제했다. 당시 아프간에서의 테러와의 전
쟁을 위해 파키스탄의 협조가 시급했기 때문이다. 미국은 1979년 아
프간을 침공한 소련군이 수렁에 빠지도록 유도하기 위해 파키스탄
과 군사정보 협력을 강화했다. 이때 파키스탄의 핵 개발도 진행되었
다. 국제정치의 한 모습이었다.

또 같은 미국 정부 보고서에 의하면, 2002년 당시 미국의 중앙정보
국, 국무부, 국방부 그리고 에너지부가 북한의 핵 능력에 대해 일치
된 평가를 내리지는 않았다고 한다. 과거 클린턴 행정부 시절 대북
협상에 관여한 한 미국 관리는 2006년 9월 나에게, 북한 핵 능력에 대
한 중국과 미국의 평가에는 상당한 차이가 있다고 했다. 특히 미국
중앙정보국은 만약의 경우 책임을 면하기 위해서 위협을 과대평가
(overestimate)하는 경향이 있는데, 자신이 보기에는 그때까지 북한이
핵무기를 갖고 있지는 않은 것으로 본다고 했다. 그런데 2004년 켈리
차관보는 워싱턴 한국경제연구원(KEI) 연설에서 북한이 이미 두개
의 핵무기를 보유한 것으로 판단한다고 했다. 이처럼 미국의 북한 핵
능력에 대한 판단은 수시로 변해왔다.

한·미는 머리를 맞대는데 한국의 신·구 정부는

2007년 말을 기준으로 대북 제재 해제를 추진해온 미국으로서는 12월 30일 성명을 발표해서 북한이 완전하고 정확한 신고를 하지 않고 또 핵 불능화를 지연시키고 있는 것에 유감을 표하면서 조속한 약속 이행을 촉구했다. 2008년 1월 4일 북한 외무성은 수입 알루미늄이 사용된 군사시설까지 특별히 참관시켰고 샘플까지 제공하면서 우라늄농축과 관련이 없음을 분명히 해명했다면서 북한이 할 일은 다하고 있다고 강조했다. 이때 북한의 핵 불능화는 11개 중 8개 부분이 완료되었고, 사용 후 연료봉 인출, 제어봉 제거, 미사용 연료봉 불능화 등 3개 부분만 남아 있었다.

천영우 본부장과 힐 차관보가 2008년 1월 5일 하와이에서 만나 우라늄과 시리아 문제를 협의했다. 힐은 며칠 후 김계관과 만나기 위해 베이징으로 가는 길에 서울에 들렀다. 그는 12월 파리에서 나와 라이스가 마련한 방안으로 미·북 양측의 간격을 메울 수 있을 것으로 본다면서, 6자회담에서 공개 문서로 해결하기보다는 미·북 차원에서 별도로 처리하려고 김계관을 베이징으로 오라고 했다고 설명했다. 그러나 우려했던 대로 김계관은 베이징에 오지 않았다.

미국은 북한 핵과 관련하여 구체적 성과를 내기 위해 시간에 쫓기고 있었다. 북한이 우라늄농축 계획이 있었으나 이를 중지했다고 확인하면 된다며 기준을 낮추었다. 미국의 강경파는 이라크에서 후세인이 핵무기를 개발하려 했다는 틀린 정보에 근거하여 그를 제거했다는 이른바 '정보 실패'의 비판을 의식하고 있었다. 이를 만회하기 위해 북한의 우라늄농축 계획이 존재했다는 것을 '시인'만 하면 북한에 대한 그들의 정보판단이 정당했음을 입증할 수 있을 것으로 보았다. 미국은 시리아 문제는 별도 서한 형식으로 서로 체면을 유지하는 방안을 모색 중이었다. 그런데 북한이 그렇게 움직이려고 하지 않았다.

우여곡절 끝에 2008년 2월 19일 힐이 김계관을 베이징에서 만나 설득하고, 또 같은 시기 천영우도 베이징에 가서 두 사람을 별도로 만나 접점을 찾아보려 했지만 진전되지 않았다. 한국은 정권교체 중이었고 이어 미국도 대선 국면에 들어감에 따라 북한은 극도로 신중해졌다. 당시 북한은 한국 차기 정부의 '비핵 개방 3000'이라는 구호가 7년 전 부시 행정부 초기 자세와 유사한 것으로 보고, 동향을 주시하고 있었다. 아울러 임기가 1년 정도 남은 부시 행정부의 어떤 결정도 지속성이 보장되지 않을 것으로 보았다. 북한의 시각에서는 1994년 클린턴 행정부와 맺은 제네바 합의가 정권교체와 함께 파기되는 것을 본 학습효과이기도 했다.

2008년 1월 18일 나는 라이스 장관과 사실상 마지막 통화를 했다. 나는 외교장관 재임 중 그와 12번의 회담과 40여 차례의 통화로 의논했다. 나는 그때까지 6자회담이 4개월 이상 열리지 않고 있고, 앞으로 수개월도 그냥 흘러갈 소지가 있음을 지적하면서 우선 비공식 6자 수석대표 회의를 제안했다. 그리고 6자회담의 실패를 원치 않는 중국을 통해서 북한을 설득하기로 라이스와 합의했다. 지나고 보면 임기를 1개월 남겨놓고 어지간히 매달렸다는 생각이 든다. 머지않아 이 모든 노력이 물거품처럼 끝날 것이라고는 전혀 생각지 않았다. 한국의 정권교체 기간에도 한·미 양국의 정부는 머리를 맞대고 마지막 순간까지 비핵화 진전 방안을 짜내고 있었다. 하지만 불행하게도 서울의 신·구 정부는 머리를 맞대지 못했다.

북한의 핵 신고 문제가 계속 지지부진했다. 1월 31일 미국의 성 김이 판문점을 경유해서 북한을 방문했으나 합의가 이루어지지 않았다. 그 전날 중국 공산당의 왕 자루이 대외연락부장이 평양을 방문하여 김정일 위원장을 만나 돌파구를 모색했으나, 북측은 '행동 대 행동' 원칙을 강조했다. 미국의 '대북 제재 해제와 북한의 불능화 및 신고'가 한묶음이고, 그다음 '신고 내용의 검증 절차와 북·미관계 정상화 절차'가 또다른 한묶음이라는 것이다. 나는 왕 자루이와 서울 및 베이징에서 몇차례 식사와 대화를 나눈 적이 있는데, 조용하고 상대방의 말을 경청하는 인물이었다. 그는 그간 북한과 '당 대 당' 통로라는 명분으로 의사소통을 잘해온 것으로 알려져 있었다. 이 시기에 그가 평양을 방문한 것은 당시 중국으로서도 난관을 넘어보려는 의지를 보인 것이었다.

2월 25일 라이스 국무장관이 이명박 대통령 취임 축하사절로 방한해서 퇴임 사흘을 앞둔 나를 만나러 장관 공관으로 찾아왔다. 우리는 그간 북한 핵 해결을 위해 공동으로 작업해온 것을 서로 격려했다. 나는 부시 행정부가 임기 중 북한의 핵 불능화를 완료하고 한반도 평화체제 협상의 출범을 이루기를 기대한다고 했다. 그러면서 내심 한국의 새 정부가 라이스로 하여금 미국 내 강경파를 설득해가면서 북한과의 협상을 밀어나가도록 힘을 보태주기를 바랐다.

부시 대통령은 1월 초 보좌진에 이명박 대통령의 미국 방문을 조기에 추진하라고 지시했다고 한다. 부시 대통령은 그동안 미·북 타협을 집요하게 요구하면서 합정(合情)보다는 합리(合理)를 중시한 노무현 대통령과는 그렇게 편하지 않았을 것이다. 물론 한·미동맹 관리 차원에서 불가피하게 보조를 맞추고 또 후반에 가서 정치적 업적에 대한 욕구로 한반도 종전선언을 제안하면서 북한과의 제한적인 대화를 모색하기도 했다. 그러나 본질적으로 북한식 협상 자체를 받아들이기가 어려웠다. 2007년 6월 말 BDA 문제가 완전 해결된 후, 노무현·부시 대통령이 화기애애하게 통화를 했는데, 며칠 후 라이스는 나에게, "두 대통령이 정말로 먼 길을 걸어왔다"면서 감회를 표시했다.

북한은 정권의 생존을 위해서 위장하고(mendacity), 호전적으로 나오며(militancy), 억지지원을 요구하는(mendicancy) 전술을 혼용한다. 나는 여기에 '3M 방식'이라고 이름을 붙여 미국 인사들에게 설명하면서 북한의 기본전술을 인지하고 해법을 찾아야 한다고 강조하곤 했다. 미국은 물론 세계 어느 누구도 북한의 그런 행태를 인정할 리가 없다. 한국이 미국과 북한을 설득하여 타협을 찾아가는 노정에서 이 3M은 벗을 수 없는 신발 속의 왕모래와도 같은 것이다.

이명박 대통령은 사업상 필요하면 탄력성을 보이면서도, 북한에 대해서는 선과 악의 개념으로 접근한다는 점에서 부시 대통령과 공통점이 있었다. 노무현 대통령보다는 대화가 편할 것으로 판단했을 것이다. 또 한가지는 한국의 대선 경쟁에서 이 후보의 우세가 예상되자, 당시 야당 인사들은 소고기 문제나 방위비 분담 같은 한·미 쟁점에 대해 굳이 노무현 정부와 타결하려 애쓰지 말라고 미국 측에 조언했다는 이야기가 내 귀에 들어왔다. 정권이 바뀌면 쉽게 해결될 것임을 내비쳤다는 것이다. 이런 배경에서라도 부시 대통령은 이명박 대통령을 빨리 만나고 싶었을 것이다.

새 정부가 6자회담의 진전보다는 제동에 무게를 두자 한국의 북한 핵 문제 해결을 위한 동력은 떨어지기 시작했다. 우리 국민의 선택이기도 했다. 10년에 걸친 김대중·노무현 정부의 진보적 정책에 대한 권태감도 있었다. 대북 접근 속도는 빨리 나아갔지만, 핵 문제 해결의 만족스러운 성과가 나타나지 않았다. 국민들은 한·미동맹이 붕괴되었다면서 복원을 주장하는 구호도 받아들였다. 결과적으로 분단의 현상 변화 노력보다는 현상 유지의 관성을 선택한 것이다.

이명박 정부는 여러 면에서 미국과 호흡을 맞추었다. 미국 정부도 이명박 대통령 취임 후 많은 문제들이 순조롭게 진행된다고 평가했다. 다행히 새 정부는 한반도의 안보 위기를 물려받지 않았다. 이전 정부에서 우여곡절 끝에 6자회담의 9·19공동성명이 채택되고 후속 조치들이 이행되고 있었기 때문이다. 사람들은 그러한 안정적 상태를 당연한 것으로 받아들이고, 안정을 위해서 치른 비용에만 초점을 맞추는 경향이 있다. 퍼주기로 평화를 샀고 그런 평화는 지속 가능하지 않다고 비판했다.

노무현 대통령은 퇴임을 목전에 둔 2008년 2월 나에게, BDA 문제가 없었다면 남북 정상회담도 빨리하고 그 결과도 공고하게 되었을 것이라는 아쉬움을 토로했다. 그러나 한반도를 둘러싼 국제정치의 시계는 서울의 시간표에 맞추어 돌아가지 않는다.

만약, 우연히도 노무현 정부가 부시 행정부와 임기가 비슷하게 남았더라면 보조를 잘 맞출 가능성도 있었을 것이다. 그러나 우리가 5년 단임제를 유지하는 한, 한·미 정권의 중복 기간이 짧다. 대북정책은 국내 조율뿐 아니라 미국 및 중국과도 목표를 공유하고 서로의 수단을 조합해야 실현 가능성이 있다. 그런데 정권이 바뀌었다는 이유로 우리 정책 자체를 중간에 잘라내는 것은 국가의 미래를 위해서 불행한 것이다. 우리의 대북정책 그리고 한반도 미래에 대한 구상은 늘 이렇게 시작만 있고 끝은 없이 되풀이된다. 북한 핵 문제 해결은 그 과정의 시작도 어렵지만 갈수록 가파른 봉우리로 가는 시시포스 신화의 산처럼 어렵다. 우리는 제우스의 벌을 받은 시시포스가 아니라 승전을 알리는 마라톤의 전령처럼 달려야 한다.

2007년 12월 28일자 『인터내셔널 헤럴드 트리뷴』지는 '아시아로부터의 편지' 난에 노무현 대통령의 외교에 대해 장문의 기사를 썼다. 이 신문은 미국 유권자의 선택 결과에 따라 세계의 모습이 결정되는 것이 보통이지만, 변방의 중간급 국가가 세계의 모습을 결정하는 데 놀라운 영향을 준 지도자(the leader of a peripheral, medium-sized state having an outsized impact on the shape of our world)로서 노무현 대통령을 예시했다. 노 대통령이 당장 국내적으로는 무능한 지도자로 풍자되면서 역사 속으로 사라지겠지만, 부시 행정부의 대결적 대북정책을 외교의 길로 이끌어와 핵 문제와 관계 정상화 협상을 이끌어낸 것으로 존경받을 것이라고 평가했다.

반면 2008년 2월 1자 『워싱턴 포스트』지는 미국 국무부가 협상의 '과정'(process)을 '진전'(progress)으로 간주한다고 비판하면서, 한국의 대북 지원은 북한군을 강화시키고, 그 군은 다시 한국을 위협한다고 비판하는 기고를 게재했다. 이른바 '퍼주기로 평화를 산다'는 한국 내 비판을 그대로 인용했다. 이 두 논조는 미국의 대북정책이 정해져 있는 것이 아니라 한국 스스로의 입장이 무엇이냐가 기준이 됨을 보여주는 것이었다. 미국의 대북정책은 워싱턴이 아니라 서울에서 시작되는 것이다.

라이스는 자신의 회고록에서 2008년 이명박 대통령으로부터 북한의 동포들에 대해 보인 연민과 우려를 인상적으로 들었다고 했다. 한 국 사람이면 누구나 북한의 비참한 실태를 우려하고 연민한다. 연민 은 실질적 행동으로 연결될 때 그 가치가 있다. 우선 영양실조로 인 해서 신체뿐만 아니라 두뇌까지 기아선상에 있는 북한 동포들에게 어떻게 영양을 공급할 수 있을 것인가를 찾아야 한다. 그런데 식량과 의약품을 보내기 위한 방편으로 북한 당국과 타협하면 유화적이라고 비판한다. 또 식량이 핵무기 개발과 군사력 강화에 도움이 되기 때문 에 보내지 말자고 주장한다. 미국은 한국의 대북정책이 그들의 세계 전략 구도에 부합하느냐 않느냐로 한국 정부의 성격을 판단한다. 분 단으로 인해 한국이 안고 있는 부담이나 북한 주민의 삶은 그다음 문 제이다. 한반도 상황에 대한 세심한 논리는 미국의 귀에 잘 들어가지 않는다. 미국과 손을 잡아야 하는 한국이 안고 있는 고민이다.

2008년 1월 4일 미국의 페리 전 국방장관, 울포위츠 전 국방차관, 갈루치 대사, 솔라즈(Stephen J. Solarz) 전 하원 외교위원장 등 공화당 과 민주당의 전직 인사들이 이명박 당선자를 예방했다. 이들은 노무 현 정부에서 한·미·일 공조가 잘되지 않았다고 비판하면서 관계 복 원을 기대하였다. 당선자도 전적으로 동의를 표시했다. 갈루치만이 미·북관계 정상화를 통한 북한 핵 포기의 시도를 강조했다. 한·미· 일 3국 협의는 1993년 1차 핵 위기 때 시작해서, 특히 1999년 북한 미 사일 대응 차원에서 우리가 먼저 한·미, 한·일 연쇄 회동을 하면서 본격 시작되었던 것이다. 그때는 3국 협의가 북한을 변화시키는 데 적극적으로 관여하는 역할을 했다. 그러나 2004년부터 일본이 납치 문제를 전면에 내세우며 3국의 대북 협상에 제동장치로 활용코자 했 다. 당초의 취지와는 엇나갔다. 그러나 미국에 중요한 것은 한·미·

일을 묶어 중국을 견제하고 아시아를 관리하는 것이다. 한국의 입장에서는 한·미·일 협력을 구조적으로 고착시키기보다는 분야에 따라 탄력적으로 운용하는 것이 적절할 것이다.

힐 차관보가 1월 9일 노무현 대통령을 예방했다. 외국 정부의 장관급이 아닌 인사가 대통령을 예방하는 경우는 없었지만, 전 주한미국 대사로서의 자격과 한반도 문제에 기여한 업적을 특별히 고려했다. 그는 협상가로서 전쟁보다는 평화의 가치를 알았고 또 동아시아에서 미국의 장기적 이익에 대해 나름의 철학을 가진 외교관이었다. 미국의 대다수 아시아 전문가들과는 달리 그는 한·미동맹을 미·일관계의 틀을 통해서만 보지도 않았다.

힐은 다른 여러 지역에서의 협상 경험을 바탕으로 북한 핵 문제에서 업적을 이루려는 성취욕을 강하게 내비쳤다. 그러나 어떤 경우에도 먼저 자기 카드를 내놓을 수 없는 북한의 생존 본능과 강경파가 지배했던 미국 국내 정치의 기류 때문에 끝을 보지 못했다. 2009년 초 오바마 행정부는 그를 주 이라크 대사로 보냈다. 오바마 행정부도 이전 행정부와는 다른 대북정책을 염두에 두고 있었다. 이미 6자회담이 가라앉고 있는 데다 2009년 4월 북한의 장거리로켓 발사는 회담의 운명에 치명적 일격을 가했다. 새 행정부는 '전략적 인내'를 들고나왔는데, 협상가 힐에게는 맞지 않는 상표였다. 역사의 흐름을 따라가는 것보다는 흐름을 바꾸는 데 더 열정을 쏟아온 그는 이라크에서 이미 벌어진 일들을 뒷정리하는 데 큰 보람을 느끼지는 않은 것 같았다.

그런데 2008년 1월 14일 중국 외교부의 왕 이 부부장이 특사 자격으로 이명박 대통령 당선자를 만나기 위해 방한했다. 그는 주한 중국 대사관을 통해 나와 노 대통령 예방을 요청해왔다. 한국은 외교장관이 중국에 가도 총리 예방밖에 안되는데, 어찌 중국은 차관이 우리 국가원수를 예방하겠다고 나서는지 의아했다. 관례상 미국을 포함한 어느 나라이건 외국의 차관이 대통령을 예방하는 경우는 없다고 실무선에서 그에게 알려주었다.

왕 이는 나를 만난 자리에서 "얼마 전 힐 차관보도 노 대통령을 예방하지 않았느냐"면서 청와대 예방을 거듭 요청했다. 나는 힐의 경우는 차관보의 자격이 아니라 주한대사 시절 대통령과의 특별한 개인적 인연 때문이었음을 설명하고, 또 무엇보다 당장 청와대 일정상 시간을 잡을 수 없다고 했다. 그는 노 대통령이 곧 퇴임할 텐데 뭐 그리 바쁘겠느냐며 가당찮은 짐작까지 했다. 심지어는 예방을 주선해주면 내가 퇴임한 후에 중국에서 잘 배려할 것이라는 말까지 했다. 어이가 없었다.

왕 이가 퇴임하는 노 대통령을 그렇게까지 꼭 만나야 할 이유는 없었을 것이다. 그보다는 서울에서 중국이 미국과 차등대우를 받을 수 없다는 기 싸움으로 보였다. 그는 그때 이미 차기 외교부장으로 지목되고 있었다. 대통령 대신 총리 예방을 주선하겠다고 그를 설득하고 내보내면서, 앞으로 미국과 중국을 상대하는 한국의 외교가 더욱 어려워질 것이라는 예감이 짙어져갔다.

한국이 여러 문제에서 미국 행정부, 특히 백악관의 벽에 막힐 경우에도 의회나 언론을 통해 우리의 의사를 호소하는 통로가 있다. 그런데 만약 한국에 대한 중국의 영향력이 더 커지고 미국의 영향력에 필적하게 되면 의회와 언론의 기능이 크게 다른 중국에 과연 어떤 경로로 접근해야 할지 답답할 것이라는 생각이 들었다.

2008년 2월 29일, 나는 긴 시간 동안 고락을 같이했던 동료와 후배들에게, 어떤 국가도 자기 문제를 해결하는 주체가 되지 못하면 해결의 객체가 되어버린다는 냉혹한 역사의 교훈을 다시 새기면서 스스로 우리 역사를 쓰는 주인공이 되어달라는 퇴임의 인사를 하고 33년간 몸담았던 외교 일선을 떠났다.

이명박 정부, 배를 돌리다

힐과 김계관이 2008년 3월 중순 제네바에서 만나 플루토늄과 우라늄농축 문제를 분리해서 해결하는 방안을 찾았다. 이때 힐은 미국이 원하는 것은 "우라늄농축 계획은 있었지만 중단되었다"라는 대답이라고 했다. 6년 전 네오콘의 초기 요구가 그대로 살아 있던 것이다. 회담 후 김계관은 우라늄농축 계획이 없고 또 시리아에 핵 기술 이전도 하지 않았다고 하면서, 앞으로도 그런 일은 없을 것이며 이러한 북한의 입장은 변하지 않을 것이라고 공개적으로 밝혔다. 과거는 묻지 말고 미래의 의지를 중시해달라는 의미였다.

4월 초 힐과 김계관이 싱가포르에서 만나, 플루토늄은 정식으로 신고하고 우라늄농축과 시리아 핵 문제는 북·미 간에 비공개 문서로 처리하면서 미국의 대북 제재를 해제하는 묶음에 합의한 것으로 알려졌다. 이 합의안은 양측 대표가 서로 본국의 승인을 전제로 잠정 합의한 것이었다.

그런데 미국 내 강경파는 북한이 완전하고 정확한 신고 기준을 충족하지 못했다고 비판했다. 그들에게는 타협보다는 상대의 굴복만이 필요했다. 또 일본은 납치 문제 교섭이 진전되지 않자 미국의 대북 제재 해제에 반대하고 나섰다. 이즈음 한국의 새 정부도 미국의 강경파와 같은 행보를 취하는 것이 우리의 국가이익에 맞는 것으로 보는 경향이 있었다. 이전 정부와 차별화하려는 정치적 욕구가 강하게 작용한 것으로 보였다.

4월 19일 이명박 대통령이 미국을 방문하여 정상회담을 가졌다. 회담 후 부시 대통령은 북한이 검증 가능한 방식으로 핵 신고를 해야 한다고 강조한 데 비해, 이 대통령은 신고와 검증이 불성실하게 넘어가면 훗날 더 큰 화를 불러올 수 있다면서 부시보다 더 강한 어조로 입장을 밝혔다. 이 대통령의 발언은 웬만하면 북한의 비핵화와 한반도 평화 문제에 업적을 쌓아보려는 부시 대통령에게도 도움이 될 것 같지는 않았다. 그러나 부시는 그보다 더 중요한 것을 이룰 수 있었다. 이미 합의된 FTA 내용을 미국에 유리하게 바꿀 수 있었고, 조건 없는 소고기 수입을 받아냈다. 또 한·미의 밀착 동맹을 통해 중국에 대한 미국의 전략적 지렛대를 키울 수 있었다.

이때 양국은 '전략동맹'을 선언했다. 기자회견 자리에서 부시 대통령은, 한·미 전략동맹은 21세기 동맹이라고 하면서, "미국과 한국은 중국에 대해 건설적으로 또는 파괴적으로 관여할 수 있는데 미국은 건설적으로 관여할 것을 선호한다"고 했다. 한·미 전략동맹이 미국의 중국에 대한 전략의 일환임을 밝힌 것이다. 다음 달 이 대통령이 중국을 방문했을 때, 중국 외교부 대변인이 "한·미 군사동맹은 역사의 유물"이라고 폄하했다.

근래 우리 정부 안팎에서 '전략적'이란 용어를 분명한 정의 없이 사용하는 경향이 있다. 현실 국제관계에서 이 말은 크게 두가지 배경에서 사용되고 있다. 미국, 중국, 러시아의 경우 '전략적 관계'는 서로 견제하면서도 공존하겠다는 함의로 사용한다. 다른 많은 경우는 국가 간에 특정한 목적을 함께 추구하기 위해 협력한다는 뜻으로도 사용된다. '한·미 전략동맹'이라는 말은 중국에 대한 견제의 뜻을 내포한다. 조약에 의한 '동맹'은 그 자체로 국가관계를 규정하는 최상위 개념인데 굳이 '전략'이라는 수식어를 붙여 불필요하게 주변의 경계심을 야기할 이유는 없다.

잃어버린 카드

2008년 4월 당시 쟁점은 '북한의 핵 신고 후 내용을 검증한 다음, 제재를 해제하고 핵 폐기에 진입'하는 방안과, '핵 신고 후 제재를 해제한 다음, 우선 폐기 단계에 진입하여 검증을 병행'하는 방안 중 선택하는 것이었다. 비핵화를 진전시키려면 후자가 현실적인 것으로 보였다. 그러나 미국은 전자를 주장했고 한국과 일본도 동조했다. 북한이 핵 신고를 했다고 해서 바로 제재 해제를 하지 않겠다는 것이다.

누구나 협상에서 상대방의 의무는 최대한 명료하게, 자신의 의무는 가급적 모호하게 설정하고 싶어 한다. 특히 북한이 그렇다. 북한의 속성상 명료성을 최우선으로 삼을 경우 협상 자체가 되지 않는다. 이 때문에 상대방이 지쳐 떨어지고 협상은 결렬된다. 2005년 9·19 공동성명 채택 과정에서 나는 이른바 '건설적 모호성'(constructive ambiguity)이 필요함을 내세워 불가피할 경우 모호한 상태로 남겨두고, 다음 단계에 가서 더 명료하게 할 것을 제안하여 협상을 진전시키곤 했다. '단계적 명료성'을 추구하려고 한 것이다.

북한 핵 문제에 있어서 모호성과 명료성의 효과를 비교해볼 필요가 있다. 당장 명료하게 할 수 없으면 모호하게나마 합의하고, 그 이행 과정에서 타협과 변화의 분위기를 만들어나가는 것이 현실적인 길이다. 그런데 모호하게라도 합의를 하려면 대북 지원이나 제재 해제 같은 카드를 써야 하고, 또 모호한 상태에서 북한의 핵 개발 작업이 계속될 수 있기 때문에 비난의 대상이 된다.

반면 모호성을 이유로 합의 자체를 거부할 경우, 북한과의 협상과 지원을 중단하고 북한을 고립시키면서 우리의 태도를 선명하게 하는 장점은 있다. 그러나 북한의 핵 개발을 전혀 통제되지 않은 상태로 방치하고 한반도에서 대립과 긴장이 고조되는 결과는 감수해야 한다. 감성은 당장의 명료성을 원하지만, 이성은 어느정도의 모호성을 용인할 수밖에 없다고 본다.

이러한 협상의 바탕에는 '제논의 역설'(Zenon's paradoxes)에 대한 역발상이 필요하다. 북한은 자신의 카드를 끝없이 쪼개어서 협상하려 한다. 북한과 협상하려면 심리적 피로감에 빠질 수밖에 없다. 제논의 역설처럼 비핵화 과정을 단계마다 절반씩 나누어가면 아무리 가더라도 항상 그 절반은 남기 때문에 결코 완결될 수 없다는 심리가 생긴다. 그러나 비핵화와 경제협력 과정을 아무리 쪼개더라도 앞으로 나아가기만 하면 어느 시점에는 북한이 실질적으로 변화할 수밖에 없는 임계질량(critical mass)에 도달하게 될 것이다. 그렇게 되면 합의에 의해서든 붕괴에 의해서든 한반도의 근본적 변화와 비핵화를 이룰 수 있을 것이다. 그러나 유권자들은 그 결과를 빨리 보고 싶어 한다. 민주국가의 정치 지도자들이 이런 여론을 누그러뜨리면서 오랜 기간 협상을 지속하기 어렵다는 데 난관이 있다.

2008년 4월 말 미국 국무부 대변인은, "북한이 비록 우라늄농축 계획에 대한 충분한 설명이 없더라도, 국제 사찰관이 북한의 모든 핵시설에 접근하여 핵무기 계획의 중지 여부를 검증할 수 있도록 미·북 간 협상을 진행할 것"이라고 밝혔다. 그렇게 중시하던 우라늄농축과 시리아 핵 확산 문제는 일단 선반 위에 올려두고, 우선 플루토늄 핵무기 생산을 중지시키는 것으로 목표를 조정한 것이다. 또 테러 관련 제재를 해제해주더라도 더 많은 제재 수단을 가지고 있기 때문에 특별한 양보가 아니라고 분위기를 띄웠다. 만약 부시 대통령이 취임 초부터 이런 단계적 접근을 했더라면, 북한 핵은 상당한 통제하에 놓이고 한반도 상황도 많이 바뀌었을 것이다.

사정이 이렇게 돌아가자 부시 행정부에서 유엔 주재 대사를 지낸 강경파의 대표적 인물 존 볼턴은 부시가 마치 클린턴이나 카터가 써준 각본대로 행동하는 것 같다고 비판했다. 이 무렵 일본도 미국의 강경파와 같은 목소리를 내면서, 납치 문제가 해결되지 않은 상태에서 북한을 테러지원국 명단에서 삭제하는 것을 반대한다고 로비했다. 이런 상태에서 이명박 정부도 북한에 대한 미국의 제재 해제 조건을 강화시킬 것을 요구하여 미국 협상파들을 불편하게 만든 것으로 알려졌다.

2008년 5월 8일 북한은 미국에 영변 원자로 가동과 플루토늄 관련 기록이 담긴 18,000쪽의 문서를 넘겨주었다. 그리고 6월 26일 6자회담 주최국인 중국에 핵 신고서를 제출했다. 이 신고서에는 북한이 추출한 플루토늄의 양을 포함한 주요 정보들이 포함되었다. 원래 2007년 말까지 신고하게 되어 있었으나 6개월이 지연된 셈이다. 그리고 다음 날 영변 원자로의 냉각탑이 미국 CNN이 생중계하는 가운데 폭파되었다. 이 장면을 보고 부시 대통령은 "저게 바로 검증 가능한 방식"이라고 말했다고 한다. 미국은 이처럼 눈에 보이고 손에 잡히는 방식의 비핵화와 검증을 원했던 것이다. 냉각탑 붕괴는 실제 비핵화보다는 상징적 효과가 더 큰 것이었다. 이날 미국 행정부는 45일 후, 즉 8월 11일 테러 관련 대북 제재가 해제될 것이라고 의회에 통보했다. 북한과는 이런 식의 상호 확인 가능한 조치들이 축적되어야 한다.

2008년 8월경 북한에 대한 에너지 지원과 북한의 핵 불능화 속도가 동시에 지연되었다. 미국 국무부 대변인은 대북 제재 해제 발표 예정일인 8월 11일, 북한의 핵 신고 내역에 대한 검증 방안 합의 때까지는 테러지원국 제재를 해제하지 않을 것이라고 발표했다. 이에 대해서 북한은 검증 방안과 제재 해제를 동시에 연계시키기로 합의한 적이 없다고 반발했다. 미국과 북한 사이에 종종 발생하는 해석의 차이였다.* 미국은 북한이 '앞으로 취할 비핵화 조치'에 대한 검증 방식을 사전 합의하자는 것인 반면, 북한은 '이미 취한 비핵화 조치'에 대해서만 검증하자는 것이었다.

미국은 구두로 합의했다고 주장한 반면, 북한은 서로 입장을 주장했을 뿐 입장이 일치하지 않는다는 데 합의한 것이라고 주장한다. 북한과의 협상에서 문서로 합의하지 못했으면 합의가 안 된 것으로 보는 것이 현실적인 판단이다. 2008년 8월 발생한 검증 절차에 대한 입

---

* 미국과 북한 사이에 설사 문서로 합의했다 해도 구체적 해석의 차이가 생기는 사례가 많다. 주로 용어의 정의와 상호 행동의 순서에 관한 것이다. 1994년 제네바 합의 때 핵심 부품 반입과 북·미관계 정상화를 일치시키는 문제나, 2008년 10월 힐과 김계관 사이에 검증의 과학적 절차 부분에서 무엇이 '과학적'이냐 하는 문제, 그리고 2012년 북·미 2·29합의에서 위성발사용 로켓이 미사일에 해당되느냐 하는 문제가 대표적이다.

장 차이의 경우, 한국이 현장에서 신고와 검증은 개념상으로는 하나의 묶음이지만 실제 행동에는 둘 사이에 시차를 두는 방안을 제시하여 양측 입장을 조율할 수 있었으면 좋았을 것이다.

9월 들어 북한은 그때까지 불능화시킨 영변의 핵시설을 원상회복하고 플루토늄을 재처리하려는 움직임을 보였다. 부시의 대북정책은 처음 4년은 압박에, 나머지 4년은 협상에 치중했다. 내가 전에 라이스에게 노무현 정부는 재임 중에 불능화까지 이루고, 1년 더 남은 부시 행정부는 핵의 폐기와 평화체제 수립이라는 목표를 제시했던 것이 떠올랐다. 그런데 이제 부시는 노무현이 목표로 삼았던 불능화 완료라는 '소박한' 목표까지도 이루지 못할 것으로 보였다.

2008년 7월, 6자회담이 9개월 만에 수석대표회의 형식으로 재개되었다. 북측의 신고내용 검증 및 감시체계 수립, 그리고 핵의 실질적 폐기작업을 논의했지만 어떤 합의에도 도달할 수가 없었다. 당시 북한은 핵 신고서에 약 20여개의 시설을 포함시켰으나, 미국은 북한의 플루토늄 활동 전모를 파악하기 위해 모든 시설에 대한 강제사찰을 요구했다. 강제사찰은 과거 미·소 군축협상처럼 대칭적인 군비축소에서 상호적으로 적용하는 절차인데 북한 핵 협상은 그런 군축협상과는 구조적으로 다르다.

북한은 중유 100만 톤과 테러지원국 지정 해제에 대한 대가로 강제사찰을 허용할 수는 없다고 나섰다. 북한이 만약 그런 검증 방식을 수락할 수 있었다면 북한 핵 문제는 이미 오래전에 해결되었을 것이다. 과학 시설과 군부대를 포함하여 민감한 시설을 열어주어야 하고, 또 핵의 실제 능력을 포함한 군사력의 실상을 노출시켜야 하는 것이기 때문이다. 북한은 북·미관계 정상화와 경수로 제공을 강제사찰의 교환 조건으로 보는 것이다.

한편 당시에 김정일의 건강 이상설이 등장했고, 그로 인해 북한이 합의 이행을 거부하고 있다는 분석도 제기되었다. 북한으로서는 핵신고와 검증에 시차를 두는 것이 본질적인 문제이다. 특히 북한의 깊은 속살을 드러내야 하는 검증 문제는 정권과 체제의 생존에 대한 확신이 설 때까지 뒤로 미루려고 한다. 그럼에도 한국과 미국의 일각에서는 북한 핵 문제의 해결책이 보이지 않으면 북한의 정변 가능성에 연결시키면서 희망적으로 기대하려는 경향이 있다.

당시 라이스와 힐은 우선 플루토늄 문제만이라도 확실히 해결하고자 했지만 체니를 포함한 강경파는 북한의 모든 핵시설과 핵물질 등을 동시에 전면적으로 사찰해야 된다고 주장했다. 2001년 제네바합의가 파기되면서 한반도의 긴장이 고조되었고, 이어 대량살상무기 방지라는 명분으로 이라크전쟁이 발발했다. 2008년, 다시 미국의 대통령 선거가 다가오고 있었다. 평화구축의 업적은 멀고도 불확실한 길이다. 그러나 강경하고 선명한 대응은 선거를 앞두고 여론 규합으로 가는 가까운 길이다. 또한 아시아에 있어서 미국, 일본, 한국, 호주를 함께 엮어서 중국 및 러시아와 대립하는 상황은 그들과 더 밀착하는 군산복합체의 이익과도 연결된다고 보았을 것이다.

당시 한국 정부의 대북 강경기조는 미국의 협상파보다는 강경파에 힘을 실어주었다. 한·미 공조의 힘이 협상 진전보다는 제동에 적용되면서 6자회담 자체가 붕괴되는 징후가 나타났다. 정책을 수립하고 협상하는 관료들도 정치기류에 따라 움직이는 경향이 있다. 자신이 생각하는 바에 따라 행동하기보다 행동해야 하는 바에 따라 생각하면 원천적인 힘이 생기지 않는다. 어떤 정책 방향이든 간에 한국이 마주하고 있는 강대국들의 벽을 뚫고 북한을 넘어가기 위해서는 '생각하는 바에 따라 행동하는 힘'이 필요하다.

10월 초 일 차관보가 북한을 방문했다. 미국은 마음이 급했다. 북한이 신고한 플루토늄 시설에 대해서는 사찰관이 접근할 수 있도록 하고, 미신고 시설에 대해서는 '상호 합의하'에 접근하도록 합의했다. 당시 외부의 어느 누구도 북한 핵시설의 내부에 들어가 볼 수 없었기 때문에 그렇게 해서 최소한 몇발자국이라도 실상에 가까이 갈 수 있는 길을 선택했다. 또 북한이 가졌을 것으로 추정되는 핵무기와 농축우라늄, 그리고 시리아와의 핵 협력에 대한 검증은 북·미 간 별도의 문서로 처리하는 방안에 합의했다. 이 합의 후 10월 11일 미국 국무부 대변인은 핵 검증 패키지에 미국이 원하는 요소가 포함됐기 때문에 북한을 테러지원국에서 해제한다고 발표했다.

2008년 10월의 상황은 마치 8년 전 미국의 클린턴 행정부가 시간에 쫓기면서 마지막 순간에 북한과 협상하는 모습과 겹쳤다. 어느 지도자나 정권의 후반부로 갈수록 정치적 유산을 남기고 싶은 욕구가 상승한다. 문제는 시간에 쫓겨 협상을 마무리할 수 없게 되고 다시 쳇바퀴만 돌아간다는 데 있다.

11월 4일 미국 대통령에 오바마가 당선되었다. 그는 선거 기간 중 이미 북한 및 이란 등과 '단호하고 직접적으로'(tough and direct) 협상해서 핵 문제를 해결하겠다는 의지를 밝혀왔다. 미국의 대북정책이 기본적으로 클린턴 시절로 돌아가는 것처럼 보였다. 8년 전 제주도에서 북한 인민무력부 간부가 나에게 말한 것처럼 북한은 당연히 다음 행정부와 어떻게 거래할 것인가를 고민했을 것이다.

11월 12일 북한 외무성 대변인은 비핵화의 검증 방법은 현장 방문,

문건 확인, 기술자 인터뷰로 한정한다고 하면서 샘플 채취 부분은 언급하지 않았다. 한달 전 미국의 발표와 또 차이가 나는 것이다. 북한은 당시 비핵화 절차가 9·19공동성명 이행의 두번째 단계인 불능화에 해당하고, 검증은 세번째 단계인 핵 폐기 시점에서 이루어질 것이라고 주장했다.

이에 대해서 미국과 한국에서는 북한이 제재 해제를 주머니에 집어넣고는 다시 뒷걸음친다는 비난이 거셌다. 테러지원국 제재 해제는 실제보다 상징적인 효과가 강하다. 북한의 핵심 목표는 북·미관계 정상화를 통한 정치적 생존, 평화체제 수립을 통한 안보적 생존, 그리고 경제지원을 통한 경제적 생존을 확보해나가는 데 있다. 북한은 검증에 관한 합의는 이런 생존 문제와 연결시켜 타결해야 한다고 보는 것이다. 당시 북한이 샘플 채취를 거부한 것은 이를 허용할 경우 북한의 과거뿐만 아니라 미래의 핵 능력까지도 노출할 수 있기 때문이었다. 만약 북한의 영변 핵시설 불능화를 일단 완료한 다음, 핵 전체를 폐기하는 과정에서 샘플 채취를 포함한 검증방식을 확보하는 길을 택했다면, 최소한 북한의 핵 개발을 늦출 수는 있었을 것이다.

2008년 11월 22일 페루 리마에서 APEC 정상회담이 열린 자리에서 부시 대통령은 6자회담이 12월 8일 개최될 것이라고 발표했다. 주최국인 중국을 제쳐두고 서둘러 발표한 것이다. 이에 앞서 12월 4일 힐과 김계관은 베이징에서 만났다. 힐이 샘플 채취를 문서로 합의할 것을 요구하자, 김계관은 "부시 행정부가 처음에 시간을 많이 잃었다"면서 응하지 않았다고 한다.

3년 전 9·19공동성명을 채택할 당시 휴대용 상비약을 꺼내 먹어가며 나에게 힐과의 면담을 주선해줄 것을 간절히 요청하던 김계관의 표정이 떠올랐다. 흔히 말하는 갑과 을의 모습이 바뀌는 장면이었다. 만약 부시 대통령이 좀 일찍이 워싱턴의 강경파를 통제해서 최소한 영변 핵시설을 되돌리기 어려운 수준으로 불능화시킨 다음 오바마 정부에 넘겼다면 중요한 업적으로 남았을 것이다. 결과에 따라서는 북한 핵 해결의 초석을 놓은 미국 대통령으로 기록될 수도 있었을 것이다.

2008년 12월 8일 6자회담이 열렸다. 일본이 납치 문제를 이유로 지원을 거부했기 때문에 일본이 지원하기로 되어 있던 20만 톤의 에너지 부분은 국제 모금 방식을 채택하기로 했다. 그리고 동북아 다자안보체제에 대해 합의된 기본 원칙을 발표한 뒤, 2009년 3월까지 불능화를 완료하고 경제·에너지 지원도 완료하기로 잠정 합의했다. 그러나 핵심 장애인 북한의 핵물질 샘플 채취를 포함한 검증의정서 합의에 실패함으로써 12월 11일 회담은 결렬되고 말았다.

이때 한국은 검증의정서 채택, 불능화, 경제·에너지 지원이 포괄적으로 연계된 것이라는 입장을 취했다. 이는 사실상 대북 에너지 지원을 중단하겠다는 것으로서 회담 좌초를 기정사실화한 것으로 보였다. "불능화 완료 후 폐기 과정에서 샘플 채취를 포함한 검증의정서를 채택한다"는 요지의 타협안을 제시하고 이를 북·미 양쪽이 수용토록 중국과 함께 조율했더라면 좋았을 것이다.

현실적인 협상가인 힐 차관보도 그런 생각이 없지 않았을 것이다. 그러나 자신이 먼저 그런 방안을 내는 것은 미국 정치 환경에 비추어봤을 때 어려운 일이다. 6자회담의 속성상 동맹국인 한국이 그런 방안을 강력히 제시할 경우 미국도 타협할 틈새가 생긴다. 회담이 좌초된 책임의 바탕에는 기본적으로 생존에 집착하여 언제나 먼저 받고 뒤에 주겠다는 북한의 속성이 작용했다. 그러나 북한과 협상하는 데 의욕이 없는 미국의 강경파와 이들의 주장에 동조한 한국 정부와 일본 아소 내각이 무게를 더한 것도 원인이 된 것으로 보였다.

2010년에 들어서 미국의 로스앨러모스 국립연구소장을 지낸 시그프리드 헤커 박사가 북한의 초청을 받아 우라늄농축 시설을 보았다. 6자회담이 작동되고 있었다면 9·19공동성명에 입각하여 공식적으로 이 시설에 대한 접근과 확인을 요구할 수 있었을 것이다. 그러나 북한에 대한 외교의 기회는 상실되었다.

그렇다고 해서 군사적 방법이 가용한 것도 아니다. 2006년 북한의 미사일 실험 발사 후부터 미국 내 강경파는 공중폭격을 포함한 군사적 수단을 동원할 것을 주장했지만 부시 대통령이나 그의 보좌진들이 군사적 행동은 진지하게 검토하지 않은 것으로 알려졌다. 휴전선에서 60킬로미터 거리에 위치한 거대한 수도권으로 인해 대북 군사 행동이 가져올 영향을 잘 알고 있었기 때문이다. 또 국제법적 저항과 중국의 예상 반응도 고려하지 않을 수 없었을 것이다.

제재가 효과를 내는 것도 아니다. 북한은 한국의 햇볕정책이 나오기 전에도 50년 넘게 강력한 경제제재하에서 생존해왔다. 대북 제재는 북한이 진지하게 협상하여 나쁜 행동을 포기하게 하는 압력 수단이다. 이러한 시도는 여러차례 실패했다. 북한에 대해 새로운 제재를 가할 때마다 '사상 최강의 제재'라고 성격 규정을 하곤 한다. 그러나 어떤 경우에도 북한이 붕괴될 수준까지는 압박을 가하지 않겠다는 중국 나름의 '레드라인'을 넘지 못했다. 동아시아의 지정학적 구도에 비추어 앞으로 그 레드라인이 지워질 것으로 보이지도 않는다.

제13장

한반도의 운전대: 군사작전권

3년이라는 시간이 무한의 시간으로

한·미 군사동맹의 유지에는 4개의 시스템이 작동한다. 한국 내에서 미군의 지위에 관한 법적 체계(SOFA), 한국군의 무기가 미군과 상호운용(inter-operability)을 가능케 하는 무기체계, 그리고 미군의 주둔 비용을 나누는 방위비 분담(cost sharing) 체계가 바탕에 있고, 이 세 분야의 상위 개념으로 군사작전권(정확히는 군사작전통제권 Military Operational Control)으로 불리는 지휘통제 체계가 있다. 군의 지휘(command)와 통제(control)를 기술적으로는 구분할 수 있지만, 통상 지휘통제를 하나의 용어로 사용한다. 나는 1989년부터 91년까지 외교부 안보과장 시절 이래 SOFA 개정, 방위비 분담, 그리고 무기

구매와 관련된 업무를 다룰 때마다 미국에 군사작전권을 맡겨둔 상태에서 우리가 구사할 수 있는 협상수단은 낮은 유리 천장 아래의 화초 같다는 생각이 들었다.

한국군에 대해 미군이 행사해온 군사작전권의 전환은 노무현 정부도 염두에 두고 있었다. 그러나 시발은 2001년 럼스펠드 국방장관이 주도한 부시 행정부의 세계 군사전략 재편에서 먼저 나왔다. 이에 훨씬 앞서 미국은 1991년 냉전종식 후 '동아시아전략구상'(East Asia Strategic Initiative, EASI)에 따라 작전권을 한국에 전환코자 했다. 당시 노태우 정부가 한반도 문제를 한국화하려던 정책과도 맞았다. 10여년 만에 작전권 전환 작업이 다시 진행된 것이다.

미군 재편의 핵심 요인은 미군 제2사단의 주력을 휴전선에서 평택으로 재배치하고 그 기능도 한반도를 넘어 범지역적 역할로 확대하는 것이었다. 이렇게 되면 미군을 휴전선에 배치하지 않은 상태에서 미군사령관이 후방에서 60만명의 한국군을 통제하기가 어렵게 되는 것이다. 더욱이 주한미군이 다른 지역의 작전에도 관여해야 하는 상태에서, 한반도 방어에 집중하는 한국군을 통제한다는 것이 군사적으로나 정치적으로도 타당하지 않기 때문이다.

나는 청와대 안보실장 시절인 2006년 9월 7일 워싱턴에서 해들리 국가안보보좌관과 군사작전권 전환 문제에 대해 길게 논의했다. 이 문제는 일주일 후 한·미 정상회담의 중요한 의제 중 하나였다. 당시 한·미 당국 간 논의는 순조롭게 진행되고 있었으나 국내에서 과도한 정치 논쟁으로 비화하여 문제가 커진 것이었다.

해들리는 이미 1989~1993년간 국방부 차관보로서 미국의 세계 군사전략을 담당했기 때문에 한국군 작전권 문제의 역사적 배경과 현황을 잘 알고 있었다. 이 문제가 마치 한국은 주권을 회복하려는 데 미국이 미온적이어서 갈등이 생기는 것처럼 비치는 것을 우려했다. 그는, 작전권 전환은 지난 30년간 한·미 양국이 공동의 안보이익을 위해 추진해온 성과임을 상기하고, 정치 문제가 아니라 군사적 판단의 결과임을 분명히 인식할 필요가 있다고 강조했다. 당시 한·미 군사협력 실태에 비추어 작전권 전환은 빠를수록 좋다면서 미국은 2009년이면 적절하다는 판단을 갖고 있다고 했다.

나는 한·미가 전환의 시기를 두고 이견을 보이는 것은 바람직하지 않다고 하고, 우리 군이 추진 중인 조직개편 등 군의 태세를 제대로 갖추려면 2012년은 되어야 한다고 설명했다. 그랬더니 해들리는 "이미 30년 동안 준비해왔는데 지금부터 3년이면 충분히 긴 시간이다. 한국이 진정으로 작전권 행사를 원하면 양국의 현 정부가 실행 준비를 끝낼 수 있는 2009년을 택하기 바란다. 서울과 워싱턴에서 차기 행정부가 들어서면 또 어떻게 될지 알 수 없다. 다시 한번 솔직히 말하건대 2009년을 택하기 바란다"고 했다.

해들리는 이어서 "만약 6년의 여유 기간을 주어 2012년으로 정하면 연기를 주장하는 사람들은 그때 가서 또다시 3년이 더 필요하다고 내세울 것이다. 3년이라는 시간이 무한한 시간으로 바뀔 수도 있다. 한·미동맹의 미래를 위해 하는 말이다"라고 못을 박고자 했다. 사실 나 자신도 작전권 전환의 이행 기간이 긴 것이 반드시 좋은 것은 아님을 알고 있었기에 미국의 입장에 동의하고 있었다.

그러나 나는 이 문제의 정치적 휘발성 때문에 만약 2009년으로 결정할 경우, 미국이 마치 작전권을 던져주고 떠나려 하는 것처럼 보여 한국 여론이 악화될 우려가 있다고 지적했다. 실제 국내에서 그렇게 주장하는 그룹이 있었다. 나는 이 문제가 이미 공론화되어 있어 다음 한국 정부의 의지와 관계없이 2012년까지는 전환될 것임을 강조했다. 해들리와 나는 두 대통령이 작전권 전환은 주권 차원이 아니라 군사적 판단과 동맹관계 발전 차원에서 결정한 것임을 언론에 표명토록 건의하기로 했다.

군사적 판단과 정치적 이유

머지 않아 당시 해들리의 경고가 현실로 드러났다. 정권교체와 관계 없이 진행될 것이라던 나의 판단은 착각이었다. 2009년 이명박 정부는 군사작전권 전환 시기를 2015년으로 늦추고 또 2013년에는 박근혜 정부가 무기한 연기했다. 해들리가 경고한 대로 3년이 무한의 시간으로 바뀌었다. 2009년 연기 결정 시 한국 국방부 대변인은 "한·미 양국군이 작전권 전환을 충실하게 준비해왔으며 한국군은 연합방위를 주도할 능력을 보유하고 있다. 이번 연기 결정은 양국 지도자의 정치적 결단에 따른 것이다"라고 발표했다. 주권적 고려나 정치적 배경을 배제하려고 했던 노력이 이명박 정부에 와서 '정치적 결단'으로 바뀌었고, 그런 정치는 언제 끝날지 기약이 없다.

나는 1989~1991년간의 외교부 안보과장 시절부터 작전권 문제에 관여해왔다. 한국의 작전권 행사는 정부와 군의 숙원이었고 1974년부터 '율곡계획'이라는 이름으로 준비해왔다. 해들리가 "30년간 공동으로 노력한 결과"라고 말한 것은 이런 역사를 의미한 것이었다. 또 미국은 '동아시아전략구상'(EASI)에 따라 일차적으로 평시작전권을 1994년에 넘기고 전시작전권은 3~4년 후에 넘기기로 서로 양해되었다. 그러나 이 계획은 1994년 1차 북한 핵 위기로 지연되었다.

군의 작전권을 전시와 평시로 구분하는 것은 현실적으로 불가능하다. 그래서 평시에도 작전계획 수립과 위기관리 등 핵심사항은 연합사령관이 실제 행사하고 있다. 평시와 전시를 분리한 배경이 따로 있었다. 1979년 12·12사태와 이어지는 혼란기에 한국군이 국내 정치에 동원되었음에도 작전통제권을 가진 미군이 이를 방조했다는 비난이 비등했고, 반미감정의 주요 원인이 되었다. 미국은 실제 후방 주둔 한국군의 이동을 관리하지 않으면서도 그런 비난을 받는 것이 부당하다고 보았고 정치적으로도 위험하다고 간주했다. 그래서 이런 부작용을 없애기 위해 우선 한국군에 대한 통제권을 명목상 평시와 전시로 구분한 것이다.

2002년 12월 대통령 선거에서 노무현 후보가 승리하자,『뉴욕 타임스』와『로스앤젤레스 타임스』는 물론 유럽 언론도 한국의 유권자들이 미국으로부터 '더 많은 자치권'(more autonomy) 또는 '어느 정도의 독립'(a measure of independence)을 요구한 것이라고 보도했다. 이처럼 한국이 아직 독립국이 아니라는 인식의 배경에는 한국 스스로 군대를 지휘통제하지 못한다는 요인이 크게 자리 잡고 있다.

2006년 여름 나는 대통령 안보실장의 위치에서 우리 군이 자체적으로 처음 실시하는 모의 육·해·공 통합 군사훈련을 참관하고 브리핑을 받았다. 우리가 개발한 한국 합동지휘통제체계(Korean Joint Command Control System, KJCCS)와 육·해·공의 군별 지휘체계(Command, Control, Communication, Computer and Intelligence, C4I)를 가동하여 훈련하는 장병들의 힘찬 눈빛을 잊을 수가 없다. 그 이전에는 미국의 전세계 지휘통제체계 속에서 부수적으로 움직이다가 처음으로 독자적 능력을 시험하는 그들의 자세에 믿음이 갔다. 그 후 3년간 훈련을 통해 자체 역량을 키워왔는데 2009년 '정치적 판단'으로 중단된 것이다.

국내적으로 작전권 전환 논란이 한참 일고 있던 2006년 나는 노무현 대통령에게 작전권을 '환수'한다고 하면 마치 빼앗긴 것을 찾아온다는 것으로 비쳐 정치적 휘발성이 생기기 때문에 '전환'이라는 표현이 좋을 것 같다고 건의했다. 노 대통령은 '전환'이란 말은 애매하게 들린다고 하면서도, 적절히 용도에 맞게 쓰라고 했다. 그때부터 청와대 홈페이지 등 공식 문서에 군사작전권 '전환'(transfer)이라고 쓰기 시작했다.

2006년 7월에 나는 버웰 벨 주한미군사령관과 버시바우 미국대사를 태평로클럽에서 만나 작전권 문제를 협의했다. 그전에도 벨과 두 차례 만나 군사 현안을 논의한 적이 있었지만 그날은 특별히 작전권 때문에 만났다. 그는 NATO의 지상군 사령관을 지낸 직후 2006년 2월에 한국에 부임했다. 그해 5월 노무현 대통령을 예방한 자리에서 "한국이 작전권을 행사하는 것은 주권국으로서 자연스러운 것이고 동맹의 성숙을 의미한다"고 강조했다.

이날 오찬에서도 그는 군인답게 입장을 분명히 밝혔다. 한국 군대가 NATO의 어느 회원국 못지않게 훌륭한 능력을 갖고 있다고 평가했다. 그는 "군의 작전은 최대한의 예측성에 기반을 둔다. 작전권 전환의 시기도 분명하고 예측도 가능해야 한다. 한국군만 동의한다면 아무리 길어도 3년 이내 전환이 가능하다. 단, 그 전제는 한국과 미국이 운전석과 조수석을 바꾸는 것이지 미국이 차에서 내리는 것이 아니다. 한국군의 일각에서는 마치 작전권을 돌려주면 미군이 철수할 것으로 보는데 전적으로 틀린 시각이다"라고 지적했다.

또한 "한국의 퇴역 장성 그룹 등 일각에서는 한국군의 능력이 미국 수준에 도달해야 작전권을 행사할 수 있다고 하는데, 그렇다면 지구상에서 자기 군대를 지휘 통제할 나라는 미국뿐이다. 그런데 세계 모든 나라가 작전권을 행사한다"면서 2009년이면 한·미동맹 체제 안에서 한국 주도의 작전권 전환이 충분히 가능하다고 재차 강조했다. 그의 말은 지극히 타당한 것이었다. 작전권 전환은 배타적 자주국방으로 가는 것이 아니라 동맹형 자주국방으로 가는 길이기 때문이다. 나는 그날 협의 결과를 노 대통령에게 보고하고 국방 당국과도 공유했다.

2006년 10월 워싱턴에서 개최된 한·미 연례 국방장관 회의에서 작전권을 "2009년 10월 15일 이후 그러나 늦어도 2012년 3월 15일 이전에 신속하게 전환"하기로 합의했다. 미국 측은 2009년을 희망했으나 우리 측은 2011년 12월 31일로 예정했고 노 대통령도 그렇게 이해하고 있었다. 워싱턴에서 최종합의 전에 윤광웅(尹光雄) 국방장관이 밤 늦게 나에게 전화하여 2012년으로 넘어갈 수 있도록 대통령의 재가를 요청해왔다. 퇴역 장성들의 입김이 있었던 것으로 보였다. 보고를 받은 노 대통령은 "그 몇달이 무슨 큰 상관이냐"면서 수락했다.

그리고 한달여 후 김장수 육군참모총장이 국방장관으로 임명되었다. 그의 임명에는 작전권 전환 이행에 적임이라는 판단이 작용했다. 2007년 2월 23일 워싱턴에서 개최된 한·미 국방장관 회담에서 양측은 2012년 4월 17일 작전권을 전환하기로 최종 합의했다. 우리 국방부에서 1950년 7월 14일 한국군의 작전권을 미국에 넘겨주었으니 그

숫자를 거꾸로 한 4월 17일로 주장해서 나온 날짜였다.

그로부터 한참 후인 2008년 4월 벨 사령관은 한 공개 포럼에서, "한국군이 선두에 서서 작전권을 행사할 능력이 충분하다는 판단에서 전환을 결정한 것이다. 작전권 전환은 한·미동맹의 전쟁 수행 능력에 전혀 차질을 가져오지 않는다. 지금 한·미동맹을 위해 중요한 것은 미군 장병의 장기근무를 위해 평택에 가족 숙소를 건설하는 일이다"라고 강조했다.

그러던 그가 전역 후 2013년 미국의 소리 방송(Voice of America)에 출연해서 "북한의 핵은 미국 국가안보의 핵심 사안이기 때문에 한·미연합군은 미군 지휘하에 움직여야 한다"면서 자신의 기존 입장을 수정한다고 밝혔다. 그는 또 2014년 한국에서 열린 군수박람회에 참석해서도 비슷한 발언을 했다. 2006년 10월 작전권 전환을 합의할 때나, 2007년 2월 전환 일자를 확정했을 때는 이미 북한이 1차 핵실험을 한 후였다. 북한의 핵 위협에 대한 군사적 평가도 반영한 상태였다. 벨은 2008년에도 2012년으로 정한 전환 시기의 타당성을 공개적으로 강조했다. 그가 퇴역 후 군수기업과 관련된 일을 하면서 입장이 바뀌었다는 생각이 들었다.

2006년 해들리 보좌관이 2009년을 전환 시기로 강조한 배경은 몇 가지로 짐작이 된다. 당시 미국의 국방개혁 계획에 대한 군부의 저항을 의식했을 수가 있다. 미국의 군으로서는 3만여 명의 군대로 60여만 명의 한국군 작전을 통제하는 데 따른 득과 실을 비교한다. 특히 작전권이 전환되면 주한미군사령관의 계급은 물론 사령부 내 장성급 보직도 줄어든다. 또, 작전권은 한국군의 무기 구매에도 영향을 주고, 장교들의 퇴역 후 활동과도 관련이 있다. 그런데 백악관과 럼스펠드 등 지도부가 원하는 세계 군사전략의 조정을 위해서는 한국이 '자립형 동맹'으로 기능하는 것이 필요했다. 그래서 미국군 내부의 저항을 누르고 전환을 추진한 것으로 보였다.

후일 알려진 일이지만 게이츠가 국방장관으로 재임 중이던 2008년 주한미군사령관을 공군 장성으로 보임코자 했다. 그러나 그때까지 60여년에 걸쳐 주한미군사령관 자리를 맡아온 육군의 반대로 무산되었다고 한다. 미국 사람들이 가끔 "미국 국무부는 어느 외국보다 국방부를 설득하기가 더 어렵고, 펜타곤에 가면 각 군별로 어느 적군보다 더 무섭게 서로 싸운다"라던 말이 생각난다. 작전권 전환에는 미국 정부 내부, 특히 각 군간의 이해관계도 걸려 있는 것이다.

작전권과 북한 핵

한국군에 대한 작전권 문제는 북한 핵 문제 해결과 연결되어 있다. 북한의 주장과 관계없이 한반도 휴전상태가 지속되는 가운데 북한의 핵을 포기시키는 시나리오는 상정하기 어렵다. 종국적으로 휴전체제가 평화체제로 전환되어야 하고, 이 평화체제는 북한과 미국이 아니라 남과 북을 중심으로 이루어질 수밖에 없다. 미국이 북한과 함께 한반도 평화를 지킬 주체가 될 수 없기 때문이다. 따라서 한국이 자기 군을 지휘통제하지 못하면 이러한 체제는 성립되지 않는다.

일각에서는 북한의 붕괴로 흡수 통일할 상태가 되었을 때 우리가 작전권을 행사하면 된다고 생각한다. 설사 그런 상황이 오더라도 그 시점에 미군의 작전통제를 받는 한국군이 한·중 국경선을 지킨다는 것은 중국으로서는 결코 받아들일 수 없는 사태가 될 것이다. 충분히 사전에 작전권을 전환해두어야 평화체제에 의한 공존이든 급작스러운 붕괴이든 그 어떤 경로에도 한국의 목소리가 무게를 가질 것이다. 통일이 되면 북핵 문제가 해결되고 그때 작전권을 갖겠다는 것은 수주대토(守株待兔, 농부가 나무 그루터기에 앉아 토끼가 달려와서 부딪쳐 쓰러지기를 기다리는 것을 두고 한 말)에 가까운 생각이다.

작전권 전환의 연기를 주장하는 이유들을 잘 들여다볼 필요가 있다. 첫째, 단일 체계가 효율적이고 NATO의 28개국 군대도 미군이 지휘통제한다는 것이다. 그러나 NATO 회원국은 자국 군의 일부 부대만 NATO 본부와 신속배치군에 배속시키고 나머지 90퍼센트 이상은 각국이 직접 지휘통제한다. 둘째, 북한의 핵 위협을 든다. 하지만 미국의 핵우산은 작전권 행사와 무관하다. 만약 그렇다면 러시아의 핵 위협을 받는 유럽 국가들이나 북한 핵 위협을 강조하는 일본을 포함한 많은 나라들이 미군에 작전권을 넘겨야 할 것이다. 또 미국의 한국에 대한 핵우산 철수는 바로 주한미군의 철수와 한국의 자체 핵 무장으로 연결되는 것을 의미하고 그 파장은 일본과 아시아는 물론 세계 전역으로 확산될 것임이 자명하다. 셋째, 유사시 미군 증파나 유엔군 파견에 유리하다는 것이다. 그러나 파병과 작전권은 연결되어 있지 않다. NATO나 미·일동맹의 경우도 마찬가지다. 또, 유엔의 군사행동은 중·러를 포함한 안보리 결의에 따르는 것이지 작전권 때문에 결정되는 것이 아니다. 넷째, 돈이 많이 든다는 것이다. 실제 2006~2020년 사이 기존 경상 국방예산을 포함한 국방 현대화 계획에 총 621조원이 소요될 것으로 추산했다. 작전권 전환 추진 당시 정부는 연간 8퍼센트 선의 국방비 증액을 계산했다. 그런데 반대론자들은 마치 작전권을 전환시키는 데만 그런 규모의 예산이 소요되는 것처럼 오도했다. 국방예산 증가를 연간 4퍼센트 선으로 줄인 지금도 작전권과 관계없이 약 520조가 들어가고 있다. 15년에 걸쳐 100조가 추가 소요되는데, 미국과 자립형 동맹을 유지하면서 강군을 바탕으로 국가안보와 통일 준비를 감당하기 위해 투자할 가치가 있는 규모일 것이다.

이런 희박한 근거 때문에 통일 환경 조성이라는 큰 목표도 흔들리고 당장 그 이전에 많은 것을 잃고 있다. 북한 정권은 작전권을 가진 미군이 남한을 '강점'하고 북침을 노린다는 주장을 세습독재의 명분에 이용하고 있다. 또 우리 군은 핵심인 작전은 제쳐두고 온전한 사용 권능도 없는 무기 구매에 주력하고 있다. 첨단 무기도 필요하지만 자체 수립한 계획을 연습하고 보완해야 강군이 된다. 그러지 않으면 전투능력은 있으나 전쟁능력이 없는 상태가 되는 것이다. 그러다보니 북한에 대남 국지도발 같은 행동반경을 넓혀준다. 미군이 통제하는 우리 군의 대응이 제한적일 수밖에 없다는 약점을 알기 때문이다.

형식적으로는 한·미 양국 대통령의 통수하에 있는 양국 합참의장이 협의하여 한·미연합군에 작전 지시를 내리는 것으로 되어 있다. 즉각적인 작전 돌입을 요하는 남북대치 상황에서는 실제로 작동하기 어려운 요식적 절차이다. 또 전시에도 미국은 해군과 공군만 작전 통제하고 육군은 한국이 통제하므로 작전권을 전적으로 미국이 행사하는 것은 아니라는 주장도 있다. 그러나 전쟁은 각 군별로 하는 것이 아니라 육·해·공의 통합작전으로 수행하는 것이고 미군사령관이 그 작전 권한을 행사한다.

나는 대통령 안보실장 시절 여당의 조성태 의원과 야당의 황진하

(黃震夏) 의원을 오찬에 초청하여 작전권 전환에 대한 국론 통합을 의논했다. 두 사람 모두 대표적 군 출신 의원으로서 나와 오래전부터 같이 일했던 인물들이다. 나는 안보과장 시절 군인보다 더 군인 같다고 해서 얻은 '커널(colonel) 송'이라는 별명을 염두에 두고, 두 사람에게 "작전권 전환은 보수·진보의 문제가 아니다. 군사비도 투입하고 작전권도 가져와서 우리 후배들에게 강한 군대를 물려주자"고 했다. 두 사람 모두 작전권은 조건이 조성되어야 가져올 수 있다고 했다. 그 조건은 누가 만들어주는 것이 아니라 우리 스스로가 만들어야 한다. 사실 '의지'를 제외한 대부분의 조건들은 이미 만들어져 있었다.

군사작전에서는 "날짜가 없는 것이 최악의 날짜"라는 말이 있다. 군은 미국 수준의 능력은 되어야 한다는 전제로 작전권 전환을 미루고, 국민은 군이 준비되지 않았다고 하니 불안해하고 체념한다. 군은 다시 국민들이 불안해하니 연기하자고 주저앉는다. 심리적 악순환의 고리를 끊어야 한다. 작전권은 군사 차원을 넘어 안보·외교·통일 전반에 걸친 국가 미래의 핵심 과제이다.

2차대전 후 미국의 대외 전략은 대략 20년 안팎의 주기로 세계 문제 개입의 강화와 축소를 교차해왔다. 1947년 소련 봉쇄 전략을 추구한 트루먼 독트린, 1969년 베트남전을 계기로 관여 축소를 지향한 닉슨 독트린, 1985년 '힘을 통한 평화'를 주창한 레이건 독트린, 그리고 2009년 군사 개입보다 타협을 내세운 오바마 독트린으로 요약해볼 수 있다.

그런데 미국의 국내 정치와 세계정세 전망에 비추어 2016년 말 선거에서 누가 대통령이 되더라도 미국은 개입의 확대보다는 동맹국들의 부담과 역할 증대를 요구하는 추세를 이어갈 것이다. 이른바 '절약하는 초강대국'으로서의 전략을 유지할 것으로 보인다. 그러니 한국도 의존적 동맹에서 자립적 동맹으로 적시에 전환하여 부담에 상응하는 역할과 지위를 키워야 할 것이다. 시기를 놓치면 미국의 통제를 받는 군대를 가진 한국은 점점 미·일 군사동맹의 하부체계로 고착될 것이다.

우리 군에는 역사의식과 주인의식이 분명하고 기백과 능력도 갖춘 인물들이 많다. 그러나 60년 넘게 미군의 작전통제를 받아온 관성 때문에, 아쉽게도 많은 경우 미군의 지휘통제하에 움직이는 데 익숙해지는 경향이 있다. 나는 긴 시간에 걸쳐 국방부, 합동참모본부의 간부들과 호흡을 맞추면서 일했다. 외교부 안보과장 시절 당시 국방부의 권영해(權寧海) 기획관리실장과 함께 방위비 분담 및 주한미군지위협정(SOFA) 관련 규정에 대해 협상을 하고 있었다. 1966년 체결된 SOFA에 의하면, 미국은 한국이 제공하는 토지와 기존의 건물 외에는 군대 주둔에 필요한 비용을 일절 요청하지 않게 되어 있었다. 그러나 한국의 경제력 증대에 맞추어 1980년대 후반부터 미군은 군용차량이나 항공기 정비 같은 현물 및 서비스 지원을 받고 있었다. 그러던 중 미국은 1990년부터 주둔비용 중 한국인 인건비와 군사시절 건설비 등 일정 부분을 현금으로 요청했다.

반면, SOFA 규정에 의해 한국은 미군이 저지른 주요 범죄에 대한 재판 관할권도 한국이 행사할 수 없도록 되어 있었다. 대표적인 불평등조약이라는 비판이 비등하고 있었다. 정부는 어차피 방위비 일부를 분담해야 할 사정이니 SOFA의 관련 규정도 실정에 맞게 고치고, 형사재판 관할권도 행사하도록 협상했다.

우리 측에서는 권영해 실장과 나를 포함한 실무자가, 미국 측에서는 국방성의 포드(Carl W. Ford) 부차관보와 국무부의 크리스턴슨(Richard A. Christensen) 등이 팀이 되었다. 여러 차례 협상 끝에 한번은 호놀룰루의 한 호텔에서 심야에 담판이 붙었다. 양측에서 각각 세 명씩 자리했다. 우리는 본국의 개괄적인 훈령을 반영하여 현지에서 입장을 정리했다. 그 요지는 이렇다. 'SOFA 개정 없이는 방위비 분담 자체가 불가하다. 또 개정하더라도 미국이 요구하는 규모의 분담은 안된다. 한국군은 예산이 없어 낡은 막사 보수도 못하고 있다. 만약 미국의 주둔예산이 정 모자란다면 그만큼 미군을 줄일 수밖에 없을 것이다.' 권 실장과 내가 역할을 나누어가며 우리의 입장을 내놓았다.

포드는 줄담배를 피울 때였고 당시 나도 그랬다. 그러나 그 방은 금연실이었고 재떨이로 대용할 그릇도 없었다. 대화의 긴장이 고조되자 포드는 담뱃재를 휴지에 떨고 꽁초를 대리석 테이블 위에 마치 미사일처럼 거꾸로 세웠다. 필터에 공기가 통하지 않으니 불이 저절로 꺼졌다. 포드는 연신 담배를 물면서 한국의 입장이 실제 그런 것인지 몇차례 타진했다. 우리는 미국과 다투자는 것이 아니라 한·미 동맹이 건강하게 발전하려면 그런 개혁이 필요하다고 버텼다. 협상은 결렬되었다. 당시로서는 생각하기 어려웠던 입장을 함께 던지고 나서 포드의 담배꽁초가 길게 늘어선 방을 새벽 2시경 나섰다. 그는 나에게 "어떻게 담배를 그리 참을 수 있느냐"고 물었다. 그는 담배를 계속 물어야 할 만큼 긴장했고, 나는 담배도 물 수 없을 만큼 긴장했다.

얼마 후 워싱턴에서 회의가 다시 열렸다. 권영해 실장은 SOFA의

형사재판 관할권과 비용분담 조항에 대해서 외교부의 대표가 입장을 설명하겠다고 문을 열었다. 내가 한·미동맹의 바람직한 발전을 위해 SOFA 개정의 당위성을 강조했더니 포드는, 미국이 방위비 분담을 안 받아도 좋으니 미군 범죄 피의자에 대한 형사재판 관할권을 한국에 넘겨주지 못하겠다고 했다. 회의는 정회되었다. 몇시간 후 미국 측은 회의 속개를 요청했다. 결국 미국은 SOFA 형사재판 관련 조항 개정의 원칙에 합의했다. 나중에 미국 사정을 들어보니 미국 의회가 한국의 비용 분담을 전제로 주한미군 예산을 배정한 상태였기 때문에, "방위비 분담을 안 받아도 좋다"는 포드의 발언에 대해 내부에서 비판이 일었다는 것이었다. SOFA는 1966년 체결 후 25년 만인 1991년에 처음으로 개정되었고, 방위비 분담은 미국이 요구한 수준의 절반으로 낙착되었다. 당시 SOFA 1차 개정은 나의 전임이었던 유광석(柳光錫) 외교부 안보과장(후일 주 싱가포르 대사)의 준비작업이 바탕이 되었고 나와 함께 주미대사관에서부터 안보과에서까지 호흡을 맞춰온 조병제(趙炳瑅) 서기관(후일 외교부 북미국장, 주 말레이시아 대사)의 뒷받침이 컸다.

미사일방어망(MD), 사드(THAAD) 그리고 미국 군수산업

미국의 대(對) 아시아 정책을 움직이는 풍향은 군수산업과 군부를 중심으로 한 군산복합체의 이익과 제조·금융·서비스 그룹의 이익 사이를 오고 간다. 군산복합체는 적정한 수준의 군사적 긴장이 유지되는 가운데 미국의 군사력 유지와 무기판매를 통해 이익을 추구하고자 한다. 흔히 경기가 과열되지도 침체되지도 않은 상태를 '최적 경제'(godilocks economy)라고 한다. 미국의 군산복합체는 한반도에서 평화도 전쟁도 아닌 '최적 긴장'(godilocks tension)을 바란다. 반면, 제조·금융·서비스 그룹은 긴장이 완화되는 가운데 투자와 교역 확대를 통해 이익을 추구하고자 한다. 미국 내 이익집단 간의 균형이 어디에 설정되느냐에 따라 한·미 안보협력을 포함한 대한(對韓) 정책이 영향을 받는다.

1999년 7월 김대중 대통령과 클린턴 대통령은 워싱턴 정상회담에서 한국의 미사일 개발능력을 두고 4년간 씨름해온 협상을 조기에 타결키로 합의했다. 미국은 미사일 기술 이전의 조건으로 한국의 미사일 능력을 제한하고 있었다. 당연히 한·미 군사동맹의 힘도 작용했다. 외교부 북미국장이었던 나와 미국 국무부의 로버트 아인혼(Robert Einhorn) 차관보를 양측 수석대표로 해서 2000년 내내 협상은 계속되었다. 아인혼은 핵·미사일 비확산 정책 전문가였지만 협상을 통한 문제 해결의 길을 아는 인물이었다. 한번은 서울과 워싱턴의 중간 지점인 호놀룰루에서 만났다. 순항미사일의 범주에서 협상하고 있었는데 지금은 널리 상용화된 무인비행기(Unmanned Aerial Vehicle, UAV), 즉 드론(Drone)이 쟁점이 되었다. 한국이 민간기업의 드론 개발과 생산을 금지해야 미국의 미사일 관련 기술 이전을 허가할 수 있다는 것이었다. 안보상 이유를 내세웠지만 앞으로 민수용(民需用) 수요 증가에 대비한 상업적 고려도 있던 것으로 보였다.

내가 합의를 거부하자 아인혼은 "정치적으로 해결할 수밖에 없다"고 했다. 백악관이 청와대를 통해 협상하겠다는 뜻이냐고 되물었다. 그는 "말인 즉 그렇다"(a sort of)라고 대답했다. 나는 "그럼 그렇게 해

결해라. 우리는 서울로 돌아간다. 그런데 한가지는 알고 해라. 백악관
이 청와대를 설득할 수 있을지는 모르겠지만, 청와대가 여기 있는 협
상 팀을 설득하지는 못할 것이다"라고 통보하고 회담장에서 철수했
다. 오전 11시쯤이었다.

협상에 참여하고 있던 외교부, 국방부, 국방과학연구소, 항공우주
연구원 대표 등 일행 10여명은 호텔 베란다로 나와 태평양을 바라보
면서, 협상이 결렬되는 한이 있더라도 정부가 민수용 연구개발 제한
까지 약속할 수는 없다고 다짐했다. 그날은 서울로 오는 비행기 편이
없어 다음 날 귀국 편을 잡고 있는데 오후 3시쯤 미국 팀에서 협상을
재개하자고 연락이 왔다. 결국 우리 민간기업의 드론 개발은 자율에
맡기도록 합의했다.

5년간이나 지속된 이 협상은 이후 몇차례 추가 협상을 거쳐 2000년
말 군사미사일과 민간로켓 부분을 함께 타결했다. 고체 추진제를 사
용하는 군사용은 탄도미사일의 경우 500킬로그램의 탄두로 300킬로
미터까지, 순항미사일은 사실상 1,300킬로미터까지 갈 수 있도록 했
다. 또, 액체 추진제를 사용하는 위성발사 로켓은 사거리 제한 없이
개발할 수 있도록 하여 이후 러시아와 기술 협력을 바탕으로 자체 발
사 시험에 들어갔다.

협상이 타결된 지 두달 후 나는 폴란드 대사로 부임하기 전에 조성
태 장관 등 국방부 간부들에게 작별 인사를 하러 갔다. 이때 한국이
미국 록히드마틴(Lockheed Martin)사로부터 약 4천억원 규모의 지
대지전술미사일(ATACMS)을 구매하기로 했다는 소식을 들었다. 이
미사일은 사거리가 300킬로미터로서 한·미 미사일 협상이 타결되지
않았다면 미국이 스스로 한국에 부과한 제한 때문에 판매할 수 없는

무기였다. 협상 타결의 배후에 이런 요소도 작용했기 때문이라는 의구심이 들면서 마음이 편치 않았다.

2012년 10월 이명박 정부에서 한국의 탄도미사일 사거리 능력을 800킬로미터까지 늘리고 순항미사일의 탑재 중량도 500킬로그램에서 2.5톤으로 확대하도록 미국과 협상했다. 한국의 미사일 역량을 크게 확대시킨 것이다. 그런데 두달 후 미국의 노스럽그루먼(Northrop Grumman)사가 약 7,700억원 규모의 고고도 무인정찰기 글로벌호크(Global Hawk)를 한국에 판매하기로 했다. 종전의 한·미 미사일 지침에 의하면 한국에 판매할 수 없는 장비였다. 우연의 일치이기를 바라면서도 역사가 이렇게 되풀이되는가 하는 생각이 들었다.

내가 외교부 북미국장으로 일하던 2000년, 당시 우리 군은 대잠수함 초계헬기 도입을 두고 미국 시코르스키(Sikorsky)사의 시호크(Sea Hawk)와 영국 웨스트랜드(Westland)사의 링스(Lynx)를 저울질하고 있었다. 한번은 주한 미국대사 관저에서 양국 외교국방 당국자들이 모여 현안 문제를 논의하는데, 미 국방성 인사가 "한국이 미국 무기체계를 보유하는 것은 한·미동맹과 불가분의 관계(integral part of the alliance)에 있다"며 시호크 구매를 요구했다. 워낙 가격 차이가 커서 링스를 구매하긴 했지만 이는 예외적인 경우였다.

2000년 11월 조지 W. 부시 후보가 대통령에 당선되었을 때 미사일 방어망(MD) 관련 군수기업들의 주가가 치솟았다. 그들은 부시 선거 캠프의 큰 후원자들이었다. 대통령 선거 전후 9개월 사이에 미국의 4대 군수기업인 보잉(Boeing), 레이시언(Raytheon), 노스럽그루먼, 록히드마틴의 주가는 평균 40퍼센트 정도 상승했다. 같은 기간 뉴욕 증권시장의 종합주가지수는 약 10퍼센트 정도 하락했다.

클린턴 행정부 시절 미·북 핵 협상을 주도한 로버트 갈루치 차관보는 2002년 6월 미국 외교협회 연설에서 부시 행정부 초기의 대북정책은 미국의 MD 구축에 필요한 "명분"(poster-child)을 만드는 데 기초하고 있었다고 지적했다. 또 올브라이트 전 국무장관의 회고에 의하면, 다수의 상하원 의원들이 미·북 간 핵·미사일 협상이 전개되면 MD를 추진할 명분이 약해질 것으로 우려했다는 것이다. 우리의 운명을 가로막고 있는 북한 핵 문제는 미국의 전세계전략, 그리고 국내 정치와 군산복합체의 연결고리 중 하나인 MD 사업에 의해 다분히 좌우되어왔다.

1986년 나는 주미대사관 근무 시절 펜타곤에 막 설치된 탄도미사일방어기구(Ballistic Missile Defense Organization, BMDO)를 방문한 적이 있다. 레이건 대통령의 전략방위계획(Strategic Defense Initiative, SDI), 즉 '별들의 전쟁'을 그린 환상적 가상도가 전시되어 있었다. 이 계획은 이름을 바꾸어오다 지금은 공식적으로 '미사일방어망'으로 불린다. 지난 30년간 미국은 MD 구축에 2천억 달러가 넘는 돈을 투자해왔다. 행정부마다 예산 비중을 달리해왔지만, 지금도 매년 평균 100억 달러 규모를 투입하고 있다. 그러나 아직도 얼마를 더 투자해야 완성될지 모른다. 그래서 미국 내에서도 그 효용에 대한 비판이 지속적으로 제기되고 있다. 미국 전체로 보면 이 사업을 통해 첨단기술을 개발하여 민간기업으로 순환시키는 파생효과(spin-off effect)도 가져온다. 개별기업 단위로는 감당하기 어려운 연구개발 투자를 정부가 담당하는 것이다.

미국의 MD는 기술적으로는 적의 탄도미사일의 이동구간을 대기권 밖, 대기권 진입 후 고고도, 저고도의 3단계로 나누고, 미국의 육·

해·공군별로 특성에 맞추어 구간별 MD 체계를 운영하고 있다. 구간 간 약간씩은 중첩이 된다. 2016년 7월 한국이 미국과 함께 배치하기로 결정한 '고고도방어미사일'(Terminal High Altitude Area Defense, THAAD), 즉 사드는 미국 육군이 운영하는 대기권 진입 후 고고도 (지상 40~150킬로미터) 방어용이다.

MD는 아시아에서는 북한의 미사일, 유럽과 중동에서는 이란의 미사일 공격으로부터 미국과 동맹국을 방어하기 위한 것임을 내세운다. 그러나 러시아와 중국으로부터의 '우발적 미사일 발사'에도 대비하기 위한 것임을 명시하고 있다. 중국과 러시아는 미국이 각각 자국을 겨냥한 것이라며 격하게 반대해왔다.

중국은 한국의 MD 참여 가능성을 오래전부터 우려해왔다. 내가 외교장관직에서 퇴임하기 직전인 2008년 1월 중국은 외교경로를 통해 "중국은 미국에 MD 명분을 주지 않기 위해 6자회담에 많은 투자를 해왔다"고 하면서, 한국의 차기 정부가 MD에 참여할 가능성을 예의주시한다는 입장을 전해왔다. 이어 2008년 4월 이명박 대통령과 부시 대통령이 한·미 전략동맹을 선언하자, 중국은 "한·미 군사동맹은 역사의 유물이다"라며 강한 반대를 표시했다. MD를 한·미 전략동맹의 핵심으로 간주해온 것이다. 그러나 그후 중국은 북한을 억제하고 미국을 설득하여 6자회담을 진전시키는 데 실패했다. 북한은 핵과 미사일 실험을 계속했고, 특히 2016년 6월에는 미국 영토 일부에 도달할 수 있는 무수단 미사일을 실험함으로써 한국과 미국에 MD를 배치할 명분을 더해주었다.

사드는 제한적인 상황에서만 실험한 것으로 알려져 있다. 5,000킬로미터 거리를 1시간 정도 비행해 오는 미사일을 상정해, 사전에 필요한 데이터를 입력해놓고 실험했다고 한다. 북한의 탄도미사일이 남한을 향해 날아오는 구간은 길어야 500킬로미터 남짓이다. 사드가 한반도 지형에서 방어능력을 발휘할 수 있는지는 미국 내에서도 논란이 많다. 중국은 사드의 실제 요격 능력보다는 같이 짝을 이루는 엑스-밴드 레이더(X-band radar, 정식명칭은 AN/TPY-2)의 성능이 북한을 넘어 중국을 겨냥할 것으로 간주하고, 특히 미·중 간 전략적 대립의 최전선에 한국이 자리 잡는 것을 반대하고 있다.

이런 요인으로 해서 사드의 배치는 한반도 미래에 심대한 함의를 던진다. 첫째, 동북아가 한·미·일과 북·중·러 구도로 확연히 대립하게 된다. 둘째, 한국이 정면으로 중국과의 군사전략적 대립각에 서게 된다. 셋째, 사드는 일단 배치되고 나면 북한 핵 문제가 해결되기 전에는 철수할 명분을 찾기가 어렵다. 세계 어느 지역이든 미사일방어 체계의 전진배치 레이더는 잠재적 적의 선제 타격 대상이 된다. 마치 조준경의 가늠자(cross hairs)에 항상 올라앉아 있는 것과 같다. 한반도와 주변은 늘 고조된 긴장상태를 유지할 수밖에 없고, 치열한 군비경쟁의 길에 들어서게 된다.

제14장

핵을 넘어 통일로 가는 길

정치적 이해관계와 선악 개념의 결합

조지 W. 부시 대통령은 취임 초부터 전임 클린턴 행정부의 정책에 대한 차별화 의지와 주민을 굶기면서 핵·미사일 개발에 열중하고 있는 북한 정권에 대한 심한 혐오감을 갖고 있었다. 정치적 이해관계에다 선과 악으로 나누어 보는 종교적 시각이 결합되어 있었다. 노무현 대통령도 북한 정권에 대한 거부감이 강했지만 접근 방식이 달랐다. 비난하고 방치하기보다는 악에서 선으로 바꾸는 실천 방안을 더 강조했다.

2002년 북한의 우라늄농축에 대한 첩보가 나온 후 부시 행정부는 클린턴 행정부의 미·북 양자 협상보다는 중국을 포함한 다자 협상을 통해서 공동으로 대북 압박을 가하고자 했다. 2002년 10월부터 미국은 중국이 북한 핵을 막지 못하면 미국도 일본의 핵무장을 막을 수 없고, 북한에 대한 군사적 수단도 고려할 수밖에 없다면서 중국을 압박했다.

부시 대통령은 그의 회고록에서 우선은 6자회담에서 5 대 1의 구도로 북한의 핵 개발 고삐를 잡은 다음 북한 주민을 해방시키려 했다고 기술했다. 만약 그가 취임 초기부터 선과 악의 인식은 카펫 밑에 밀어두고 한국 정부와 함께 북한을 변화시키는 작업에 집중했다면 결과는 달라졌을 것이다. 2007년 미국이 시리아 핵 문제 검토 후 내린 선택처럼, 우선 모든 외교적 수단을 다한 후 북한이 기어이 핵을 포기하지 않을 경우, 마지막으로 취할 수 있는 군사 행동의 명분을 축적하는 길을 택했다면 역사에 남는 성과를 이룰 수 있었을 것이다.

미국 인사들의 회고에 의하면, 2003년 4월 북한 국방위 부위원장 조명록이 중국을 방문하여 후 진타오 주석에게 북한에 대한 안전보장을 요구했다. 그러나 북한이 원하는 수준의 보장을 받지 못했고, 며칠 후 북한은 베이징의 북·미 접촉에서 핵폭탄을 가졌다고 폭탄선언을 했다. 이렇게 되자 미국의 럼스펠드 국방장관은 2004년 6월 내부 토론에서 북한 정권의 붕괴만이 핵 문제를 해결할 수 있으므로 중국과 손을 잡고 북한을 붕괴시키자고 주장한 것으로 알려졌다.

이처럼 미국이 중국과 손을 잡고 북한을 붕괴시킬 수 있다고 생각하는 인물들이 당시 미국의 대외정책을 좌지우지했다. 특히 부시 행정부 초기에 그러한 현상이 두드러졌다. 럼스펠드가 그 선봉에 있었다. 당시 럼스펠드의 주장에 대해서 국무부 관리들은 어느 별에서 왔는지 모를 사람들의 환상이라고 비판했다고 한다.

부시 대통령은 정권 막바지에 그의 지원하에 라이스와 힐을 중심으로 북한 핵 문제에 대한 외교 업적을 만들고자 했다. 그러나 이미 임기 말이었다. 더욱이 2008년 8월 미국을 덮친 금융위기는 북한 핵 문제 협상의 동력을 더 약화시켰다. 2009년 1월 부시 대통령은 이임 회견에서 "북한의 고농축우라늄이 위험한 요소"라면서 8년 전 취임 직후에 한 것과 같은 말을 남기고 떠났다. 미국 측이 2007년 1월 우리에게 설명한 북한의 우라늄농축 능력에 대한 평가는, 파키스탄으로부터 입수한 원심분리기를 역설계하여 이를 대량 제조하기 위해 특수 알루미늄을 수입했으나 아직 원하는 만큼 진전되지는 않았다는 것이었다.

결국 부시 행정부는 재임 8년 동안 한반도 문제에서는 우라늄농축 문제를 내세워 클린턴 행정부의 대북 합의를 지워내는 일에 매진했고, 아울러 아시아에서 대중(對中) 견제전선을 확보하는 데 성공했다. 북한이 2010년 헤커 박사에게 우라늄농축 시설을 공개함으로써 미국 강경파의 정당성을 확인시켜주었고, 미국과 중국의 대립 국면이 고조됨으로써 대중 봉쇄전략은 선견지명에서 비롯된 것으로 합리화되었다. 그러나 강경파가 주장하는 정당성에도 불구하고 6자회담 자체가 좌초됨으로써 북한의 플루토늄 재처리와 우라늄농축 계획을 통제하고 제거할 수 있는 통로도 막혔다.

북한의 1993년 NPT 탈퇴로 인한 1차 핵 위기도 바로 IAEA의 북한 핵시설에 대한 특별사찰 문제로 발발되었고, 그로부터 15년이 지난 2008년에 다시 이 문제가 파국의 발단이 되었다. 특별사찰을 통한 검증이 효과적이지만 당장의 특별사찰이 불가하다면 점진적 사찰 확대를 통해 북한 핵의 발전을 억제했어야 했다. 2005년 9·19공동성명 채택 후 10여년이라는 세월이 경과하면서 동북아시아에서의 안보환경은 많이 바뀌었다. 미국 내에서는 협상파나 강경파 구분 없이 북한 핵 문제를 해결하려는 의욕이 증발되고 있다.

라이스 장관과 힐 차관보는 북한 핵과 한반도 관련 문제에 있어서 좋은 팀워크를 이루었다. 라이스가 뛰어난 전략가로서 복잡한 워싱턴 정치를 다룰 줄 아는 한편, 힐은 타고난 협상가였다. 라이스가 미국 대외정책의 큰 그림을 보면서 강경파와 온건파 양쪽의 의견을 조율하고 고비마다 해결의 문을 두드렸다. 한편, 힐은 협상 현장에서 최대한의 자율 선택을 하려고 노력했다. 그런데 2007년 말에 접어들어 북한 핵의 불능화 완료와 핵 폐기 개시라는 과실을 눈앞에서 보고도 체니 등 강경파의 벽에 막히자 힐은 라이스가 그 벽을 뚫어줄 것으로 기대했다. 두 사람 모두 워싱턴 정치의 어려움을 나에게 내비치기도 했다.

미국이 2005년 6자회담 재개로 방향을 정한 것은 북한의 정권교체 시도에서 정책변화 유도로 방향을 돌린 것이었다. 당시 부시 행정부는 대북정책을 큰 틀에서 보기 시작했다. 즉 북한과 외교관계를 수립하고 한반도 평화조약을 체결하는 대신 북한의 핵을 완전히 포기시키는 큰 거래를 구상한 것이다. 그런 배경에서 중국과 한반도 문제의 '큰 설계'(Grand Design)에 대해 논의하고자 했다. 중국은 여전히 한반도의 현상 변경에 대한 구체적인 논의에 소극적이었다고 한다. 아직 중국은 그런 급속한 변화에 준비가 되어 있지 않다고 스스로 판단하고 있었을 것이다.

부시 행정부 2기의 방향 전환은 사실상 클린턴 행정부가 취했던 정책과 같은 구도로 돌아가는 것이었다. 미·북 양자회담에서 6자회담으로 그릇만 바꾸었다. 한반도 문제의 해결과 북핵 문제의 해결은 불가분의 관계에 있다는 것을 인식하기 시작한 것이다. 2006년 내가 대통령 안보실장으로서 라이스 및 해들리와 대화의 접점을 찾을 수 있었던 것은 이러한 기본 인식이 바탕에 있었기 때문이다.

6자회담이 태동할 당시, 처음에는 미국이 한반도 문제와 동북아 안보를 다자적 차원에서 주도하려 한다고 중국이 우려한 것으로 보였다. 그러나 시간이 지나가면서 6자회담으로 중국의 외교적 위상이 올라갔고 미국은 별로 달가워하지는 않는 것 같았다. 반면 중국은 동북아 및 한반도의 안정 관리와 자국의 외교적 역할 확대에 유익한 것으로 보고 6자회담에 무게를 두었다.

힐은 후일 6자회담 재개와 대북 협상을 거치면서 한·미관계가 회복되었고 한국에서 더이상 반미감정이 선거 이슈로 등장하지 않는 것을 부시 행정부의 대한(對韓) 정책의 최대 성과로 꼽았다. 그리고 미국이 아시아 문제에 관여하여 협상을 전개함으로써 자국의 위상을 세웠고, 북핵 문제를 둘러싼 긴장의 책임이 미국이 아닌 북한에 집중되었음을 성과로 내세웠다. 미국의 외교관으로서 내세울 만한 업적이었다.

그런데 한국에는 한·미관계가 안정을 찾은 것 외에 무엇이 남았을까? 언젠가 협상을 통해 북한 핵과 한반도 문제를 해결할 길이 열린다면 9·19공동성명이 하나의 기틀이 될 수는 있을 것이다. 그러나 북한은 이미 5차례에 걸친 핵실험과 태평양의 미군기지에 도달할 수 있는 미사일은 물론 수중 미사일 발사장치까지 실험했다. 이에 대응하는 미국의 미사일방어망(MD)은 확대되고 있다. 게다가 남중국해에서는 중국과 미국이 물리적 힘을 과시하고 있고, 일본은 평화헌법 개정과 재군비 움직임을 보이며, 중·러의 밀착과 미·일의 군사협력 강화로 상징되는 신냉전 기류가 동아시아, 특히 한반도를 감싸고 있다. 동아시아의 갈등이 거친 파도처럼 밀려오고 한반도는 그 파고 위에 얹혀 있다.

만약 2008년 말 우선 북한 핵의 불능화부터 완료하고 이어 '검증의정서와 핵 폐기'를 묶어서 협상해갔다면, 과거 경험에 비추어 북한은 추가적인 핵실험을 하지 못했을 것이다. 또 한반도 평화체제 협상과 동북아 다자안보대화라는 두개의 과정이 함께 진행되고 있을 것이다. 그랬다면 천안함 침몰 사건(2010. 3. 26)이나 연평도 포격 사건(2010. 11. 23) 같은 일이 일어났을 가능성도 훨씬 낮았고 또 일어났더라도 위기관리가 용이했을 것이다. 무엇보다도 칼집에서 칼을 뽑은 형국인 사드 배치 결정과 이에 대해 중국이 대응 행동을 하겠다고 예고하는 악순환에 빠져들지는 않았을 것이다.

비판론자들은 '협상을 위한 협상'이 북한에 핵 개발 시간을 준다고 한다. 그러나 북한의 핵은 협상 중일 때보다 방치할 때 더 빨리 개발된다. 또 대북 경제·에너지 지원은 북한 정권을 강화시킨다는 비판이 있을 수 있다. 그러나 북한에 대한 양자적·다자적 경제지원은 결국 북한의 개방과 대외의존도 증대로 연결될 수밖에 없다. 우리 스스로의 경험처럼 독재국가를 변화시키는 데는 고립보다는 대외의존도가 더 큰 효과를 가져온다.

미국의 강경파는 핵으로 위협하는 북한과의 협상은 나쁜 선례를 만든다고 주장했다. 그런데 미국은 이란과의 협상에서 보여주듯이 세계전략상 긴박한 곳에서는 협상의 양상과 관계없이 최대의 외교적 자산을 투자했다. 한반도는 그만큼 미국의 최우선 순위에서 밀려나 있어왔다.

일말의 희망, 이란과 북한

2005년 8월 6일자 『뉴욕 타임스』는 6자회담의 초점은 "핵무기 위험을 방치하느냐, 아니면 제거하느냐"라면서, 북한과 이란의 핵 문제 해결을 위한 "일말의 희망"(a glimmer of hope)을 살려야 한다는 사설을 게재했다. 당시 미국은 북한이 비록 비정상적 국가이지만 핵무기를 사용하는 것은 바로 자살행위임을 북한 스스로가 잘 알고 있을 것이라고 판단했다. 반면 이란의 핵 능력은 복잡한 중동 정세를 더욱 어렵게 하고, 특히 테러 분자들의 손에 들어갈 우려가 큰 것으로 보고 있었다. 미국의 관심은 북한보다는 이란 쪽으로 더 기울었다. 미국은 영국·프랑스·독일과 함께 이란에 대해 적극적인 협상안을 제시했다.

이란 핵 문제와 관련해서 2001년 내가 주 폴란드 대사로 있던 시절 하산 카제미 쿠미(Hassan Kazemi Qumi) 이란 대사와 나눈 이야기가 맴돈다. 그는 본국 외교부에서 미국 담당 국장을 지냈다. 팔레비 정권 시절이던 1975년 미국은 이란에 60억 달러 규모의 웨스팅하우스 (Westinghouse)사의 원자로를 구입할 것을 권유했다고 한다. 이란의 석유 매장량은 유한한 것이므로 핵에너지를 확보하는 것이 필요하다고 설득했고, 그래서 이란의 핵발전 사업은 시작되었다는 것이다. 그로부터 25년이 지나고 나서 미국이 이란의 핵발전용 연료를 위한 우라늄저농축까지 거부하는 것은 합리가 아니라 전적으로 양국 관계 악화 때문이라고 비판했다.

미국이 주도하여 2015년 타결된 이란과의 핵 협상은 북한의 경우와는 다르지만 몇가지 시사점을 던지고 있다. 2005년 9·19공동성명 채택 과정에서 체니와 럼스펠드는 북한에 대한 경수로 제공은 물론 핵 협상 자체를 크게 반대했다. 그런데 그들은 30년 전 미국이 이란에 원자로를 판매하는 데 앞장섰던 인물들이다. 그때 럼스펠드는 백악관 비서실장이었고 체니는 비서실 차장이었다. 이런 점을 가리키며 6자회담에서 나는 김계관에게, 미국의 경수로 장비와 기술 제공은 우호국이냐 적대국이냐의 기준에 따르기 때문에 미·북 간 관계 정상화 조건이 충족될 때 비로소 경수로 제공이 가능할 것이라는 현실정치를 강조했다.

미국의 핵 정책과 관련한 또 하나의 사례는 키신저 전 국무장관의 경우이다. 그는 1975년 미국·이란 간 원자력 거래 문서에 서명했다. 그랬던 그가 2005년 3월 『워싱턴 포스트』와의 회견에서 주요 석유 생산국인 이란이 핵에너지를 개발하는 것은 낭비에 불과하다고 주장했다. 그가 원자로 판매허가 문서에 서명한 30년 전에는 이란이 하루 600만 배럴의 석유를 생산했지만 그후 400만 배럴 이하로 줄었다. 당연히 그사이 매장량이 증가한 것도 아니다.

2005년 1월 태국 푸켓에서 러시아의 알렉세예프 외교차관은, 북한이 핵무기 개발에 나선 이상 우라늄농축 계획이 없다고 하기는 어려울 것이라면서, 다만 이란의 수준에 비해서는 훨씬 초보적인 단계일 것이라고 평가했다. 이런 평가를 들은 지 10년 후인 2015년 미·영·프·독·러·중 6개국과 이란 사이에 핵 협상이 타결되었다. 이란은 이때까지도 순도 90퍼센트의 무기급 고농축우라늄은 확보하지 못한 것으로 나타났다. 2015년 12월 IAEA는 이란의 핵 활동을 조사한 결과 "2009년 이후에는 핵무기 개발활동을 했다는 신뢰할 만한 징후가 없었다"고 발표함으로써 일단 합의 이행의 앞길을 밝혀주었다. 오바마 행정부와 그 영향을 받는 IAEA가 과거 핵 규명보다는 미래의 핵무기 개발을 방지하는 데 초점을 맞춘 것이다.

이란 핵 협상의 마지막 단계에 가서는 7개국 외교장관들이 집중적으로 협상했다. 국가안보의 핵심 요소인 핵 협상은 어느 시점에 가서는 현장에서 결정해야 할 사항들에 부딪치기 때문에 교섭대표의 수준을 최대한 올렸다. 이란이 우라늄농축을 원자력 발전과 연구 목적의 수준으로 제한하는 대신, 35년간 시행되어온 경제제재를 전면 해제하는 데 합의했다. 이란이 합의를 위반하면 다시 제재를 부과하는 길도 열어두었다.

이란 핵 협상이 타결되자 중국의 왕 이 외교부장은 만약 9·19공동성명이 이행되었다면 북한 핵은 이미 해결되었을 것이라고 논평했다. 중국으로서는 그만큼 아쉬움이 크다는 뜻이다. 그런데 중국은 북한 핵 문제의 고비마다 북한과 미국 사이의 대립을 해소하기 위해 전력을 다하지 않았다. 늘 8부능선에서 미국의 행동을 기대해왔다. 물론 미국도 8부능선을 넘지는 않았다. 미국이 갖고 있는 대북 제재 완화, 군사훈련 축소, 관계개선 같은 당근과 중국이 갖고 있는 대북 원유공급 중단이나 대외 통로 차단 같은 채찍을 결합시켜 10부 고지까지 가도록 하는 것은 결국 한국의 몫이다.

왜 이란은 되고 북한은 안되는가. 무엇보다 이란은 "자신의 핵 활동을 먼저 제한한 다음 제재 해제를 받겠다"는 여유가 있었지만 북한은 그렇지 못했다. 이란은 분단국이 아니다. 이란을 흡수하겠다는 대체세력이 존재하지도 않는다. 이란은 무엇보다 이스라엘의 핵 보유에 대응하고 중동에서의 패권 욕구하에 핵을 개발하고 싶어 한다. 신정(神政)독재도 작용한다. 또 40년 전 미국이 설득한 것처럼 핵발전 능력도 갖고 싶어 한다. 그러나 북한만큼 절박하게 정권과 체제의 생존이 핵 문제에 걸려 있다고 보지는 않는다.

이란은 대외의존도나 개방에 있어서도 북한과는 현격한 차이가 있다. 1979년 팔레비(Rizā Shāh Pahlevi) 왕정이 붕괴되기 전까지 이란은 개방사회였다. 나는 1977년 독일 본 대학 수학시절 이란 외교부에서 유학 온 학생과 가깝게 지냈는데, 그는 당시 이란의 자금이 지멘스(Siemens)와 크루프(Krupp) 같은 독일 대기업에 투자되고 있다면서 자랑스럽게 이야기하곤 했다. 그로부터 30년이 넘은 2011년 나는 테헤란 시내를 걸으면서 시민과 상점들의 활기찬 모습을 보고 폐쇄 상태를 지속시키기는 어렵다는 생각이 들었다. 그들은 억제할 수 없을 만큼 개방사회의 맛을 아는 사람들이었다.

또 이란이 국제정세에서 차지하는 정치적·경제적 비중은 북한과는 비교가 되지 않는다. 그래서 이란 핵 문제를 해결하고자 하는 미국과 유럽의 의지가 크다. 특히 유럽 국가들은 오랜 기간 이란과 밀접한 관계를 가져왔고, 이란으로부터 석유수입을 확대함으로써 러시아 가스에 대한 의존도를 축소시켜 경제와 안보 효과를 기대한다. 그래서 영국, 프랑스, 독일 세 나라가 미국과 이란 사이에서 타협을 촉진하는 역할을 계속해왔다. 이들은 결코 유엔안보리 제재 결의 이상으로는 전면에 나서지 않으면서 타협의 여지를 만들었다. 북한 핵 문제의 경우 1998년부터 10여년 동안 한국이 그런 역할을 시도했으나 그후에는 사라졌다. 그렇다고 동북아에서 한국의 역할을 대체할 나라가 있는 것도 아니다.

북핵 문제 해결, '가능성의 예술'

2009년 5월 북한의 2차 핵실험이 있은 후, 그해 11월 나는 국회의원 자격으로 캐나다의 '핼리팩스 국제안보회의'에서 미국 대통령 후보였던 존 매케인(John McCain) 상원의원과 토론할 기회가 있었다. 내가 북한의 핵 개발이 사실상 방치되고 있다고 주장하자, 그는 대뜸 방치의 책임을 중국에 돌렸다. 미국인들의 평균적인 시각일 것이다.

미국의 강경파는 한반도와 동북아의 특성을 고려하지 않고 북한의 핵 문제를 국제경찰 같은 시각에서 접근하려 한다. 경찰은 구역마다 법 적용을 달리 하지 않는다. 문제는 우리 국내에도 이런 국제경찰 같은 시각이 있다는 것이다. 그들의 목소리는 선명하기 때문에 일견 설득력있게 들린다. 북한이 먼저 투명하게 공개하면 문제가 해결된다는 주장이다. 하지만 북한이 그렇게 할 수 있었다면 이 문제는 생기지도 않았거나 이미 옛날에 해결됐을 것이다.

6자회담이 좌초되자 미국의 『월스트리트 저널』은 6자회담이 진정한 핵 폐기보다는 모양상의 진전에 초점을 맞춰왔다고 비판했다. 외교에서 모양상의 진전을 통해서 해결의 가능성을 1퍼센트라도 열어두는 것과 그 가능성 자체를 닫아버리는 것 사이에는 큰 차이가 있다. 9·19공동성명은 남과 북이 한반도에서 공생하고 미국과 중국 등 주변국들의 이익도 상생하는 '공존의 양식'(modus vivendi)에 대해 합의한 것이다. 2016년 5월 김정은 정권은 헌법에 이어 노동당 규약에도 핵보유국으로 명시하면서 핵 불포기를 선언했다. 반면에 북한은 9·19공동성명에서 '모든 핵무기의 포기'를 약속했다. 북한이 일방적으로 무효화할 수 없는 선언이다. 우리는 북한의 말들을 그대로 믿지 않아왔듯이 "핵을 포기하지 않겠다"는 말도 그대로 따를 필요가 없다. 무엇보다 궁극적으로 북한의 목숨 줄을 쥐고 있는 중국은 이 성명이 유효함을 강조하면서 이행을 촉구하고 있다. 다만 중국은 북한의 정치적·안보적·경제적 생존 환경을 만들어주자고 한다. 1퍼센트의 타협 가능성이라도 있다면 협상의 바닥까지 가봐야 한다.

독일의 1차 통일을 이룬 프로이센의 재상 비스마르크는 "정치는 가능성의 예술"이라고 했다. 좀 다른 시각에서 미국의 갤브레이스(John K. Galbraith) 교수는 "정치는 파멸적인 것과 역겨운 것 사이의 선택"이라고 했다. 북한 핵 문제는 이 두 사람이 말하는 지혜를 합친 사고의 영역에서 해법을 찾아가야 할 것이다. 한국과 미국 모두 '파멸적인 것', 즉 한반도에서 전쟁 재발이나 북한의 핵이 테러집단의 손에 들어가는 것을 원치 않는다. 그런데 '역겨운 것'에 대해서는 사정이 다르다. 미국은 북한의 협박하에서 협상하는 역겨운 일을 벌일 생각이 없다. 그러나 한국은 역겹지만 다른 길보다 나은 것이라면 이를 지속적으로 시도해봐야 한다. 미국을 이 길에 동참시키는 일은 무엇보다도 동맹의 한 당사자인 한국의 요구가 거부할 수 없을 만큼 강할 때 가능하다. 또 협상의 성공 가능성을 설득할 수 있어야 하고, 설사 만족스러운 결과가 나오지 않더라도 한국이 그 부담을 짊어져준다는 명분도 제공해야 한다. 백악관은 이런 정치적 안전망을 필요로 한다. 워싱턴의 한반도 정책이 서울에서 시작되게 해야 한다.

좌절이 주는 교훈

독일은 2차세계대전 후 콘라드 아데나워(Konrad Adenauer)의 기민당 정부가 서방과 손을 잡고 경제부흥을 일으켰다. 1969년 빌리 브란트의 사민당으로 정권이 이양되었을 때 동방정책을 추진했다. 1974년 브란트의 뒤를 이어 같은 사민당 헬무트 슈미트(Helmut H. W. Schmidt) 총리가 취임하면서 아데나워의 서방정책과 브란트의 동방정책을 결합시켰다. 통일이라는 외침 없이 조용히 통일 환경을 조성했다. 그리고 1982년 헬무트 콜(Helmut J. M. Kohl)의 기민당이 다시 정권을 이양받았다. 콜은 취임 연설에서 그동안 사민당 정부가 동구권과 맺은 합의를 이행하고 추진 중인 협상도 진행시키겠다는 정책을 선언했다. 독일은 이런 집단적 지혜로 1990년 재통일했다.

한국의 여러 대통령들도 그런 의지를 보였다. 그런데 우리는 왜 성공하지 못하고 있을까. 1945년 남북분단과 뒤이은 한국전쟁, 그리고 사상 초유의 긴 휴전상태에서 남북의 긴장과 대립은 우리 국민에게 피로감과 변화에 대한 욕구를 불러일으켰다. 1972년 7·4남북공동성명에서 시작하여 1992년 남북기본합의서에 이르는 남북 간 합의는 현상 변화에 대한 욕구의 반영이었다. 그 배경에는 베트남전쟁과 냉전종식이라는 국제정세의 바람과 또 남북 양측의 지도세력 간 정치적 계산도 있었지만, 한국으로서는 북한에 대한 자신감이 작용했다.

노태우 정부의 북방정책에 이어 김영삼 정부 초기의 "민족은 동맹보다 강하다"라는 선언을 거쳐 김대중 정부의 햇볕정책과 노무현 정부의 평화번영정책에 이르기까지 변화의 시도는 있어왔다. 하지만 북한의 핵무기 개발 집착과 NLL 도발 등 수차에 걸친 남북 무력 충돌로 인해 우리 국민은 대북 교류협력 정책에 대해 피로감과 거부감을 보이기 시작했다.

북한 측이 중국 고위인사들에게 언급한 내용 등을 종합하면, 북한은 1999년 NATO 공군이 세르비아 폭격을 개시하고 이어 2001년 밀로셰비치(Slobodan Milošević) 대통령을 국제전범재판에 회부하는 것을 보고 핵무기를 가져야겠다는 결심이 강해졌다. 이후 이라크의 사담 후세인(Saddam Hussein)과 리비아의 카다피(Muammar al Qaddafi)가 비슷한 운명에 처하자 핵 보유를 정권 보장의 뗄 수 없는 장치로 간주하게 되었다고 한다.

한반도의 화약고인 NLL을 사이에 두고 벌어지는 무력 충돌은 남북이 합의하면 해결할 여지가 있다. 예를 들어 현재의 경계선을 기준으로 남북 사이에 동등한 면적의 공동관리수역을 설정하는 것도 한 방안이 될 수 있다.* 그러나 북한 핵은 동북아에서 미국과 중국 사이 전략적 대립과 연결되어 있고 전세계적 핵 비확산 체제에 영향을 주기 때문에 한반도 내부의 문제로 국한할 수가 없다. 북한이 핵 능력을 계속 발전시키기 때문에 유지 관리의 대상이 될 수도 없다. 또 한반도 문제에 결정적인 영향을 행사하는 미국은 북한 핵 문제를 선반에서 내렸다 올렸다를 반복하고 있다. 전세계의 핵 확산 방지 역할을 짊어지고 있는 미국으로서는 핵을 개발하는 북한에 대해 압박과 제재를 가하지 않을 수 없다. 우리도 핵을 개발하는 북한과 실질적인 교류 협력을 할 수 없다.

1990년 한·소수교와 1992년 한·중수교에 병행하여 북·미, 북·일 수교도 이루어졌다면 북핵 문제 해결의 가능성도 지금보다는 컸을 것이다. 또 그후 1992년 한반도 비핵화 공동선언, 1994년 미·북 제네바 합의, 그리고 2005년 6자회담의 9·19공동성명 모두 북한 핵 문제를 해결할 수 있는 틀을 갖추고 있다. 그러나 합의의 이행 과정에서 모두 침몰하거나 좌초하고 말았다. 이 실패의 경험들은 우리에게 차가운 교훈을 준다.

첫째, 북한은 체제와 정권의 생존이 보장되지 않는 한, 핵무기 옵션을 포기하지 않는다. 그리고 북한은 결코 상대를 먼저 신뢰하지 않

---

* 1차대전 참호전의 현장이었던 벨기에의 플랑드르 지방은 야생 양귀비꽃으로도 유명하다. 오랜 포격전으로 들판의 모든 초목이 말라갔을 때, 양귀비만 꽃을 피우자 한 종군 시인이 "플랑드르의 양귀비는 젊은 병사의 피를 먹고 자란다"고 절절히 묘사했다. 학자들은 이 피가 정치인들의 어리석은 야망 때문이라고 슬퍼했다. 한국 정치인들은 서해에서 스러져간 장병들의 목숨은 잊어버리고 다시 "NLL을 사수"하라고 한다. 목숨을 버리지 않고 지킬 수 있는 길을 찾는 것이 정치인들이 해야 할 일이다.

는다. 확실한 동시 교환이 아니면 반드시 먼저 받고 뒤에 준다. 그런데 핵 협상에서 북한이 내놓을 카드는 핵시설 폐쇄와 핵물질 폐기 같은 물리적 행동인 데 비해 미국의 카드는 제재 해제 같은 제도나 관계 정상화에 필요한 절차가 대부분이다. 그래서 이런 비대칭적 카드를 동시 교환하는 것이 어렵고 항상 순서가 문제이다.

둘째, 북한의 의사결정 과정과 협상 형태는 합리적이지 않다. 주민을 굶기면서 핵폭탄과 미사일 개발에 막대한 재원을 투입하는 것은 분명히 비합리적인 행동이다. 그러나 논리의 일관성은 있다. 북한은 한·미 군사동맹이 핵으로 무장하고 있고, 자기 영역이 다른 나라의 위성과 정찰장비에 의해 감시당하고 있으므로 대응조치로서 핵·미사일과 자체 위성발사용 로켓을 개발하는 것은 정당하다고 주장한다. 북한을 압박하는 동시에 설득도 하기 위해서는 우월한 대응 논리도 갖추어야 한다. 또 흔히 북한은 예측 가능성이 없다고 하는데 실제로는 그 반대이다. 다만 부정적인 방향으로 예측이 가능하다. 북한은 정권과 체제의 유지를 위해서는 무슨 일이든지 할 수 있다. 그래서 핵 카드는 끝까지 유지하려 할 것이다. 인권 개선은 독재체제를 위협하기 때문에 계속 거부할 것이다. 원래 공업지대였던 북한은 식량을 자급자족할 수 없기 때문에 외화가 없으면 만성적으로 식량이 부족할 것이다. 이런 요소를 염두에 두고 북한을 어떻게 변화로 이끌어갈지를 모색해야 한다.

흔히 김정은의 등장 이후 고모부 장성택(張成澤)까지 처형하는 등 북한이 예측불허의 상태에 있다고 본다. 이에 대해 중국은 내부적으로는 중국 역사상 수없이 보아온 폐장입유(廢長立幼) 현상이라고 분석한다. 왕조 세습에서 장자가 아닌 둘째나 셋째가 권력을 승계할 경우 생기는 유혈 혼란의 한 모습이라는 것이다.

셋째, 미국과 중국 모두 독자적으로나 합작으로나 해결에 발 벗고 나설 가능성은 거의 없다. 이 문제는 미국의 세계전략상 우리의 기대만큼 높은 우선순위가 아니다. 중국도 북한에 대한 치명적 압박이나 급격한 한반도 현상 변경이 북한의 핵 개발 지속보다 더 위험한 것으로 본다. 미국과 중국은 앞으로도 서로 책임을 넘기면서 표면적으로는 해결을 위해 노력하는 제스처를 이어갈 것이다. 역사가들은 만약 1950년 초 트루먼(Harry Truman)이 스탈린에게 한국을 방어할 결의를 명확히 통보했더라면 김일성의 남침을 막았을 것이라고 가정한다. 역사는 되풀이된다. 만약 미국이 모든 수단을 동원해서 북한의 핵무기를 용인하지 않겠다는 결의를 지난 4반세기의 적절한 시점에서 북한과 중국에 분명하게 통보하고 실천했다면 결과는 달라졌을 것이다. 그러나 미국은 북한이 핵물질을 테러조직에 넘기거나 핵무기 사용이 임박하지 않는 한, 그런 행동을 할 준비가 되어 있지 않았고 앞으로도 어려울 것이다. 1989년 북한 핵이 처음 노출되었을 때 모든 수단을 동원해서 막겠다고 다짐했던 당시 미국 베이커 국무장관의 서한은 20여년이 지나면서 "북한 핵은 용납할 수 없다. 중국이 나서야 한다"는 말로 대체되었다.

넷째, 북핵 문제는 한반도 문제 해결과 불가분의 관계에 있다. 분단의 극복 과정에서만 해결될 수 있다. 북한이 남한과 평화적으로 공생하면 필연적으로 개방과 함께 대외의존도가 증가하게 된다. 핵을 포기하고도 안전하게 잘살 수 있다는 확신이 설 때 해결의 길이 열릴 수 있다. 공생을 추구하는 과정에서 북한의 체제 변화나 붕괴 같은 근본적인 현상 변경 가능성은 열려 있을 것이다.

2016년 들어 우리는 북한 핵 문제 해결의 길이 벽에 부딪혔다고 판단하여 핵을 운반하는 도구인 미사일의 방어수단, 즉 사드 배치에 초점을 맞추고 있다. 북한 핵의 위협을 느끼는 한국으로서는 여러 방편을 강구하지 않을 수 없지만, 사드를 실제 배치하기 전에 북핵 문제에 대한 근본적이고 포괄적인 협상의 문을 먼저 열어야 한다. 북핵 문제 해결 노력이 진전되면 사드 배치의 필요도 줄어들 수밖에 없다. 2008년 폴란드와 미국은 러시아의 잠재적 위협을 염두에 두고 양국 외무장관 간에 MD 배치 협정에 서명했다. 그러나 폴란드 의회의 비준 동의 거부로 배치가 지체되다 러시아의 크림반도 병합 이후 러시아로부터 위협 인식이 고조되자 2016년 들어 배치에 착수했다.

사드를 실제 배치하면 중국을 개입시켜 북한 핵을 협상으로 해결할 여지는 더욱 좁아지고 반대로 북한의 행동반경은 커질 것이다. 중국이 한국에 배치된 사드를 철수시키기 위해서도 북한의 핵 개발을 억제할 것이라는 기대는 현실성이 약하다. 사드 배치를 위협으로 받아들이고 위협하에 움직이려는 것은 굴복이 되기 때문이다. 사드의 배치 가능성을 남겨두는 것과 실제 현장에 배치하는 것과는 큰 차이가 있다. 한국 외교의 핵심은 주변 강대국들로부터 퇴로가 없는 선택을 강요받지 않도록 한반도 정세를 관리하는 데 있다. 쉽지만 돌아오지 못하는 위험한 다리부터 건너는 것은 한국이 택할 길이 아니다.

많은 사람들이 협상과 외교를 통해서는 북핵 문제를 해결할 수 없다는 결론을 간단히 내리고 있다. 북한의 체제 때문에, 미국이 집중하지 않기 때문에, 또 중국이 뒷짐 지고 있기 때문이라면서 북한의 체제 전환이나 붕괴 이외에는 해결의 길이 없다고 주장한다. 한국은 개방과 대외의존도가 증대되면서 1980년대 들어와 독재에서 민주체제로의 변화를 경험했다. 그런데도 북한의 경우에는 폐쇄와 고립 속에서도 체제를 전환할 수 있을 것이라고 믿으려 한다. 또 중국의 협조나 묵인이 없이는 북한 체제 붕괴가 불가능하다는 엄연한 현실을 외면하려는 경향이 있다.

반면 해결 가능성이 있다는 것을 보여주는 것은 복잡하다. 북핵 협상은 아직 바닥까지 가본 적이 없다. 미·북 제네바 합의의 침몰과 9·19공동성명 좌초의 배경에는 건너기 어려운 불신의 계곡, 자신의 카드를 결코 먼저 내놓지 않겠다는 행동 패턴, 한국·북한·미국의 지도자 교체 및 강경파·온건파의 대립과 혼선, 그리고 반복되는 상호 책임 전가 등이 얽혀 있다. 그래서 합의는 이행되지 못하고 늘 중도에 하차하고 말았다.

그럼에도 지금까지 나온 방안 중 가장 유용한 협상의 틀은 6자회담이다. 2008년 말 좌초된 후 지난 8년간 6자회담 무용론이 대두되기도 했지만, 누구도 대안을 제시하지 못하고 있다. 2016년 초 북한의 핵실험과 장거리로켓 시험 발사 후 채택된 유엔안보리 결의 2270호도 대북 제재와 병행하여 6자회담 재개와 9·19공동성명의 이행을 강조하고 있다. 누구보다 북한의 명줄을 쥐고 있는 중국이 원하는 것이다. 이 성명은 현재의 악화된 상황까지 포함하여 다룰 수 있는 공간을 갖고 있기 때문이다.

우선 북한이 몇차례의 핵실험을 했든간에 '현존하는 모든 핵무기와 핵 프로그램'을 포기하게 되어 있다. 또한 재처리와 농축을 금지한 한반도 비핵화 공동선언을 준수하기로 합의했다. 북한은 2005년 9·19공동성명 합의 때에도 이미 핵 보유를 주장했다. 그래서 만약에 핵무기를 가졌다면 당연히 포기 대상이고, 존재 여부에 논란이 일었던 우라늄농축 계획도 포기하도록 규정한 것이다. 즉 모든 우려의 대상을 포함시키는 포괄조항(catch-all)을 채택한 것이다.

북한 핵의 통제와 해결을 위해서는 몇단계에 걸친 장기적이고 세밀한 접근이 필요하다. 물론 이를 위해서는 한국과 미국에서 정권을 초월하는 지속적인 전략을 세워야 한다. 미국과 북한 어느 쪽도 스스로 협상을 다시 살리기는 어렵다. 덧난 상처처럼 치유가 어렵기 때문에 한국과 중국이 적극 나서야 한다. 중국이 북한에 대한 지원 카드와 압박 카드를 동시에 사용하여 북한을 끌어와야 한다. 그래야 미국에 회담 복귀의 명분을 제공할 수 있다. 그러나 중국을 나서게 하기 위해서는 한국이 한·미동맹의 이름을 걸고 미국을 설득하는 것이 필요하다.

1단계로는 우선 6자회담을 재개시키는 것이다. 북한은 최소한 6자회담 진행 중에는 핵실험을 감행치 못했다. 만약 회담이 진지하게 진행 중인데도 북한이 핵실험을 했다면 중국이 훨씬 강력한 행동에 들어갔을 것이기 때문이다. 회담 진행 자체가 일정한 억제효과를 갖고 있음을 말해준다. 회담 재개의 1차 목표는 핵 활동 중지, 장거리로켓 발사 유예, IAEA 사찰관 복귀, 부분적 제재 완화, 대북 인도 지원, 그리고 미·북관계 개선을 위한 대화 등이 될 것이다.

이어서 북한의 핵 폐기와 미·북관계 정상화 및 대북 경제지원 등 9·19공동성명의 골격을 이행하면서 핵 문제와 불가분의 관계에 있는 한반도 평화체제 협상을 병행하는 것이다. 이 과정은 갈수록 비탈이 심해서 언제 무너질지 모른다. 비대칭적 카드를 누가 먼저 내놓느냐가 큰 장애이다. 그런데 중국은 기회 있을 때마다 미국이 북한의 '합리적 안보 우려'를 수용해줄 것을 제안해왔다. 미국의 대북 적대

522

정책 포기, 제재 해제, 관계 정상화 등을 지칭하는 표현이다. 미국이 이러한 '우려'를 수용하는 첫 단계 조치를 선도하면, 중국은 북한의 핵 폐기 개시를 보증하는 장치를 만드는 것이다. 한국이 그 조임쇠 역할을 해야 한다. 만약 북한이 약속을 위반하면 중국이 강제적 수단을 동원하거나, 아니면 한·미가 다른 행동의 자유를 갖는 것을 중국이 용인토록 하는 것이다.

당연히 이 과정은 한반도 문제의 해결과 궤도를 같이하므로 긴 시간에 걸친 인내와 일관성이 필요하다. 민주국가의 선거제도는 정책의 일관성과 인내를 허용치 않는다. 또 미·중 간 협력과 대결 구도도 먼 장래까지 지속될 것이다. 오직 한국이 국민적 합의를 바탕으로 정권을 초월하는 대북정책을 만들고, 이를 추진하기 위해 모든 외교적 자산을 투입할 때 미국과 중국, 그리고 북한을 움직일 수 있을 것이다. 북한은 대외 출구를 찾는 데 절박하고, 미국은 북한의 핵 개발로 인한 동북아 핵 확산 가능성을 방치할 수 없으며, 중국은 북한의 안정과 동북아 정세 관리 능력을 보여주어야 하기 때문에 한국의 노력은 성공 가능성이 있다.

지금 한반도는 냉전의 바닥에 다가가고 있다. 힘의 균형에 의해 간신히 전쟁이 일어나지 않는 소극적 평화가 아니라 서로를 인정하고 협력을 통해 함께 잘살 수 있는 적극적인 평화로 전환시켜야 한다. 적대적 상태에서도 서로에 이익이 되면 협상을 개시한다. 협상은 작은 성공에서 시작해서 큰 성공으로 이어가는 것이다. 그 과정을 시작해야 한다.

통일은 당위가 아니라 힘을 요구한다

1970년대 독일 본 대학을 거쳐 서베를린에서 근무하던 시절, 나는 독일인들로부터 한국의 통일이 독일보다 빨리 올 것이라는 말을 자주 들었다. 한국은 주변국을 해친 잘못이 없지만 독일은 두번에 걸친 세계대전의 업보를 안고 있어 통일이 어렵다고 했다. 나도 막연히 그렇게 생각했다. 그러나 지난 40여년에 걸쳐 알게 된 것은, 통일이 규범이나 당위로 되는 것이 아니라 힘에 의해 이루어진다는 것이다. 한반도 통일을 위해서는 네가지 힘이 필요하다.

첫째, 정권을 초월하는 통일정책의 지속 능력, 즉 사회적 응집력이다. 우리 내부의 통합 없이는 북한이나 주변국을 움직이지 못한다. 5년 단임의 한국 정부가 어떤 정책을 취하더라도 3년쯤 지나면 북한은 물론 주변국들은 설사 그 정책에 동의하더라도 언제까지 지속될 것인가 하는 의구심 때문에 적극적인 동참을 주저한다.

둘째, 한반도 내부의 구심력으로 주변의 원심력을 극복하는 능력, 즉 남북화해의 주도 능력이다. 한반도는 이 구심력과 원심력 간 대립의 현장이다. 한국전쟁 이후 남과 북은 서로 믿을 수 없다는 전제하에 국내 정치용 협상을 반복해오면서 신뢰의 촉각을 마비시켰다. 어림잡아 북한 경제력의 50배 크기에다 체제의 정당성을 갖춘 한국이 신뢰의 싹에 물을 줌으로써 한반도 구심력을 주도해야 한다.

셋째, 통일의 기회가 왔을 때 경제적으로 감당할 수 있는 역량이다. 교류와 협력을 통해 남북 격차를 축소하는 한편, 아울러 우리의 재정을 건전하게 유지하여 막상 통일의 기회가 왔을 때, 국제적으로 재원을 조달하고 투자를 유지할 수 있는 기초 능력을 비축해야 한다.

1990년 독일 통일 당시 서독의 국민총생산 대비 정부 부채는 공기업을 포함해서 42퍼센트였던 데 비해, 2015년 한국의 경우 64퍼센트에 이른다.

넷째, 한민족은 물론이고 주변국, 특히 미국과 중국도 공유할 수 있는 통일 한국의 미래상을 만들고 그들을 설득할 수 있는 역량이다. 독일이 통일될 때는 미국과 소련 사이에 힘의 균형이 깨졌다. 그러나 미국과 중국 사이의 힘의 균형은 오래갈 것이다. 통일 한국이 주변국 모두의 안보에 당장은 물론 잠재적으로도 위해(危害)가 되지 않는다고 간주될 때 통일이 가능할 것이다.

이 네가지 역량 중 어느 하나도 빼놓을 수 없지만, 그중에도 특히 주변국 설득 역량이 핵심이다. 중국은 수천년 역사에 걸쳐 농민의 난, 군벌이나 궁정 쿠데타, 그리고 외부의 침략으로 변란을 겪어왔다. 외환(外患)은 한반도를 포함한 동북 방면에서 주로 시작되었다. 가까운 시기에는 '항미원조(抗美援朝)의 전쟁'으로 불리는 한국전쟁을 겪었고, 이에 앞서 한반도 지배를 둘러싼 청일전쟁으로 청나라가 붕괴되기 시작했다. 그전에는 '항왜원조(抗倭援朝)의 전쟁'으로 불리는 임진왜란으로 명나라가 기울기 시작했다.

이런 지정학적·역사적 배경으로 중국은 한반도가 적대세력이 되거나 제3국의 영향력하에 들어가는 것을 거부해왔다. 1894년 청일전쟁에서 1949년 중화인민공화국 수립까지 55년간만 이 거부 전략에 실패했다. 2010년 10월 25일 중국 인민의용군의 한국전쟁 참전 60주년 행사에서 시 진핑 부주석은 "항미원조의 전쟁은 정의로운 전쟁이었다"고 규정했다. 그 말의 옳고 그름을 넘어 정치 지도자가 역사를 거론하는 것은 과거가 아니라 미래를 향해 말하는 것이다. 중국 외교교과서의 하나인 『외교 지혜와 모략(外交智慧與謀略)』(謝益顯, 1993)에 나오는 '계호기장(挂號記帳, 자신의 권리와 입장을 세상에 널리 알린다)'의 대표적 사례이다.

2차대전 후 미국 외교정책 설계자의 한 사람인 케넌(George F. Kennan)은 1950년 9·28서울수복 후 유엔군이 38선 이북으로 진격하는 것을 반대했다. 그때 이미 중국이 인도를 통해 38선 이북의 진격에 대해 경고를 보내왔기 때문이기도 하지만, 대소 봉쇄정책을 수립한 그는 강대국 전략의 속성을 간파했던 것이다. 그의 반대에도 불구하고 유엔군은 압록강까지 진격했고, 중국이 참전함으로써 1953년 7월 27일까지 거의 3년에 걸쳐 전쟁이 지속되었다. 역사가들은 1950년 전후로 미국을 광적으로 휩쓴 매카시즘, 즉 공산주의 색출 선풍으로 미국 정부 내 중국 전문가들이 발붙일 틈이 없어졌고, 그래서 중국 정책도 실패했다고 평가한다. 이념이 장님을 만든 경우였다.

강대국 간에는 게임의 원리가 있다. 1962년 미국은 턱밑의 쿠바가 소련의 영향하에 들어간 상태에서 미사일을 배치하는 것을 거부하기 위해 모든 수단을 동원했다. 2014년 러시아는 코앞의 우크라이나가 EU 및 NATO와 밀접해지는 것을 막기 위해 군사력을 동원하여 크림반도를 병합했다. NATO는 러시아에 경제제재를 가했지만 물리적으로 저지하지는 못했다. 강대국들은 전면전을 각오하지 않는 한, 상대국이 생사의 선으로 삼는 문턱을 넘지는 않는다. 한국전쟁에서 공수전투를 지휘했고 베트남전쟁에서 미군사령관을 지낸 웨스트모얼랜드(William C. Westmoreland)는 "미국의 중국에 대한 트라우마는 1950년 10월 중국 인민의용군이 압록강을 넘어올 때 시작되었고, 베트남전쟁에서 모든 전략은 중국의 개입을 염두에 두고 수립했다"

고 회고했다. 탄생한 지 1년밖에 안된 중화인민공화국의 무게를 이미 그렇게 받아들였다.

미국과 중국은 모두 한반도 통일을 지지한다는 원칙적 선언을 하고 있지만, 그 원칙의 내용은 서로 충돌하고 있다. 미국은 '한국의 주도로 민주주의와 시장경제에 입각한, 그리고 미국과 동맹을 유지하는 통일'을 원한다. 반면 중국은 '조선반도 주민의 뜻에 따라 평화적이고 자주적으로 통일'하는 것을 지지한다. 결국 문제는 미국이 원하는 '동맹하의 통일'과 중국이 원하는 '자주적 통일'을 어떻게 조화시킬 것인가이다. 한국 스스로가 그 틀을 만들어내야 한다.

1990년 독일 통일 때 최대의 난제는 통일 독일의 군사적 위상이었다. 당시 통독 문제를 둘러싼 '2+4' 협상에서 소련 외상 셰바르드나제(Eduard A. Shevardnadze)는 "통독에 얽힌 모든 문제의 근원은 독일의 군사적 위상에 있다"(The mother of all problems on the table is the military status of a unified Germany)고 선언하고, 독일의 NATO 탈퇴를 요구했다. 이에 대해 미국과 서독은 통일 독일이 NATO를 탈퇴할 경우 독자적 핵무장국가가 될 것임을 경고하면서 설득했다. 소련은 결국 NATO 군을 과거 서독 지역에만 배치하는 조건을 수용했다. 동독 주둔 군대의 철수 비용으로 막대한 경제적 보상을 받는 것도 조건의 하나였다.

통일 독일의 군사적 조건은 한반도 통일에 접목시키기가 어렵다. 당시 소련연방은 와해 일로에 있었지만 가까운 장래에 중국이 그와 같은 길에 들어설 것으로 보이지는 않는다. 또 통일 한국이 독일처럼 독자적으로 주변국을 위협할 만큼 핵을 가진 군사강국이 될 가능성은 희박하다. 따라서 중국이 현재와 같은 형태의 한·미 군사동맹하의 통일 한국을 수용할 가능성을 기대하기는 어렵다. 또 미군이 휴전선 이남에만 주둔하면 될 것이라는 가정도 기본적으로 한반도 전역이 한·미동맹의 영향하에 들어간다는 점에서 본질적으로 차이가 없다.

이런 잠재적 딜레마를 감안하여 9·19공동성명에서 비핵화와 함께 한반도의 평화체제와 동북아의 다자안보체제 수립을 목표로 설정했다. 단순한 군비통제를 넘어 핵 없는 북한이 안전하게 살 수 있는 환경을 만들어주자는 것이었다. 현상을 평화적으로 관리하면서 통일은 목표가 아니라 결과의 하나로 기대할 수 있다는 것을 암묵적으로 합의한 것이다. 한반도 평화체제는 미·북수교를 전제로 한다. 일·북수교도 동행할 것이다. 이런 일련의 수교는 북한의 개방을 불가피하게 만들 수밖에 없다. 무엇보다 한국과 미국 그리고 중국을 포함한 주변국들이 개방을 지원할 것이다. 그것이 공동의 이익이기 때문이다. 개방된 북한이 정상적인 국가로 존립하느냐의 문제는 기본적으로 북한 자체의 변화 수용 능력에 달려 있다.

북한이 개방과 개혁에 실패하여 통치 불능의 상태에 빠질 가능성도 있다. 이 경우 북한의 미래는 국제사회의 지배적 원칙인 '주민의 의지'에 좌우될 것이다. 두개의 국가로 존립하는 것을 선택할 수도 있을 것이다. 그러나 남과 북의 커다란 격차, 특히 개인의 자유와 다양성이 존중되는 삶의 질 차이 때문에 주민 다수가 통일을 선택할 개연성이 크다. 북한 주민의 통일 한국에 대한 긍정적 인식을 계속 키워야 할 것이다.

통일의 길은 직선보다는 사선(斜線)과 곡선의 미학이 더 어울린다고 본다. 마치 시베리아와 남태평양을 이동하는 철새가 직선으로 나는 것이 아니라 바람결을 따라 커다란 곡선을 그리며 수천 킬로미터를 날아가는 것과 같다. 갑작스러운 붕괴에 의한 흡수통일과 같은 직선적 접근은 바람직한가의 문제가 아니라 현실적 가능성이 희박하다.

비핵화와 평화체제, 하나의 선로에 올리자

한반도는 70년 넘게 냉전체제 속에 갇혀 있다. 이 체제는 마치 거대한 빙하처럼 우리를 덮고 있다. 그 표면의 중심에는 북한 핵 문제가 자리 잡고 있다. 모두가 체념상태에 빠졌고, 북한이 2016년 9월 5차 핵실험까지 감행하자 이제는 무한 군비경쟁을 불가피한 선택으로 간주하려 한다. 동북아 군비경쟁의 1차 피해자는 한반도였다. 우리는 이런 긴 역사의 교훈에 눈을 뜨고 있어야 한다.

고대 그리스 수학자 아르키메데스(Archimedes)는 "나에게 충분히 긴 지렛대와 받침대만 주면 지구도 움직일 수 있다"고 했다. 우리는 불가항력처럼 보이는 '분단과 핵'을 움직일 지렛대를 만들 수 있다. 북한이 줄기차게 원하고 중국도 일관되게 희망하는 북·미수교와 한반도 평화체제 수립이 바로 그 지렛대이다. 겉보기와는 달리 우리는 아직 그 지렛대를 제대로 써보지 못했다. 북한은 핵 포기의 과정 하나하나를 생사의 문제에서 접근한다. 반면 한국과 미국으로서는 관계 정상화와 평화체제 협상이라는 지렛대를 먼저 써보고, 그래도 안되면 압도적 물리력을 포함하는 다른 방도를 강구할 수 있다. 이런 지렛대를 위해 한·미동맹을 작동시켜야 한다. 일각에서는 북한이 핵 보유를 선언한 상태에서 평화체제를 협상하는 것은 핵 국가로 인정하는 것이라며 반대한다. 그러나 9·19공동성명에서 합의한 비핵화를 전제 조건으로 협상을 개시할 경우 이런 문제는 넘어설 수 있다. 중국이 그 역할을 맡겠다고 하고 있다.

북한은 2005년 2월 이미 자칭 '핵보유국'이라고 선언했다. 지난 11년 사이에 5차례의 핵실험에 이어 핵 불포기까지 선언했다. 그러나 종국적으로 북한에 대해 결정적 영향을 미칠 수 있는 중국을 포함한 어느 나라도 북한을 핵보유국으로 인정하지 않을 것이다. 오히려 반대로 9·19공동성명의 합의에 따라 "모든 핵무기와 핵 프로그램을 포기할 것"을 요구하고 있다. 북한의 비핵화와 한반도 평화체제 수립이라는 두개의 기차를 하나의 선로 위에 올려야 한다. 4반세기에 걸친 북핵 협상의 궤적을 교훈삼아 이 두개의 기차를 밀착시켜 앞으로 가게 해야 한다.

평화체제의 주체는 남과 북이다. 미국은 유엔군의 이름으로, 중국은 인민의용군이라는 이름으로 각각 한국전쟁에 참전했다. 앞으로 한반도 평화를 지킬 주체는 미국과 북한이 아니라 남과 북이다. 미국은 북한과 직접 평화협정을 맺을 법적 권능도, 현실적 필요도 없다. 만약 미·북 평화협정을 체결한다면 이는 한국전쟁은 미·북전쟁이었다고 규정하는 것과 같기 때문이다. 남과 북이 주 당사자가 되고, 휴전협정 서명 관련국으로서 미국과 중국이 참여하는 4국 협정을 체결하면 된다. 미국과 북한 사이에는 1992년 한·중수교의정서처럼 주권과 영토보전의 상호 존중, 상호 불가침과 내정 불간섭 원칙을 담은 관계 정상화 의정서를 교환하는 것이 적합하다.

동북아 국제정치에서 부조리의 현장은 한반도이다. 분단의 근원적 책임이 있는 나라나 분단을 실행한 나라들 모두가 공개적으로는 한반도 통일을 지지한다고 말한다. 그러나 한국 아닌 누구도 문을 열어줄 수 없다. 한국이 핵을 넘어 통일로 가는 문을 열 지렛대를 받치고, 주변국들이 힘을 보태게 해야 한다. 2년마다 선거를 통해 정책을 조정하는 미국과 보조를 맞추면서, 한반도는 결코 다른 나라의 영향권에 들어가서는 안된다는 중국을 설득하고, 세상에 무슨 일이 있어도 정권을 유지하겠다는 북한을 품어야 그 문이 열릴 것이다. 그리고 우리 내부의 집단적 지혜와 한계를 정하지 않는 인내가 받쳐주어야 한다.

지난 반세기에 걸쳐 한반도 문제에 대해 많은 남북합의와 국제적 합의가 있었다. 그때마다 한반도를 덮고 있는 빙하가 녹아서 분단된 민족의 메마른 토양을 적셔줄 것 같았다. 그런데 빙하는 녹을 듯하다 다시 얼어붙기를 반복해왔다. 거대한 변화의 조류에 둘러싸인 북한이 폐쇄된 독재국가로 먼 미래까지 존속할 수는 없다. 교류와 접촉으로 표면을 녹게 하고 제도적 평화장치를 수립하여 바닥도 함께 미끄러지게 할 때 한반도의 빙하는 움직일 것이다.

제4차 6자회담 공동성명

(2005. 9. 19, 베이징)

제4차 6자회담이 베이징에서 중화인민공화국, 조선민주주의인민공화국, 일본, 대한민국, 러시아연방, 미합중국이 참석한 가운데 2005년 7월 26일부터 8월 7일까지 그리고 9월 13일부터 19일까지 개최되었다.

우 다웨이 중화인민공화국 외교부 부부장, 김계관 조선민주주의인민공화국 외무성 부상, 사사에 켄이치로 일본 외무성 아시아대양주 국장, 송민순 대한민국 외교통상부 차관보, 알렉세예프 러시아연방 외무부 차관, 그리고 크리스토퍼 힐 미합중국 국무부 동아태 차관보가 각 대표단의 수석대표로 동 회담에 참석하였다.

우 다웨이 부부장은 동 회담의 의장을 맡았다.

한반도와 동북아시아 전반의 평화와 안정이라는 대의를 위해,

6자는 상호 존중과 평등의 정신하에, 지난 3회에 걸친 회담에서 이루어진 공동의 이해를 기반으로, 한반도의 비핵화에 대해 진지하면서도 실질적인 회담을 가졌으며, 이러한 맥락에서 다음과 같이 합의하였다.

1. 6자는 6자회담의 목표가 한반도의 검증 가능한 비핵화를 평화적인 방법으로 달성하는 것임을 만장일치로 재확인하였다.

조선민주주의인민공화국은 모든 핵무기와 현존하는 핵계획을 포기할 것과, 조속한 시일 내에 핵확산금지조약(NPT)과 국제원자력기구(IAEA)의 안전조치에 복귀할 것을 공약하였다.

미합중국은 한반도에 핵무기를 갖고 있지 않으며, 핵무기 또는 재래식 무기로 조선민주주의인민공화국을 공격 또는 침공할 의사가 없다는 것을 확인하였다.

대한민국은 자국 영토 내에 핵무기가 존재하지 않는다는 것을 확인하면서, 1992년도「한반도의 비핵화에 관한 남·북 공동선언」에 따라, 핵무기를 접수 또는 배비하지 않겠다는 공약을 재확인하였다.

1992년도「한반도의 비핵화에 관한 남·북 공동선언」은 준수, 이행되어야 한다.

조선민주주의인민공화국은 핵에너지의 평화적 이용에 관한 권리를 가지고 있다고 밝혔다. 여타 당사국들은 이에 대한 존중을 표명하였고, 적절한 시기에 조선민주주의인민공화국에 대한 경수로 제공 문제에 대해 논의하는 데 동의하였다.

2. 6자는 상호 관계에 있어 국제연합헌장의 목적과 원칙 및 국제관

계에서 인정된 규범을 준수할 것을 약속하였다.

조선민주주의인민공화국과 미합중국은 상호 주권을 존중하고, 평화적으로 공존하며, 각자의 정책에 따라 관계 정상화를 위한 조치를 취할 것을 약속하였다.

조선민주주의인민공화국과 일본은 평양선언에 따라, 불행했던 과거와 현안사항의 해결을 기초로 하여 관계정상화를 위한 조치를 취할 것을 약속하였다.

3. 6자는 에너지, 교역 및 투자 분야에서의 경제협력을 양자 및 다자적으로 증진시킬 것을 약속하였다.

중화인민공화국, 일본, 대한민국, 러시아연방 및 미합중국은 조선민주주의인민공화국에 대해 에너지 지원을 제공할 용의를 표명하였다.

대한민국은 조선민주주의인민공화국에 대한 200만 킬로와트의 전력공급에 관한 2005. 7. 12자 제안을 재확인하였다.

4. 6자는 동북아시아의 항구적인 평화와 안정을 위해 공동 노력할 것을 공약하였다.

직접 관련 당사국들은 적절한 별도 포럼에서 한반도의 항구적 평화체제에 관한 협상을 가질 것이다.

6자는 동북아시아에서의 안보협력 증진을 위한 방안과 수단을 모색하기로 합의하였다.

5. 6자는 '공약 대 공약' '행동 대 행동' 원칙에 입각하여 단계적 방

식으로 상기 합의의 이행을 위해 상호 조율된 조치를 취할 것을 합의
하였다.

6. 6자는 제5차 6자회담을 11월 초 베이징에서 협의를 통해 결정되
는 일자에 개최하기로 합의하였다.

Joint Statement of the Fourth Round
of the Six-Party Talks

Beijing 19 September 2005

The Fourth Round of the Six-Party Talks was held in Beijing, China among the People's Republic of China, the Democratic People's Republic of Korea, Japan, the Republic of Korea, the Russian Federation, and the United States of America from July 26th to August 7th, and from September 13th to 19th, 2005.

Mr. Wu Dawei, Vice Minister of Foreign Affairs of the PRC, Mr. Kim Gye Gwan, Vice Minister of Foreign Affairs of the D.P.R.K.; Mr. Kenichiro Sasae, Director-General for Asian and Oceanian Affairs, Ministry of Foreign Affairs of Japan; Mr. Song Min-soon, Deputy Minister of Foreign Affairs and Trade of the R.O.K.; Mr. Alexandr Alekseyev, Deputy Minister of Foreign Affairs of the Russian Federation;

and Mr. Christopher Hill, Assistant Secretary of State for East Asian and Pacific Affairs of the United States attended the talks as heads of their respective delegations.

Vice Foreign Minister Wu Dawei chaired the talks.

For the cause of peace and stability on the Korean Peninsula and in Northeast Asia at large, the Six Parties held, in the spirit of mutual respect and equality, serious and practical talks concerning the denuclearization of the Korean Peninsula on the basis of the common understanding of the previous three rounds of talks, and agreed, in this context, to the following:

1. The Six Parties unanimously reaffirmed that the goal of the Six-Party Talks is the verifiable denuclearization of the Korean Peninsula in a peaceful manner.

The D.P.R.K. committed to abandoning all nuclear weapons and existing nuclear programs and returning, at an early date, to the Treaty on the Nonproliferation of Nuclear Weapons and to IAEA safeguards.

The United States affirmed that it has no nuclear weapons on the Korean Peninsula and has no intention to attack or invade the D.P.R.K. with nuclear or conventional weapons.

The R.O.K. reaffirmed its commitment not to receive or deploy nuclear weapons in accordance with the 1992 Joint Declaration of the Denuclearization of the Korean Peninsula, while affirming that there exist no nuclear weapons within its territory.

The 1992 Joint Declaration of the Denuclearization of the Korean Peninsula should be observed and implemented.

The D.P.R.K. stated that it has the right to peaceful uses of nuclear energy. The other parties expressed their respect and agreed to discuss, at an appropriate time, the subject of the provision of light water reactor to the D.P.R.K.

2. The Six Parties undertook, in their relations, to abide by the purposes and principles of the Charter of the United Nations and recognized norms of international relations.

The D.P.R.K. and the United States undertook to respect each other's sovereignty, exist peacefully together, and take steps to normalize their relations subject to their respective bilateral policies.

The D.P.R.K. and Japan undertook to take steps to normalize their relations in accordance with the Pyongyang Declaration, on the basis of the settlement of unfortunate past and the outstanding issues of concern.

3. The Six Parties undertook to promote economic cooperation in the fields of energy, trade and investment, bilaterally and/or multilaterally.

China, Japan, R.O.K., Russia and the U.S. stated their willingness to provide energy assistance to the D.P.R.K.

The ROK reaffirmed its proposal of July 12th 2005 concerning the provision of 2 million kilowatts of electric power to the D.P.R.K.

4. The Six Parties committed to joint efforts for lasting peace and stability in Northeast Asia.

The directly related parties will negotiate a permanent peace regime on the Korean Peninsula at an appropriate separate forum.

The Six Parties agreed to explore ways and means for promoting security cooperation in Northeast Asia.

5. The Six Parties agreed to take coordinated steps to implement the aforementioned consensus in a phased manner in line with the principle of "commitment for commitment, action for action".

6. The Six Parties agreed to hold the Fifth Round of the Six-Party Talks in Beijing in early November 2005 at a date to be determined through consultations.

강미현『비스마르크 평전: 비스마르크, 또다시 살아나다』, 에코리브르 2010

강원택 편저『노태우 시대의 재인식: 전환기의 한국사회』, 나남 2012

국제정책연구원『자유주의자의 고뇌와 소망: 고 김경원 박사 추모집』, 중앙북스 2013

김영희『베를린 장벽의 서사: 독일 통일을 다시 본다』, 창비 2016

사익현 저, 정재남 역『신중국 외교이론과 원칙』, 아세아문화사 1995

손성홍『분단과 통일의 독일 현대사』, 소나무 2005

이상옥『전환기의 한국외교』, 삶과꿈 2002

이수혁『전환적 사건』, 중앙북스 2008

이우탁『오바마와 김정일의 생존게임: 북핵 6자 회담 현장의 기록』, 창해 2009

이종석『칼날 위의 평화: 노무현 시대 통일외교안보 비망록』, 개마고원 2014

임동원『피스메이커: 남북관계와 북핵문제 25년』, 창비 2015

첸치천 저, 유상철 역『열가지 외교 이야기』, 랜덤하우스코리아 2004

한완상『한반도는 아프다』, 한울 2013

한용섭『국방정책론』, 박영사 2012

Aaron L. Friedberg, *A Contest for Supremacy: China, America, and the Struggle for Mastery in Asia*, W. W. Norton, Incorporated 2012

Andrew J. Bacevich, *Washington Rules: America's Path to Permanent War*, Macmillan 2010

Anthony Lake, *6 Nightmares: Real Threats in a Dangerous World and How America Can Meet Them*, Little, Brown 2000

Charles A. Kupchan, *How Enemies Become Friends: The Sources of Stable Peace*, Princeton University Press 2010

Charles Prichard, *Failed Diplomacy*, Brookings Institution Press 2007

Christopher R. Hill, *Outpost: Life on the Frontlines of American Diplomacy: a Memoir*, Simon&Schuster 2015

Condoleezza Rice, *No Higher Honor: A Memoir of My Years in Washington*, Crown/Archetype 2011

Don Oberdorfer, Robert Carlin, *The Two Koreas: A Contemporary History*, Basic Books 2013

George Frost Kennan, *Memoirs: 1950-1963*, Hutchinson 1972

George W. Bush, *Decision Points*, Crown/Archetype 2010

Henry Ashby Turner, *The Two Germanies since 1945*, Yale University Press, 1987

Joel S. Wit, Daniel B. Poneman, Robert L. Gallucci, *Going Critical*, The Brookings Institution Press 2004

Madeleine Albright, *Madam Secretary*, Harper Collins 2013

Manfred Görtemaker, *Unifying Germany, 1989-1990*, St. Martin's Press 1994

Michael Mandelbaum, *The Frugal Superpower: America's Global Leadership in a Cash-Strapped Era*, PublicAffairs 2010

Niall Ferguson, *The War of the World: History's Age of Hatred*, Penguin UK, 2015

Norman Davies, *Europe: A History*, Oxford University Press 1996

Ole R. Holsti, P. Terrence Hopmann, John D. Sullivan, *Unity and Disintegration in International Alliances*, University Press of America 1973

Philip Zelikow, Condoleezza Rice, *Germany Unified and Europe Transformed: A Study in Statecraft*, Harvard University Press 1995

Randall Jordan Doyle, Boshu Zhang, *Modern China and the New World: The*

Reemergence of the Middle Kingdom in the Twenty-first Century, Lexington Books 2011

Richard J. Samuels, *"Rich Nation, Strong Army": National Security and the Technological Transformation of Japan*, Cornell University Press 1996

Robert D. Kaplan, *Warrior Politics: Why Leadership Demands a Pagan Ethos*, Random House 2001

Stephen M. Walt, *The Origins of Alliance*, Cornell University Press 2013

Takeshi Ishida, "Beyond the Traditional Concepts of Peace in Different Cultures," *Journal of Peace Research*, vol. 6, issue 2, 1969

Walter C. Clemens Jr, *Getting to Yes in Korea*, Routledge 2015

William J. Perry, *My Journey at the Nuclear Brink*, Stanford University Press 2015

Yoichi Funabashi, *The Peninsula Question*, The Brookings Institution Press 2007

감사의 말

"인생은 완성된 것이 아니라 완성을 향해 가는 것"이라는 마르틴 루터의 경구는 늘 나에게 큰 힘이 되었다. 스스로가 항상 모자랄 수밖에 없고 그래서 끝없이 채워나가야 한다는 뜻으로 새겼다. 누군가는 "인생에서 원하는 것은 미완으로 남는다"라고 달리 표현했다. 분단을 넘어 통일로 가는 길은 미완이지만 미래에는 완료될 것이라는 희망을 이 책에 담았다.

33년에 걸친 외교 일선을 떠나 2008년부터 4년간 민주통합당 비례대표의원으로 국회의 외교통상위원회에서 활동했다. 사실관계가 실종된 상태에서 챗바퀴 같은 논쟁을 벌여야 하는 경우가 많았다. 2012년 국회를 떠나 오랫동안 묵혀두었던 메모 수첩과 낱장의 쪽지들을 뒤지면서 과거의 기록과 생각을 복원하기 시작했다. 형체는 있는데 짝을 찾기 어려운 기억의 조각들을 맞추느라 많은 시간을 보내야 했다.

이 작업을 하면서 분단관리와 통일외교에 대해 내 나름의 의식을 갖게 해주고, 또 기록으로 남기고 싶은 일을 할 수 있도록 이끌어준 여러 선배들이 떠올랐다. 그중에서도 특별히 많은 가르침을 주신 분들이 있다. 이미 책에서 거명한 분들을 포함해서, 공직자로서 사고와 행동의 표본을 보여준 이상옥 외교부장관, 전략적 사고로 세계의 창을 통해 우리 문제를 보게 한 고(故) 김경원 대사, 어떤 난관도 깊은 물처럼 헤쳐나가는 지혜를 보여준 반기문 외교부장관 같은 분들이다. 그리고 얼굴을 마주한 지 얼마 되지 않고부터 신뢰하면서 일을 맡겨준 고 노무현 대통령을 그 누구보다도 많이 생각했다. 같이 회고해볼 시간을 가질 수 없는 것이 너무 안타까웠다.

간혹 해볼 수 있는 일의 한계까지 밀고 나가곤 했던 나를 이해하고 도와준 외교부의 수많은 동료와 후배들에게 감사한다. 또 김영삼, 김대중, 노무현 정부 시절 청와대에서 일하는 동안 외교부 외에도 통일부, 국방부, 국정원에서 파견된 많은 우수한 후배들과 특별히 채용된 보좌진의 도움도 잊을 수 없다.

이 책을 쓰는 데 더없이 좋은 환경을 만들어준 경남대학교 박재규 총장과 북한대학원대학교 김선향 이사장, 그리고 교직원들에게 감사드린다. 이분들이 아니었다면 내 생각의 조각들은 종이 위에 내려앉지 못하고 아직도 허공에 머물러 있었을 것이다. 또 이 작업의 여러 빈 곳을 메울 수 있도록 창비의 인문팀 박대우, 김유경 님이 도와주지 않았다면 나의 기억은 책이라는 옷을 입을 수 없었을 것이다.

공직 생활 중 외교부와 청와대를 담당한 기자단을 포함해서 언론과의 접촉이 많았다. 때로는 나의 직선적 표현 때문에 살얼음판의 끝에 선 적도 더러 있었다. 대부분 나의 진의를 이해해주었다. 함께 논쟁하기를 서슴지 않았던 그분들께 감사드린다.

나는 한번 결심하면 두려움을 몰랐던 아버님과 삶의 인내에 한계를 몰랐던 어머님 사이에서 태어났다. 두분은 내가 나름대로 국가를 위해 일하는 모습을 보여드릴 수 있을 때까지 기다려주지 못했다. 늘 가슴이 저몄는데 이 한권의 책이나마 영전에 바친다.

스스로 서는 것으로 부모를 편하게 해준 아들과 며느리, 그리고 딸에 대한 고마움도 이 글로 대신한다. 긴 공직의 길에서 남편을 감싸온 아내가 이 원고의 거친 모서리를 또한 다듬어주었기에 이 책을 내놓을 수 있게 되었다.

송민순 宋旻淳

경남 진주에서 태어나 마산고등학교를 졸업하고 서울대학교에서 독어독문학을 공부했다. 1975년 외교부에 들어가 33년간 주로 국가안보와 통일외교 업무를 맡았다.

북한 핵 문제 해결을 위한 베이징 6자회담의 수석대표로서 2005년 9·19공동성명을 도출하는 데 역할을 했고, 1999년 제네바 4자 평화회담 대표로 참가했다. 주한미군지위협정(SOFA) 개정, 방위비 분담협정 체결, 한·미 미사일 합의 개정을 통해 한·미동맹을 미래형으로 발전시키고자 했다.

1979년 동서 분단의 현장이었던 서베를린 부영사로 시작해 인도, 미국, 싱가포르 대사관을 거쳐 강대국 정치 수난의 역사를 지닌 폴란드 주재 대사를 지냈다. 외교부 안보과장, 북미국장, 기획관리실장, 차관보로 일했다. 김영삼 대통령의 국제안보 비서관, 김대중 대통령의 외교 비서관, 노무현 대통령의 통일외교안보정책실장을 거쳐 제34대 외교통상부장관을 역임했다. 제18대 국회의원(비례대표)을 지낸 후 현재 북한대학원대학교 총장으로 있다.

빙하는 움직인다
비핵화와 통일외교의 현장

초판 1쇄 발행 / 2016년 10월 7일
초판 13쇄 발행 / 2016년 11월 2일

지은이 / 송민순
펴낸이 / 강일우
책임편집 / 김유경·정편집실
조판 / 황숙화
펴낸곳 / (주)창비
등록 / 1986년 8월 5일 제85호
주소 / 10881 경기도 파주시 회동길 184
전화 / 031-955-3333
팩시밀리 / 영업 031-955-3399 편집 031-955-3400
홈페이지 / www.changbi.com
전자우편 / human@changbi.com

ⓒ 송민순 2016
ISBN 978-89-364-8606-8 03300